北京高校中国特色社会主义理论研究协同创新中心
（清华大学）资助出版

# 北京高校新时代新思想学习研究

Beijing GaoXiao XinShiDai XinSiXiang XueXi YanJiu

郭春燕 刘建华 刘永成等 著

中国书籍出版社
China Book Press

图书在版编目（CIP）数据

北京高校新时代新思想学习研究/郭春燕等著. —北京：中国书籍出版社，2019.1
ISBN 978-7-5068-7152-5

Ⅰ.①北… Ⅱ.①郭… Ⅲ.①高等学校—思想政治教育—研究—北京 Ⅳ.①G641

中国版本图书馆 CIP 数据核字（2018）第 302398 号

## 北京高校新时代新思想学习研究

郭春燕等 著

| | |
|---|---|
| 责任编辑 | 毕　磊 |
| 责任印制 | 孙马飞　马　芝 |
| 封面设计 | 中联华文 |
| 出版发行 | 中国书籍出版社 |
| 地　　址 | 北京市丰台区三路居路 97 号（邮编：100073） |
| 电　　话 | （010）52257143（总编室）　（010）52257140（发行部） |
| 电子邮箱 | eo@chinabp.com.cn |
| 经　　销 | 全国新华书店 |
| 印　　刷 | 三河市华东印刷有限公司 |
| 开　　本 | 710 毫米×1000 毫米　1/16 |
| 字　　数 | 366 千字 |
| 印　　张 | 21 |
| 版　　次 | 2019 年 3 月第 1 版　2019 年 3 月第 1 次印刷 |
| 书　　号 | ISBN 978-7-5068-7152-5 |
| 定　　价 | 95.00 元 |

版权所有　翻印必究

# 前　言

2016年以来，随着"两学一做"学习教育活动的开展，北京市各高校掀起了学习习近平总书记系列重要讲话精神的热潮。对北京高校贯彻落实习近平系列讲话精神的状况进行调查与分析，是清华大学社会主义核心价值观与高校思想政治理论课建设协同创新中心的一项重点建设任务，作为协同创新中心的协同单位，北京信息科技大学马克思主义学院承接了这项任务，组织部分师生成立了任务课题组，进行了认真细致的调研。

此次调研运用了多种方法，几乎涵盖了北京市所有高校。我们希望通过全面的调查，真正了解北京高校贯彻落实习近平总书记系列讲话精神的客观状况，把握师生思想主流动态，找准存在的问题，提出建设性的意见和建议。

调研过程中，除了传统的问卷调查、访谈、座谈会、个案调查、文献调研等方法外，我们充分运用互联网，引入大数据思维，利用各高校的网站，使用搜索引擎等工具进行信息采集与数据分析，获取了大量有价值的科学数据。

我们希望此次调查能够更为深入，不仅仅停留在对学习贯彻落实状况的描述上，而是能更深入了解学生思想主流动态、政党认同度等较深层次的问题。因此，在进行问卷调查时，除了解各高校贯彻落实系列讲话精神的基本状况外，我们经过多方论证，设计了4组量表，对师生的政策认同、执政绩效认同、领袖认同以及政党认同进行了较为科学的符合心理学规律的测量，结果还是比较令人满意的。

另外，在调研的过程中，我们逐渐认识到，高校师生对习近平总书记系列重要讲话及其思想的理论研究与学术探讨，也是贯彻落实总书记讲话精神的重要体现。因此，课题组组织人员对北京高校学习和贯彻落实习近平总书记系列重要讲话的理论研究进展进行了梳理，并对习近平一些重要思想进行了研究，这种理论研究还将持续下去。

当然，此次调研还存在不少问题，如调研还不够充分，对教师的调研以思政课教师为主，覆盖面不够广；个别问题由于缺乏有效的数据与材料难以进行分析；理论研究的深度还需要进一步拓展等，希望在后续的研究中能够得以逐步完善。

协同中心的建设工作将会持续5年，我们希望这5年的调研，能够让我们积累足够的数据与资料，寻找到切实可行的加强高校思想政治理论课教学实效性的方式方法，创新思想政治教育的内容和形式，不断提升高校思想政治教育的针对性，从而扩大社会主义核心价值观的认同，更好地服务于青年成才。

作　者

2017年8月

# 目录
## CONTENTS

前言 ………………………………………………………………… 1

## 第一章　北京高校贯彻落实习近平总书记系列讲话精神基本状况 ……… 1

### 第一节　调查的基本情况　1
一、调查方法的选择　2
二、调查样本的选取情况　2
三、数据样本的基本情况　5

### 第二节　北京高校学习贯彻系列讲话精神的总体状况　6
一、北京高校师生参与学习系列讲话活动的情况　6
二、北京高校师生了解系列讲话精神的主要途径　9
三、学习系列讲话活动在高校各层级的组织情况　11
四、学习的内容及效果情况　15

### 第三节　北京高校落实系列讲话精神进课堂状况　19
一、北京高校落实系列讲话精神进课堂的工作部署　19
二、北京高校思政课教师落实系列讲话精神进课堂的基本情况　20
三、系列讲话精神进课堂的师生诉求　23
四、思政课教师的职业自豪感与责任意识　27

### 第四节　北京高校大学生学习贯彻系列讲话精神状况　29
一、大学生学习活动的主要内容　29
二、大学生学习落实系列讲话活动的部署　30

三、大学生学习落实系列讲话活动的组织　33

四、学校各基层党组织学习落实系列讲话精神的情况　40

第五节　对北京高校落实系列讲话精神的认识与评价　47

一、高校师生对系列重要讲话的关注度　47

二、高校师生对贯彻落实系列讲话必要性的认识　50

三、高校师生对学校宣传系列讲话工作的评价　52

四、高校师生对学校贯彻落实系列讲话效果的评价　54

第六节　学习贯彻落实系列讲话存在的主要问题及改进建议　56

一、网络调查与问卷调查结论　56

二、高校学习、贯彻落实系列讲话精神存在的主要问题　58

三、改进高校学习、贯彻落实系列讲话精神的建议　59

## 第二章　北京高校贯彻落实习近平总书记重要讲话专题研究 …………… 61

第一节　北京高校落实总书记5·17讲话精神专题调查研究　61

一、5·17讲话研究概况　62

二、北京高校学习落实习近平在哲学社会科学工作座谈会上的讲话专题调研　67

三、结论及建议　90

第二节　北京高校落实习近平总书记七一重要讲话精神专题调查研究　93

一、习近平七一讲话的核心要义　93

二、北京高校学习习近平"七一"讲话的主要形式　99

三、北京高校学习习近平"七一"讲话的影响　114

第三节　北京高校贯彻落实习近平总书记10·21讲话精神专题调查研究　118

一、习近平总书记10·21讲话核心要义　118

二、北京高校师生热议习近平总书记10·21讲话　119

三、北京高校落实学习10·21讲话精神的基本情况　120

四、北京高校落实学习习近平总书记10·21讲话精神的经典案例　126

## 第三章　北京高校学习和贯彻落实习近平总书记系列重要讲话的理论研究进展……129

### 第一节　关于治国理政思想的研究　131
一、关于中国梦的研究　131
二、关于中国特色社会主义及民主政治的研究　134
三、关于协调推进"四个全面"战略布局的研究　142
四、关于五大发展理念的研究　162

### 第二节　关于经济思想方面的研究　166
一、关于新常态的哲学意蕴　166
二、关于推进供给侧结构改革研究　167
三、关于市场与政府关系的研究　168
四、关于我国经济发展的大逻辑研究　168
五、加快实施创新驱动发展战略的研究　169
六、推进以人为核心的新型城镇化建设研究　169
七、关于新常态与思想政治教育的研究　170

### 第三节　关于建设社会主义文化强国的研究　171
一、关于社会主义核心价值观的研究　171
二、关于意识形态的研究　178
三、关于传承和弘扬中华民族优秀传统文化的研究　181
四、关于文化软实力的研究　184

### 第四节　关于改善民生和创新社会治理思想的研究　185

### 第五节　关于推进生态文明建设的研究　187

### 第六节　关于外交战略和国际关系的研究　189
一、关于人类命运共同体的研究　189
二、关于"一带一路"战略的研究　190
三、关于中国特色大国外交的研究　191

## 第四章　习近平重要思想研究……192

### 第一节　习近平教育思想研究　192
一、科教兴国,办出"中国特色、世界水平"的现代教育　192

二、把"立德树人"作为根本任务　199

三、教师是立教之本、兴教之源　200

四、加强教师队伍建设　202

五、青年应有理想、有担当,自觉践行社会主义核心价值观　204

六、加强高校思想政治教育的方向　213

第二节　习近平中国传统文化思想研究　218

一、"中华优秀传统文化已经成为中华民族的基因"　219

二、"中华优秀传统文化是我们最深厚的文化软实力"　220

三、"中国特色社会主义道路是我国历史传承和文化传统决定的"　222

四、习近平关于"和"的思想　223

五、习近平总书记对于传统"义利观"的继承与发展　229

六、习近平总书记关于"法治"及"礼法合治""德主刑辅"的思想　230

七、习近平的"民本思想"　232

第三节　习近平核心价值观思想研究　235

一、习近平关于核心价值观的相关论述　236

二、习近平核心价值观的思想渊源　238

三、习近平倡导核心价值观的基本内涵　245

四、习近平培育和践行社会主义核心价值观思想　249

## 第五章　贯彻落实习近平总书记系列讲话效果研究 …………… 254

第一节　政策认同研究　260

一、政策认同的意义与价值　260

二、政策认同量表的设计　260

三、高校师生政策认同现状　262

第二节　执政绩效认同研究　270

一、执政绩效认同的意义与价值　270

二、执政绩效认同量表的设计　270

三、高校师生执政绩效认同现状　271

第三节　领袖认同研究　280

一、领袖认同的意义与价值　280

二、领袖认同量表的设计　281

三、高校师生领袖认同现状　281

第四节　政党认同研究　286

一、政党认同的意义与价值　286

二、政党认同量表的设计　287

三、高校师生政党认同现状　288

**附录　习近平总书记 2016 年重要讲话一览** …………………… 300

**参考文献** …………………………………………………………… 304

**后　记** ……………………………………………………………… 324

# 第一章

# 北京高校贯彻落实习近平系列讲话精神基本状况

党的十八大以来,习近平总书记围绕改革发展稳定、中国梦、党的群众路线教育实践活动等方面发表了一系列重要讲话,提出了许多富有创见的新思想、新观点、新论断、新要求,深刻回答了新的历史条件下党和国家发展的重大理论和现实问题。习近平总书记系列重要讲话内涵丰富、思想深刻,其中贯穿辩证唯物主义和历史唯物主义的世界观、方法论,为广大青年改造主观世界、强化理论武装,提供了最丰厚的思想养料和理论指引。按照《关于在全体党员中开展"学党章党规、学系列讲话、做合格党员"学习教育方案》(中办发〔2016〕14号)和中共中央组织部《关于"两学一做"学习安排的具体方案》的要求,北京高校通过多种方式深入学习、广泛宣传、切实落实系列讲话。为了全面、深入、系统了解北京高校学习贯彻落实习近平系列讲话精神和情况,我们开展了专项调查研究。

## 第一节　调查的基本情况

此次调查,面向北京所有高校,调查研究全面落实习近平讲话精神的举措及其实效,以推进落实立德树人的根本任务,大力加强社会主义核心价值观教育,引导大学生坚定中国特色社会主义理想信念,自觉践行社会主义核心价值观,切实提高大学生教育教学质量,不断提升高校思想政治教育的针对性与实效性,扩大社会主义核心价值观的认同。

## 一、调查方法的选择

本次调研采取问卷调查、网络数据采集、文本分析和实地访谈相结合的方式。

首先，按照教育部官方网站最新发布的 2016 年全国高等学校名单，从北京高校中选取相关学校的官方网站 2016 年 1 月 – 12 月时段的相关新闻报道进行相关内容的信息采集，同时，通过使用百度搜索引擎进行相关主题的搜索，在此基础上，对相关的新闻报道文本进行了梳理、分析、归纳和总结。

其次，从 90 所高校又抽取了 30 所本科院校，对 817 名不同专业的本科生和硕博士研究生及部分教师开展了问卷调查。抽取的院校为全日制本科院校，教师对象以思想政治理论课教师为主。

另外，为深入了解北京高校大学生学习贯彻习近平总书记讲话的具体落实情况，课题组还对北京师范大学、北京信息科技大学、中国农业大学、首都师范大学等相关部门与教师进行了访谈调研，对个别院校学习贯彻落实的情况进行了个案研究分析。

## 二、调查样本的选取情况

为了全面、客观、真实反映北京高校大学生学习落实习近平系列讲话情况，课题组选取了 20 所北京市普通高等学校的网站，抽取其中对学习落实活动的相关新闻报道，对这些报道进行梳理、统计与分析。抽取的 20 所院校中，本科高校 10 所，包括部委所属和北京市属各 5 所；专科学校 10 所，包括北京市所属和北京市教委所属专科各 5 所，抽取的样本包括本科、专科、独立高校以及民办高校学校，覆盖了北京市公立和民办，本科和专科各类学校。具体名单详见表 1–1。

表 1–1 抽取的样本学校名单

| 样本 | 名称 | 学生层次 | | | 所属单位 | 性质 |
| --- | --- | --- | --- | --- | --- | --- |
| 1 | 北京大学 | 本科 | 博士研究生 | 硕士研究生 | 教育部 | 公立 |
| 2 | 清华大学 | 本科 | 博士研究生 | 硕士研究生 | 教育部 | 公立 |
| 3 | 人民大学 | 本科 | 博士研究生 | 硕士研究生 | 教育部 | 公立 |
| 4 | 北京师范大学 | 本科 | 博士研究生 | 硕士研究生 | 教育部 | 公立 |
| 5 | 中央民族大学 | 本科 | 博士研究生 | 硕士研究生 | 国家民委 | 公立 |
| 6 | 首都医科大学 | 本科 | 博士研究生 | 硕士研究生 | 北京市 | 公立 |
| 7 | 中国戏曲学院 | 本科 | 无 | 硕士研究生 | 北京市 | 公立 |

续表

| 样本 | 名称 | 学生层次 | | | 所属单位 | 性质 |
|---|---|---|---|---|---|---|
| 8 | 北京农学院 | 本科 | 无 | 硕士研究生 | 北京市 | 公立 |
| 9 | 北京信息科技大学 | 本科 | 无 | 硕士研究生 | 北京市 | 公立 |
| 10 | 北京印刷学院 | 本科 | 无 | 硕士研究生 | 北京市 | 公立 |
| 11 | 北京京北职业技术学院 | 专科 | 无 | 无 | 北京市 | 公立 |
| 12 | 北京戏曲艺术职业学院 | 专科 | 无 | 无 | 北京市 | 公立 |
| 13 | 北京工业职业技术学院 | 专科 | 无 | 无 | 北京市 | 公立 |
| 14 | 北京电子科技职业学院 | 专科 | 无 | 无 | 北京市 | 公立 |
| 15 | 北京农业职业学院 | 专科 | 无 | 无 | 北京市 | 公立 |
| 16 | 北京经贸职业学院 | 专科 | 无 | 无 | 北京市教委 | 民办 |
| 17 | 北京培黎职业学院 | 专科 | 无 | 无 | 北京市教委 | 民办 |
| 18 | 北京艺术传媒职业学院 | 专科 | 无 | 无 | 北京市教委 | 民办 |
| 19 | 北京电子科技职业学院 | 专科 | 无 | 无 | 北京市教委 | 民办 |
| 20 | 北京财贸职业学院 | 专科 | 无 | 无 | 北京市教委 | 民办 |

对上述20所院校主要采用了网络信息采集的方法进行文本分析。除此外，我们还进行了问卷调查。问卷调查的样本学校是通过随机数表生成的，以确保调查抽样的客观准确。我们对北京地区57所公办本科院校进行了编码，之后使用在线随机数生成器生成了随机数表，抽取了30所高校进行了调研。

此次问卷所调查的30所样本高校中，教育部所属院校16所，北京市所属院校10所，另有共青团中央、外交部、全国总工会、国防科工委所属院校各1所；30所院校中，曾经的211院校有16所，其他普通本科院校14所；理工科院校13所，医科院校1所，其余16所为政法、艺术、外语、财经等人文社科类院校。具体情况如表1-2所示。所抽取的高校基本上能够代表北京高校的实际情况。

表1-2 问卷调研的学校样本名单

| 序号 | 编号 | 学校名称 | 主管部门 | 层次 | 院校类型 |
|---|---|---|---|---|---|
| 1 | 12 | 北京化工大学 | 教育部 | 本科 | 理工 |
| 2 | 43 | 中国青年政治学院 | 共青团中央 | 本科 | 政法 |
| 3 | 38 | 中央戏剧学院 | 教育部 | 本科 | 艺术 |
| 4 | 51 | 北京第二外国语学院 | 北京市 | 本科 | 外语 |

续表

| 序号 | 编号 | 学校名称 | 主管部门 | 层次 | 院校类型 |
|---|---|---|---|---|---|
| 5 | 18 | 对外经济贸易大学 | 教育部 | 本科 | 财经 |
| 6 | 04 | 北京交通大学 | 教育部 | 本科 | 理工 |
| 7 | 30 | 北京工业大学 | 北京市 | 本科 | 理工 |
| 8 | 29 | 北京联合大学 | 北京市 | 本科 | 综合 |
| 9 | 39 | 中央音乐学院 | 教育部 | 本科 | 艺术 |
| 10 | 47 | 北京印刷学院 | 北京市 | 本科 | 理工 |
| 11 | 16 | 北京师范大学 | 教育部 | 本科 | 师范 |
| 12 | 49 | 北京语言大学 | 教育部 | 本科 | 语言 |
| 13 | 41 | 外交学院 | 外交部 | 本科 | 语言 |
| 14 | 35 | 中国传媒大学 | 教育部 | 本科 | 语言 |
| 15 | 46 | 北京服装学院 | 北京市 | 本科 | 理工 |
| 16 | 11 | 华北电力大学 | 教育部 | 本科 | 理工 |
| 17 | 20 | 中国政法大学 | 教育部 | 本科 | 政法 |
| 18 | 19 | 中央财经大学 | 教育部 | 本科 | 财经 |
| 19 | 53 | 中国音乐学院 | 北京市 | 本科 | 艺术 |
| 20 | 48 | 北京石油化工学院 | 北京市 | 本科 | 理工 |
| 21 | 27 | 北京信息科技大学 | 北京市 | 本科 | 理工 |
| 22 | 42 | 中国劳动关系学院 | 全国总工会 | 本科 | 财经 |
| 23 | 17 | 北京外国语大学 | 教育部 | 本科 | 外语 |
| 24 | 07 | 中国石油大学(北京) | 教育部 | 本科 | 理工 |
| 25 | 03 | 清华大学 | 教育部 | 本科 | 理工 |
| 26 | 31 | 北方工业大学 | 北京市 | 本科 | 理工 |
| 27 | 06 | 北京科技大学 | 教育部 | 本科 | 理工 |
| 28 | 15 | 北京中医药大学 | 教育部 | 本科 | 医科 |
| 29 | 56 | 北京电影学院 | 北京市 | 本科 | 艺术 |
| 30 | 26 | 北京航空航天大学 | 国防科工委 | 本科 | 理工 |

### 三、数据样本的基本情况

此次问卷调查共回收学生问卷817份,教师问卷61份,剔除内容不全,漏填基本信息,连续性随意答题,数据不符合调查研究需要等情况的无效学生问卷21份,无效教师问卷1份,保留有效问卷总计856份,其中有效学生问卷796份,有效教师问卷60份。教师问卷的发放主要以各高校的思政课教师为主,教师问卷由于数量较少,数据分析以学生问卷为主。学生问卷的基本情况如表1-3所示。

表1-3 调查样本(学生)基本情况

| 样本特征 | 类别 | 人数 | 百分比 |
| --- | --- | --- | --- |
| 性别 | 男 | 287 | 36.1% |
|  | 女 | 509 | 63.9% |
| 受教育程度 | 本科 | 681 | 85.5% |
|  | 硕士研究生 | 97 | 12.2% |
|  | 博士研究生 | 18 | 2.3% |
| 所在院校 | 重点本科 | 425 | 53.4% |
|  | 普通本科 | 371 | 46.6% |
| 政治面貌 | 中共党员(含预备党员) | 120 | 15.1% |
|  | 共青团员 | 639 | 80.3% |
|  | 民主党派 | 1 | 0.1% |
|  | 群众 | 36 | 4.5% |
| 是否担任学生干部 | 是 | 423 | 53.1% |
|  | 否 | 373 | 46.9% |
| 所学专业 | 经济管理类 | 184 | 23.1% |
|  | 理工科类 | 207 | 26.0% |
|  | 人文社科类 | 190 | 23.9% |
|  | 医学类 | 25 | 3.1% |
|  | 其他 | 190 | 23.9% |
| 民族 | 汉族 | 733 | 92.1% |
|  | 少数民族 | 63 | 7.9% |

从表中可见,调查样本涵盖了各类高校中的各类大学生,基本能够代表高校

大学生的整体状况。

## 第二节　北京高校学习贯彻系列讲话精神的总体状况

对于北京高校学习贯彻习近平系列讲话精神的总体状况,课题组设计了4组问题进行问卷调查,该4组问题主要包括以下内容:(1)北京高校师生参与学习习近平总书记系列讲话活动的基本情况;(2)北京高校师生了解习近平总书记系列讲话精神的主要途径;(3)习近平总书记系列讲话学习活动的组织情况;(4)对习近平总书记系列讲话内容的了解程度。具体内容如图1.1所示。

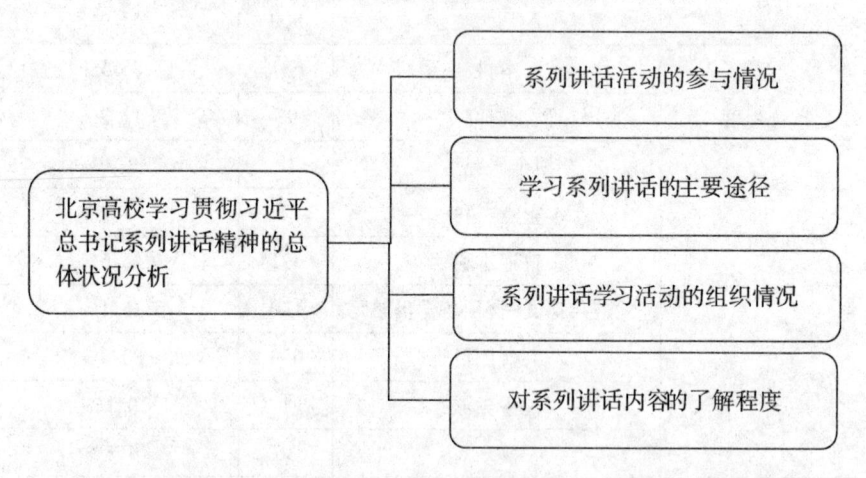

**图1.1　北京高校学习贯彻习近平总书记系列讲话精神总体状况的调查思路**

### 一、北京高校师生参与学习系列讲话活动的情况

通过在互联网上对各高校网站的访问,可以知道北京各高校都开展各种各样的学习习近平系列讲话精神的活动,对师生参与活动的情况进行问卷调查,具体统计资料如表1-4所示。

表1-4　参加学习习近平系列讲话活动的情况

| | | 次数 | 百分比 | 有效的百分比 | 累积百分比 |
|---|---|---|---|---|---|
| | 你是否参加过学习习近平系列讲话的活动？ | | | | |
| 有效 | 是 | 487 | 56.9 | 56.9 | 56.9 |
| | 否 | 369 | 43.1 | 43.1 | 100.0 |
| | 总计 | 856 | 100.0 | 100.0 | |

从表中可见,参与学习情况并不理想,参加过学习活动的仅占56.9%,这一数据表明有组织的学习活动尽管开展了很多,但其覆盖面还是存在一定的问题。

对师生的状况作交叉分析,可以看出明显的差别,如表1-5所示,95%的教师都参与了学习活动,但参与学习活动的学生比例仅仅占到54%,这个差距还是比较大的。这从一个侧面说明,高校教师学习的事实参与度较高,而学生的事实参与度就比较低。习近平系列讲话学习活动在学生群体中参与度并未达到理想水平,相关活动的组织宣传需要得到进一步的重视。

表1-5　参加学习习近平系列讲话活动情况师生交叉制表

| | | 你是否参加过学习习近平系列讲话的活动？ | | 总计 |
|---|---|---|---|---|
| | | 是 | 否 | |
| 师生识别 | 教师 | 57(95%) | 3(5%) | 60(100%) |
| | 学生 | 430(54%) | 366(46%) | 796(100%) |
| 总计 | | 487(56.9%) | 369(43.1%) | 856(100%) |

对学生的情况作进一步的分析,发现学生参加学习的情况与其政治面貌有着极大的相关性,具体数据如表1-6所示。85.8%的学生党员参加了相关的学习活动,在共青团员中这个比例降为49.6%,非党团员的群众中这个比例仅为27.8%。可见,学生党员的学习活动参与度还是比较令人满意的,这一方面是由于党员大学生的政治意识及政治参与热情普遍比较高,另一方面也说明学生党支部的学习活动的开展还是有一定成效的。

表1-6 学生参加学习习近平系列讲话活动情况与政治面貌交叉制表

| | | | 你的政治面貌 | | | | 总计 |
|---|---|---|---|---|---|---|---|
| | | | 共青团员 | 民主党派 | 群众 | 中共党员（含预备党员） | |
| 你是否参加过学习习近平系列讲话的活动？ | 否 | 计数 | 322 | 1 | 26 | 17 | 366 |
| | | 你的政治面貌 | 50.4% | 100.0% | 72.2% | 14.2% | 46.0% |
| | 是 | 计数 | 317 | 0 | 10 | 103 | 430 |
| | | 你的政治面貌 | 49.6% | 0.0% | 27.8% | 85.8% | 54.0% |
| 总计 | | 计数 | 639 | 1 | 36 | 120 | 796 |
| | | 你的政治面貌 | 100.0% | 100.0% | 100.0% | 100.0% | 100.0% |

表1-7 学生参加学习习近平系列讲话活动情况与学历交叉制表

| | | | 你的学历 | | | 总计 |
|---|---|---|---|---|---|---|
| | | | 本科生 | 博士 | 硕士生 | |
| 你是否参加过学习习近平系列讲话的活动？ | 否 | 计数 | 330 | 5 | 31 | 366 |
| | | 你的学历 | 48.5% | 27.8% | 32.0% | 46.0% |
| | 是 | 计数 | 351 | 13 | 66 | 430 |
| | | 你的学历 | 51.5% | 72.2% | 68.0% | 54.0% |
| 总计 | | 计数 | 681 | 18 | 97 | 796 |
| | | 你的学历 | 100.0% | 100.0% | 100.0% | 100.0% |

除政治面貌外，数据显示学生的学历与其学习参与度也直接相关，从本科生到博士生呈现出较为明显的递增趋势，具体数据如表1-7所示。本科生的学习参与度只有51.5%，硕士生为68.0%，而博士生达到了72.2%。这在一定程度上表明，随着学历的增高，学习的政治学习热情也随之提高。

对学生学习参与度产生影响的另一个因素是是否担任学生干部。如表1-8所示，学生干部的学习参与度明显高于普通学生，60.0%的学生干部参与了学习活动，其他学生中这个比例仅有47.2%。

表1-8 学生参加学习习近平系列讲话活动情况与是否学生干部交叉制表

| | | | 你是否担任学生干部(含班级、院系、学校及社团等各类学生干部)? | | 总计 |
|---|---|---|---|---|---|
| | | | 否 | 是 | |
| 你是否参加过学习习近平系列讲话的活动? | 否 | 计数 | 197 | 169 | 366 |
| | | 你是否担任学生干部 | 52.8% | 40.0% | 46.0% |
| | 是 | 计数 | 176 | 254 | 430 |
| | | 你是否担任学生干部 | 47.2% | 60.0% | 54.0% |
| 总计 | | 计数 | 373 | 423 | 796 |
| | | 你是否担任学生干部 | 100.0% | 100.0% | 100.0% |

总之,学生的性别、就读院校层次、学生所学专业、民族状况对学生学习参与度的影响都不大,但学生的政治面貌、学历以及是否学生干部等因素都直接影响了学生的学习参与度。从实际情况看,对习近平系列讲话精神的学习还需要进一步向非党团员、非学生干部的本科生延伸,扩大覆盖面。

## 二、北京高校师生了解系列讲话精神的主要途径

关于北京高校师生参加学习习近平系列重要讲话精神的主要途径,问卷设计了多项选择题,限选前3项。学生群体的统计数据如表1-9所示。教师群体的统计数据如表1-10所示。

不管是对学生群体还是教师群体,通过互联网进行学习都是最主要的途径,占样本总体30.7%(学生)、38.8%(教师),教师群体相对更高一些,这可能与教师群体使用互联网更方便有关;其次是电视,占样本总体的20.1%(学生)、19.1%(教师),师生相差不大;再次是党团支部学习或教研室支部学习,分别占样本总体15.0%(学生)、18.4%(教师)。

总体来看,教师群体与学生群体在学习途径上表现出了高度的一致性,互联网、电视、党团支部学习成为高校师生学习习近平系列讲话精神的最主要的三种

途径。而作为传统媒体重要部分的报纸杂志和校园报告会,尤其是校园报告会,其重要性日益下降。

表 1-9 学生了解习近平讲话的主要途径

| | | 响应 N | 响应 百分比 | 个案数的百分比 |
|---|---|---|---|---|
| 你了解习近平讲话的途径主要有哪些? | 互联网 | 717 | 30.7% | 90.1% |
| | 电视 | 469 | 20.1% | 58.9% |
| | 报纸杂志 | 260 | 11.1% | 32.7% |
| | 校园报告会 | 178 | 7.6% | 22.4% |
| | 党(团)支部学习 | 350 | 15.0% | 44.0% |
| | 校园媒体(校园网、广播站、校园橱窗等) | 329 | 14.1% | 41.3% |
| | 其他 | 36 | 1.5% | 4.5% |
| | 总计 | 2339 | 100.0% | 293.8% |

表 1-10 教师了解习近平讲话的主要途径

| | | 回应 N | 回应 百分比 | 观察值百分比 |
|---|---|---|---|---|
| 你了解习近平讲话的途径主要有哪些? | 互联网 | 59 | 38.8% | 98.3% |
| | 电视 | 29 | 19.1% | 48.3% |
| | 报纸杂志 | 24 | 15.8% | 40.0% |
| | 校园报告会 | 5 | 3.3% | 8.3% |
| | 教研室或支部学习 | 28 | 18.4% | 46.7% |
| | 校园媒体(校园网、广播站、校园橱窗等) | 7 | 4.6% | 11.7% |
| | 其他 | 0 | 0 | 0 |
| | 总计 | 152 | 100.0% | 253.3% |

上述数据表明,随着网络化、信息化的不断发展,信息的互联网传播已经成为高校师生参与学习和了解时事的主流渠道。但是从互联网信息传播的特性方面分析,现今的网络传播渠道,由于传播主体开放性和主观性,相较于报纸杂志、校

园报告会,其信息传播的真实性和可靠性存在一定偏差,很可能造成对习近平系列讲话精神理解的偏差。传播网络化、信息化随着科技的进步已经成为一个不可逆转的趋势,在这一大背景下,如何在组织和开展相关学习教育活动过程中,进一步规范网络传播渠道,提升相关知识和信息传播的可靠性,是高校各级部门需要进一步思考和提高的方向。

### 三、学习系列讲话活动在高校各层级的组织情况

项目组分别就习近平系列讲话学习活动在学校、学院及系部、班级、学生党团支部中的开展情况进行了问卷调查,具体情况如下所述。

（一）学校层面学习活动组织状况

在学校层面,如表1-11所示,绝大多数学校每年至少会组织一次相关学习,这个概率为79.3%;有37.7%的被测大学生认为自己所在的院校每月都会举行与习近平系列讲话相关的学习活动,不难发现大多数高校还是比较注重对习近平系列讲话精神的宣传教育。

表1-11 学校组织系列讲话学习情况

| | | 频率 | 百分比 | 有效百分比 |
|---|---|---|---|---|
| 有效 | 从不组织 | 165 | 20.7 | 20.7 |
| | 每学年至少组织一次 | 35 | 4.4 | 4.4 |
| | 每学期至少组织一次 | 169 | 21.2 | 21.2 |
| | 每季度至少组织一次 | 127 | 16.0 | 16.0 |
| | 每月至少组织一次 | 300 | 37.7 | 37.7 |
| | 总计 | 796 | 100.0 | 100.0 |

（二）院系层面学习活动组织状况

在院系层面,如表1-12所示,76.9%的被测大学生认为其所在学院或系部,每年至少会组织一次关于习近平系列讲话精神的学习;其中34.8%院系每月都会组织相关活动;但仍有23.1%的学生表示其所在院系没有组织过相关活动。与学校层面的组织情况相类似,大多数高校所属学院及系部在组织有关习近平系列讲话的活动方面投入了较大精力,但上述学习在院系中的宣传普及仍有待进一步加强。

表 1-12　学生所在学院(系部)组织学习系列讲话情况

| | | 频率 | 百分比 | 有效百分比 |
|---|---|---|---|---|
| 有效 | 从不组织 | 184 | 23.1 | 23.1 |
| | 每学年至少组织一次 | 31 | 3.9 | 3.9 |
| | 每学期至少组织一次 | 166 | 20.9 | 20.9 |
| | 每季度至少组织一次 | 138 | 17.3 | 17.3 |
| | 每月至少组织一次 | 277 | 34.8 | 34.8 |
| | 总计 | 796 | 100.0 | 100.0 |

(三)学生班级层面学习活动组织状况

班级作为学生群体最基础、最普遍的学习单位,是大学生接受高等教育的最常见组织形式,但此次调查数据表明(表1-13所示),29.3%被测大学生认为其所在的班级未组织过与习近平讲话有关的学习活动,仅29.1%的班级每月组织一次相关学习。显然,在组织学习方面,班级的作用没有充分发挥出来。

表 1-13　学生班级组织学习系列讲话情况

| | | 频率 | 百分比 | 有效百分比 |
|---|---|---|---|---|
| 有效 | 从不组织 | 233 | 29.3 | 29.3 |
| | 每学年至少组织一次 | 39 | 4.9 | 4.9 |
| | 每学期至少组织一次 | 166 | 20.9 | 20.9 |
| | 每季度至少组织一次 | 126 | 15.8 | 15.8 |
| | 每月至少组织一次 | 232 | 29.1 | 29.1 |
| | 总计 | 796 | 100.0 | 100.0 |

(四)学生党团支部层面学习活动组织状况

从党团支部层面看,77.1%的被测大学生认为自己所在的党团支部每年至少组织一次习近平系列讲话学习;其中34.9%的党团支部按月组织系列讲话学习,具体数据如表1-14所示。学生党(团)支部作为大学生较为特殊的组织形式,是与中国共产党联系最为紧密的学生组织,理应是大学生接受党的教育,学习国家大政方针、领导人讲话精神的最主要平台。调查研究数据一方面表明了党团支部在组织大学生参与习近平系列讲话学习方面起到了核心作用。另一方面,仍然有相当部分(22.9%)的学生党团支部在宣传落实习近平系列讲话精神方面,未能充分发挥应有功能。

表1-14 学生党(团)支部组织学习系列讲话情况

|  |  | 频率 | 百分比 | 有效百分比 |
|---|---|---|---|---|
| 有效 | 从不组织 | 182 | 22.9 | 22.9 |
|  | 每学年至少组织一次 | 39 | 4.9 | 4.9 |
|  | 每学期至少组织一次 | 163 | 20.5 | 20.5 |
|  | 每季度至少组织一次 | 134 | 16.8 | 16.8 |
|  | 每月至少组织一次 | 278 | 34.9 | 34.9 |
|  | 总计 | 796 | 100.0 | 100.0 |

上述数据表明,习近平系列讲话学习已在高校的各个层面开展,足见高校对全面贯彻落实习近平系列讲话精神,加强大学生思想政治教育的高度重视。此外,调查研究数据表明,习近平系列讲话的宣传教育更多的是以学校层面开展的活动为主,其次是党(团)支部的学习,班级作为教学活动的组织载体在对习近平系列讲话宣传教育方面还没有起到应有的作用。

(五)教师各层面学习活动组织状况

教师的情况与学生类似,如表1-15所示,峰值都是每月组织一次,表明学习活动的开展还是比较经常的。从统计数据来看,教师学习活动的开展情况要好于学生。虽然该问题统计数据对学校各层面开展活动情况的反映不够准确,毕竟存在着开展了活动而师生并不清楚的情况,但这些数据也从一个侧面反映了学习活动的声势与频率,毕竟频率高的活动会更加为大家所熟知。

表1-15 各层级教师学习活动的组织情况

|  |  | 学校层面 |  | 学院 |  | 教研室 |  | 党支部 |  |
|---|---|---|---|---|---|---|---|---|---|
|  |  | 次数 | 百分比 | 次数 | 百分比 | 次数 | 百分比 | 次数 | 百分比 |
| 有效 | 每月一次 | 26 | 43.3 | 27 | 45.0 | 26 | 43.3 | 28 | 54.9 |
|  | 每季度一次 | 17 | 28.3 | 17 | 28.3 | 18 | 30.0 | 14 | 27.4 |
|  | 每学期一次 | 10 | 16.7 | 10 | 16.7 | 8 | 13.3 | 6 | 11.8 |
|  | 每年一次 | 4 | 6.7 | 3 | 5.0 | 2 | 3.3 | 1 | 2.0 |
|  | 没组织过 | 3 | 5.0 | 3 | 5.0 | 6 | 10.0 | 2 | 3.9 |
|  | 总计 | 60 | 100.0 | 60 | 100.0 | 60 | 100.0 | 51 | 100.0 |

各层级组织开展学习活动的情况如上所述,而从师生实际参加的活动情况来看,学生参加最多的是班级或党团支部的活动,其次是学院(系部)的活动,再次是

学校,这是比较符合常理的,具体数据如表1-16所示。在这方面,教师与学生略有差异,教师的学习活动参加最多的是学院(系部)的活动,而非最小组织单位教研室或党支部,其次是学校层面的活动,再次才是教研室或党支部,具体数据如表1-17所示。这从一个侧面说明,对教师群体而言,教研室和党支部作为最基层的组织单位其学习教育功能没有能够充分发掘出来。

表1-16 学生参加最多的学习活动层面

| | | 次数 | 百分比 | 有效的百分比 |
|---|---|---|---|---|
| 有效 | 班级及党团支部 | 278 | 34.9 | 34.9 |
| | 学院(或系部) | 208 | 26.1 | 26.1 |
| | 学校 | 195 | 24.5 | 24.5 |
| | 其他 | 78 | 9.8 | 9.8 |
| | 上级部门 | 37 | 4.6 | 4.6 |
| | 总计 | 796 | 100.0 | 100.0 |

表1-17 教师参加最多的学习活动层面

| | | 次数 | 百分比 | 有效的百分比 |
|---|---|---|---|---|
| 有效 | 学院(或系部) | 25 | 41.7 | 41.7 |
| | 学校 | 14 | 23.3 | 23.3 |
| | 教研室或党支部 | 13 | 21.7 | 21.7 |
| | 上级部门 | 7 | 11.7 | 11.7 |
| | 其他部门 | 1 | 1.7 | 1.7 |
| | 总计 | 60 | 100.0 | 100.0 |

总之,从统计数据上看学校、学院、各师生基层单位及党团组织都开展了相应的活动。从实际活动的开展状况来看,基层单位的作用与功能还需要进一步挖掘,尤其是教师层面,基层教研部及党支部的作用发挥不够明显,学生班级及党团支部的活动也需要进一步加强。

## 四、学习的内容及效果情况

(一)各高校学习内容的安排情况

为进一步了解北京高校对系列讲话内容的学习安排,课题组抽取了2016年习近平有代表性的重要讲话及理论观点作为观测点,对各校对学习内容的安排进行了问卷调查,学生问卷的调查结果如表1-18所示。

**表1-18 学校组织学习的内容情况(学生问卷统计结果)**

| 所在学校是否组织过以下内容的学习? | 是(%) | 否(%) | 不清楚(%) |
| --- | --- | --- | --- |
| 1. 习近平在高校思政会议上的讲话 | 53.6 | 6.9 | 39.4 |
| 2. 习近平在纪念红军长征胜利80周年大会上的讲话 | 53.1 | 7.9 | 38.9 |
| 3. 习近平在全国思想宣传工作会议上的讲话 | 46.7 | 7.7 | 45.6 |
| 4. 习近平在庆祝中国共产党成立95周年大会上的讲话 | 50.3 | 8.7 | 41.1 |
| 5. 习近平在哲学社会科学工作座谈会上的讲话 | 41.1 | 8.7 | 48.2 |
| 6. 习近平在党的新闻舆论工作座谈会上的讲话 | 41.5 | 8.2 | 48.4 |
| 7. "一带一路"("丝绸之路经济带"和"21世纪海上丝绸之路")专题学习 | 69.0 | 7.4 | 23.6 |
| 8. "五大发展理念"专题学习 | 44.7 | 10.6 | 44.7 |
| 9. "四个全面"学习 | 54.1 | 7.8 | 38.1 |

数据表明,关于"一带一路"相关内容的学习是最多的,其次是对"四个全面"的学习,再次是习近平总书记在高校思想政治工作会议上的讲话以及在纪念红军长征胜利80周年大会上的讲话。除"一带一路"内容的学习外,其他的学习内容至少有超过38%的被测大学生表示不清楚是否组织过,这至少表明这些学生没有参加过有组织的相关内容的学习。这些数据表明,北京高校对于习近平系列讲话的学习组织还存在一定的问题,没有能够深入到全体学生中,学习系列讲话活动的宣传推广也有待进一步普及。

表1-19 学校组织学习的内容情况(教师问卷统计结果)

| 所在学校是否组织过以下内容的学习? | 是(%) | 否(%) | 不清楚(%) |
| --- | --- | --- | --- |
| 1. 习近平在高校思政会议上的讲话 | 96.6 | 1.7 | 1.7 |
| 2. 习近平在纪念红军长征胜利80周年大会上的讲话 | 83.3 | 10.0 | 6.7 |
| 3. 习近平在全国思想宣传工作会议上的讲话 | 90.0 | 8.3 | 1.7 |
| 4. 习近平在庆祝中国共产党成立95周年大会上的讲话 | 85.0 | 11.7 | 3.3 |
| 5. 习近平在哲学社会科学工作座谈会上的讲话 | 91.7 | 8.3 | 0 |
| 6. 习近平在党的新闻舆论工作座谈会上的讲话 | 68.3 | 20.0 | 11.7 |
| 7. "一带一路"("丝绸之路经济带"和"21世纪海上丝绸之路")战略专题学习 | 65.0 | 26.7 | 8.3 |
| 8. "五大发展理念"专题学习 | 75.0 | 16.7 | 8.3 |
| 9. "四个全面"学习 | 76.7 | 16.7 | 6.6 |

从表1-19来看,教师问卷的统计结果呈现出非常大的不同。首先,高校对于教师学习的重视程度要明显高于学生,学生值的高峰处于教师值的下游。其次,教师学习内容突出强调了宣传思想教育的内容,学生的最高值"一带一路"的学习在教师层面反而是最低值,这个差距是非常大的。当然,由于教师的调查取样数量偏少,有效问卷只有60份,因而数据可能存在一定的偏差。

(二)高校师生对习近平总书记系列讲话内容的了解程度

至于对习近平系列讲话内容的了解程度,课题组亦进行了问卷调查,选择了10个有关习近平总书记系列讲话的理论内容进行了观测,评价分为非常了解、比较了解、一般、不了解、根本不知道五个层次,赋值后的学生统计结果(根本不知道赋值1,非常了解赋值5)如表1-20所示。

表1-20 学生对习近平总书记系列讲话内容的了解程度

| 你是否了解以下内容？ | N | 最小值（M） | 最大值（X） | 平均值（E） | 标准偏差 |
|---|---|---|---|---|---|
| "五大发展理念" | 796 | 1 | 5 | 3.15 | 1.013 |
| "四个全面"战略布局 | 796 | 1 | 5 | 3.30 | 1.023 |
| "一带一路"战略 | 796 | 1 | 5 | 3.78 | 0.915 |
| "京津冀协同发展"思想 | 796 | 1 | 5 | 3.58 | 0.970 |
| 习近平在党的新闻舆论工作座谈会上的讲话（2016年2·19讲话）精神 | 796 | 1 | 5 | 3.11 | 1.052 |
| 习近平在哲学社会科学工作座谈会上的讲话（2016年5·17讲话）精神 | 796 | 1 | 5 | 3.02 | 1.084 |
| 习近平在庆祝中国共产党成立95周年大会上的讲话（2016年7·1讲话）精神 | 796 | 1 | 5 | 3.17 | 1.068 |
| 习近平在全国思想宣传工作会议上的讲话（2016年8·19讲话）精神 | 796 | 1 | 5 | 3.10 | 1.047 |
| 习近平在纪念红军长征胜利80周年大会上的讲话（2016年10·21讲话）精神 | 796 | 1 | 5 | 3.25 | 1.044 |
| 习近平在全国高校思想政治工作会议上的讲话（2016年12·7讲话）精神 | 796 | 1 | 5 | 3.16 | 1.062 |

从统计结果来看，平均值均处于"一般"与"比较了解"之间，表明大学生对于习近平总书记系列讲话内容还是有一定程度的了解。相较于其他主题学习理解，大学生对"一带一路""京津冀协同发展"等与国家及区域经济发展联系紧密，与国民生活最为贴近的范畴理解较为深入，但对哲学、新闻舆论、思想政治教育、党的历史教育方面的讲话理解较弱。其理解情况总体呈现出多关注领导人经济领域观点，相对忽视思想教育方面讲话的总体特征。

教师的情况与学生相比，还是呈现出相当大的不同，具体数据如表1-21所示。首先，教师各项的最小值均为2，即没有"根本不了解"的，至少对所有内容都听说过。其次，教师的各项平均值明显高于学生，除在党的新闻舆论工作座谈会上的讲话平均值未达到4外,其他各项均在4以上,即介于"非常了解"与"比较了解"之间,比学生的掌握程度至少要高一个等级。第三,教师各项数值的标准差也明显低于学生,表明教师群体认识的一致性比较强。当然,这种情况也与教师群体对学习内容的重视成正比。

表1-21 教师对习近平总书记系列讲话内容的了解程度

| 你是否了解以下内容? | N | 最小值 | 最大值 | 平均数 | 标准偏差 |
| --- | --- | --- | --- | --- | --- |
| "五大发展理念" | 60 | 2 | 5 | 4.12 | 0.783 |
| "四个全面"战略布局 | 60 | 2 | 5 | 4.18 | 0.792 |
| "一带一路"战略 | 60 | 2 | 5 | 4.28 | 0.715 |
| "京津冀协同发展"思想 | 60 | 2 | 5 | 4.13 | 0.724 |
| 习近平在党的新闻舆论工作座谈会上的讲话精神 | 60 | 2 | 5 | 3.82 | 0.948 |
| 习近平在哲学社会科学工作座谈会上的讲话精神 | 60 | 2 | 5 | 4.05 | 0.790 |
| 习近平在庆祝中国共产党成立95周年大会上的讲话精神 | 60 | 2 | 5 | 4.22 | 0.783 |
| 习近平在全国思想宣传工作会议上的讲话精神 | 60 | 2 | 5 | 4.22 | 0.865 |
| 习近平在纪念红军长征胜利80周年大会上的讲话精神 | 60 | 2 | 5 | 4.10 | 0.838 |
| 习近平在全国高校思想政治工作会议上的讲话精神 | 60 | 2 | 5 | 4.43 | 0.698 |

在被问及"您认为自己了解习近平系列讲话的内容吗?"这一问题时,学生与教师的回答统计数据与上述分析是完全一致的,作为问卷的验证性问题,这种情况也表明了整个问卷的有效性。对该问题进行数据统计,"完全不了解"赋值1,"不了解"赋值2,"一般"赋值3,"比较了解"赋值4,"非常了解"赋值5,统计结果如表1-22所示。

表1-22 对习近平系列讲话了解程度的描述性统计资料

| | N | 最小值 | 最大值 | 平均数 | 标准偏差 |
|---|---|---|---|---|---|
| 学生 | 796 | 1 | 5 | 3.10 | 0.881 |
| 教师 | 60 | 2 | 5 | 4.08 | 0.696 |

数据统计结果表明，学生对习近平总书记系列讲话了解程度的均值为3.10，介于"一般"与"比较了解"之间；而教师的均值为4.08，介于"比较了解"与"非常了解"之间。师生的差距还是比较大的。

总之，不管是对学习内容的安排还是对系列讲话内容的了解程度，教师群体都明显优于学生群体。各高校在注重对教师进行总书记系列讲话学习教育的同时，必须要认真在学生中组织好学习活动，提高学生的思想认识水平。

## 第三节 北京高校落实系列讲话精神进课堂状况

习近平系列讲话精神进课堂，这是对高校思想政治理论课教学的重要要求。北京市各高校积极落实总书记系列讲话精神进课堂的任务，努力帮助学生深刻领会习近平总书记系列讲话精神的科学内涵、精神实质和实践要求，取得了一定的成效。

### 一、北京高校落实系列讲话精神进课堂的工作部署

总书记系列重要讲话精神进教材、进课堂、进头脑，"三进"工作成为当前思想政治理论课教育教学的核心任务。进教材、进课堂是手段，进头脑才是最终的目的。思政课教材是统编教材，2015年中宣部、教育部组织对思想政治理论课统编教材进行了集中修订，基本完成了系列重要讲话精神进教材的工作。而进课堂的工作，是由各校每位思政课教师来完成的。

应当说，北京市各高校对"三进"工作非常重视，不但提出了习近平讲话精神进课堂的要求，而且不少学校还出台了相应的措施，具体数据如表1-23、表1-24所示。

表1-23  有否讲话精神进课堂的要求统计资料

| | | 贵校有习近平讲话精神进课堂的要求吗? | | | |
|---|---|---|---|---|---|
| | | 次数 | 百分比 | 有效的百分比 | 累积百分比 |
| 有效 | 有 | 50 | 83.4 | 83.3 | 83.3 |
| | 不清楚 | 5 | 8.3 | 8.3 | 91.7 |
| | 没有 | 5 | 8.3 | 8.3 | 100.0 |
| | 总计 | 60 | 100.0 | 100.0 | |

从表1-23中可以看出,高达83.4%的教师都认为学校提出了总书记系列讲话精神进课堂的具体要求,只有8.3%的教师认为没有具体要求,另有8.3%的教师不太清楚,这表明各高校认真贯彻落实了中央及北京市的系列讲话精神进课堂的要求。

表1-24  有否讲话精神进课堂的具体措施统计资料

| | | 贵校有落实习近平讲话精神进课堂的具体措施吗? | | | |
|---|---|---|---|---|---|
| | | 次数 | 百分比 | 有效的百分比 | 累积百分比 |
| 有效 | 有 | 48 | 80.0 | 80.0 | 80.0 |
| | 不清楚 | 6 | 10.0 | 10.0 | 90.0 |
| | 没有 | 6 | 10.0 | 10.0 | 100.0 |
| | 总计 | 60 | 100.0 | 100.0 | |

表1-24的数据表明,80%的教师都认为学校制定了总书记系列讲话精神进课堂的实施措施,这个数值略小于提出要求的值,是完全可以理解的。毕竟可能存在个别学校只提出了系列重要讲话精神进课堂的要求而未制定具体措施。

总之,不管是提出要求还是制定具体措施,在学校层面的要求还是十分明确的,工作布置也是比较到位的。

**二、北京高校思政课教师落实系列讲话精神进课堂的基本情况**

从调查数据来看,北京各高校思政课教师能够积极落实习近平总书记系列重要讲话精神进课堂的要求与部署,在课堂上向学生讲授关于总书记系列重要讲话的相关内容。

表1-25是教师问卷问及"您在课堂教学中向学生讲授过关于习近平系列讲话的内容吗?"这一问题的统计结果。该问题在调查问卷的最后一个量表中设计

了验证性问题,具体统计结果如表 1-26 所示。两个表格的调查数据完全一致,验证了问卷的有效性。在全部受访的 54 名思政课教师中,94.4% 的教师都按照要求进行了授课,有 3 名教师没有进行过相应的授课,虽然占比并不高,但这一要求应该是对全体思政课教师的要求,是全体思政课教师必须要遵守的。可见,对思政课教师的队伍要求还需要进一步加强。

表 1-25　思政课教师在课堂讲授系列讲话情况

| | 您在课堂教学中向学生讲授过关于习近平系列讲话的内容吗? | | | |
|---|---|---|---|---|
| | | 次数 | 百分比 | 有效的百分比 |
| 有效 | 讲授过 | 51 | 94.4 | 94.4 |
| | 没有讲授过 | 3 | 5.6 | 5.6 |
| | 总计 | 54 | 100.0 | 100.0 |

表 1-26　思政课教师系列讲话精神进课堂执行情况自我评价

| | 我在课堂上经常向学生介绍习近平系列讲话的内容。 | | | | |
|---|---|---|---|---|---|
| | | 次数 | 百分比 | 有效的百分比 | 累积百分比 |
| 有效 | 4 非常赞成 | 36 | 60.0 | 66.7 | 66.7 |
| | 3 比较赞成 | 15 | 25.0 | 27.8 | 94.4 |
| | 2 一般 | 3 | 5.0 | 5.6 | 100.0 |
| | 1 不赞成 | 0 | 0 | 0 | |
| | 总计 | 54 | 90.0 | 100.0 | |
| 遗漏 | 系统 | 6 | 10.0 | | |
| | 总计 | 60 | 100.0 | | |

学生问卷的调查结果对该结论也是一个印证。如表 1-27 所示,在被问及"你的思政课(思想道德修养与法律基础、马克思主义基本原理概论、中国近现代史纲要、毛泽东思想和中国特色社会主义理论体系概论四门课)教师在课堂上讲授过习近平讲话的内容吗?"这一问题时,55.4% 的学生表示老师"经常讲",31.3% 的学生表示老师"有时讲",9.3% 的学生表示老师"偶尔讲",讲过的累积百分比为 96%,这与表 1-25、表 1-26 中的数据是吻合的。"经常讲""有时讲"的累积百分比达到 86.7%,表明绝大多数思政课教师还是认真履行了职责。

该问题在学生调查问卷的最后一个量表中设计了验证性问题,具体统计结果如表 1-28 所示,83.7% 的学生认为思政课教师经常在课堂上介绍习近平系列讲话精神,这与表1-27的数据基本上是一致的。

表1-27 你的思政课教师是否讲授系列讲话内容统计资料

| | | 次数 | 百分比 | 有效的百分比 | 累积百分比 |
|---|---|---|---|---|---|
| | 你的思政课教师在课堂上讲授过习近平讲话的内容吗? | | | | |
| 有效 | 经常讲 | 441 | 55.4 | 55.4 | 55.4 |
| | 有时讲 | 249 | 31.3 | 31.3 | 86.7 |
| | 偶尔讲 | 74 | 9.3 | 9.3 | 96.0 |
| | 很少讲 | 19 | 2.4 | 2.4 | 98.4 |
| | 没讲过 | 13 | 1.6 | 1.6 | 100.0 |
| | 总计 | 796 | 100.0 | 100.0 | |

表1-28 系列讲话进课堂执行情况学生评价

| | | 次数 | 百分比 | 有效的百分比 | 累积百分比 |
|---|---|---|---|---|---|
| | 我的思政课老师经常在课堂上向我们介绍习近平系列讲话的内容。 | | | | |
| 有效 | 4 非常赞成 | 401 | 50.4 | 51.7 | 51.7 |
| | 3 比较赞成 | 248 | 31.2 | 32.0 | 83.7 |
| | 2 一般 | 110 | 13.8 | 14.2 | 97.9 |
| | 1 不赞成 | 16 | 2.0 | 2.1 | 100.0 |
| | 总计 | 775 | 97.4 | 100.0 | |
| 遗漏 | 0 不清楚 | 21 | 2.6 | | |
| 总计 | | 796 | 100.0 | | |

形势政策课是独立于四门本科生思政课之外的对学生进行时事政策教育的课程。问卷设计时的假定为时事政策课更容易与习近平系列重要讲话内容相衔接,占比应该高一些,但实际调查结果与其他四门思政课相差无几,甚至比例比思政课还要低一些,具体数据如表1-29所示。"经常讲"与"有时讲"的比例只有82.8%,低于其他思政课堂近4个百分点。这一数据表明,形势政策课的教学内容还需要做进一步的更新,与时俱进。

表1-29 形势政策课落实进课堂要求情况

你的形势政策课教师在课堂上讲授过习近平讲话的内容吗?

| | | 次数 | 百分比 | 有效的百分比 | 累积百分比 |
|---|---|---|---|---|---|
| 有效 | 经常讲 | 433 | 54.4 | 54.4 | 54.4 |
| | 有时讲 | 226 | 28.4 | 28.4 | 82.8 |
| | 偶尔讲 | 77 | 9.7 | 9.7 | 92.5 |
| | 很少讲 | 23 | 2.9 | 2.9 | 95.4 |
| | 没讲过 | 37 | 4.6 | 4.6 | 100.0 |
| | 总计 | 796 | 100.0 | 100.0 | |

### 三、系列讲话精神进课堂的师生诉求

（一）系列讲话精神进课堂的学生诉求与教师认知

从学生需求看，系列讲话精神进课堂是适应学生需要的，学生问卷的调查结果表明（表1-30），85.4%的学生都非常希望能够有机会听到老师对于习近平总书记系列讲话精神的解读，12.8%的学生要求不够迫切，只有1.8%的学生没有这种要求。这表明当代大学生还是非常关心时政的，他们关心中国的政治与中国的发展，希望有人能够为他们指点迷津，分析时弊。因而，系列讲话精神进课堂迎合了学生的这种需求，是受到学生欢迎的。

表1-30 学生对系列讲话精神进课堂的诉求情况

Q29-1 我希望能有机会听到老师对习近平系列讲话精神的解读。

| | | 次数 | 百分比 | 有效的百分比 | 累积百分比 |
|---|---|---|---|---|---|
| 有效 | 4 非常赞成 | 433 | 54.4 | 55.8 | 55.8 |
| | 3 比较赞成 | 230 | 28.9 | 29.6 | 85.4 |
| | 2 一般 | 99 | 12.4 | 12.8 | 98.2 |
| | 1 不赞成 | 14 | 1.8 | 1.8 | 100.0 |
| | 总计 | 776 | 97.5 | 100.0 | |
| 遗漏 | 0 不清楚 | 20 | 2.5 | | |
| | 总计 | 796 | 100.0 | | |

应当说，绝大多数思政课教师是具有较强的敬业精神的，表1-31显示，92.6%的思政课教师都能够自觉地认真学习研究习近平系列讲话精神，为课堂教

学做好准备。从某一个侧面也表明,习近平总书记系列讲话精神进课堂的要求是得到广大思政课教师认可并认真执行的。

表1-31 思政课教师对学习状况的自我评价

| | Q29-1 我认真学习研究习近平系列讲话精神。(思想政治理论课教师必填) | | | | |
|---|---|---|---|---|---|
| | | 次数 | 百分比 | 有效的百分比 | 累积百分比 |
| 有效 | 4 非常赞成 | 37 | 61.7 | 68.5 | 68.5 |
| | 3 比较赞成 | 13 | 21.7 | 24.1 | 92.6 |
| | 2 一般 | 4 | 6.7 | 7.4 | 100.0 |
| | 1 不赞成 | 0 | 0 | 0 | 100.0 |
| | 总计 | 54 | 90.0 | 100.0 | |
| 遗漏 | 系统 | 6 | 10.0 | | |
| | 总计 | 60 | 100.0 | | |

### (二)正面教育方式的师生认知

思想政治理论的教育有正面教育与反面教育之分,正面教育是指以灌输革命真理和正面道理,宣传正面事例为主要内容的教育。学生对大学课堂中的正面教育还是持相当肯定的态度的。在学生问卷中,我们设计了"我认为老师应该弘扬正能量,少讲丧气话"的测量项,意在了解学生对于正面教育的看法。如表1-32所示,84.5%的学生对正面教育是认可的,表示不赞成的只有2.9%。

表1-32 学生对正面教育的认知

| | 我认为老师应该弘扬正能量,少讲丧气话。 | | | | |
|---|---|---|---|---|---|
| | | 次数 | 百分比 | 有效的百分比 | 累积百分比 |
| 有效 | 4 非常赞成 | 425 | 53.4 | 54.3 | 54.3 |
| | 3 比较赞成 | 236 | 29.6 | 30.2 | 84.5 |
| | 2 一般 | 98 | 12.3 | 12.5 | 97.1 |
| | 1 不赞成 | 23 | 2.9 | 2.9 | 100.0 |
| | 总计 | 782 | 98.2 | 100.0 | |
| 遗漏 | 不清楚 | 14 | 1.8 | | |
| | 总计 | 796 | 100.0 | | |

表1-33 教师对正面教育的态度

我在教学中以正面教育为主。

|  |  | 次数 | 百分比 | 有效的百分比 | 累积百分比 |
|---|---|---|---|---|---|
| 有效 | 4 非常赞成 | 39 | 65.0 | 72.2 | 72.2 |
|  | 3 比较赞成 | 12 | 20.0 | 22.2 | 94.4 |
|  | 2 一般 | 3 | 5.0 | 5.6 | 100.0 |
|  | 1 不赞成 | 0 | 0 | 0 | 100.0 |
|  | 总计 | 54 | 90.0 | 100.0 |  |
| 遗漏 | 系统 | 6 | 10.0 |  |  |
|  | 总计 | 60 | 100.0 |  |  |

教师对于正面教育方式的肯定比学生更高一些,94.4%的教师都认为在教学中应该以正面教育为主,并且身体力行。如表1-33所示,没有表示反对这一观点的。可见,高校师生对于正面教育还是有着相当高的认可度的。

(三)反面教育方式的师生认知

反面教育是惩戒,考虑到大学生具有相当的理解能力和承受能力,适当地运用反面教育,也能够激发学生的责任感与使命感。对于反面教育方式,学生问卷中设计了"我认为老师多谈谈现在社会中存在的负面问题更有助于帮助我们适应社会生活。"这样一个态度测量项。如表1-34所示,对于反面教育的作用,学生还是给予了肯定,77.7%的学生赞成负面问题有助于帮助其适应社会生活的观点。但对这一观点的肯定程度明显不如正面教育,比正面教育低近7个百分点。

表1-34 反面教育方式的学生认知

我认为老师多谈谈现在社会中存在的负面问题更有助于帮助我们适应社会生活。

|  |  | 次数 | 百分比 | 有效的百分比 | 累积百分比 |
|---|---|---|---|---|---|
| 有效 | 4 非常赞成 | 350 | 44.0 | 45.3 | 45.3 |
|  | 3 比较赞成 | 251 | 31.5 | 32.5 | 77.7 |
|  | 2 一般 | 130 | 16.3 | 16.8 | 94.6 |
|  | 1 不赞成 | 42 | 5.3 | 5.4 | 100.0 |
|  | 总计 | 773 | 97.1 | 100.0 |  |
| 遗漏 | 0 不清楚 | 23 | 2.9 |  |  |
|  | 总计 | 796 | 100.0 |  |  |

对于反面教育方式的运用,思政课教师明显要比学生谨慎得多,表 1-35 反映了思政课教师对反面教育方式的认知情况,只有一半的教师(53.7%)对反面教育方式的效果给予了充分肯定,明确表示反对这一观点的更是高达 22.2%。可见,多数思政课教师认为应坚持以正面教育为主。

表 1-35 反面教育方式的教师认知

| | | 次数 | 百分比 | 有效的百分比 | 累积百分比 |
|---|---|---|---|---|---|
| | 我认为多谈谈现在社会中存在的负面问题更有助于帮助学生适应社会生活。 | | | | |
| 有效 | 4 非常赞成 | 18 | 30.0 | 33.3 | 33.3 |
| | 3 比较赞成 | 11 | 18.3 | 20.4 | 53.7 |
| | 2 一般 | 13 | 21.7 | 24.1 | 77.8 |
| | 1 不赞成 | 12 | 20.0 | 22.2 | 100.0 |
| | 总计 | 54 | 90.0 | 100.0 | |
| 遗漏 | 系统 | 6 | 10.0 | | |
| | 总计 | 60 | 100.0 | | |

事实上,在大学课堂中,确实存在着个别教师利用课堂散布不满情绪的情况。学生问卷量表中设计了"我的大学老师中总有一些对党和政府不满意的人,他们在课堂中经常散布自己的这些观点"这一测量项,而统计数据表明,这种现象确实存在。表 1-36 的统计数据表明,64.9% 学生都在课堂上经历过这种情况。这个比例还是比较大的,对于教师队伍,还是应该加强政治纪律的要求。思政课教师在这方面的表现和认知是比较好的,但不少专业课教师在课堂上口无遮拦,在学生中造成了不良影响。在这样的形势之下,思想政治理论课教师坚持正面教育更加有必要。

表 1-36 利用课堂散布不满情绪状况

| | | 次数 | 百分比 | 有效的百分比 | 累积百分比 |
|---|---|---|---|---|---|
| | 我的大学老师中总有一些对党和政府不满意的人,他们在课堂中经常散布自己的这些观点。 | | | | |
| 有效 | 4 非常赞成 | 266 | 33.4 | 36.1 | 36.1 |
| | 3 比较赞成 | 212 | 26.6 | 28.8 | 64.9 |
| | 2 一般 | 132 | 16.6 | 17.9 | 82.8 |
| | 1 不赞成 | 127 | 16.0 | 17.2 | 100.0 |
| | 总计 | 737 | 92.6 | 100.0 | |

续表

| | | 次数 | 百分比 | 有效的百分比 | 累积百分比 |
|---|---|---|---|---|---|
| 遗漏 | 0 不清楚 | 59 | 7.4 | | |
| | 总计 | 796 | 100.0 | | |

总之,正面教育与反面教育都有其积极的教育意义,作为思想政治教育工作者,必须着眼于新的实践和新的发展,在实践中处理好正面教育与反面教育的关系。

**四、思政课教师的职业自豪感与责任意识**

应当说,思政课教师是一支具有高度责任心与使命感的教师队伍,有着较高的职业自豪感,能够完成对学生进行思想政治教育的任务。他们能够自觉地践行思想政治理论课的教学要求,努力宣传党的路线、方针、政策,以提高学生的道路自信、理论自信、制度自信、文化自信。

表 1-37 思政课教师的职业自豪感

| | | 次数 | 百分比 | 有效的百分比 | 累积百分比 |
|---|---|---|---|---|---|
| | 我为自己能有机会在课堂上向学生宣传党的方针政策而自豪。 | | | | |
| 有效 | 4 非常赞成 | 37 | 61.7 | 69.8 | 69.8 |
| | 3 比较赞成 | 12 | 20.0 | 22.6 | 92.5 |
| | 2 一般 | 4 | 6.7 | 7.5 | 100.0 |
| | 1 不赞成 | 0 | 0 | 0 | 100.0 |
| | 总计 | 53 | 88.3 | 100.0 | |
| 遗漏 | 系统 | 6 | 10.0 | | |
| | 0 不清楚 | 1 | 1.7 | | |
| | 总计 | 7 | 11.7 | | |
| 总计 | | 60 | 100.0 | | |

表 1-37 的数据表明,思政课教师有着很强的职业自豪感,92.5% 的教师为自己的职业而自豪,可以看出,他们愿意宣传党的路线、方针、政策并为此感到自豪。不但如此,他们在课堂上努力培养学生对中国共产党的信心,如表 1-38 所示,94.4% 的思政课教师在坚持不懈地进行爱党爱社会主义的政治教育。

表1-38  思政课教师履责状况

我努力培养学生对中国共产党的信心。

| | | 次数 | 百分比 | 有效的百分比 | 累积百分比 |
|---|---|---|---|---|---|
| 有效 | 4 非常赞成 | 43 | 71.7 | 79.6 | 79.6 |
| | 3 比较赞成 | 8 | 13.3 | 14.8 | 94.4 |
| | 2 一般 | 3 | 5.0 | 5.6 | 100.0 |
| | 1 不赞成 | | | | |
| | 总计 | 54 | 90.0 | 100.0 | |
| 遗漏 | 0 | 6 | 10.0 | | |
| | 总计 | 60 | 100.0 | | |

这样的行为来源于教师对党的信心,学生问卷中设计了"我能够感觉到我的老师们对中国共产党的未来充满信心"这一测量项,意在了解高校教师的精神风貌与政治态度。从学生的评价来看,情况还是比较好的,如表1-39所示,86.2%的学生认为老师们对中国共产党的未来充满信心,当然,这个调查是针对学生的所有任课教师而言,如果只是单指思政课,相信这个比例会更高。

表1-39  学生对教师政治态度的评价

我能够感觉到我的老师们对中国共产党的未来充满信心。

| | | 次数 | 百分比 | 有效的百分比 | 累积百分比 |
|---|---|---|---|---|---|
| 有效 | 4 非常赞成 | 427 | 53.6 | 55.5 | 55.5 |
| | 3 比较赞成 | 236 | 29.6 | 30.7 | 86.2 |
| | 2 一般 | 94 | 11.8 | 12.2 | 98.4 |
| | 1 不赞成 | 12 | 1.5 | 1.6 | 100.0 |
| | 总计 | 769 | 96.6 | 100.0 | |
| 遗漏 | 0 不清楚 | 27 | 3.4 | | |
| | 总计 | 796 | 100.0 | | |

总之,习近平总书记系列讲话进课堂的要求在北京高校得到了较好的贯彻与执行,绝大多数高校都明确提出了这一要求并且制定了具体的实施措施。不管是在思想政治理论四门课还是形势政策课上,教师们都能够认真领会并宣传系列讲话的精神,坚持以正面教育为主,反面教育为辅,积极落实思政课教学的具体要求。

## 第四节　北京高校大学生学习贯彻系列讲话精神状况

党和国家的希望看青年,青年的思想取向、价值观念主要看大学生。十八大以来,尤其是"两学一做"活动开展以来,北京各高校认真组织学生学习习近平总书记系列讲话精神,在学生中开展了一系列的活动,取得了一定的效果。

**一、大学生学习活动的主要内容**

"两学一做"是中央加强思想政治建设的一项重大部署,北京各高校各级党组织坚决贯彻中央精神,发挥各级党组织的主动性、创造性,强化问题导向、突出经常性教育,把"两学一做"学习教育与学校学生党建工作紧密结合起来。通过对北京高校相关新闻报道的文本分析,各高校重点抓了以下几个方面内容的学习。

(一)加强大学生的理想信念、世界观、人生观、价值观教育,帮助大学生精神上补"钙"

党的十八大以来,习近平总书记多次强调"革命理想高于天",在坚定理想信念方面做出了许多重要的新论述。这些论述深刻揭示了理想信念与共产党人的内在联系。北京高校各级党组织组织学生认真学习这些论述,对于大学生在日益复杂的国际国内环境下坚持党的领导、坚持和发展中国特色社会主义,具有极强的现实意义。

(二)进行国家梦、民族梦、人民梦和大学生个人梦相结合的教育,增强大学生的历史责任和历史使命感

中国梦为各族同胞提供了牢固的精神纽带,为每个国人注入了强烈的家国情怀。总书记的系列讲话精神特别是关于中国梦、当代青年的责任和使命等相关论述是当代青年健康成长的行动指南,北京高校开展各类教育活动,帮助大学生深刻理解当代青年在实现中国梦伟大进程中肩负的历史使命,引导青年不断增强为实现中国梦而奋斗的责任感、使命感。深刻理解实现中国梦是青年成长成才的最好舞台,自觉把个人追求和奋斗融入这一进程。

(三)帮助大学生提高对我国社会主义制度的优越性的认识,增强中国特色社会主义的道路自信、理论自信、制度自信

中国特色社会主义道路自信、理论自信、制度自信是我们夺取中国特色社会

主义建设新胜利的伟大精神力量和坚实信仰基础，也是引领当代大学生成长成才的方向指引和动力支持。"三个自信"是对中国特色社会主义理论、制度和道路的科学性、优越性和实践性所形成的高度的科学认知和行为遵循。北京高校通过各级学生党组织、共青团和思想政治理论课开展各类活动，加强对马克思主义发展史和党史、国史的学习。强化理性认知，用中国特色社会主义理论体系武装大学生的头脑。强化实践体验，引导大学生自觉投身中国特色社会主义伟大实践之中。

（四）提升大学生对党的"四个全面"战略布局治国理政总方略的认识

"四个全面"战略布局是新形势下党治国理政的总体框架，也是新的历史起点上凝心聚力、攻坚克难、坚持和发展中国特色社会主义的蓝图设计。北京高校通过各类学习教育活动教育大学生要勇于承担起建设社会主义现代化的重任，团结在党中央周围，深刻领悟"四个全面"战略布局，以"四个全面"战略布局为理论指导和实践指南，为实现"两个一百年"和中国梦，绽放自己的青春。

（五）号召大学生自觉践行社会主义核心价值观，弘扬社会主义思想道德和中华传统美德

社会主义思想道德和中华传统美德是我们推进改革开放和社会主义现代化建设的强大精神力量。北京高校通过各类学习教育活动帮助大学生保持积极的人生态度、良好的道德品质、健康的生活情趣，通过不断的人生实践，提高自己的道德践履能力和道德成熟程度。

## 二、大学生学习落实系列讲话活动的部署

为贯彻落实党中央、高校主管中央部委党组和北京市委教育工委的部署，北京市各高校党委认真学习贯彻中央"两学一做"学习教育新精神、新要求、新部署，积极履行抓好"两学一做"学习教育的主体责任，组织开展"两学一做"学习教育。为了使学习活动推动党内教育从"关键少数"向广大学生党员拓展，使广大学生党员在思想上政治上行动上同党中央保持高度一致，北京市各高校党委、二级单位党委、党总支从2016年4月以来陆续组织召开党委会议，对在全体党员中开展"两学一做"学习教育进行动员部署、制订教育实施方案。要求广大学生党员学习领会习近平总书记系列重要讲话的基本精神，学习领会党中央治国理政新理念新思想新战略的基本内容，掌握与增强党性修养、践行宗旨观念、涵养道德品格。积极推进高校学习教育深入开展。

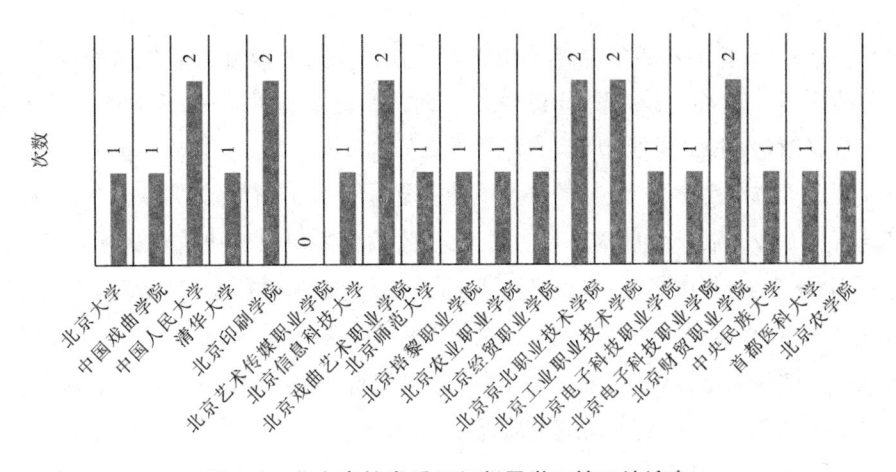

图1.2  北京高校党委组织部署学习情况统计表

从图1.2中统计数据可以看出，北京20所高校中除了个别民办高校外，各高校党委都通过召开部署会、动员会对本校的学习活动进行了部署。有的学校如北京师范大学、中央民族大学、北京信息科技大学大学校党委印发《在全体共产党员中开展"两学一做"学习教育的实施方案》进行了全校学习落实工作的安排。具体落实的方式有的学校召开了部署会并制定了方案，有的学校仅制定了方案或者召开了部署会。北京高校都在学校官网中专设"两学一做"专栏对学习落实工作进行报道，但也出现了个别学校在学校官网中没有学习活动报道的情况。

一些高校的学习贯彻部署全面，跟进落实到位。以中央民族大学和中央戏曲学院为例。中央民族大学在主管单位国家民委党组和北京市委教育工委分别召开会议、印发文件，对本系统的学习教育进行动员部署后，中央民族大学校党委对开展"两学一做"学习教育高度重视，常委会认真传达学习了中央的精神和上级党组织的意见要求，审议通过了《中央民族大学开展"学党章党规、学系列讲话，做合格党员"学习教育实施方案》。各二级单位党委、党总支制订本单位的"两学一做"学习教育方案，校237个党支部结合支部特点相继制订支部学习教育工作计划，安排党员自学、党支部组织集中学习讨论、党员领导干部、党支部书记讲党课和学生党支部志愿服务活动。学校"两学一做"学习教育实施方案中明确要求各党支部每月至少组织党员进行1次集中学习讨论，每季度要组织一次专题研讨，党员领导干部、党支部书记要带头讲党课，学生党员年度内至少参加1次志愿服务活动。将两学一做活动直接落实到每个党支部、每名党员。2016年5月学校先后召开"两学一做"学习教育工作会议、推进"两学一做"学习教育常态化制度化动员部署会，10月召开"两学一做"学习教育和基层党建重点任务落实情况座谈会,启动两学一做学习教育工作专项检查工作。在校各级党委的组织部署下,学校邀请校内外知名专家学者、先进模范等到基层党支部讲党课,从解读中央民族工作会议精神、用哲学理论回答共产党不能信仰宗教、社会主义核心价值观、五大发展理念等方面为学生、教师党员上了精品党课;校237个党支部结合支部特点,结合自身专业开展了党课学习及专题讨论;学校党委组织部和党校及时组织全校党支部书记进行集中培训,并积极落实网络在线学习和研发推广"民大党建"微信服务号,引导党员利用新媒体进行自主学习和学习成效检测;此外,依托党校专门成立了党课研究室,从马克思主义学院、专家学者、基层党组织书记、先进模范中选聘了一批党校特聘教授,研究分配了各自承担的党课重点和主题,打造了一支高素质的党校兼职师资队伍。

中央戏曲学院为落实中央和北京市委部署,校党委2016年5月启动"两学一做"学习教育,京剧系、表演系、导演系、音乐系、戏文系、舞美系、新媒体艺术系、国交系等各级党组织结合单位实际,找准工作的切入点和抓手。首先,各级党组织和广大师生党员坚持在"学"上下功夫。以"学"为基础,提高思想认识,读原著、学原文、悟原理,组织党员认真学习习近平总书记系列讲话精神,增强"四个意识",坚定共产党人的理想信念。表演系、基础部、机关党委开展了手抄党章、临摹党章、熟读党章活动;戏文系、新媒体艺术系、国际文化交流系、基础部开展了理论经典读书会、微视频、微动漫、微党课等活动;中央电视台戏曲采风栏目播出了京剧系党总支"两学一做"学习教育专题节目,导演系党总支、青马文艺班与党建网录制"大学生心向党"纪念中国共产党建党95周年视频节目,让外界了解学院"两学一做"成效。通过丰富的学习形式,学校师生党员干部对党的宗旨有了更深入的了解,对做合格共产党员有了深层次的认识。其次,校各级党组织和广大师生党员注重在"做"上见实效。学校各级党组织把做合格共产党员作为学习教育的着眼点、落脚点,教育引导党员增强"四个意识"、做到"四讲四有"。京剧系、戏文系鼓励党员服务社区,提升社会服务水平;音乐系、舞台美术系、新媒体艺术系分别发挥专业优势,开展"红色1+1"活动,开展器乐指导、送戏进社区、传统文化创意产品展示等活动。表演系发起"我是党员,我做表率"活动,全体党员签订了承诺书,用行动践行党"全心全意为人民服务"宗旨。这些活动增强了党员的服务意识、责任意识、大局意识。

### 三、大学生学习落实系列讲话活动的组织

（一）各北京高校党委把学习落实习近平讲话与落实完成学校各项改革和建设任务结合起来，提高基层党组织和党员党性，为学校改革发展提供强大动力

各高校党委意识到开展"两学一做"学习教育，是全面深化学校综合改革、推进学校事业持续健康发展的迫切需要。基层党组织和广大共产党员的作用发挥得如何，将直接决定学校改革和事业发展的成败。北京各高校通过学习教育，搭建平台、创新载体，把学习教育与全面贯彻党的教育方针结合起来，与落实完成学校教学、科研、管理、服务的各项改革和建设任务结合起来，解决基层党组织和党员队伍在思想、组织、作风、纪律等方面存在的问题，为学校改革发展提供强大动力。

北大党委按照中央的要求和教育部党组的部署，坚持育人为本、立德树人，把"实现中国梦，先育筑梦人"作为重要理念和根本导向，深入开展以"圆梦北大、筑梦中华"为响亮口号的"我的中国梦"主题教育活动，鼓励和引导北大学子勇当筑梦人。

清华大学深入学习贯彻总书记五四重要讲话精神，将其作为十八大精神学习活动的重要组成部分。学校深入开展"行健新百年、共筑中国梦"主题教育活动，凝聚实现中华民族伟大复兴的共同理想和强大力量。深入探索中国特色的世界一流大学发展道路，创造青年成长成才、建功立业的有利条件和广阔舞台。深入推进学校文化建设，营造充分信任青年、热情关心青年和严格要求青年的良好氛围和时代风尚。

中国人民大学深入学习、深刻把握习近平总书记讲话的丰富内涵和精神实质，把思想和行动统一到中央对青年一代的希望和要求上来。中国人民大学学习活动的组织主要把握了三个层面：一是用梦想把国家与个人联系起来，以中国梦激励青春梦。二是用梦想把学校和学生联系起来，以人大梦助推青春梦。三是用奋斗把梦想与现实连接起来，引导青年大学生努力提升实现梦想的能力。

图1.3是利用各学校网站的报道所统计出的各校党委2016年度组织活动的状况。从上述学校的认识和各高校党委组织学习落实活动的统计数据可以看出，北京高校各级党委高度重视中央、相关部委和北京市教委的要求和部署，积极组织相关学习活动，并且把习近平讲话精神作为引导学校教学、科研、管理、服务的各项改革和学校发展沿着正确的方向发展的精神指引。但少数民办学校和专科学校的校级党委并没有组织学生的相关学习活动，落实不到位。

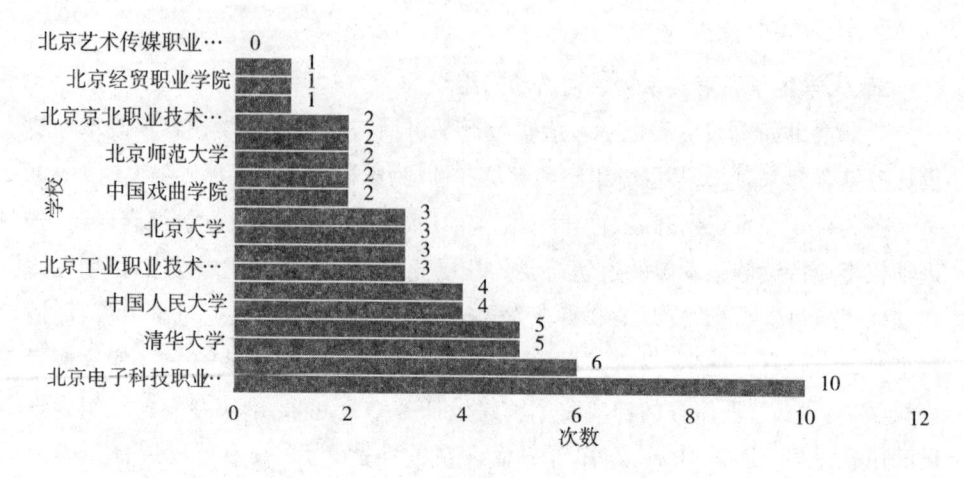

## 图1.3 校级党委组织活动统计图（网络调研统计）

| 学校 | 次数 |
|---|---|
| 北京艺术传媒职业… | 0 |
| 北京经贸职业学院 | 1 |
| （未标） | 1 |
| 北京京北职业技术… | 2 |
| 北京师范大学 | 2 |
| （未标） | 2 |
| （未标） | 2 |
| 中国戏曲学院 | 2 |
| 北京大学 | 3 |
| （未标） | 3 |
| （未标） | 3 |
| 北京工业职业技术… | 3 |
| 中国人民大学 | 4 |
| （未标） | 4 |
| 清华大学 | 5 |
| （未标） | 5 |
| （未标） | 6 |
| 北京电子科技职业… | 10 |

（二）北京高校学生工作主管部门开展多样学习活动，将学习活动落实到学生党支部和学生党员

在学习落实习近平讲话活动中，部分高校的学生管理主管部门高度重视，根据上级和学校的要求，精心组织、周密安排，深入开展学习习总书记讲话的落实工作，使学习活动落实到每位学生党员、预备党员和积极分子。

从20所学校中，选取最具代表性的北京师范大学作为分析样本。北京师范大学本科生工作处为贯彻落实中央和学校党委关于"两学一做"学习教育的部署，制定了《关于在学生党员中开展"两学一做"学习教育的实施方案》，指导各本科生党支部深入开展学习教育活动。3月和5月本科生工作处两次召开全体本科生党支部支委工作会，提出明确的学习要求。各本科生党支部积极行动，广泛开展了形式多样的学习教育活动。

一是开展形式多样的理论学习活动，提升党性修养，提高理论水平。各本科生党支部通过学习研讨、主题讲座、知识竞赛等形式，广泛开展学党章党规、学系列讲话等学习活动。历史学院本科生第二党支部开展了晨读党章活动，心理学院本科生党支部举办了"知规守矩，以做促学"党章党规知识竞赛，化学学院本科生党支部联合举办了"两学一做 知行合一"知识竞赛，哲学学院本科生第四党支部连续举办6次双周民主生活会，社会学院本科生党支部开展了主题素质拓展活动，新闻传播学院本科生党支部以"两会"议案为主题开展辩论赛，激发党员和入党积极分子学习时政热点、提升理论水平的积极性。

二是开展各具特色的志愿服务活动，增强党性意识。各本科生党支部以党建基金为依托,充分发挥各自专业优势,在校园内外积极开志愿服务活动,强化本科生党员的宗旨意识、服务意识。经济与工商管理学院本科生第一党支部开展"折翼天使——关爱自闭症群体"活动,先后七次赴北京市关爱自闭症群体工作室"无障碍艺途"开展志愿服务;体育与运动学院本科生第二党支部开展了"阳光志愿服务站—体育器材大家用"志愿服务微行动;生命科学学院本科生第二党支部与人民日报社开展共建活动、为人民日报社的离退休干部送去智能手机使用技巧指导;信息科学与技术学院2014—2015级本科生党支部开展了"信科小雷锋"主题志愿服务活动,为同学们解答电脑运用中的疑难问题,提供电脑使用的技巧辅导。

三是通过丰富多彩、实效性强的活动,使本科生党员对党章党规和系列讲话的掌握和理解得到深化,对合格党员标准的认识更加深刻,党性意识得到增强。本科生工作处加强对本科生党支部学习教育活动的指导和支持,不断创新工作内容和形式,引导本科生党员加强理论学习、提高政治素养、坚定理想信念、提升实践能力,争做讲政治、有信念,讲规矩、有纪律,讲道德、有品行,讲奉献、有作为的优秀学生党员。

北京师范大学研究生工作处按照中央和学校党委的指示精神,创新形式推进学习教育,也开展了多项内容丰富的专题活动,努力将学习教育落到每一个支部、每一名党员。研究生工作处的学习教育活动有以下特点。

一是借力网络媒介,搭建线上学习平台。研工处针对重点人群,利用线上学习平台组织各研究生党支部书记及支委共100人参与全国大学生党员"两学一做"专题网络培训示范班,累计培训共计2300余学时,发布学习心得百余篇。同时,研工处积极利用网络新媒体推动学习教育,搭建以"京师研工"微信为主体的网络学习教育平台,拓宽学习宣传媒介,打造网络教育阵地,引导广大研究生党员开展日常化学习。教育学部、法学院、生命科学学院、政府管理学院、社会发展与共公共政策学院、刑事法律科学研究院等研究生党支部依托院系网络平台或党支部微信平台积极进行学习教育,宣传支部有关工作,带动广大党员将学习教育落到实处。

二是发掘校外资源,扩宽实践服务渠道。研工处积极利用校内外资源搭建党员社会实践平台,引导研究生党员投身实践锻炼,在实践中服务基层社会,践行党员标准。2016年2月以来,在北京市西城区中学校长助理挂职锻炼项目中,选拔33名研究生骨干在西城区各中学进行为期六个月的校长助理挂职,获得了西城区教委和各中学的高度评价。在红色"1+1"活动中,信息科学与技术学院、减灾与应急管理研究院等各研究生党支部积极与村镇、社区基层党支部开展共建,艺术与传媒学院和生命科学学院党支部共建开展"深入农村,散播希望"昌平区半截塔村支教活动,化学学院开展"化学进社区"活动,社会学院开展"服务农村基层,助力社区发展"活动。

三是凝聚创新经验,总结支部典型案例。研工处积极组织各研究生党支部围绕学习教育工作的成功经验和创新做法开展"研究生党支部基层党建创新案例征集评选"活动,以党支部工作机制、党员学理论、党员在行动等主题征集各院系研究生党支部思想建设、组织建设、制度建设等方面的成功案例近 70 份,通过有效总结和凝练,以具有创新示范意义的党建工作成果带动研究生"两学一做"学习教育工作进一步深入开展。

此外,北京师范大学本科生工作处组织举办青年共产主义者培训班。22 个院系的 289 名同学参加培训,培训开展了"为什么要入党""百年五四的精神财富""今天我们如何学理论"等主题讲座,围绕"两学一做"进行了"培育和践行社会主义核心价值观""建党 95 周年""党员发展对象的先锋模范作用"等主题展开了交流讨论与汇报,提升大学生党员发展对象的理论素养和政治素质。

高校学生主管部门在学习落实活动中,具有学习活动的覆盖范围广、学习活动的形式多样的特点,但各高校间也呈现出很大的差异性,从各学校网站的网络报道统计数据看,在学习落实工作中,除了北京师范大学和清华大学少数几家高校外,其他高校都未见学生主管部门独立组织开展相关学习活动的报道。

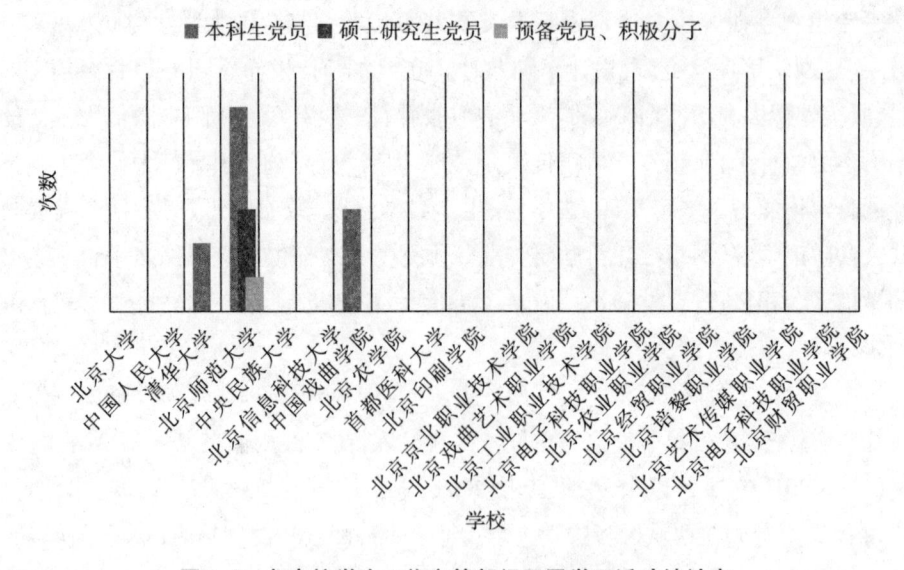

**图 1.4　各高校学生工作主管部门开展学习活动统计表**

(三)北京高校共青团利用多种载体,组织开展有形化、经常化的工作和活动,扎实开展学习活动

北京高校各级团组织把组织引导广大团员青年和团干部认真学习宣传贯彻习近平总书记系列讲话精神作为一项重要政治任务,高度重视、积极部署。北京高校共青团,利用团支部、学生社团、网络和团课这四块载体,通过组织开展有形化、经常化的工作和活动,深入扎实开展学习宣传贯彻习近平总书记系列重要讲话精神的活动,并以此推进高校共青团组织建设新发展。

1.北京高校各校团委以"全覆盖与全影响"为着眼点,以"长期性与系统性"为基本原则,组织动员基层团支部广泛开展"三个一"主题教育实践活动,通过读书会、分享会等形式,开展了一批主题性强、内容丰富、形式新颖的团日活动

北京交通大学创新团日活动组织形式,围绕"知行并举筑中国梦四进四信修青年志"活动主题,对不同年级确定不同主题分类引导,实现对全体团支部的有效覆盖。北京体育大学将"四进四信"工作与基层团组织建设结合起来,为全校298个支团支部专门定制了一批有关习近平总书记系列重要讲话中有关青年的学习材料,并在量化考核中加入"四进四信"工作。同时,高校团支部通过学习宣传贯彻习近平总书记的系列重要讲话精神,增加了团的组织内控力、强化了团组织生活内容的针对性、提升了支部成员的思想境界与理论水平、保证团的组织生活规范化,使青年团员实现"学习、立德、成长"的重要转变,让学习宣传贯彻习近平总书记系列重要讲话精神正逐步成为团支部的生活习惯。

2.北京高校共青团利用学习宣传贯彻习近平总书记系列讲话进学生社团这一抓手,充分发挥高校大学生理论学习社团作为大学生思想政治理论学习第二课堂的重要作用,使其日益成为高校青年团员学习、研讨习近平总书记系列重要讲话的坚强阵地

2016年4月北京市团市委在首都高校中启动了"联盟杯"首都大学生四进四信知识竞赛,重点对"四进四信""中国梦""社会主义核心价值观"等开展普及和宣传。清华大学、人民大学等6所高校开展了形式新颖、广泛参与的校级竞赛。北京高校理论社团骨干还走进中央电视台、人民网等开展"新角度 新视野 新思维"时政观察活动,与时政记者、评论员、网络大V开展交流座谈增进理论实践的结合。北京科技大学以校园文化为切入点,开展"满井花开、贝壳绽放"贝壳青年的四信知识路线图,根据"四进四信"主题设置专属路线,每条路线均包含理论社团、创新创业团队,通过精心的设计传达广大青年"四进四信"的含义。北京财贸职业学院依托理论社团举办"首都高职院校四进四信主题辩论会",在职业院校中

37

掀起践行"八字真言"活动,举办多场理论社团答辩会。

3. 北京高校共青团组织还利用所属网站、微博、微信等网络新平台将习近平总书记的系列重要讲话精神在网络上旗帜鲜明地进行宣传。采用同学生们喜欢的网络新媒体形式,将深邃的理论与生动的网络语言、简洁的图片、优秀的动漫短片相融合,将原本"高大上"的思想教育更加"接地气"

2016年3月北京市学联公共微信账号设立"学习新常态""四进四信"专栏,推送习近平讲话原稿、政策解读、学习体会、习近平用典等专题。北京团市委举办首都大学生四进四信文化作品大赛,首都大学生将讲话精神以简单易懂的形式,制作视频、动漫等文化作品、参与开展网络评选活动。北方工业大学举办"四进四信,争取四可青年"网络文明志愿者行动宣传活动,通过宣读倡议书签名等形式鼓励大家做四可的网络文明青年。北京印刷学院制作了"一张图读懂四进四信"等易于传播的图文、视频,通过微博、微信、微视频等开展宣传活动。高校团组织组建的网络宣传员队伍,通过逻辑严密、情真意切的评论,持续发酵、层层扩散的传播,积极主动、踊跃争先的点赞,让习近平总书记系列重要讲话精神在线上线下"全面开花"。

4. 以团课教育为重要阵地,全面提升青年团员综合素质

北京高校团组将习近平总书记系列重要讲话精神引进团课教育中,注重采用分层培养、因材施教的实施原则,努力打造一支贯彻重要讲话精神的"示范队"、一个宣传重要讲话精神的"主力团"、一批学习重要讲话精神的"生力军"。首都大学生新世纪英才学校实施学习讲话精神"星火带动计划",组织英才学员通过理论学习,实践锻炼,提升对讲话精神的学习领会,市级英才学员带动本校英才学员,校级英才学院带动班级同学,形成了学习讲话精神的多层联动。2016年6月组织高校团书记、院系团书记参加学习宣传贯彻讲话精神专题培训班。中国人民大学研究生会举办"四进四信"系列活动报告会,还通过举办师生座谈会、最美基层干部分享会、"重走长征路"等形式多样的活动,推动"四进四信"取得了实效。北京中医药大学建立以思想导师教学为特色的四进四信团课教育新模式,在团课教育中实施分层分类精细化教育,选拔百名优秀学员参加"岐黄星火,争做四可青年"学生骨干培训学校的学习。此外北京高校团组织还组织学员通过聆听专家学者讲座、阅读原文自学、相互座谈研讨、撰写学习心得、引发宣传册、开展实践训练等活动,为学员营造浓郁的学习氛围,提供及时的实践机会,让广大优秀团员、团干部和人党积极分子成为习近平总书记系列重要讲话精神的忠实研究者、积极传播者和坚定实践者。

(四)思想政治理论课扎实推动讲话精神进教材、进课堂、进头脑

为深入推进习近平总书记系列重要讲话精神进教材、进课堂、进头脑,帮助学生深刻领会习近平总书记系列讲话精神的科学内涵、精神实质和实践要求,北京市各高校思想政治理论课把"三进"工作作为教育教学的核心任务。

1.将习近平总书记的重要讲话引入教材,选派北京高校教师积极参与和配合统编教材编写工作

为深入贯彻习近平总书记系列重要讲话精神,推动党的理论创新最新成果进教材进课堂进头脑,2015年中宣部、教育部组织对高校《马克思主义基本原理概论》《毛泽东思想和中国特色社会主义理论体系概论》《思想道德修养与法律基础》《中国近现代史纲要》等思想政治理论课统编教材进行了集中修订。在中宣部、教育部组织对高校思想政治理论课统编教材进行了集中修订后,2016学年北京各高校全面启用新教材。为了将讲话精神全面、有机地体现和渗透于教学中,部分院校的教师还编写教学辅助资料、讲义和教学计划、教学大纲、考试计划等,为教学提供文本依据。

2.将习近平总书记的重要讲话引进课堂,使学生的思想受到影响

除了把教材编好、北京市各高校还重视把师资队伍建好、要求把课讲好。一方面,认真抓好教师队伍的教育。北京各高校要求教师充分认识"三进"工作的重要意义,要求教师党员要始终坚持把立德树人作为中心环节,努力在日常教学、工作及创作中真正做到"四讲四有四带头",即讲政治、有信念,带头做社会主义核心价值观的践行者;讲规矩、有纪律,带头做党纪国法校规校纪的守护者;讲文化、有学养,带头做传统文化的传播者;讲奉献,有德行,带头做学生的引路者。要求全体党员切实从思想和行动上解决好培养什么样人、如何培养人、为谁培养人这个根本问题。努力用中国特色社会主义理论体系最新理论成果武装学生头脑。引导和教育学生坚定中国特色社会主义理想信念,树立正确的世界观、人生观和价值观,明确党和国家今后一段时期的奋斗目标及自身所肩负的历史使命。另一方面,认真抓好教师队伍的学习,加强师资培训力度,将讲话作为校内基层组织学习和培训内容,北京市各高校组织教师学习情况如图1.5所示。北京市教委也将其作为北京市哲学社会科学教学科研骨干研修班、思想政治理论课骨干教师研修班等培训的重要内容,增强教师习近平总书记重要讲话精神进课堂的使命感责任感。

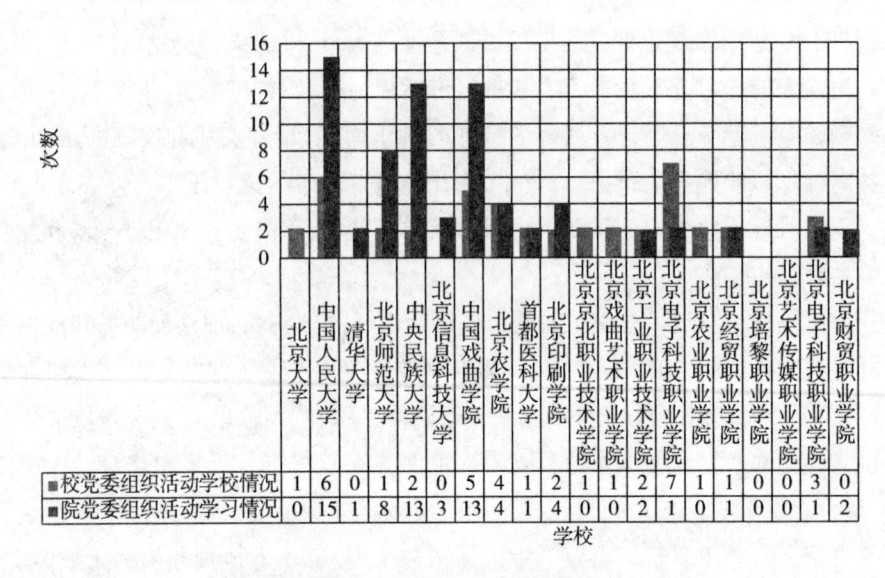

| 学校 | 北京大学 | 中国人民大学 | 清华大学 | 北京师范大学 | 中央民族大学 | 北京信息科技大学 | 中国戏曲学院 | 北京农学院 | 首都医科大学 | 北京印刷学院 | 北京北职业技术学院 | 北京戏曲艺术职业学院 | 北京工业职业技术学院 | 北京电子科技职业学院 | 北京农业职业学院 | 北京经贸职业学院 | 北京培黎职业学院 | 北京艺术传媒职业学院 | 北京电子科技职业学院 | 北京财贸职业学院 |
|---|---|---|---|---|---|---|---|---|---|---|---|---|---|---|---|---|---|---|---|---|
| 校党委组织活动学校情况 | 1 | 6 | 0 | 1 | 2 | 0 | 5 | 4 | 1 | 2 | 1 | 1 | 2 | 7 | 1 | 1 | 0 | 0 | 3 | 0 |
| 院党委组织活动学习情况 | 0 | 15 | 1 | 8 | 13 | 3 | 13 | 4 | 1 | 4 | 0 | 0 | 2 | 1 | 0 | 1 | 0 | 0 | 1 | 2 |

■ 校党委组织活动学校情况　■ 院党委组织活动学习情况

**图 1.5　教师学习情况统计表**

3. 将习近平总书记的重要讲话进头脑,使学习活动取得实效

各高校加强高校意识形态阵地管理,加强课堂讲坛管理,强化理论武装和正面引导,充分发挥课堂教学主渠道作用,扎实推进习近平总书记系列重要讲话精神进教材、进课堂、进头脑。同时也鼓励广大思想政治理论课教师改革思想政治理论课的讲授形式,变说教为说理,变灌输为互动,把课上好上活。把学习习近平总书记系列重要讲话精神与实际情况充分融合,力图解决学生在现实生活中所关注的热点、难点问题,化解学生在成长成才中的困惑、疑虑和挑战,最终激发学生在思想上与习近平总书记系列重要讲话精神的共鸣,使思想政治理论课的教学入脑入心。

**四、学校各基层党组织学习落实系列讲话精神的情况**

北京各高校党委确立了以二级单位党委和基层党支部为基本单位,以"三会一课"等党的组织生活为基本形式,以落实党员教育管理制度为基本依托,针对博士、硕士和本科生学生党员、学生预备党员和积极分子等不同群体做出安排,积极推动学习教育向基层落实,有效推动了学习工作的开展。

(一)学校二级单位党委结合本单位情况和学科专业特色,开展学习落实活动

北京各高校学院分党委响应中央和学校号召,精心准备、周密部署,从学院党

委到基层党支部积极开展主题鲜明、形式多样的学习教育与党建活动。抽取的20所本科院校中,北京师范大学二级单位党委都专门召开了部署会,制订学习教育活动方案,以党支部为基本单位,结合院情和学科专业特色,开展一系列行之有效的学习落实活动和基层党建工作。

北京师范大学经济与工商管理学院2016年4月先后开展"两学一做"学习教育活动实施方案研讨、大会动员、支部分组学习等系列活动。结合经管学院特色,明确以"做合格党员,全面提升人才培养质量,推动一流经管学院建设"为主题,深入开展学习教育活动。学院党委要求各教师支部传承分党委"1+1"的优良传统,各教师支部党员参与学生支部活动,围绕学习内容和如何提高专业人才培养质量展开师生支部共建。在学习活动中坚持了三个结合:把党章党规的学习与校规校纪的学习相结合,把系列讲话的学习与学科专业特点相结合,把做合格党员与做好本职工作相结合。

北师大历史学院分党委2016年4月召集学院全体师生党员召开"两学一做"学习教育部署动员会。按照中央和学校对"两学一做"专题教育活动的总体要求,结合学院自身实际情况,学院分党委制订了"两学一做"学习教育总体方案,主要内容有:各学生党支部和教工党支部以共建的形式开展学习讨论;进一步完善二级党校培训;以纪念建党95周年和红军长征胜利80周年为契机,开展爱国主义教育和社会主义核心价值观教育;落实支部专题组织生活会等各项常规党建工作。

北师大核科学与技术学院先后召开分党委扩大会议和党政联席会,按照《中共北京师范大学委员会关于在全体共产党员中开展"两学一做"学习教育的实施方案》,动员、部署学院"两学一做"具体工作。要求各支部和党员深刻认识"两学一做"学习教育的重要意义,增强责任感和使命感,结合各支部年度计划将"两学一做"做扎实。

北师大中国社会管理研究院和社会学院以"扎实开展'两学一做'学习教育,加快推动国家社会治理高端智库和社会学学术重镇建设"为主题,把开展学习教育作为推动学院资政、科研、育人、合作等各项工作的重要动力,与落实基层党建工作责任制和推进党建工作创新相结合,为把学院建设成为国家社会治理高端智库和社会学学术重镇不懈奋斗。会议研究确定了2016年院党群工作要点,以激发基层党建活力为基础抓实"两学一做"学习教育工作,以读书会品牌活动为抓手推动"学习型、创新型、服务型"党组织建设,以建设党员之家为契机开展"五爱"主题日活动。

(二)学生党支部以"三会一课"等党的组织生活为基本形式,秉承时代精神和紧扣社会热点问题,开展丰富的学习落实活动,使学习落到实处

各单位学生党支部,针对博士、硕士、本、专科生等不同群体的不同情况做出安排,开展了一系列学习教育活动,在理论学习中增强学生党员的理论知识基础和党性修养,在实践活动中促进学生党员不断转变工作作风、学习作风、生活作风,切实发挥学生党员的先锋模范作用。

1. 博士生党支部

北京高校博士生群体既立足专业背景和研究方向,又关注热点问题,通过学习教育活动努力提高自身党性修养。在抽取的20所学校中,设有博士研究生学位点的学校6所,下面选取其中学习落实报道次数排名前两位的北京大学和清华大学进行分析。

2016年北京大学博士生开展的学习活动网络报道5次,占该校以学生党员为主的学习落实活动的25%。2016年12月11日,北京大学考古文博学院博士生党支部赴通州区西集镇尹家河村委开展"两学一做"主题实践活动,以"践行公共文化服务"作为实践主旨,为新农村建设服务。2016年10月21日,北京大学经济学院2015级博士生党支部大会暨"两学一做"主题党日,深入学习党的知识,号召博士生党员要做创新思维、独立思考、知识渊博、能力卓越、遵守党纪的优秀共产党员。2016年10月10日,2014级遥感博士生党支部召开学习研讨会,就党规党章和"七一重要讲话"精神进行讨论。2014级遥感博士生党支部于2016年11月13日前往中国人民抗日战争纪念馆参观学习。2016年11月18日下午,新闻与传播学院、信息科学技术学院博士生党支部开展了主题为"国家信息安全与共产党员责任""两学一做"第二次联合党课。2016级博士生党支部结合《论共产党员的修养》读书体会,从共产党员要有"新气、底气、实气、正气、大气、局气、锐气"出发,探讨了共产党员加强修养、学习理论、立足实践、摆明立场、坚定理想、严守规矩、敢于亮剑的重要性。2015级博士生党支部围绕《长征长征——中央红军长征纪实》一书,详细梳理了长征的历史过程及其重要历史意义,阐释了理论联系实际、实事求是思想路线的深刻内涵,提出共产党员要弘扬长征精神,做到"心中有信仰,脚下有力量"。2014级博士生党支部作了题为"学习《习近平总书记系列重要讲话读本》——基于'十个全覆盖'社会调研"的汇报,介绍了支部成员赴内蒙古开展"十个全覆盖"调研的基本情况,展现了对奋力实现"两个百年"奋斗目标,充分发挥我国社会主义制度的优越性,主动适应、把握、引领经济发展新常态,坚持党的领导等重大理论和实践问题的思考和认识。

2016年清华大学博士生开展的学习活动网络报道有5次,占该校学生党员为主的学习落实活动的25%。清华大学新闻与传播学院党委2016年4月9日组织学院博士生党支部联合电子系无研22党支部到北京大兴区留民营村进行了"了解生态农业"为主题的实地参观调研。5月31日清华大学热能系14博党支部与北大教育学院14硕党支部联合举办了主题为"我眼中的中国精神"组织生活会。2016年9月21日和11月9日,清华大学博士生实践服务团,博士生讲师团举行了"核心律章"系列报告。2016年7月10日,清华大学研究生社会实践嘉兴支部的30多位博士生参观南湖革命纪念馆。

通过上述个案我们可以看出,博士生人数虽然在学生群体中较少,但学习落实活动的次数较多,且呈现出理论学习认识深刻,专业与实践紧密结合的特点。

2. 硕士研究生党支部

北京各高校硕士研究生学生党支部也开展了一系列学习实践活动,在理论学习中增强学生党员的理论知识基础和党性修养,在实践活动中促进学生党员不断转变工作作风、学习作风、生活作风,切实发挥硕士学生党员的先锋模范作用。抽取的10所设有硕士研究生学位点的院校活动的统计情况如图1.6所示:

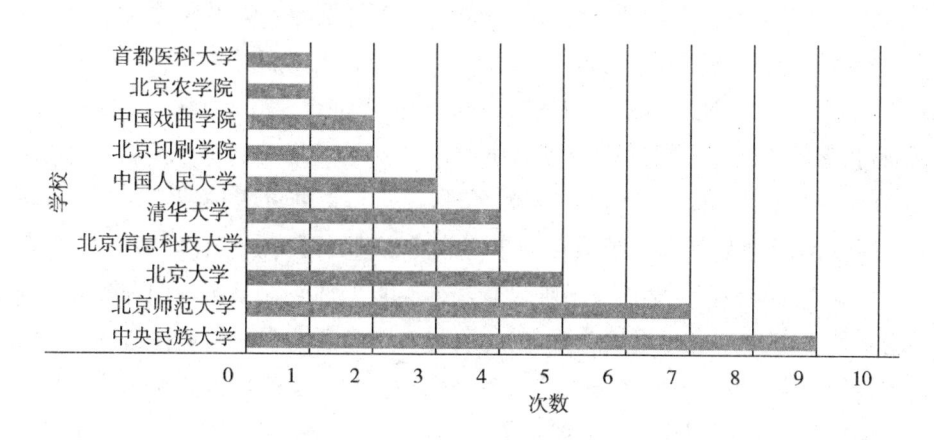

图1.6 硕士研究生学习情况统计表

我们选取对硕士研究生学习落实活动报道较多的北京大学和北京师范大学,通过对两所学校硕士生党员学习落实活动报道的文本分析,可以看出北京高校硕士研究生的学习活动有以下特点。

(1)以学为先,坚定理想信念、强化党的意识

北京大学医学部药学院第二党支部带领全体党员重温入党誓词,采用接力诵读党章的方式进行了《中国共产党章程》的学习,让每一位党员同志都积极参与到

学习中;第四党支部通过视频和幻灯片演讲的方式生动活泼又不失严肃认真地帮助同学们重温了党章的主要内容和核心思想。公共卫生学院卫生政策与管理系研究生党支部通过微信群、报刊架等途径,发布每周党员学习动态和心得文章。北京大学法学院2016级法学硕士第1党支部11月19日召开了"两学一做"学习会,彼此分享报告学习的心得体会,并结合本专业对设立国家监察委员会发表的看法。2016级法律硕士第2党支部11月24日召开了学习交流会,学习了六中全公报、条例、准则等相关文件。2015级法律硕士第4党支部11月23日组织开展了学习交流会。

北京师范大学研究生党支部将党章党规学习作为坚定理想信念的基础,通过每日党章、重温入党誓词、专题研讨会、网络微课堂、知识测验等形式,扎实引导党员尊崇党章、遵守党规。教育学部2015级硕士生第一党支部等开展"我与党章的日常"活动,通过新媒体"学习+"模式,线上学习、线下分享,突出了学习实效。历史学院2014级硕士生第一党支部等组织全体党员进行"手抄党章,温习党章"活动,坚持抄写党章100天,逐字逐句重温党章。全球变化与地球系统科学研究院2015级硕士生党支部等开展"两学一做"承诺签名系列活动,积极强化党员先锋模范意识。减灾与应急管理研究院第一党支部等将重温入党誓词融入党章党规学习中,强调党员的行为规范和宗旨信仰。北京师范大学研究生党支部认真学习党中央治国理政新理念新思想新战略,开展党员上讲台、集体学习、主题讲座、专题研讨、支部共建等形式,引导党员加强理论武装,强化看齐意识。马克思主义学院2014级硕士党支部等邀请了专家教授进行"学习系列讲话"专题讲座,展开学习和讨论,深入理解系列重要讲话的丰富内涵和核心要义。教育学部2015硕士生第六党支部与清华大学机械系研究生党支部共建,将习总书记治国理政方略与两会精神、时政热点相结合展开学习讨论,提升了党员的责任感和使命感。经济与资源管理研究院研究生党支部、生命科学学院2015级硕士生党支部等通过与卓越训练营小组、本科生支部开展共建,围绕"理论、时事、历史、榜样"四个主题开展"党员上讲台"活动,拓宽了党员同学学习交流的平台。

(2)参观交流,温故知新,巩固学习成果

北京大学医学部公共卫生学院流行病与卫生统计学系研究生党支部与社会医学和健康教育学系研究生党支部共同组织党员和积极分子参观白洋淀雁翎队纪念馆。同学们感受到老一辈共产党员为民族独立、祖国解放和人民幸福,不畏艰险、敢为人先、不怕牺牲的崇高精神,加深了对中国共产党95载光辉历程的认识,坚定了为共产主义事业奋斗终生的理想与信念。

(3) 学以致用、开展实践，争做合格党员

北京大学医学部药学院研究生第三党支部积极响应号召，走出校园，组织支部党员到北京市怀柔区法治文化公园进行习近平总书记关于依法治国系列讲话精神的学习实践，开展普法宣传活动。公共卫生学院卫生政策与管理系研究生党支部在支部中遴选出党性觉悟高、专业知识扎实的党员，经过四轮试讲组成健康教育团队，前往北京八方达客运有限公司河滩分公司第四车队，就慢性病、职业病等内容进行健康宣讲，充分体现了学生党员的奉献精神和社会担当。北京师范大学研究生党支部坚持知行合一，将"两学一做"教育与3月学雷锋月相结合，广泛开展校园服务、义务支教、文化宣讲等形式的党员志愿服务活动。系统科学学院研究生党支部联合全校16个院系的20个研究生党支部开展了"以爱之名，暖心之行"太阳村公益系列活动。艺术与传媒学院2015级硕士生党支部与昌平区半截塔村社区开展"红色1+1"共建活动，为当地社区流动儿童进行艺术支教。此外，哲学学院、体育与运动学院、水科学研究院等研究生支部发挥专业特色开展了各类型的志愿服务活动，在实践中树立和践行合格共产党员的标准。

3. 本、专科学生党支部

本科生党支部作为高校学生党员群体最多的基层党支部，是开展学习活动形式最多样，频次最多的大学生群体，对抽取的20所学校中的10所本、专科院校学生学习活动进行了统计，结果如图1.7所示。

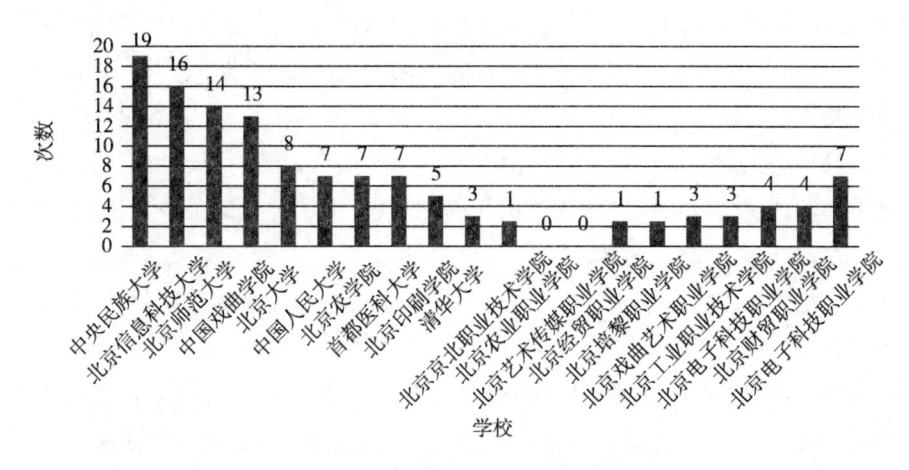

**图1.7 本专科生学习情况统计表**

各学校高度重视本科生、专科生党支部的学习活动。各高校的学生党支部结合支部特点，坚持将学习活动融入日常、融入经常，努力做到集中学习与个人自学

相结合、线上学习与线下学习相结合、规定内容与拓展内容相结合，引领广大学生党员在学习中坚定理想信念，牢固树立党的意识、党员意识，强化党的宗旨意识。北京大学法学院学生党支部采用个人自学与集中学习结合的方式，结合网络媒体等新技术手段，开展了丰富多彩的主题活动，通过学习讨论，提高认识，找到差距，明确了努力方向。2016年11月11日—27日，2014级本科党支部开展了党团日系列活动，通过线上交流与线下讨论相结合的方式，各小组选择系列讲话中的一篇作展示报告并进行线上投票，之后又召开线下会议分享交流对系列讲话的学习体会。北京大学医学部基础医学院学生党总支号召每位党员通过抄写党章的方式，加深对党章的理解，并且为每个本科生学生党支部聘请了具有扎实理论知识和丰富党务工作经验的离退休老师作为理论导师，指导党支部的发展建设。2013级本科生党支部书记则以历史事件为例，为党员阐述纪律在组织建党、思想建党和制度建党三方面的重要意义，并结合医学生党员实际情况，阐述了应如何"守纪律、讲规矩"。

各高校学生党支部充分利用爱国主义教育基地、科技创新基地等校内外资源，组织了面向学生党支部的一系列参观交流活动，通过参观，带领党员重温历史、展望未来，让学生党员在理论学习的基础上加深感性的认识，巩固学习教育的成果。北京大学医学部基础医学院本科生党总支带领全体党员参观了北京大学滨海医院与天津滨海新区，公共教学部党委组织学生党员和学生骨干参观了河北唐县的白求恩柯棣华纪念馆和河北冉庄的地道战遗址。通过参观交流增长学生知识、开拓其眼界，也切身感受革命年代先辈们的爱国主义情怀和共产党员的无私奉献精神。

各高校学生党支部结合专业特点，"学""做"结合，通过开展社会实践、志愿服务等活动，强化党员意识、责任意识和成才意识，引领学生党员争做讲政治、有信念，讲规矩、有纪律，讲道德、有品行，讲奉献、有作为的合格党员。北京大学医学部护理学院学生党总支联合中关村社区卫生服务中心在海淀公园举办"中关村社区义诊"活动。在活动中，同学们昂扬的青春朝气、热情周到的服务、熟练的护理操作技术赢得了社区居民们的充分肯定，学生党员表示，要在今后的学习工作中练就过硬本领，勇于创新创造，增强社会责任感，做勤学修德明辨笃实的表率。

总之，在深入学习贯彻总书记系列讲话精神的过程中，北京各高校注重学习教育活动方式方法的创新，学生的学习活动形式可分为理论学习和实践活动两大类，其中理论学习的方式有单向灌输式的培训、会议、集中学习、报告会、专题报告会，专题学习；也有交流互动性强的读书交流会、座谈会、组织生活会、知识竞赛、思想交流会,研讨会、学习论坛;有主题突出的主题实践活动、党日活动、主题教育活动也有专题实践,还有其他文化活动近20种形式。此外,通过报、台、网联动等多种载体,加强宣传学习贯彻总书记系列讲话精神的广度和深度,努力使讲话精神在广大学生中入脑入心。如民族大学开通"民大党建"微信公众平台,北京师范大学搭建以"京师研工"微信为主体的网络学习教育平台,拓宽了学习宣传媒介,打造网络教育阵地。

## 第五节 对北京高校落实系列讲话精神的认识与评价

从网络调研情况看,北京各高校开展了有声有色的一系列学习习近平总书记系列重要讲话的活动,也采取了不少措施予以贯彻落实。那么,各高校实际的宣传、落实效果如何,高校师生对学习总书记系列重要讲话的态度与看法如何?我们在调查问卷中也设计了相应的问题来进行了解,本书第五章将对其隐性的效果如政策认同、执政绩效认同、领袖认同及政党认同进行具体的分析,本节仅对高校师生对学习落实系列讲话精神的认识与评价做个概述。

### 一、高校师生对系列重要讲话的关注度

(一)教师的关注度明显高于学生,学生的关注度还需进一步提高

对习近平总书记系列重要讲话的关注度,既体现了高校贯彻系列讲话精神活动的实际效果,也体现了师生的政治意识与参与意识。在问卷中设计了"你是否关注习近平系列讲话?"这一问题,统计结果如表1-40所示。

从统计数据看,高校师生对习近平总书记系列重要讲话的关注度还有待提高。学生中表示"关注"及"非常关注"的只占38.3%,大部分学生仅关注自己感兴趣的内容(52.3%),这也比较符合青年学生的特点,他们还远未达到理论自觉的程度。相比而言,教师的关注度还是令人欣慰的,91.7%的教师"关注"及"非常关注"总书记系列重要讲话,只有6.7%教师表示"仅关注自己感兴趣的内容"。教师的关注度明显高于学生,也更显理性与系统。学生的关注度偏低,远未达到理想值,需要进一步加强对学生的教育。

表 1-40　高校师生对总书记系列重要讲话的关注度

| | | 你是否关注习近平系列讲话? | | | | | 总计 |
|---|---|---|---|---|---|---|---|
| | | 非常关注 | 关注 | 仅关注自己感兴趣的内容 | 不关注 | 完全不想了解 | |
| 学生 | 计数 | 86 | 219 | 416 | 59 | 16 | 796 |
| | 师生识别 内的 % | 10.8% | 27.5% | 52.3% | 7.4% | 2.0% | 100.0% |
| 教师 | 计数 | 31 | 24 | 4 | 1 | 0 | 60 |
| | 师生识别 内的 % | 51.7% | 40.0% | 6.7% | 1.7% | 0.0% | 100.0% |
| 总计 | 计数 | 117 | 243 | 420 | 60 | 16 | 856 |
| | 师生识别 内的 % | 13.7% | 28.4% | 49.1% | 7.0% | 1.9% | 100.0% |

(二)政治面貌对学生的关注度的影响

相关统计表明,学生群体中,性别、学历、所在学校类型、民族、是否担任学生干部等因素对学生的关注度都未造成影响,影响学生对总书记系列讲话关注度的因素是政治面貌与所学专业。

表 1-41　学生政治面貌与关注度交叉制表

| | | | 你是否关注习近平系列讲话? | | | | | 总计 |
|---|---|---|---|---|---|---|---|---|
| | | | 非常关注 | 关注 | 仅关注感兴趣的内容 | 不关注 | 完全不想了解 | |
| 政治面貌 | 共青团员 | 计数 | 65 | 160 | 347 | 56 | 11 | 639 |
| | | 你的政治面貌内的 % | 10.2% | 25.0% | 54.3% | 8.8% | 1.7% | 100.0% |
| | 民主党派 | 计数 | 0 | 1 | 0 | 0 | 0 | 1 |
| | | 你的政治面貌内的 % | 0.0% | 100.0% | 0.0% | 0.0% | 0.0% | 100.0% |
| | 群众 | 计数 | 0 | 9 | 21 | 2 | 4 | 36 |
| | | 你的政治面貌内的 % | 0.0% | 25.0% | 58.3% | 5.6% | 11.1% | 100.0% |
| | 中共党员(含预备党员) | 计数 | 21 | 49 | 48 | 1 | 1 | 120 |
| | | 你的政治面貌内的 % | 17.5% | 40.8% | 40.0% | 0.8% | 0.8% | 100.0% |
| 总计 | | 计数 | 86 | 219 | 416 | 59 | 16 | 796 |
| | | 你的政治面貌 内的 % | 10.8% | 27.5% | 52.3% | 7.4% | 2.0% | 100.0% |

政治面貌对关注度的影响是最显著的,具体统计数据如表 1-41 所示。17.5%的学生党员和10.2%的团员表示"非常关注"系列讲话,而群众的值为0;

表示"非常关注"和"关注"的学生党员比例为58.3%,团员比例为35.2%,群众比例仅为25%。可见,学生对总书记系列重要讲话的关注度是沿着党员、团员、群众的轴线逐渐下降的,这一现象非常容易理解,毕竟党员学生的政治参与意识要高于普通学生,其政治学习的自觉性也好于普通学生。

虽然党团员学生的关注度要高于普通学生,但仍需要进一步提高。学生党员是学生中的优秀分子,是品学兼优的栋梁之材,但仍有1.6%的党员学生表示"不关注"或"完全不想了解"总书记系列讲话,学生团员的这个比例更是达到了10.5%。这说明党员发展工作中还是存在一定的漏洞,对党员学生的教育还需要进一步抓紧,团员更是如此。因此,如何充分发挥学生党支部、团支部的基层战斗堡垒作用,仍将是高校党建工作的重要课题。

(三)所学专业对学生关注度的影响

学生所学专业对关注度的影响不如政治面貌显著,但其影响还是显现了出来,医学类与经济管理类学生的关注度远低于学生的平均值,具体统计数据如表1-42所示。

表1-42 学生所学专业与关注度交叉制表

| | | | 你是否关注习近平系列讲话? | | | | | 总计 |
|---|---|---|---|---|---|---|---|---|
| | | | 非常关注 | 关注 | 仅关注自己感兴趣的内容 | 不关注 | 完全不想了解 | |
| 你所学的专业 | 经济与管理类 | 计数 | 9 | 41 | 110 | 20 | 4 | 184 |
| | | 你所学的专业内的 % | 4.9% | 22.3% | 59.8% | 10.9% | 2.2% | 100.0% |
| | 理工类 | 计数 | 33 | 56 | 104 | 13 | 1 | 207 |
| | | 你所学的专业内的 % | 15.9% | 27.1% | 50.2% | 6.3% | 0.5% | 100.0% |
| | 其他 | 计数 | 22 | 56 | 95 | 12 | 5 | 190 |
| | | 你所学的专业内的 % | 11.6% | 29.5% | 50.0% | 6.3% | 2.6% | 100.0% |
| | 人文社科类 | 计数 | 20 | 64 | 89 | 11 | 6 | 190 |
| | | 你所学的专业内的 % | 10.5% | 33.7% | 46.8% | 5.8% | 3.2% | 100.0% |
| | 医学 | 计数 | 2 | 2 | 18 | 3 | 0 | 25 |
| | | 你所学的专业内的 % | 8.0% | 8.0% | 72.0% | 12.0% | 0.0% | 100.0% |
| 总计 | | 计数 | 86 | 219 | 416 | 59 | 16 | 796 |
| | | 你所学的专业内的 % | 10.8% | 27.5% | 52.3% | 7.4% | 2.0% | 100.0% |

统计时将学生的所学专业分为理工类、经济管理类、人文社科类、医学类以及其他5类,从统计数据看,经济管理类及医学类学生对系列讲话的关注度明显低

于理工类及人文社科类学生,尤其是医学类,远低于平均值。理工类及人文社科类专业学生的关注度差别不大,表示"非常关注"及"关注"的学生总数均高于40%,而经济管理类只有27.2%,医学类的值更是低到只有16%(当然医学类学生的被调查对象数不高,这个值可能存在一定的偏差)。造成这种现象的原因,可能是无法从学生的兴趣角度出发,毕竟理工类与人文社科类学生的兴趣肯定有所不同但关注度却基本一致。影响经济管理类与医学类学生关注度的具体原因此次调查没有涉及,还需要通过日后的调查来做进一步的分析。

总之,学生对于总书记系列讲话的关注度是不够理想的,9.4%的学生对此漠不关心,说明学习教育活动的宣传还不够深入,还要采取有效措施,提高学生的关注度。

### 二、高校师生对贯彻落实系列讲话必要性的认识

(一)高校学生对贯彻落实系列讲话必要性的认识有待加强

2016年,各高校的政治学习活动较之以前有了明显的增多,那么,日渐增多的政治学习对教学、科研活动有无造成冲击?高校师生对在高校学习、贯彻落实习近平系列讲话的必要性有无充分的认知?在问卷中设计了"你认为是否有必要在高校贯彻落实习近平讲话精神?"这一问题,该问题的问卷统计结果如表1-43所示。

表1-43 对在高校贯彻落实习近平系列讲话精神必要性的认识

| | | 非常有必要 | 比较有必要 | 不必要 | 完全没必要 | 无所谓 | 总计 |
|---|---|---|---|---|---|---|---|
| 学生 | 计数 | 275 | 397 | 24 | 14 | 86 | 796 |
| | 师生识别内的% | 34.5% | 49.9% | 3.0% | 1.8% | 10.8% | 100.0% |
| 教师 | 计数 | 39 | 20 | 0 | 0 | 1 | 60 |
| | 师生识别内的% | 65.0% | 33.3% | 0.0% | 0.0% | 1.7% | 100.0% |
| 总计 | 计数 | 314 | 417 | 24 | 14 | 87 | 856 |
| | 师生识别内的% | 36.7% | 48.7% | 2.8% | 1.6% | 10.2% | 100.0% |

统计数据表明,绝大部分师生对于在高校贯彻落实习近平总书记系列重要讲话精神的必要性是充分认可的,认为"非常有必要"及"比较有必要"的学生达到

84.4%,教师达到98.3%。教师对于必要性的认识更深刻一些,与教师问卷的调研对象多为思政课教师有关,至少表明思政课教师对于在高校宣传、讲授总书记系列重要讲话精神的必要性与重要意义是有着较为清醒的认识的。学生群体84.4%的认知度虽然还可以,但没有达到理想状态。

长期以来政治学习方面的弱化导致一些学生对政治学习不感兴趣,所谓"去政治化"的错误思想在学生中还是产生了一定的影响。因此,虽然学生的总体状况是好的,但是政治教育不能放松,更不能忽视。总计4.8%的学生认为高校"不必要"甚至"完全没必要"贯彻落实总书记系列讲话精神,这个比例虽然并不高,但其绝对数值还是比较惊人的,更有10.8%的学生持"无所谓"的态度,这个绝对数值就更大。这意味着15.6%的学生对于系列讲话精神进课堂是持不积极态度的,入脑入心就更谈不上了。因此,高校的思想政治教育任重而道远。

(二)政治面貌对学生对高校贯彻落实系列讲话精神必要性认识的影响

对学生的性别、学历、所在学校类型、政治面貌、所学专业、民族、是否担任学生干部等因素与学生对在高校贯彻落实重要讲话精神的必要性做相关分析,发现除了政治面貌外,其他因素对学生关于学习系列讲话的必要性的认识都不产生显著影响。政治面貌与学生关于必要性认识的交叉统计数据如表1-44所示。

表1-44 学生政治面貌与贯彻落实系列讲话精神必要性认识交叉制表

| | | | 你认为是否有必要在高校贯彻落实习近平讲话精神? | | | | | 总计 |
|---|---|---|---|---|---|---|---|---|
| | | | 非常有必要 | 比较有必要 | 不必要 | 完全没必要 | 无所谓 | |
| 你的政治面貌 | 共青团员 | 计数 | 206 | 329 | 18 | 9 | 77 | 639 |
| | | 你的政治面貌内的% | 32.2% | 51.5% | 2.8% | 1.4% | 12.1% | 100.0% |
| | 民主党派 | 计数 | 1 | 0 | 0 | 0 | 0 | 1 |
| | | 你的政治面貌内的% | 100.0% | 0.0% | 0.0% | 0.0% | 0.0% | 100.0% |
| | 群众 | 计数 | 8 | 14 | 6 | 2 | 6 | 36 |
| | | 你的政治面貌内的% | 22.2% | 38.9% | 16.7% | 5.6% | 16.7% | 100.0% |
| | 中共党员(含预备党员) | 计数 | 60 | 54 | 0 | 3 | 3 | 120 |
| | | 你的政治面貌内的% | 50.0% | 45.0% | 0.0% | 2.5% | 2.5% | 100.0% |
| 总计 | | 计数 | 275 | 397 | 24 | 14 | 86 | 796 |
| | | 你的政治面貌内的% | 34.5% | 49.9% | 3.0% | 1.8% | 10.8% | 100.0% |

与关注度一样,政治面貌对学生关于必要性认识的影响也是沿着党员、团员、群众的轴线呈下降趋势的。党员高于团员,团员高于群众,非党团员的普通学生中,只有61.1%的学生认为"非常有必要"或"比较有必要"在高校贯彻落实总书记系列讲话精神,这个比例确实低了些。这也说明,对于系列讲话精神进校园的意义,不少学生的认识还是非常模糊的,学生党团员的情况要好一些。这也从另一个侧面说明,对于总书记系列讲话的宣传、学习,还明显存在一定的死角。

### 三、高校师生对学校宣传系列讲话工作的评价

(一)高校师生对学校宣传系列讲话工作态度的评价

在被问及"你认为贵校是否在积极宣传习近平系列讲话内容?"时,教师与学生的评价又呈现出显著的差异。将"非常积极"赋值为5,"比较积极"赋值为4,以此类推,"非常不积极"赋值为1,去掉39份回答"不清楚"的问卷,师生817份有效问卷的具体统计数据如表1-45所示。

表1-45 贵校是否在积极宣传习近平系列讲话内容描述性统计资料

| 您认为贵校是否在积极宣传习近平系列讲话内容? | N | 最小值 | 最大值 | 平均数 | 标准偏差 |
| --- | --- | --- | --- | --- | --- |
| 学生 | 757 | 1 | 5 | 3.96 | .899 |
| 教师 | 60 | 2 | 5 | 4.32 | .833 |
| 有效的 N(listwise)总计 | 817 | 1 | 5 | 3.99 | .899 |

从表中可见,学生评价的平均值为3.96,介于"一般"和"比较积极"之间,比较靠近"比较积极";而教师的评价均值为4.32,介于"比较积极"和"非常积极"之间,二者的评价差异还是比较明显的。师生评价的交叉制表如表1-46所示。

第一章 北京高校贯彻落实习近平系列讲话精神基本状况

表1-46 师生对学校宣传系列讲话态度的评价

| | | | 你认为贵校是否在积极宣传习近平系列讲话内容? | | | | | 总计 |
|---|---|---|---|---|---|---|---|---|
| | | | 5 非常积极 | 4 比较积极 | 3 一般 | 2 不积极 | 1 非常不积极 | |
| 师生识别 | 学生 | 计数 | 236 | 307 | 170 | 38 | 6 | 757 |
| | | 师生识别内的 % | 31.2% | 40.6% | 22.5% | 5.0% | 0.8% | 100.0% |
| | 教师 | 计数 | 30 | 22 | 5 | 3 | 0 | 60 |
| | | 师生识别内的 % | 50.0% | 36.7% | 8.3% | 5.0% | 0.0% | 100.0% |
| 总计 | | 计数 | 266 | 329 | 175 | 41 | 6 | 817 |
| | | 师生识别内的 % | 32.6% | 40.3% | 21.4% | 5.0% | 0.7% | 100.0% |

学生认为学校"非常积极"及"比较积极"进行系列讲话宣传的比例只有71.8%,而教师的比例高达86.7%。一方面可能是由于教师群体对学校的工作更了解一些,另一方面也表明,宣传工作还存在缺位,还存在一些宣传死角,并没有真正覆盖到每一名学生,毕竟还有5.8%的学生认为学校的宣传工作不到位,不够积极,还有22.5%的学生认为学校的宣传工作一般,没有可圈可点之处。师生对宣传工作的评价态度表明,学校的宣传工作还需要更大的投入,扩大宣传的广度与深度。

(二)高校师生对学校宣传系列讲话工作效果的评价

对于学校对总书记系列讲话宣传的效果,师生的评价仍然有不小的差距。将"效果显著"赋值为5,"比较有效"赋值为3,"一般"赋值为2,"没有效果"赋值为1,去掉回答"不清楚"的问卷,师生791份有效问卷的具体统计数据如表1-47所示。

学生的评价依然低于教师的评价。学生评价的平均值为2.75,介于"一般"和"比较有效"之间;而教师的评价均值为3.16,介于"比较有效"和"效果显著"之间,师生对效果的评价与对宣传工作态度的评价结果基本是一致的。师生对宣传效果评价的交叉制表如表1-48所示。

表1-47 师生对高校宣传效果评价描述性统计资料

| 你认为贵校对习近平系列讲话的宣传有效果吗? | | | | | |
|---|---|---|---|---|---|
| | N | 最小值 | 最大值 | 平均数 | 标准偏差 |
| 学生 | 734 | 1 | 4 | 2.75 | .821 |
| 教师 | 57 | 2 | 4 | 3.16 | .702 |
| 有效的 N(listwise)总计 | 791 | 1 | 4 | 2.78 | .820 |

53

表 1-48　师生对宣传效果评价的交叉制表

|  |  |  | 你认为贵校对习近平系列讲话的宣传有效果吗？ |  |  |  | 总计 |
|---|---|---|---|---|---|---|---|
|  |  |  | 1 没有效果 | 2 一般 | 3 比较有效 | 4 效果显著 |  |
| 师生识别 | 学生 | 计数 | 41 | 237 | 318 | 138 | 734 |
|  |  | 师生识别 内的 % | 5.6% | 32.3% | 43.3% | 18.8% | 100.0% |
|  | 教师 | 计数 | 0 | 10 | 28 | 19 | 57 |
|  |  | 师生识别 内的 % | 0.0% | 17.5% | 49.1% | 33.3% | 100.0% |
| 总计 |  | 计数 | 41 | 247 | 346 | 157 | 791 |
|  |  | 师生识别 内的 % | 5.2% | 31.2% | 43.7% | 19.8% | 100.0% |

应当说，师生对高校关于总书记系列讲话宣传效果的评价一般，教师对宣传效果的认可度达到82.4%，而学生的认可度只有62.1%。这一数据再次表明，高校关于系列讲话的宣传工作还有很大的提升空间，需要进一步挖掘潜力，创造性地开展工作，提高宣传的力度与效果。

**四、高校师生对学校贯彻落实系列讲话效果的评价**

（一）高校师生对学校贯彻落实系列讲话工作态度的评价

对于高校是否在积极贯彻落实总书记系列讲话工作的评价，与对宣传工作的评价一样，师生的评价依然不同。表1-49是赋值后的统计结果，将"非常积极"赋值为5，"比较积极"赋值为4，以此类推，"非常不积极"赋值为1，去掉回答"不清楚"的问卷，师生有效问卷791份。

表 1-49　师生对高校贯彻落实工作态度评价的描述性统计资料

| 你认为贵校是否在积极贯彻落实习近平系列讲话精神？ | N | 最小值 | 最大值 | 平均数 | 标准偏差 |
|---|---|---|---|---|---|
| 学生 | 733 | 1 | 5 | 3.95 | .846 |
| 教师 | 58 | 3 | 5 | 4.36 | .667 |
| 有效的 N (listwise) 总计 | 791 | 1 | 5 | 3.98 | .841 |

从描述性统计资料来看，学生评价的平均值为3.95，介于"一般"和"比较积极"之间，比较靠近"比较积极"；而教师的评价均值为4.36，介于"比较积极"和"非常积极"之间，二者的评价依然存在着一个量级的差异。从表1-45与表1-49的数据相差不大，师生对学校宣传工作态度和评价与对学校贯彻落实态度的评价基本是一致的。

表1-50 师生对学校贯彻落实系列讲话态度的评价

| | | | 你认为贵校是否在积极贯彻落实习近平系列讲话精神？ | | | | | 总计 |
|---|---|---|---|---|---|---|---|---|
| | | | 1 非常不积极 | 2 不积极 | 3 一般 | 4 比较积极 | 5 非常积极 | |
| 师生识别 | 学生 | 计数 | 5 | 19 | 193 | 304 | 212 | 733 |
| | | 师生识别内的 % | 0.7% | 2.6% | 26.3% | 41.5% | 28.9% | 100.0% |
| | 教师 | 计数 | 0 | 0 | 6 | 25 | 27 | 58 |
| | | 师生识别内的 % | 0.0% | 0.0% | 10.3% | 43.1% | 46.6% | 100.0% |
| 总计 | | 计数 | 5 | 19 | 199 | 329 | 239 | 791 |
| | | 师生识别内的 % | 0.6% | 2.4% | 25.2% | 41.6% | 30.2% | 100.0% |

师生评价的交叉制表如表1-50所示。学生认为学校"非常积极"及"比较积极"贯彻落实总书记系列讲话精神的比例只有70.4%,教师的比例要高一些,达到89.7%。两者相差近20个百分点,这个评价差距还是比较大的。可能是,除了教师对学校的工作更加了解之外,也跟贯彻落实工作的层面主要在教师身上有关,学校出台的方针措施主要是针对教学的,学生难以感觉到切实的措施。今后的贯彻落实工作还应向学生层面倾斜,更多地惠及学生。

(二)高校师生对学校贯彻落实系列讲话工作效果的评价

对于学校贯彻落实习近平总书记系列讲话精神效果的评价,问卷采用了五级计分法来进行测量。将"非常好"赋值为5,"较好"赋值为4,"一般"赋值为3,"不好"赋值为2,"非常不好"赋值为1,去掉回答"不清楚"的问卷,师生792份有效问卷的描述性统计数据如表1-51所示。

表1-51 师生对高校贯彻落实工作效果评价的描述性统计资料

| 你认为贵校贯彻落实习近平系列讲话精神的效果如何？ | | | | | |
|---|---|---|---|---|---|
| | N | 最小值 | 最大值 | 平均数 | 标准偏差 |
| 学生 | 736 | 1 | 5 | 3.87 | .865 |
| 教师 | 56 | 3 | 5 | 4.12 | .764 |
| 有效的 N (listwise)总计 | 792 | 1 | 5 | 3.89 | .861 |

学生的评价依然低于教师的评价,但二者之间的差距比之宣传效果有所减小。学生评价的平均值为3.87,介于"一般"和"较好"之间,靠近"较好";教师的评价均值为4.12,介于"较好"和"非常好"之间,亦靠近"较好"。师生对贯彻落实效果的评价相对比较一致。

表1-52 师生对学校贯彻落实系列讲话精神效果的评价

| 师生识别 | | | 你认为贵校贯彻落实习近平系列讲话精神的效果如何？ | | | | | 总计 |
|---|---|---|---|---|---|---|---|---|
| | | | 1 非常不好 | 2 不好 | 3 一般 | 4 较好 | 5 非常好 | |
| 师生识别 | 学生 | 计数 | 5 | 22 | 234 | 279 | 196 | 736 |
| | | 师生识别 内的 % | 0.7% | 3.0% | 31.8% | 37.9% | 26.6% | 100.0% |
| | 教师 | 计数 | 0 | 0 | 13 | 23 | 20 | 56 |
| | | 师生识别 内的 % | 0.0% | 0.0% | 23.2% | 41.1% | 35.7% | 100.0% |
| 总计 | | 计数 | 5 | 22 | 247 | 302 | 216 | 792 |
| | | 师生识别 内的 % | 0.6% | 2.8% | 31.2% | 38.1% | 27.3% | 100.0% |

教师对贯彻落实效果的认可度只有76.8%，明显低于对宣传效果的认可；而学生对贯彻落实效果的认可度为64.5%，比对宣传效果的认可度略有提升。总体而言，师生对高校贯彻落实工作的认可度不高。贯彻落实总书记系列讲话精神是一项创造性的工作，要求各高校一方面要依据讲话精神，另一方面要结合学校的实际，创造性地开展工作，推进学校各项事业的发展。贯彻落实总书记系列讲话精神，做好学校的整体工作，是高校工作一直以来的努力方向。

## 第六节 学习贯彻落实系列讲话存在的主要问题及改进建议

通过对北京高校各级党组织的落实习近平总书记讲话的部署、学习活动的组织、学习对象的综合调查与个案分析可以得出以下结论。

### 一、网络调查与问卷调查结论

从2016年5月初学习落实活动正式开展以来，学习落实习总书记的重要讲话工作取得了较好的成效，主要表现在：一是各高校组织认真，活动扎实推进；二是高效的基层党建工作得到加强，特别是党支部的基础性建设取得了新的进展；三是高校二级党委（党总支）工作主动，基层支部自转能力有所提升；四是高校干部、教师、学生党员的党性观念、先锋模范作用明显增强。

从具体的问卷统计数据来看，可以得出如下结论。

1. 高校教师学习的事实参与度较高,而学生的事实参与度就比较低,系列讲话学习活动在学生群体中参与度并未达到理想水平。学生的政治面貌、学历以及是否学生干部身份对其学习参与度有着直接影响。

2. 北京高校师生参加习近平系列讲话精神的主要途径,不管是对学生群体还是教师群体,互联网都是最主要的途径,其次是电视,再次是党团支部学习或教研室支部学习。

3. 大多数高校比较注重对习近平系列讲话精神的宣传教育,所属学院及系部在这方面也投入了较大精力,但不管是对于教师还是学生,基层组织的作用发挥都不明显。学生班级没有起到重要作用,教师所在教研室或党支部的作为也不大。

4. 高校对于教师学习的重视程度要明显高于学生,教师学习内容突出强调了宣传思想教育的内容。学生的学习组织还存在一定的问题,没有能够深入到全体学生中,学习系列讲话活动的宣传推广也有待进一步普及。

5. 大学生对于习近平总书记系列讲话内容还是有一定程度的了解,对与国家及区域经济发展联系紧密,与国民民生活最为贴近的范畴理解较为深入。教师群体对系列讲话内容的了解明显高于学生,群体认识的一致性也比较强。

6. 北京各高校认真落实系列讲话精神进课堂的要求,积极进行工作部署,不管是提出要求还是制定具体措施,在学校层面都是十分明确的,工作布置也是比较到位的。

7. 北京各高校思政课教师能够积极落实习近平总书记系列重要讲话精神进课堂的要求与部署,绝大多数思政课教师认真履行职责,在课堂上向学生讲授关于总书记系列重要讲话的相关内容。

8. 系列讲话精神进课堂迎合了学生的诉求,是受到学生欢迎的,也得到广大思政课教师的认可并认真执行的。

9. 学生对大学课堂中的正面教育持相当肯定的态度,教师对于正面教育方式的肯定比学生更高一些;对于反面教育方式的运用,学生同样给予了肯定,但思政课教师明显要比学生谨慎得多。以正面教育为主,思政课教师的这一态度是非常鲜明的。

10. 思政课教师有着较高的职业自豪感,他们在课堂上努力培养学生对中国共产党的信心,坚持不懈地进行爱党爱社会主义的政治教育,大多数学生认为老师们对中国共产党的未来充满信心。

11. 北京高校师生对总书记系列重要讲话的关注度呈现出明显差异,教师的关注度明显高于学生,学生的关注度还需进一步提高。学生的政治面貌与所学专业对学生的关注度产生显著影响。

12.北京高校学生对贯彻落实系列讲话必要性的认识有待加强,高校的思想政治教育任重而道远。除了政治面貌外,其他因素对学生关于必要性的认识都不产生显著影响。

13.高校师生对学校宣传系列讲话工作的态度评价呈现显著差异,宣传工作还存在缺位与宣传死角,没有真正覆盖到每一名学生。师生对高校关于系列讲话宣传效果的评价一般,教师的评价要高于学生的评价。

14.师生对学校贯彻落实系列讲话态度的评价与对学校宣传工作态度的评价基本是一致的,师生评价差距较大,但师生对贯彻落实效果的评价相对比较一致。

**二、高校学习、贯彻落实系列讲话精神存在的主要问题**

北京高校各级单位党组织在学习落实习近平系列重要讲话工作中也存在一些问题,主要表现在以下几个方面。

(一)从组织领导学习活动来看,各校学习落实情况不均衡

部分院校党组织负责人意识不强,少数基层党组织的领导干部的积极性不高,责任不明确、措施不到位、局面打不开。基层党组织"三会一课"制度落实不彻底、学习普及范围较难覆盖全体学生。党支部的制度建设基础性工作得到加强,但党内生活质量还不够高。

(二)学习内容不够系统,重点不突出

一些学校学习教育工作注重了形式,但内容的系统性不够、针对性不强。对学生干部、普通党员、预备党员、积极分子和普通大学生在学习要求和学习内容上没有区分。

(三)从形式方法来看,北京高校学生的学习方式表现出一定的趋同性,教育形式较还需进一步创新

主要表现:一是学习教育的途径、平台较多,但一些党员学习的主动性还不够。二是组织生活学习不够系统,方法上缺乏创新,教育形式较单一,党员处于被动接受状态。三是个人自学与集中学习衔接不顺畅,党员自学意识较弱、安排时间较少。四是社会的共建活动有声有色,但立足本职,在教学、科研、管理、服务岗位上发挥作用下的工夫不够,基层党组织开展学习时没有把学习同本组织实际和个人思想改造紧密相结合。

(四)学习教育组织开展推进取得不少成果,但总结典型经验、宣传先进事迹

工作滞后

部分学校对学习成果的展示和宣传不够,选取的20所高校中,一部分学校在官方网站中没有设立专题新闻栏目对"两学一做"活动进行报道,尤其是一些民办专科学校由于宣传意识欠缺,技术和经费投入不够,在这方面和其他高校相比存在很大的差距。有些学校虽然组织了学习活动,但没有通过学校官网对相关活动进行报道。

**三、改进高校学习、贯彻落实系列讲话精神的建议**

通过前述的分析可以看出,目前北京各高校已经展开了对学习总书记讲话的较为全面、深入、持续的学习,如何使未来的学习"学"得深入,"做"得扎实,如何检验"学到什么、达到什么样的学习效果"是需要认真思考的。我们认为要从以下六个方面进一步加强工作。

(一)高校应该进一步把学习习近平总书记系列重要讲话精神作为推动高校发展的首要任务

高教教育事业是中国特色社会主义事业的重要组成部分。高校肩负着学习研究宣传马克思主义、培养中国特色社会主义事业建设者和接班人的重大任务,必须紧紧围绕培养社会主义接班人和建设者这一主题,以习近平总书记系列重要讲话精神为根本遵循,确保党的建设、教书育人、科学研究等各项工作不出方向性偏差。因此,高校在今后进一步学习落实习总书记讲话工作中还要抓以下工作:

第一,明确和落实各级党组织和党组织书记的责任,充分发挥党组织的政治引领作用,要把党支部建设好,重点是教师和学生党支部,健全学习落实教育常态化制度,确保学习教育有人抓、有人管。将学习教育要求融入理论中心组学习、民主生活会、党员大会、支部委员会、党小组会和党课等有效载体,作为教育的基本内容、长期内容。

第二,学习教育与统筹推进当前高校改革发展和党建工作有机结合。把问题意识、问题导向贯穿学习教育全过程,把发现问题、解决问题作为出发点和落脚点,紧紧围绕影响改革发展和党建工作的问题和障碍,分析存在的问题和不足,用实践检验学习成果。

(二)学习要形式灵活、渠道多样、知行合一、学用结合

高校要切实丰富学习宣传贯彻习近平总书记的系列重要讲话精神的活动形式,高度重视青年大学生作为受教育者的主体地位,激发他们的积极性、主动性,专题学习研讨不应只停留在学文件、学书面内容的单向传导学习方式,应注重理

论与实践相结合,在专题讨论中重点发掘理论学习对实际工作产生的明显效果,找出典型案例,针对党、团、思想政治理论课学生工作这四块平台的不同特点,采取灵活多样的形式,组织师生深入学习、广泛宣传习近平总书记系列重要讲话精神。还要密切关注学习效果,建立相应的反馈渠道、开展相应的实践活动,进一步检验师生的学习效果,并以此调整工作方式。最终,通过在学习中领悟、在实践中检验的工作机制,做到学习得好、宣传得广、贯彻得实。

知是行之始,行乃知之成。学习习总书记系列重要讲话,不但领导班子要带头学、教师自觉学,更重要的是组织学生学,要让习总书记讲话精神进课堂、进教材、进头脑、进灵魂,确保每一位教育者与受教育者做到真学、真懂、真信、真用。真学,就是要自觉地学、认真地学、扎实地学、系统地学,做到锲而不舍、持之以恒;真懂,就是既要深刻把握习总书记系列重要讲话博大精深的理论体系和精神内涵,又要把握核心要义、领会思想精髓,做到知其言更知其义,知其然更知其所以然;真信,就是思想深处信、灵魂深处信,增强道路自信、理论自信、制度自信,真正成为中国特色社会主义的坚定信仰者、忠实执行者、自觉实践者和积极促进者;真用,就是要理论联系实际,把学习习总书记系列重要讲话精神应用到指导高教工作、推动高教事业的实践中去,使科学理论真正成为指导实践、推动工作的思想武器。

(三)注重运用各类媒体,宣传学习教育的做法和成效,加强舆论引导,营造良好氛围

依靠网络如学校网站设学习教育专栏,自媒体如 QQ 群、微信服务平台、微博等新媒体和内部期刊、宣传栏等传统媒体进行宣传。内部宣传栏作为上级文件、会议精神宣传平台;网络、手机自媒体等作为学习内容服务平台;内部期刊或网站党建专栏作为学习教育成果展示平台。把各种媒体作为学习载体,同时结合学习讨论会,进一步推进教育与微信、微博和各类即时通讯群的交叉呼应,建立起支部与支部、党委和支部间的快速沟通交流,从而建立起全方位、多层面、全覆盖的学习教育体系。

(四)优化工作方案,注重分类指导

学系列讲话,要确保学到位、做到位,制订学习教育的实施方案,区分不同层次,对参加学习教育的学生干部、普通党员和普通大学生提出不同的目标要求,实现党员、非党员干部和普通大学生全面参加学习教育。不同群体应分别突出相应的内容,采取适当的形式,设计有效载体和抓手,保证实效。

第二章

# 北京高校贯彻落实习近平总书记重要讲话专题研究

2016年,习近平总书记发表了许多重要讲话,讲话引起了巨大反响,产生了广泛而深刻的社会影响。北京各高校针对习近平总书记的一系列重要讲话,组织进行了专题学习,在高校掀起了学习研究的热潮。课题组对北京各高校学习贯彻习近平总书记在哲学社会科学座谈会上的讲话、在庆祝中国共产党成立95周年大会上的讲话以及纪念红军长征胜利80周年讲话的情况进行了专题调研。调研主要采取网络数据采集的方法,通过各高校官方新闻网站以及百度搜索引擎进行相关主题信息采集,在此基础上对相关主题内容进行文本分析,同时辅之以实地访谈的方式。

## 第一节 北京高校落实总书记5·17讲话精神专题调查研究

5月17日,习近平总书记在京主持召开哲学社会科学工作座谈会并发表重要讲话。他强调,一个没有发达的自然科学的国家不可能走在世界前列,一个没有繁荣的哲学社会科学的国家也不可能走在世界前列。坚持和发展中国特色社会主义,哲学社会科学具有不可替代的重要地位,哲学社会科学工作者具有不可替代的重要作用。[1] 坚持和发展中国特色社会主义,必须高度重视哲学社会科学,结合中国特色社会主义伟大实践,加快构建中国特色哲学社会科学。

---

[1] 习近平:在哲学社会科学工作座谈会上的讲话,2016年5月17日。

习近平总书记在哲学社会科学座谈会上的讲话掀起了北京高校教师学生研讨、解读、思考、探索与践行的热潮,下面主要从三个方面进行分析。

**一、5·17讲话研究概况**

座谈会上,中国社科院研究员汝信、北京大学国家发展研究院教授林毅夫、中国社科院马克思主义研究院研究员钟君、敦煌研究院研究员樊锦诗、复旦大学中国研究院教授张维为、北京师范大学文学院教授康震、中国政法大学教授马怀德、武汉大学马克思主义学院教授沈壮海、国防大学战略研究所教授金一南、中国人民大学重阳金融研究院研究员王文先后发言。他们分别介绍了哲学、经济学、科学社会主义、历史学、政治学、文学、法学、马克思主义理论、军事学等学科和领域的研究进展,并就如何推动哲学社会科学工作创新发展提出了意见和建议。

习近平总书记在听取各方面意见后,首先肯定了哲学社会科学的重要地位并指出,哲学社会科学是人们认识世界、改造世界的重要工具,是推动历史发展和社会进步的重要力量,其发展水平反映了一个民族的思维能力、精神品格、文明素质,体现了一个国家的综合国力和国际竞争力。一个国家的发展水平,既取决于自然科学发展水平,也取决于哲学社会科学发展水平。

2017年5月23日,5·17讲话以后一年多的时间内,相关研究成果呈爆发式增长态势,时间集中在2016年和2017年。在中国知网以"习近平总书记哲学社会科学座谈会上的讲话"为关键词,共搜索出970篇论文;以"习总哲学社会科学座谈会上的讲话"为关键词,共搜索出532篇。

(一)"高校"和"习近平在哲学社会科学座谈会上讲话"关键词搜索结果

以"高校"和"习近平在哲学社会科学座谈会上讲话"两个维度为关键词,共搜索出223篇论文。从时间分布上看,主要集中在2016年,共发表论文204篇,详见表2-1。

表2-1 年份(论文数量)

| 2017(17) | 2016(204) | 2010(1) | 2002(1) |
| --- | --- | --- | --- |

从文献来源上看,主要分布如表2-2所示。

由表2-2可以看出,报纸类发表论文频度为47,占68.1%;学术类杂志频度为22,占31.9%,这与不同媒体出刊周期有关,杂志类审稿、出刊周期较长,因此频度较低。

从论文研究的内容来看,主要围绕哲学社会科学、坚持马克思主义、中国特色、习近平在哲学社会科学工作座谈会上的讲话等发展方向和目标进行阐述。

在具体内容上，重点围绕高校学科建设、话语体系、理论创新、民族学、人类学等方面进行研究论述。从表2-3中可以看出，关键词频度最高的是"哲学社会科学""马克思主义""习近平"。如果将"学科设置"与"学科建设"归类；"中国特色民族学"与"中国特色"归类；"中国特色民族学"与"民族学归类"，则可以发现中国特色、学科建设和民族学等内容学界关注度较高。

表2-2 文献来源分布

| 文献来源 | 频度 | 文献来源 | 频度 |
| --- | --- | --- | --- |
| 光明日报 | 13 | 辽宁日报 | 4 |
| 中国教育报 | 8 | 贵州日报 | 4 |
| 人民日报 | 7 | 西安交通大学学报（社会科学版） | 3 |
| 改革与战略 | 5 | 思想教育研究 | 3 |
| 中国社会科学院报 | 4 | 西北民族研究 | 3 |
| 学习与探索 | 4 | 山西日报 | 3 |
| 经济日报 | 4 | 辽宁日报 | 4 |

表2-3 关键词频度

| 关键词 | 频度 | 关键词 | 频度 |
| --- | --- | --- | --- |
| 哲学社会科学 | 18 | 马克思主义 | 10 |
| 习近平 | 10 | 中国特色 | 5 |
| 学科建设 | 4 | 民族学 | 3 |
| 《在哲学社会科学工作座谈会上的讲话》 | 3 | 高校 | 3 |
| 中国特色民族学 | 3 | 理论创新 | 3 |
| 话语体系 | 3 | 习近平讲话 | 3 |
| 学科设置 | 3 | 人类学 | 3 |
| 哲学社会科学工作座谈会 | 3 | | |

（二）"北京高校"和"习近平在哲学社会科学座谈会上讲话"关键词搜索结果

以"北京高校"和"习近平在哲学社会科学座谈会上讲话"两个维度为关键词，共搜索出80篇论文。论文时间分布如表2-4所示。

表 2-4　年份（论文数量）

| 2017(12) | 2016(66) | 2014(1) | 2012(1) |

由于座谈会上讲话时间是 2016 年 5 月 17 日，所以 2012 年和 2014 年的论文不在调查范围内。

表 2-5　文献来源分布

| 文献来源 | 频度 | 文献来源 | 频度 |
|---|---|---|---|
| 改革与战略 | 3 | 西藏发展论坛 | 2 |
| 思想教育研究 | 3 | 思想理论教育导刊 | 1 |
| 北京教育（德育） | 3 | 毛泽东邓小平理论研究 | 1 |
| 西北民族研究 | 3 | 马克思主义理论学科研究 | 1 |
| 西藏教育 | 3 | 学术交流 | 1 |
| 南京社会科学 | 2 | 武汉科技大学学报（社会科学版） | 1 |
| 中国教育报 | 2 | 马克思主义研究 | 1 |
| 新课程研究（中旬刊） | 2 | 广西社会科学 | 1 |
| 大庆社会科学 | 2 | 学校党建与思想教育 | 1 |
| 中国高等教育 | 2 | 云梦学刊 | 1 |

从文献出版来源看，《改革与战略》《思想教育研究》《北京教育（德育）》《西北民族研究》《西藏教育》等发表相关论文较多，分别为 3 篇；《南京社会科学》《中国高等教育》《新课程研究》《大庆社会科学》《西藏发展论坛》《中国教育报》等分别发表 2 篇。详见表 2-5。

通过对这 80 篇论文主要研究内容的梳理，删除重复性和与主题无关的论文 26 篇，这 54 篇论文内容主要集中在习近平总书记 5·17 讲话中提到的学科建设与管理评价、马克思主义、中国特色哲学社会科学、高校责任担当、人民立场导向、文化传承创新、教学等方面。详见表 2-6。

表 2-6　论文主要内容频度

| 主要内容 | 频度 |
|---|---|
| 学科建设与管理评价 | 12 |
| 中国特色哲学社会科学 | 8 |
| 马克思主义 | 8 |

续表

| 主要内容 | 频度 |
| --- | --- |
| 高校在哲学社会科学发展中的责任担当 | 5 |
| 人民立场导向 | 4 |
| 地方学习落实 | 3 |
| 文化传承创新 | 3 |
| 教学 | 2 |
| 智库建设 | 2 |

在学科建设与管理评价方面,有的学者从加强学科建设、构建中国特色学科体系视角进行阐述,如徐俊忠的《关于加强马克思主义理论学科建设的几个问题——习近平在哲学社会科学座谈会上讲话引发的思考》(2016)①,郑永廷、胡子祥的《学习习近平在哲学社会科学工作座谈会上的讲话推进思想政治教育学科发展》(2016)②,焦方义的《关于构建中国特色经济学学科体系的思考——学习习近平总书记在哲学社会科学工作座谈会上的讲话》(2016)③等。有的学者从学科管理与评价等角度进行研究论述,提出建立健全高校哲学社会科学特点的分类评价体系(2016)④;会议内容发布如全国高校社会科学科研管理研究会年度工作会举行。还有学者专门针对政治学、经济学、公安学、民族学、马克思主义理论等学科建设问题进行了研究探讨。

关于中国特色哲学社会科学内容,学界最主要从构建意义价值、前景展望、高校作用发挥、贯彻落实等方面展开了论述。有的直接将习近平总书记的讲话内容作为文章标题,如中国高等教育评估杂志、中国教育报上发表的"伟大的中国梦需要中国特色哲学社会科学"。苟仲文的《贯彻落实习近平总书记重要讲话精神加快构建中国特色哲学社会科学》(2016)⑤,从学习贯彻落实角度提出加快构建中

---

① 徐俊忠:《关于加强马克思主义理论学科建设的几个问题——习近平在哲学社会科学座谈会上讲话引发的思考》,《马克思主义理论学科研究》2016年第4期。
② 郑永廷、胡子祥:《学习习近平在哲学社会科学工作座谈会上的讲话推进思想政治教育学科发展》,《思想教育研究》2016年第6期。
③ 焦方义:《关于构建中国特色经济学学科体系的思考——学习习近平总书记在哲学社会科学工作座谈会上的讲话》,《学术交流》2016年第7期。
④ 何影:《建立健全高校哲学社会科学特点的分类评价体系》,《知与行》2016年第7期。
⑤ 苟仲文:《贯彻落实习近平总书记重要讲话精神加快构建中国特色哲学社会科学》,《北京教育(德育)》2016年第6期。

国特色哲学社会科学。

关于马克思主义相关内容,学界讨论较多,归纳起来,主要有三方面:一是关于马克思主义理论研究,如周小华的《略论马克思主义理论研究观——〈学习习近平在哲学社会科学工作座谈会上的讲话〉》(2017)[①]。二是坚持马克思主义指导地位,如丁冰的《坚持马克思主义的指导地位是我们研究经济学无往不胜的法宝和灵魂》(2016)[②];张晓东等的《坚持马克思主义在中国特色社会主义哲学社会科学中的指导地位》(2016)[③]。三是研究阐释马克思主义与当代哲学社会科学的关系,分析探讨面向未来的马克思主义哲学,如邱乘光的《马克思主义与当代中国哲学社会科学——学习习近平在哲学社会科学工作座谈会上的讲话》(2016)[④],陈少雷的《发展21世纪中国的马克思主义哲学——第四届马克思主义哲学中国化·深圳论坛综述》(2017)[⑤]等。

关于高校在哲学社会科学发展中的责任担当,王志强认为繁荣发展哲学社会科学是当前高校党建工作的重要任务(2016)[⑥];郑艳凤强调高校要为繁荣哲学社会科学做贡献(2016)[⑦],韩俊兰认为应大力推动高校哲学社会科学繁荣发展(2016)[⑧]。

学界探讨比较多的内容还有总书记在讲话中强调的人民立场和导向问题。如陆小成对中国特色哲学社会科学的人民性意蕴(2017)[⑨]进行了探讨,张春玲在《晋中日报》上发表题为《响应时代召唤 参与社会实践 确立人民导向》(2016)[⑩]

---

[①] 周小华:《略论马克思主义理论研究观——学习习近平在哲学社会科学工作座谈会上的讲话》,《萍乡学院学报》2017年第1期。
[②] 丁冰:《坚持马克思主义的指导地位是我们研究经济学无往不胜的法宝和灵魂》,《思想理论教育导刊》2016年第9期。
[③] 张晓东:《坚持马克思主义在中国特色社会主义哲学社会科学中的指导地位》,《唯实》2016年第9期。
[④] 邱乘光:《马克思主义与当代中国哲学社会科学——学习习近平在哲学社会科学工作座谈会上的讲话》,《武汉科技大学学报(社会科学版)》2016年第5期。
[⑤] 陈少雷:《发展21世纪中国的马克思主义哲学——第四届马克思主义哲学中国化·深圳论坛综述》,《特区实践与理论》2017年第1期。
[⑥] 王志强:《繁荣发展哲学社会科学是当前高校党建工作的重要任务》,《学校党建与思想教育》2016年第17期。
[⑦] 郑艳凤:《高校要为繁荣哲学社会科学做贡献——学习习近平总书记在哲学社会科学工作座谈会上的讲话》,《渤海大学学报(哲学社会科学版)》2016年第6期。
[⑧] 韩俊兰:《大力推动高校哲学社会科学繁荣发展》,《中国高等教育》2016年第11期。
[⑨] 陆小成:《中国特色哲学社会科学的人民性意蕴》,《广西社会科学》2017年第2期。
[⑩] 张春玲:《响应时代召唤 参与社会实践 确立人民导向》,《晋中日报》2016年06月03日。

的文章,人民政协报发表了《为人民为时代做大学问做真学问》(2016)①,强调哲学社会科学发展要以人民为根本立场和导向。

关于文化方面,研究者集中在文化传承与发扬方面,如杨庆存的《"中国梦"的文化"根"与民族"魂"——习近平〈在哲学社会科学工作座谈会上的讲话〉学习体会》(2016)②,有的研究者从传统文化典籍研究视角探讨文化问题。

此外,一些研究者还关注了话语体系构建、学术期刊生态系统建设与转型、高校自媒体党建、高端智库建设、学术研究与中国学术话语、用马克思主义指导哲学社会科学发展的方法论思考等方面。

总体上看,目前研究围绕习近平在哲学社会科学工作座谈会上的讲话内容进行了广泛的探讨,但是还缺乏沉淀和系统深入的研究,宏观阐述较多,关于具体举措路径研究较少,这与时间有一定的关系,因为自2016年5月17日至今,只有一年多的时间,有大量的研究还需要经过一定周期才能出版发表。

**二、北京高校学习落实习近平在哲学社会科学工作座谈会上的讲话专题调研**

"这是一个需要理论而且一定能够产生理论的时代,这是一个需要思想而且一定能够产生思想的时代。""一切有理想、有抱负的哲学社会科学工作者都应该立时代之潮头、通古今之变化、发思想之先声,积极为党和人民述学立论、建言献策,担负起历史赋予的光荣使命。"中共中央总书记、国家主席、中央军委主席习近平2016年5月17日在哲学社会科学工作座谈会上的重要讲话,在北京高校引发热烈反响。为了全面、深入、系统了解北京高校学习贯彻落实5·17讲话精神和情况,协同创新中心开展了专项调查研究。

(一)数据采集与方法选择

1. 数据抽样与采集

为了客观、真实反映北京高校学习落实情况,调研选取90所北京高等院校进行数据采集。这90所院校按照2015年北京市高校名单确定,详见表2-7。

---

① 《为人民为时代做大学问做真学问委员——学者热议习近平在哲学社会科学工作座谈会上的重要讲话》,《人民政协报》2016年05月19日。
② 杨庆存:《"中国梦"的文化"根"与民族"魂"——习近平〈在哲学社会科学工作座谈会上的讲话〉学习体会》,《东岳论丛》2016年第9期。

表2-7 用于数据采集的90所院校名录

| 序号 | 学校名称 | 序号 | 学校名称 | 序号 | 学校名称 |
|---|---|---|---|---|---|
| 1 | 北京大学 | 31 | 中央戏剧学院 | 61 | 首师大科德学院 |
| 2 | 中国人民大学 | 32 | 国际关系学院 | 62 | 工商大学嘉华学院 |
| 3 | 清华大学 | 33 | 中国人民公安大学 | 63 | 北工大耿丹学院 |
| 4 | 北京师范大学 | 34 | 中国青年政治学院 | 64 | 二外中瑞酒店管理学院 |
| 5 | 中国农业大学 | 35 | 北京协和医学院 | 65 | 北京青年政治学院 |
| 6 | 中国地质大学（北京） | 36 | 北京电子科技学院 | 66 | 北京工业职业技术学院 |
| 7 | 北京理工大学 | 37 | 中国劳动关系学院 | 67 | 北京科技经营管理学院 |
| 8 | 北京航空航天大学 | 38 | 北京城市学院 | 68 | 北京电子科技职业学院 |
| 9 | 中央民族大学 | 39 | 北京吉利学院 | 69 | 北京信息职业技术学院 |
| 10 | 北京交通大学 | 40 | 北京工业大学 | 70 | 北京经济技术职业学院 |
| 11 | 北京科技大学 | 41 | 北京信息科技大学 | 71 | 北京社会管理职业学院 |
| 12 | 北京邮电大学 | 42 | 北方工业大学 | 72 | 北京农业职业学院 |
| 13 | 中国石油大学（北京） | 43 | 北京建筑大学 | 73 | 北京科技职业学院 |
| 14 | 中国矿业大学（北京） | 44 | 北京服装学院 | 74 | 北京北大方正软件技术学院 |
| 15 | 华北电力大学 | 45 | 北京印刷学院 | 75 | 北京经济管理职业学院 |
| 16 | 北京化工大学 | 46 | 北京石油化工学院 | 76 | 北京财贸职业学院 |
| 17 | 北京林业大学 | 47 | 北京工商大学 | 77 | 北京政法职业学院 |
| 18 | 北京中医药大学 | 48 | 首都经济贸易大学 | 78 | 北京交通职业技术学院 |

续表

| 序号 | 学校名称 | 序号 | 学校名称 | 序号 | 学校名称 |
|---|---|---|---|---|---|
| 19 | 北京外国语大学 | 49 | 北京物资学院 | 79 | 北京艺术传媒职业学院 |
| 20 | 对外经济贸易大学 | 50 | 首都医科大学 | 80 | 北京汇佳职业学院 |
| 21 | 中央财经大学 | 51 | 首都师范大学 | 81 | 北京培黎职业学院 |
| 22 | 中国政法大学 | 52 | 北京农学院 | 82 | 北京戏曲艺术职业学院 |
| 23 | 北京体育大学 | 53 | 首都体育学院 | 83 | 北京京北职业技术学院 |
| 24 | 中国传媒大学 | 54 | 中国音乐学院 | 84 | 北京劳动保障职业学院 |
| 25 | 北京语言大学 | 55 | 北京舞蹈学院 | 85 | 北京体育职业学院 |
| 26 | 外交学院 | 56 | 中国戏曲学院 | 86 | 北京经贸职业学院 |
| 27 | 中华女子学院 | 57 | 北京电影学院 | 87 | 北京人民警察学院 |
| 28 | 北京第二外国语学院 | 58 | 北京联合大学 | 88 | 北京卫生职业学院 |
| 29 | 中央音乐学院 | 59 | 首钢工学院 | 89 | 北京交通运输职业学院 |
| 30 | 中央美术学院 | 60 | 北邮世纪学院 | 90 | 北京网络职业学院 |

注：这里没有把中国社会科学院、国家行政学院、中央党校、北京市委党校列入名单当中。

2. 调研方法选择

为了节省人力和成本，本次调研采取网络数据采集与文本分析和实地访谈相结合的方式,首先对这90所高校官方新闻网站进行相关内容数据采集,采集时间范围是2016年。为防止数据遗漏,2017年5月,通过百度搜索引擎进行相关主题信息采集,补充完善相关数据。

在前期数据采集的基础上,通过对相关主题内容的文本分析,按照学习落实形式、具体举措、反馈评价三个维度进行了内容梳理。

在此基础上,为深入了解北京高校学习贯彻习近平总书记5·17讲话具体情况,分别对中国农业大学、北京科技大学相关部门与教师进行了访谈调研,对个别院校学习贯彻落实情况进行了个案研究。

(二)学习贯彻落实情况调研分析

经过对90所北京高校新闻网站和百度搜索引擎交叉检索和数据归类,共搜索出17所北京高校对习近平总书记在哲学社会科学座谈会上的讲话进行了专题学习研讨、座谈交流与贯彻落实,相关新闻报道54篇。从时间跨度上看,主要集中在2016年5月中下旬到6月上旬区间内,少部分在7月、8月和10月份。按照学习贯彻落实层面分类,从中央到北京高校到所属学院、机关部室到基层党支部、学生党支部等涉及4个层面。其中,直接参加中央层面哲学社会科学工作座谈会的北京高校涉及4所,从校级层面学习落实有25项,在院级层面学习贯彻有19项,机关部室有3项,基层党支部有3项(包括教工党支部和学生党支部),从学者视角解读阐释讲话内容的有3项。具体详见表2-8。

表2-8 北京高校学习贯彻习近平总书记在哲学社会科学工作座谈会的重要讲话情况

| 学校 | 序号 | 标题(或内容简要) | 时间 | 学习落实层面 |
| --- | --- | --- | --- | --- |
| 北京大学 | 1 | 习近平主持召开哲学社会科学工作座谈会并发表重要讲话 北大部分学者参加了座谈会 | 2016/5/17 | 中央 |
| | 2 | 北京大学召开哲学社会科学工作座谈会 | 2016/5/23 | 校级 |
| | 3 | 朱善璐书记到社会科学部调研 | 2016/7/14 | 校级 |

续表

| 学校 | 序号 | 标题(或内容简要) | 时间 | 学习落实层面 |
|---|---|---|---|---|
| 清华大学 | 4 | 清华大学师生热议习近平总书记在哲学社会科学工作座谈会上的讲话 | 2016/5/18 | 校级 |
| | 5 | 马院师生党员学习习近平总书记在哲学社会科学工作座谈会的重要讲话精神 | 2016/5/18<br>2016/5/19 | 院级<br>学生 |
| | 6 | 清华大学举行学习贯彻习近平总书记哲学社会科学工作重要讲话精神文科教师座谈会 | 2016/5/23 | 校级 |
| | 7 | 在文科教师学习贯彻习总书记讲话精神专题会议上的发言 | 2016/5/23 | 院级 |
| | 8 | 坚持和发展马克思主义做好教学科研工作 | 2016/5/23 | 院级 |
| | 9 | 立足国情、兼收并蓄,加快构建中国特色哲学社会科学 | 2016/5/23 | 院级 |
| | 10 | 清华大学社会科学教学与科研的创新之路 | 2016/5/23 | 院级 |
| | 11 | 马克思主义在哲学社会科学的研究中并不过时 | 2016/5/23 | 院级 |
| | 12 | 探索构建中国特色新闻学 | 2016/5/23 | 院级 |
| | 13 | 立时代之潮头、通古今之变化、发思想之先声——习近平讲话心得 | 2016/5/23 | 院级 |
| | 14 | 明确使命勇于创新 | 2016/5/23 | 院级 |
| | 15 | 加快建构中国特色艺术学和美学 | 2016/5/23 | 院级 |
| 中国人民大学 | 16 | 经济学院召开全院大会 学习贯彻习近平同志在哲学社会科学工作座谈会上的重要讲话精神 | 2016/5/18 | 院级 |
| | 17 | 财政金融学院召开座谈会 学习贯彻习近平同志在哲学社会科学工作座谈会上的重要讲话精神 | 2016/5/18 | 院级 |
| | 18 | 哲学院召开党委扩大会议 学习贯彻习近平总书记在哲学社会科学工作座谈会上的重要讲话 | 2016/5/23 | 院级 |
| | 19 | 学校党委理论学习中心组扩大会议学习贯彻习近平在哲学社会科学工作座谈会上的重要讲话精神 | 2016/5/18 | 校级 |
| | 20 | 中国人民大学经济学院召开党委(扩大)会议暨《习近平在哲学社会科学工作座谈会上的讲话》学习讨论会 | 2016/6/1 | 院级 |
| | 21 | 人大郝立新:学习习近平在哲学社会科学工作座谈会上的讲话 | | 学者 |

续表

| 学校 | 序号 | 标题(或内容简要) | 时间 | 学习落实层面 |
| --- | --- | --- | --- | --- |
| 北京师范大学 | 22 | 学校党委常委会集体学习贯彻习近平总书记在哲学社会科学工作座谈会上的重要讲话精神 | 2016/5/23 | 校级 |
|  | 23 | 刘书记为文学院师生作"学习习近平总书记哲学社会科学工作座谈会重要讲话精神"专题报告 | 2016/6/8 | 院级 |
|  | 24 | 学校认真学习习近平总书记在哲学社会科学工作座谈会上的重要讲话精神 | 2016/5/26 | 校级 |
|  | 25 | 打造京师学派 传播中国声音 助推"双一流"建设——学习贯彻习总书记关于哲学社会科学工作重要讲话精神座谈会发言摘要 | 2016/5/30 | 校级 |
| 北京理工大学 | 26 | 北理工召开座谈会学习习近平总书记在哲学社会科学工作座谈会上重要讲话精神 | 2016/5/27 | 校级 |
|  | 27 | 北京理工大学校长胡海岩讲授"两学一做"专题党课 | 2016/10/26 | 校级 |
| 北京科技大学 | 28 | 马克思主义学院理论中心组集体学习习近平总书记在哲学社会科学工作座谈会上的讲话 | 2016/6/12 | 院级 |
| 中国矿业大学(北京) | 29 | 校党委中心组集中学习习近平总书记在哲学社会科学工作座谈会上的讲话等 | 2016/6/16 | 校级 |
| 华北电力大学 | 30 | 人文政教集中学习习近平《在哲学社会科学座谈会上的讲话》 | 2016/5/23 | 院级 |
| 北京林业大学 | 31 | 学习习近平哲学社会科学工作重要讲话精神座谈会召开 | 2016/6/14 | 校级 |
| 北京中医药大学 | 32 | 马克思主义学院全体教师学习习近平总书记在哲学社会科学工作座谈会上的重要讲话 | 2016/5/18 | 院级 |
|  | 33 | 机关党委组织《学习贯彻习近平总书记系列重要讲话精神》专题党课 | 2016/6/20 | 校级 |

续表

| 学校 | 序号 | 标题(或内容简要) | 时间 | 学习落实层面 |
|---|---|---|---|---|
| 北京外国语大学 | 34 | 我校召开座谈会 传达学习习近平总书记在哲学社会科学工作座谈会上的重要讲话 | 2016/5/18 | 校级 |
| | 35 | 韩震书记做客宣讲家网解读习近平总书记哲学社会科学工作座谈会重要讲话精神 | 2016/5/20 | 学者 |
| 对外经济贸易大学 | 36 | 贸大学者热议习近平哲学社会科学工作座谈会讲话 | | 学者 |
| | 37 | 思政部学习习近平在哲学社会工作座谈会上的讲话 | 2016/5/19 | 院级 |
| | 38 | 党委宣传部学习习总书记哲学社会科学工作座谈会讲话精神 | 2016/5/23 | 机关部室 |
| | 39 | 我校召开学习习近平在全国哲学社会科学座谈会上讲话精神研讨会 | 2016/5/26 | 校级 |
| | 40 | 贯彻落实哲学社会科学工作座谈会精神专题报告会召开 马怀德作专题报告 | 2016/5/30 | 校级 |
| | 41 | 党委常委会研究部署贯彻习总书记讲话精神 推进我校哲学社会科学工作 | 2016/6/1 | 校级 |
| | 42 | 校党委中心组:学习习总书记重要讲话精神 完善贸大哲学社会科学繁荣计划 | 2016/6/20 | 校级 |
| 中央财经大学 | 43 | 保险学院党总支教工第一党支部专题学习习近平总书记在哲学社会科学工作座谈会上的讲话 | 2016/6/1 | 党支部 |
| | 44 | 近期学校党委理论中心组专题学习综述 | 2016/8/1 | 校级 |
| 北京语言大学 | 45 | 北语党委理论中心组学习贯彻习近平总书记在哲学社会科学座谈会上重要讲话精神 | 2016/5/25 | 校级 |
| | 46 | 北语处级干部理论中心组第二组学习贯彻习近平总书记在哲学社会科学工作座谈会上的重要讲话精神 | 2016/5/30 | 机关部室 |
| | 47 | 北语处级干部理论中心组第八组学习贯彻习近平在哲学社会科学座谈会上的重要讲话精神 | 2016/6/6 | 院级 |
| | 48 | 北语处级干部理论中心组第14组学习贯彻习近平总书记在哲学社会科学工作座谈会上的重要讲话精神 | 2016/6/14 | 机关部室 |

续表

| 学校 | 序号 | 标题(或内容简要) | 时间 | 学习落实层面 |
|---|---|---|---|---|
| 北京第二外国语学院 | 49 | 加强二外学科建设 繁荣哲学社会科学 | 2016/5/20 | 校级 |
| | 50 | 关于深入学习习近平总书记在哲学社会科学工作座谈会上重要讲话的通知 | 2016/5/20 | 校级 |
| | 51 | 北京二外党委中心组学习习近平总书记哲学社会科学座谈会讲话精神 | 2016/5/20 | 校级 |
| 首都师范大学 | 52 | 我校召开"学习习总书记在哲学社会科学工作座谈会上重要讲话"座谈会 | 2017/6/6 | 校级 |
| | 53 | 首都师大召开习总书记在哲学社会科学工作座谈会上重要讲话研究生学习研讨会 | 2017/5/20 | 研究生 |
| 北京电子科技职业学院 | 54 | 我校召开学习习近平总书记在哲学社会科学工作座谈会上的讲话交流会 | 2016/5/27 | 校级 |

这里需要解释一下:数据显示学习贯彻落实的北京高校虽然仅为17所,占比19%,但并不意味着其他院校没有学习落实,只是有些院校未将其作为专题学习落实,或者学习落实了但没有反映到新闻网站或报道中。比较普遍的情况是许多高校将这部分内容放到"两学一做"整体活动当中进行。

通过对54篇文本内容的梳理,主要从学习落实形式、具体举措路径、评价反馈三个维度进行了深入文本分析。

1.学习贯彻落实形式

总书记讲话之后,2016年5月18日,教育部党组书记、部长袁贵仁主持召开党组会,传达学习习近平总书记在哲学社会科学工作座谈会上重要讲话精神,研究部署贯彻落实工作。会议要求教育部机关、各地各高校要迅速传达学习习近平总书记重要讲话精神,把学习讲话精神与"两学一做"学习教育结合起来,研究制订学习贯彻的方案举措。高校哲学社会科学各院系和研究机构要开展专题学习,通过各种形式的学习座谈会、学习报告会、理论研讨会等,深入领会讲话的精神实质和丰富内涵,持续推动学习活动深入开展。要广泛宣传习近平总书记重要讲话精神,反映各地各校学习情况,迅速营造学习贯彻讲话精神的浓厚氛围。

会议对贯彻落实工作提出明确要求:一是巩固马克思主义在高校哲学社会科

学领域的指导地位。二是全面提高哲学社会科学教育教学质量。三是加快构建高校哲学社会科学创新体系。四是培养造就高层次哲学社会科学人才。五是切实加强党对高校哲学社会科学工作的领导。

北京市教委、教工委和北京高校开展了形式多样的学习贯彻落实活动。

通过对北京90所高校涉及学习贯彻习总在哲学社会科学座谈会上的讲话文本进行归纳汇总,主要采取以下几种形式。

从图2.1中可以看出,采取座谈会、集体(中)学习、专题学习研讨、发言摘编等形式是北京高校比较常用的做法,占82.7%;采取专题报告、党课、实地调研、专家访谈、下发文件通知等形式较少,仅占17.3%。

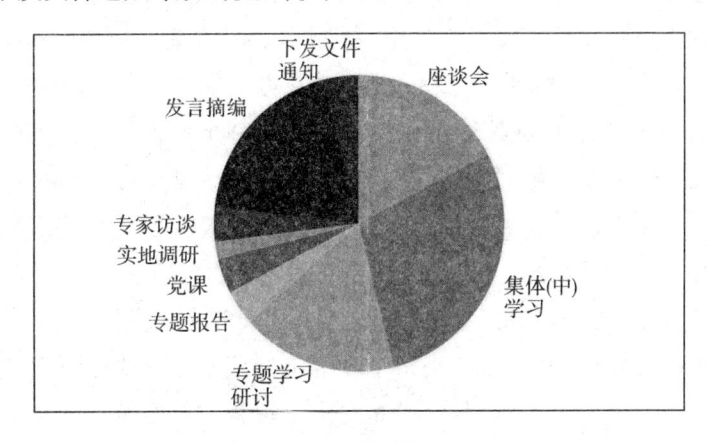

**图2.1 学习贯彻落实形式**

其中,一些高校采取了比较有特色的学习贯彻形式,如北京大学党委书记朱善璐于2016年7月14日到社会科学部调研,就学校文科开展学习习总书记在哲学社会科学工作座谈会上的重要讲话精神以及学校哲学社会科学学科建设情况听取社会科学部和党委宣传部汇报,结合北大自身实际,商讨北大哲学社会科学的建设发展。

清华大学于2016年5月23日举行学习贯彻习近平总书记哲学社会科学工作重要讲话精神文科教师座谈会,人文学院、社会科学学院、马克思主义学院、经济管理学院、法学院、公共管理学院、新闻与传播学院、美术学院、五道口金融学院、教育研究院等文科院系相关负责人和教师代表参加了座谈会。在会后,9位学院院长分别谈了学习贯彻5·17讲话的心得体会,并通过清华新闻网发布。一些参加5·17座谈会的专家学者接受了中央电视台和新华社等媒体的采访,分享了感受和体会。

中国人民大学郝立新教授、北京外国语大学韩震教授分别做客宣讲家网,对习近平总书记哲学社会科学工作座谈会重要讲话精神进行了全方位的解读。

北京师范大学(原)党委书记刘川生于2016年6月8日为文学院师生作"学习习近平总书记哲学社会科学工作座谈会重要讲话精神"专题报告;对外经济贸易大学于5月30日特邀中国政法大学副校长马怀德教授作专题报告,全体校领导、中层干部、教师代表及相关职能部门工作人员参加了报告会。

北京中医药大学于2016年6月20日邀请教育部高等学校社会科学发展研究中心主任、北京师范大学教授、博士生导师王炳林为其校机关党委全体党员及入党积极分子进行了题为"学习贯彻习近平总书记系列重要讲话精神"的专题党课。北京理工大学胡海岩校长于2016年10月26日,以"在实践中学习马克思主义"为题为学校办公室党支部讲授专题党课。学校办公室党支部全体成员,学工部、校团委负责人,各学院党委副书记、副院长等共计40余人参加了此次党课学习。

中共北京第二外国语学院委员会下发了《关于深入学习习近平总书记在哲学社会科学工作座谈会上重要讲话的通知》,要求各二级中心组及各级基层党组织将习近平总书记关于哲学社会科学的重要讲话纳入学校"两学一做"学习教育活动的重要内容,立足学校实际,结合各单位学科建设和人才培养,充分进行学习研讨。北京科技大学专门印发了红头文件,要求各二级中心组及各级基层党组织学习习近平总书记关于哲学社会科学的重要讲话,并固定每周四下午取消所有课程安排,为教师、学生党支部开展理论和业务学习提供时间和空间。

除此之外,通过百度搜索引擎,北京高校专家学者还参加了各级各类会议和学术研讨活动,通过媒体报道反映出来,详见表2-9。

表2-9 媒体中的各级会议与学术研讨活动

| 序号 | 会议与学术研讨活动 | 媒体 |
| --- | --- | --- |
| 1 | 高校学习贯彻习总书记重要讲话精神 苟仲文出席并讲话(5.20) | 北京日报 |
| 2 | 为党和人民述学立论——习近平总书记在哲学社会科学工作座谈会上重要讲话引起热烈反响(5.19) | 人民日报 |
| 3 | 马克思主义理论学科师生热议习近平总书记重要讲话(5.23) | 光明日报 |
| 4 | 高校社科界学习总书记重要讲话精神座谈会发言摘登(5.26) | 中国教育报 |
| 5 | 学习习近平总书记"七一"讲话和"哲学社会科学做好高校'双创'工作工作座谈会"讲话(10.26) | 中国艺术院校大学生双创平台 |

续表

| 序号 | 会议与学术研讨活动 | 媒体 |
|---|---|---|
| 6 | 学习贯彻习近平总书记在哲学社会科学工作座谈会重要讲话暨"当代中国爱国主义理论与实践"学术研讨会在甘肃民族师范学院举行(6.20) | 中国高校之窗、甘肃日报等 |
| 8 | 首都理论界学习贯彻习近平哲学社会科学工作座谈会讲话精神(5.23) | 北京日报 |
| 9 | 习近平讲话在哲学社会科学各界人士、高校师生中产生强烈反响(5.23) | 新华社 |
| 10 | 从哲学社会科学工作座谈会反响看我国哲学社会科学发展(5.23) | 光明日报 |
| 11 | 杨克勤出席"学习贯彻习近平总书记在哲学社会科学工作座谈会讲话研讨会"并讲话(6.6) | 国家行政学院网站 |

从上述报道中,北京高校专家学者和学生参加了各类会议和学术研讨活动,按照参加活动高校和人次(包含学生)进行统计,可见图2.2。

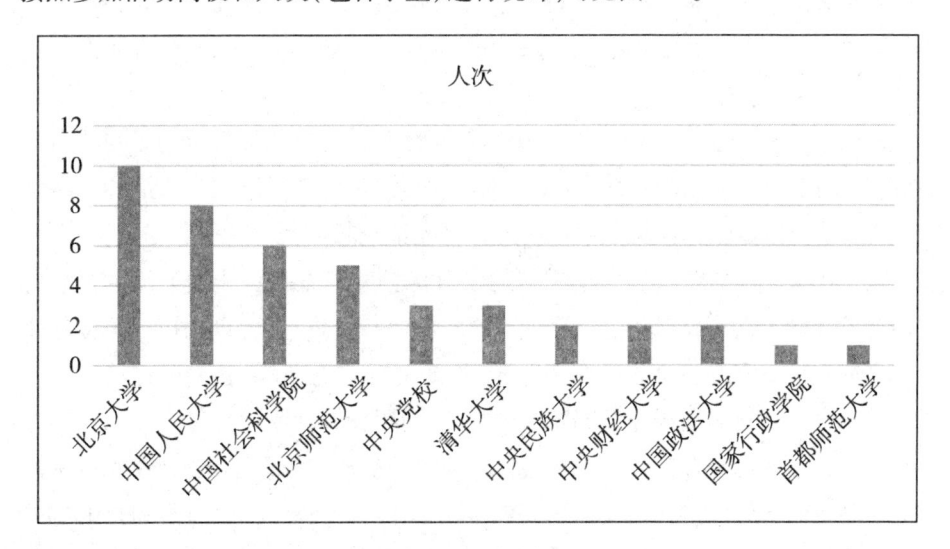

图2.2 北京高校参加各类会议和学术研讨活动统计(人次)

从图2.2中可以看出,北京大学、中国人民大学、中国社会科学院、北京师范大学、中央党校、清华大学等参加相关社会学术研讨和各类会议活动比较频繁。

此外,北京高校一些学术团体如协同创新中心也在学习贯彻落实5·17讲话中发挥了应有的作用，如中国道路与中国化马克思主义协同创新中心、中国特色社会主义理论体系研究中心、社会主义核心价值观协同创新中心、中国艺术院校大学生双创平台协同创新中心等。

2. 落实举措与路径

通过对文本的分析梳理，可以发现：各高校在学习贯彻落实的具体措施和路径可以分为三个层面，分别是校级层面、学院和机关部室层面、教师和学生层面三个层次。

第一，校级层面学习贯彻落实讲话精神举措

北京大学提出要利用哲学社会科学积淀深厚的优势，以马克思主义基本方法为指导，回归学术本源，踏踏实实做好基础研究，推动建立对中国具有现实意义的、真正原创的思想理论体系。北京大学高度重视哲学社会科学发展，将通过学部制改革把人文社科人才队伍、教育教学、学科建设调整得更加合理；通过建立人文社会科学研究院，搭建高端学术交流和学科交叉平台，培养造就优秀青年学者，提升北大和中国人文社科的国际影响力；还将重点支持区域研究有关学科的建设与发展，引导师生对国家利益延伸区域的文化、历史、社会民情等进行深入研究，为国家重大战略实施提供学术支持。同时强调，学习总书记讲话不能陷入空谈，要贯彻落实到实际工作当中去，全校上下积极开动脑筋，集思广益，推进北大哲学社会科学繁荣发展。

中国人民大学强调，作为一所在中国哲学社会科学领域拥有重要影响的高等学府，要承担起这份历史使命，深入学习贯彻习近平总书记重要讲话精神，结合"十三五"规划的制定实施，推动学校的综合改革，加强学科建设、智库建设，进一步巩固人民大学在哲学社会科学领域的学科优势和引领地位。人大师生要坚定中国特色社会主义道路自信、理论自信、制度自信和文化自信，自觉把中国特色社会主义理论体系贯穿教学和研究全过程，积极进行理论创新，着力构建具有中国特色的哲学社会科学话语体系，通过解决中国问题赢得世界尊重。

清华大学提出要加强党委对社会科学发展的政治领导和工作指导，通过完善领导体制机制、抓好战略部署、强化成果运用，始终保持哲学社会科学的正确前进方向。要加强马克思主义学科建设，充分发挥马克思主义在哲学社会科学中的指导作用，通过建好马克思主义学院、强化马克思主义理论教育、推进学科交叉融合，促进学校哲学社会科学学科体系建设发展。要切实加强人才队伍建设，注重把好教师入口关，加强理论培训和实践锻炼，将思想政治工作同支持教师发展成长结合起来，努力造就又红又专的哲学社会科学教师队伍。要加强制度建设，抓好哲学社会科学的引导管理,抓好教学全过程管理,完善哲学社会科学评价体系,加强校园舆论阵地管理。强调各单位党委把学习总书记重要讲话作为开展"两学一做"的重要任务,切实贯彻落实下去。不仅组织党员和干部带头学、深入学,还要组织全体师生开展学习和讨论。在学习讨论中,希望大家重点围绕如何在哲学社会科学各学科中坚持马克思主义为指导、如何在构建中国特色哲学社会科学中做贡献等两个主题展开,将好的经验做法传播开来,凝心聚力,共同推动学校哲学社会科学更好更快地发展。

北京师范大学提出要在认真学习领会习近平总书记在哲学社会科学工作座谈会上的重要讲话精神的基础上,对学校制定的《北京师范大学哲学社会科学创新行动计划(2014－2020年)》①、"十三五"期间学校哲学社会科学学科建设规划进行完善,出台规范和促进哲学社会科学研究的相关指导意见。要把总书记讲话作为学校"两学一做"学习教育的重要内容,把学习讲话与落实国务院"双一流"战略相结合,与落实《北京师范大学哲学社会科学创新行动计划(2014—2020年)》相结合,与引导广大师生践行社会主义核心价值观相结合,切实将总书记提到的"三个基本要求"融到学校哲学社会科学学科建设、队伍建设、项目研究等全过程,努力推动中国特色哲学社会科学体系的建设。学校将继续加大对哲学社会科学的支持力度,发挥学科和人才优势,切实围绕国家社会经济发展的重要战略部署,开展更多立足中国、借鉴国外,挖掘历史、把握当代,关怀人类、面向未来的学术研究和政策咨询工作。

北京理工大学强调要从三个维度上着手:一是从学校维度,二是从学校的哲学社会科学工作者维度,三是从马克思主义学院教师维度,每个维度应当有自己的理解和贯彻落实方式,都应当从自身的职责和使命出发,深入思考,认真贯彻落实。提出:一要深刻理解哲学社会科学的地位和作用,二要深刻理解马克思主义在我国哲学社会科学领域的指导地位,三是要把学习讲话精神与"两学一做"学习教育结合起来,广大党员干部和党员要率先垂范,先学、先做、先思考,结合自身的工作岗位,理解自身的职责使命。为繁荣发展我国哲学社会科学事业,为把北京理工大学建设成为世界一流理工大学做出贡献。

中国矿业大学提出要把学习讲话精神与"两学一做"学习教育结合起来,深入领会讲话的精神实质和丰富内涵,牢牢把握正确方向,落实立德树人根本任务,为加快构建中国特色哲学社会科学贡献力量。要认真学习领会重要讲话精神,牢牢

---

① 《北京师范大学哲学社会科学创新行动计划(2014－2020年)》(师校发2014[10]号)。

把握科技工作的正确方向,着力提升自主创新能力,着力推进科技体制改革,着力培养创新团队和青年人才,努力在创新驱动发展战略中发挥更大作用。

北京林业大学提出了四点举措:一是高度重视哲学社会科学。提高治学办校的理论思维水平,提高干部教师的理论素养,是当前学校党委的重要任务。二是坚持马克思主义在哲学社会科学领域的指导地位。增强问题意识,增强忧患意识,杜绝马克思主义"失语""失声""失踪"的状况。三是加快构建富有特色的哲学社会科学。结合学校实际,处理好自然科学学科与哲学社会科学学科的关系,发挥好哲学社会科学学科的咨政育人功能,形成具有北林特色的、可持续发展的学科体系。四是加强和改善党对哲学社会科学工作的领导。将哲学社会科学列入校党委常委会重要议事日程。发挥哲学社会科学的智库作用,建立完善决策咨询制度。注重哲学社会科学人才队伍的建设。落实好党的知识分子政策。坚持"学术研究无禁区、课堂讲授有纪律",加强学风建设。校哲学社会科学学科的发展应当坚持绿色发展的理念,巩固和进一步加强在生态文明领域的研究优势和学科实力,在"十三五"期间再上一个台阶,多出精品成果,凝聚创新团队,引领学术方向。

北京外国语大学提出作为外向型特色鲜明的高校,要在"开放"环境中把握好理论研究的出发点,思考"为什么人"的问题,引导学生了解中国社会,培养中国情怀,提升思考和辨析能力;坚持"不忘本来、吸收外来、面向未来",推动习近平总书记提出的"学生、学术、学科一体化",不断推动知识传承和创新;勇担使命,为中国文化走出去、为增强中国国家学术话语体系的世界影响力做出积极贡献。广大教师要结合学校自身特点,自觉把马克思主义方法论贯穿到研究和人才培养全过程,按照习近平总书记提出的"以高尚的人格魅力引领风气,在为祖国、为人民立德立言中成就自我、实现价值"要求,培养学生成为有社会责任感、敢担当、愿奉献、会合作的高素质国际化人才。

对外经济贸易大学指出要坚持马克思主义的指导地位,围绕中国国情做好选题,形成研究体系,拿出更多具原创性的哲学社会科学研究成果,力争在国际话语上走到前列。对外经济贸易大学国际化特色明显,要坚持开放风气的同时,注重加强传统文化的传承。学校要更加重视基础学科和传统文化在整个教育体系中的意义,这对整个哲学社会科学的发展更有意义。

中央财经大学提出在学科建设方面,要大力加强马克思主义理论和马克思主义政治经济学学科建设,正确看待西方经济学和马克思主义政治经济学的关系,着力搭建中国特色社会主义政治经济学理论框架。在人才培养方面,要注意把握正确导向,严格课堂讲授纪律,引导教师运用科学态度和方法,帮助学生成长成才,成为了解中国国情、继承中国传统文化、能够走向世界的优秀人才。在科学研究方面,要充分发挥学校学科、人才和平台优势,整合校内外资源和力量,加强中国特色新型智库建设,着眼国家和北京市重大需求,围绕政治、经济、文化、社会等领域的重大理论和现实问题,深入开展研究,推进协同创新,形成高质量研究成果。

北京语言大学提出要结合"两学一做"学习教育和"双一流"建设,在基层党组织中开展贯彻落实习近平总书记在哲学社会科学座谈会上的讲话精神的活动,带动全体党员干部和民主党派人士共同贯彻落实讲话精神;要结合学校十三五规划,尽快制订该校哲学社会科学发展规划,分析并解决学校科学研究和学科建设中存在的问题;要在贯彻落实总书记讲话精神中,加强对学校重大哲学社会科学成果的宣传;要加强马克思主义学院思政课建设力度并引领哲学社会科学相关学科的专业马克思主义教学与研究。要深入挖掘各种资源,推动该校哲学社会科学工作创新发展。

北京第二外国语学院指出要从三个方面开展工作:首先,要把习近平总书记鼓舞人心的讲话精神传达给全校师生。第二,要结合学科建设、人才培养和科学研究三方面拿出切实有效的方案,寻找有利于二外发展的学科机遇。第三,要抓好三项重点工作:培养或引进在全国哲学社会科学领域有学术话语权的领军人才,加强学校教材体系建设和打造一批标志性的科研成果。全校要结合"两学一做"学习教育活动,认真学习领会习总书记关于加强哲学社会科学讲话精神,在全校形成精神共识,并要以此为契机,紧紧围绕学校学科建设和人才培养,加大学校各学科发展力度。首先,要立足传统。其次,要紧扣现实。我们缺乏把"中国经验"转变为"中国思想"的能力,要建立一个思想层面的中国形象。第三,要面向世界。作为外语类高校,在所有学科的构建中,都要增强传递中国道路、中国理念的意识,及时回应社会重大议题,构建属于我们自己的话语体系。

首都师范大学要求学报、校报等宣传媒介积极发挥宣传主阵地的作用,营造学习贯彻讲话精神的浓厚氛围。全校广大从事哲学社会科学研究与教学的教师要进一步深入学习习总书记在哲学社会科学座谈会上重要讲话的精神,形成更加深入的思考,将讲话精神贯彻到具体的科研和人才培养工作之中,为学校发展做出更大贡献。

通过对各高校学习落实具体举措的文本分析,可以归纳总结其中词语频度较高的名词,详见图2.3。

名词

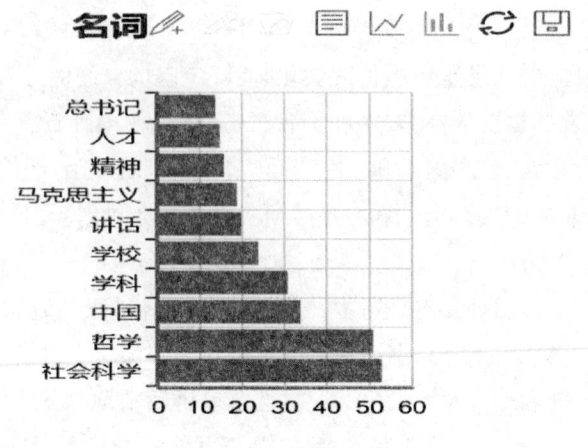

```
总书记
人才
精神
马克思主义
讲话
学校
学科
中国
哲学
社会科学
    0  10  20  30  40  50  60
```

图 2.3　名词词频

由图 2.3 可以看到,社会科学与哲学是频度最高的名词,这与总书记讲话主题内容相符合。其次是中国,强调中国话语、中国特色、中国国情、中国经验和中国思想的意义价值。在这之下是学科、学校、人才、马克思主义,这些是高校发展的核心要素和价值前提。

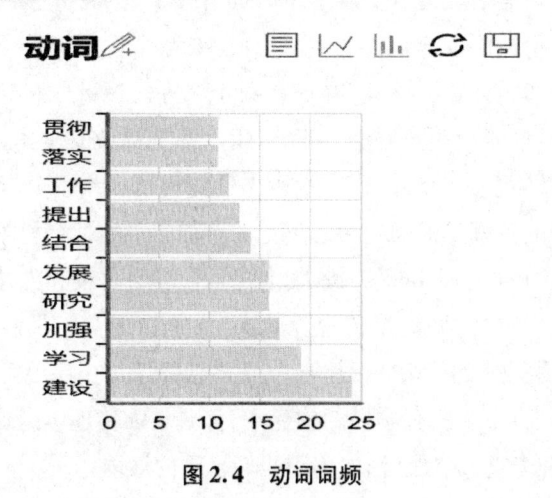

动词

```
贯彻
落实
工作
提出
结合
发展
研究
加强
学习
建设
    0   5   10  15  20  25
```

图 2.4　动词词频

由图 2.4 可以看出,建设是频度最高的词汇,反映出高校对自身建设体现出一种积极自觉和迎接压力挑战的态度。其次是学习、加强、研究、发展、结合、提出、工作、落实和贯彻。

总体上看,各个学校在学习贯彻习近平总书记 5·17 讲话中,能够根据学校自身实际和特色进行及具体举措的落实,围绕"两学一做"、学校十三五规划与"双一流"建设目标,以坚持马克思主义指导地位和构建中国特色哲学社会科学为核心,围绕学科建设、学术研究、人才培养、课程建设、智库建设等方面,制订规划与方案,回应重大问题,切实落实好讲话精神。

第二,院级和机关部室层面学习贯彻落实讲话精神举措

除了校级层面学习贯彻落实之外,许多学院和机关部室作为学习与落实的执行者与组织者,积极建言献策、谋划未来,担负起历史赋予的光荣使命,将民族传承与时代特征融汇到中国哲学社会科学的创新中去。

许多高校空前重视哲学社会科学的发展,将其提升到战略层面认识和思考。如北京大学提出要以此次学习为契机,思考北大哲学社会科学自身应当如何发展、如何实现跨越式发展、如何取长补短等问题,要拿出一个北大哲学社会科学发展的基本意见和整体方案。清华大学提出社会科学工作者要勇于承担历史重任,社会科学的发展建设要为人民服务。社会科学学院要立足中国发展的重大历史进程,立足国际学术前沿和国家重大战略需求,注重多学科交叉汇聚的教学科研模式,建设国际一流、国内领先、特色鲜明的哲学社会科学学科和高水平的国家思想库。中国人民大学指出要在哲学社会科学各领域培养一批真学、真懂、真用的马克思主义者,将其凝聚起来为中国特色社会主义建设服务,为实现中华民族伟大复兴服务。要深入研究和回答我国发展和我们党执政面临的重大理论和实践问题,努力推出有影响力的学术成果。作为新型智库,理应在繁荣发展哲学社会科学中承担更多的使命和责任,更好地发挥智库的决策咨询、舆论沟通作用。北京师范大学提出要继承名师先贤留下的学术传统和为国家、为民族服务的担当意识,进一步加强北师大的学派建设,提升学术原创能力,激发创新创造活力,推动中国哲学社会科学形成中国特色、中国风格、中国气派。

在学习贯彻落实活动中,许多学院根据自身特点和发展实际,提出了有针对性的举措和路径。如清华大学文科学院如人文学院、社会科学学院、马克思主义学院、经济管理学院、法学院、公共管理学院、新闻与传播学院、美术学院、五道口金融学院等院系负责人在分享学习讲话的心得体会的同时,也提出了落实的举措路径。如新闻与传播学院提出构建中国特色新闻学要做到理论与现实高度统一,立足现实、直面问题、融汇中西、返本开新,以彻底的理论赢得当代大学生的认同;美术学院提出要加快中国特色和马克思主义的艺术学与美学建构工作;人文学院强调中国哲学社会科学要有宽广宏大的历史视角,特别是要有中国文化发展历史的视角。要提升对民族历史文化的自信,人文社会科学界要善于提炼新概念,着力提出能够体现中国立场、中国智慧、中国价值的理念、主张、方案,更好地解决当前我国人文社会科学存在的突出问题。

中国人民大学哲学院在深入学习研讨习近平总书记讲话中指出：应该运用创新意识来解决问题，应该在哲学院深入展开相关讨论，挖掘数字时代的哲学的生存方式。继续深入学习和思考，着力落实讲话精神，抓住哲学学科发展机遇，提升问题意识和创新精神，促进人大哲学院的学科建设和长远发展。法学院提出要丰富和完善中国特色社会主义法治理论，更好地解决法治实践中的各种问题。学院要进一步与研究院开展深度合作，推动学院教师学术观点、科研成果的广泛传播。

北京师范大学文学院就如何贯彻落实总书记讲话精神进行了深入的分析和探讨。提出要将习近平总书记提出的发展思路和发展理念与学院的工作实际紧密结合起来，立足中国、借鉴国外，挖掘历史、把握当代，关怀人类、面向未来，扎根中国大地做研究，努力解决国家发展中的实际问题，为建设世界一流的中文学院和中文学科，为当代中国哲学社会科学的繁荣发展，为实现中华民族伟大复兴的中国梦做出自己的贡献。

北京语言大学发展规划处建议：一是立足学校的办学历史，明确发展方向；二是结合国家战略，服务国家发展。建设中国特色社会主义，必须重视哲学社会科学，积极总结中国发展经验，借力孔子学院等向世界传播。校友办提出中国正处于发展转型期，哲学社会科学工作者担负着重大责任，学校留学生众多，意识形态活跃，应通过校友工作加强民间外交，结合"一带一路"战略，广泛传播中国故事。机关部室人员表示：未来工作一定要以习近平总书记的讲话精神为指导，增强家国情怀，不断提升主动服务国家的历史责任和担当意识，积极参与国家智库建设，努力创建汉语国际教育的学科标准和评价标准，巩固在汉语国际教育领域的学科优势和引领地位，进而争取并保有在汉语国际教育事业领域的话语权。

中央财经大学保险学院党总支教工第一党支部，结合发展现代保险服务业、建立覆盖城乡居民的社会保障体系，提出要发挥中财学者的智慧，为构建中国特色的保险学、社会保障学做出贡献。

由于习总书记在哲学社会科学座谈会上的讲话突出强调了坚持马克思主义指导的必要性与重大意义，这对于马克思主义学院和从事相关理论研究工作的人来说是极大鼓舞。许多高校的马克思主义学院或思政部等专门召开座谈会、学习研讨会进行学习贯彻落实。

北京大学社会科学部从学习总书记重要讲话精神、马克思主义学科建设情况、马克思主义相关学科建设情况以及其他哲学社会科学学科建设情况等向学校领导汇报。认为学习总书记重要讲话精神，关键是要加强北大哲学社会科学的学术研究，构建学科体系，以更好地理解和服务当代中国。为此，学校需要加强马克思主义学科建设、加强中国传统文化学科建设、加强基础和交叉学科建设、加强智库建设等工作。

清华大学马克思主义学院根据讲话要求提出要大力加强马克思主义理论学科建设,在马克思主义中国化、时代化、大众化上下功夫,用马克思主义理论研究的最新成果,切实指导我们的执教办学行为、指导哲学社会科学各学科的建设;要努力推动马克思主义"进论著、进课堂、进头脑",引导广大教师自觉按照马克思主义的立场观点方法,实施教学和研究,培养合格人才,取得创新成果。

北京师范大学马克思主义学院提出要加强马克思主义修养,坚持马克思主义在哲学社会科学研究工作中的指导地位,坚持以人民为中心的研究导向,做到扎根中国大地做研究,总结提炼中国经验,解决中国问题,不断增强文化自信。

北京科技大学马克思主义学院专门进行学习研讨,强调要将习近平总书记的讲话精神与学院建设和思想政治理论课建设工作的重点相结合,指导实际工作。

华北电力大学人文政教集中学习习近平《在哲学社会科学座谈会上的讲话》,表示要进一步思考:马克思主义理论如何在各个学科中得到科学体现,优秀传统文化如何进课堂,成为育人的中国元素。要进一步强化马克思主义学科对公共管理学科的指导作用,尤其是要用马克思主义学科指导政治学的学科建设,要杜绝那种只讲西方理论的做法,要把马克思主义经典著作引入课堂,作为政治学的有机组成部分,让广大学生真懂真信。要以马克思主义为指导推进法学学科建设,在这方面要下真功夫,力求产生创新性成果。要坚持问题导向,满足国家发展的重大战略需求,要把哲学社会科学的学科建设放在十分重要的地位,要建立科学的哲学社会科学评价体系,要强化智库建设,回答党和国家的重大关切,努力为国家的发展提供更多的原创性成果。

北京林业大学马克思主义学院在学习研讨中表示:要用马克思主义指导思想组织教师学习,提高教师队伍的思想理论水平,做到真学真懂真信真用;要重视高校思想理论课,把课程建设与学科建设紧密结合;要认真总结高校近年来思政理论课的经验教训,以达到思政理论课的指导作用。目前正在朝学科新、文化精的中期目标迈进。希望早日跻身于全国重点马克思主义学院的行列。要坚持原则,不断创新,讲好马克思主义基本原理概论这门课。使公共理论课教学工作具有连贯性、持续性与系统性。在不同层次、不同范围学生对象的思政教学中,使之更有整体性、多维性与针对性。

北京中医药大学马克思主义学院组织全体教师学习习近平总书记在哲学社会科学工作座谈会上的重要讲话。教师们表示:习总书记对哲学社会科学的定位对于马克思主义学院的发展很重要。讲话一方面增强了我们建设好马克思主义学院的决心和信心，同时我们也感受到了压力。习总书记向广大哲学社会科学工作者提出了做大学问、做真学问的要求，要求大家以深厚的学识修养赢得尊重，以高尚的人格魅力引领风气，在为祖国、为人民立德立言中成就自我、实现价值。这为我们指明了未来发展的方向。目前意识形态领域形势错综复杂，网络舆情热点多发，学院全体教师在此背景下，要密切关注时事热点，课堂教学中要坚守政治纪律。今后，马克思主义学院还将继续组织专题学习与研讨。

对外经贸大学思政部组织全体教师学习贯彻习总讲话精神并强调学习习总5·17讲话是思政部当前一项首要政治任务，必须全面研读，深入思考，领会要求，联系实际，落实任务。习近平在哲学社会科学工作座谈会上的重要讲话精神，对于思政部开展马克思主义理论学科建设、开展建设开放型经济强国的理论与实践研究协同创新中心建设，具有重大而直接的指导意义。要深入学习领会习近平总书记关于哲学社会科学工作者应该大有作为、担负使命的要求，积极为党和人民贡献理论创新成果。要深入学习领会习近平总书记关于坚持马克思主义指导地位的要求，自觉把中国特色社会主义理论体系贯穿研究和教学全过程，坚守并拓展思想政治理论教育主阵地。要深入学习领会习近平总书记关于加快构建中国特色哲学社会科学的要求，把握体现继承性、民族性、原创性、时代性、系统性、专业性的方向，为该校马克思主义理论学科建设做贡献。

第三，教师和学生层面学习贯彻落实讲话精神举措

高校教师和学生作为学习贯彻落实的主体，表达了自己对未来工作的责任担当与使命，提出了努力的方向。

中国人民大学教师表示，在教学、科研过程中，一定要立足本土，充分考虑中国的实际情况，同时也要开阔视野，将学术研究置于中国发展的大历史、大潮流当中。中国学者必须要讲好"中国故事"，增进世界对中国的了解，在全球视野中来认识和理解中国的历史、现在与未来。

对外经贸大学教师对于学者的使命和目标表达了观点和看法，认为在世界舞台上，中国学者要善于构建话语体系，要在构建中国理论上有发言权。习总书记提出，我们要立足本国实际，又要开门研究，作为哲学社会科学的学者要有自信，多参加国际学术会议，多发表国际文章，争取在国际学术界增长话语权。要以习近平总书记关于坚持马克思主义指导地位的要求，自觉把中国特色社会主义理论体系贯穿研究跟交流的全过程，在教学科研上首先树立清醒的理论自觉，坚定的政治信念和科学的思维方法。要深入领会习总书记关于哲学社会科学工作者应

该大有作为,担当使命的要求。

清华大学马克思主义学院的教师表示,要坚持、发展和传播马克思主义,认真做好教学科研工作。要在真学真懂真信真用马克思主义方面做出表率,确立为人民做学问的基本立场。要结合我国社会主义建设的实践发展马克思主义,在运用马克思主义做研究时要坚持实事求是的态度,努力做好马克思主义传播工作。

中央财经大学教师认为,一个当代社会科学工作者要想有所作为,就一定要做到习总书记阐明的那样,树立为人民做学问的理想,尊重人民主体地位,聚焦人民实践创造,自觉把个人学术追求同国家和民族发展紧紧联系在一起,要坚持问题导向,认真研究我国发展和我们党执政面临的重大理论和实践问题,提出解决问题的正确思路和有效办法。

北京语言大学教师认为专业的翻译人才应该是有思想的译者,"要引导学生阅读哲学社科典籍,培养学生独立思考以及理性辩解和反思能力。"发扬"工匠精神",精益求精,打造高端智力产品。教学者应当扎实学科基础,提高独立性学术思考。应加强马克思主义与中国传统文化的紧密结合,推进马克思主义中国化。在教学以及学科建设中,应融通各种资源,引导学生关注新的理论动态,结合二外的外语优势,培养有中国立场的外语高端人才,为"一带一路"和"走出去"战略提供人才支持。

一些高校学生在学习习总讲话之后也表达了自己的看法。清华大学公共管理学院2012级博士生邵东珂也参加了座谈会。他表示,哲学社会科学的发展需要以马克思主义为指导,需要哲学社会科学领域的专家学者坚持以人民为中心,努力创新、不断完善科研评价机制,总书记的讲话为我们指明了方向、鼓足了干劲。汽车工程系大三学生陈垂文说,作为一名工科生,看到习总书记讲话报道后,深深认识到当代中国的发展离不开中国特色哲学社会科学的大发展。自动化系大三学生王子卓说,当前我国正处于社会变革的重要时期,不仅要壮大哲学社会科学研究的队伍、完善理论体系,更要将哲学社会科学"平民化"地传递出去,让大众也积极参与其中,并贡献智慧、学习传播。

中国人民大学唐兆涵同学表示,加快构建中国特色哲学社会科学让自己深有感触。我国的经济学亟须理论创新,构建适合国情的完整的经济学理论体系。作为青年学生,要在学习过程中立志做大学问、做真学问,摒除功利的学术心态,在为祖国、为人民立德立言中成就自我、实现价值。

北京理工大学马克思主义理论硕士研究生卢鑫同学认为,马克思主义理论符合当前哲学社会科学的主要方向;在新形势下,哲学社会科学理论需要"创新";在研究过程中,要注重马克思主义理论观点与中国实际的结合,建立具有中国特色的哲学社会科学体系。马克思主义学院研二学生赵丽同学认为,现阶段既是社会科学发展的黄金时期,对哲学社会科学工作者和学生提出了更高的要求,相信哲学社会科学学科将进入一个大踏步前进的阶段。

对外经贸大学学生表示,青年哲学社会科学学者应学习和掌握马克思主义立场和方法,要坚持实践和群众相结合,成为专业领域的拔尖人才,我们要以调研和个案为基础,从点滴做起,像拼图一样,拼出一个中国现状和未来发展的地图。

首都师范大学研究生表示,要坚定理想信念,夯实学术功底,提高学术水平,树立学术自信、建立学术话语体系,做继往开来的哲学社会科学学术研究。

3. 反馈与评价

总书记讲话之后,北京高校反响热烈,师生欢欣鼓舞、倍感振奋,纷纷自发地以各种形式深入学习讲话精神,初步掀起了一个学习热潮,对于讲话内容给予极高的反馈与评价。

评价和反馈主要体现在以下几方面。

一是对讲话内容的客观评价。许多高校教师与学生使用频繁的词如"全面、深刻、完整、系统、清晰、科学";"内容丰富,道理清楚";"讲话立意高远、思想深邃,内容丰富,意义重大","高屋建瓴""高瞻远瞩",为高校的哲学社会科学工作提供了重要的遵循和指导原则。从形容词上分析,纷纷表示,"习近平总书记在哲学社会科学工作座谈会上的讲话非常重要","对国家哲学和社会科学的繁荣发展具有根本性的指导意义"。

从图2.5中可以看到,频度最高的形容词是"重要",大家认为这次讲话是非常重要的,"指出了哲学社会科学的重要地位","这一重要讲话,为繁荣发展我国哲学社会科学事业提供了思想指南和实践动力"。其次是"繁荣""重大",认为"讲话为新时期哲学社会科学的繁荣发展指明了方向",讲话"对加快构建中国特色哲学社会科学做出了重大部署","对高校的育人与科学研究都有重大的指导意义","深刻阐述了新时期哲学社会科学的重大问题",对讲话内容给予了充分、积极的反馈与评价。频度较高的词还有"自信、深刻、丰富、充分"等。大家认为"格局上,习总书记的讲话高瞻远瞩,充分体现了一种自信。"

**形容词**

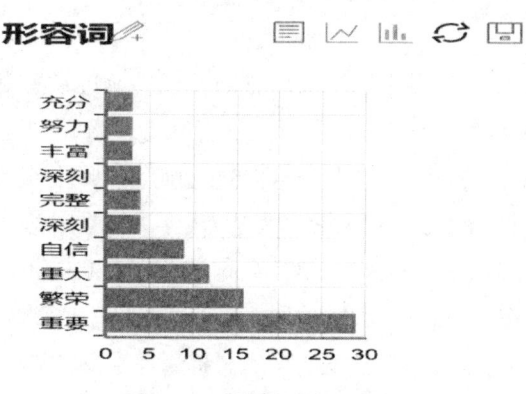

图2.5 对讲话评价形容词

从图2.6中可以看出,"发展"频度最高,虽然从语义和语境上分析,有些发展不完全是动词词性,从反馈上看,许多高校教师表达了发展哲学社会科学的强烈愿望。"指导、指明"也是频度较高的动词,认为讲话为高校推进哲学社会科学提供了指导,指明了方向。对于坚持和发展马克思主义,构建中国特色哲学社会科学话语体系表示认可和认同。

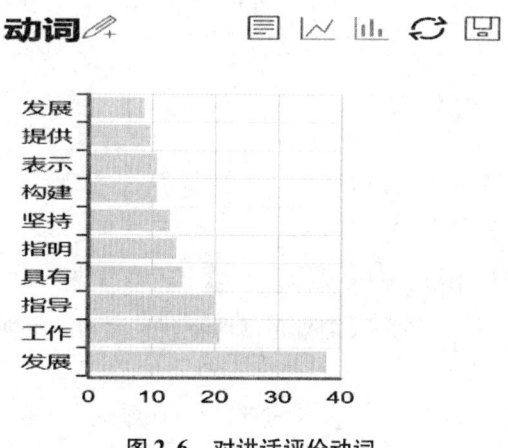

**动词**

图2.6 对讲话评价动词

从对讲话的意义、价值与作用上来看,大家对习近平同志的讲话纷纷表示"是发展繁荣我国哲学社会科学事业的纲领性文献","是推进高校哲学社会科学领域学科建设、人才培养、学术研究和社会服务等各项工作的理论依据和行动指南","为新时期高校哲学社会科学工作指明了方向,提供了根本遵循"。"明确了哲学社会科学现存的问题和未来发展方向","描绘了构建中国特色哲学社会科学的宏伟蓝图"。认为"繁荣和发展哲学社会科学是中华民族走向伟大复兴的前提和基础"等。

二是讲话对哲学社会科学工作者的影响反馈。习近平总书记在哲学社会科学工作座谈会上讲话对于哲学社会科学工作者来讲,起到了极大的精神提振和鼓舞作用。许多哲学社会科学工作者表示倍受鼓舞,用"师生欢欣鼓舞、倍感振奋、无比光荣、振奋人心、激荡人心"来形容表达,认为讲话是对哲学社会科学工作者的极大鼓励。习总书记的讲话为哲学社会科学工作者吹响了冲锋号。指明了方向,鼓足了干劲。在受到鼓舞、激励的同时,广大师生也表示感受到了压力、挑战与责任,"感到中国哲学社会科学发展挑战与机遇并存"。认为"通过学习讲话精神进一步明确了自身的使命","明确了我们哲学社会科学工作者的历史重任","增强繁荣发展中国哲学社会科学的责任感和使命感,为新时期中国哲学社会科学的繁荣发展做出新的努力和贡献"。

从学术研究的角度,一些学者表示总书记强调的理论自觉、政治信念、科学方法,是哲学社会科学学者为人为学、安身立命的基石。习总书记的重要讲话给自己的学术研究指出了更为清晰和明确的道路,也坚定了自己认真做学术研究的信心,鼓舞了投身于中国哲学社会科学研究的勇气,使中国哲学社会科学研究领域如沐春风。同时指出,当前的时代是变革的时代,是哲学社会科学大有作为的时代,也是产生名篇名家的时代。

### 三、结论及建议

(一)结论

通过对北京高校学习贯彻落实习近平总书记在哲学社会科学座谈会上的讲话形式、举措、评价与反馈及学术研究情况的综合调查与文本研究,可以得出以下结论。

1. 目前研究围绕习近平在哲学社会科学工作座谈会上的讲话内容进行了一定的探讨,但是还缺乏沉淀和系统深入的研究,从宏观上阐述坚持马克思主义指导地位的必要性、构建中国特色哲学社会科学的研究较多,微观层面如何坚持和发展马克思主义、如何构建中国特色哲学社会科学、学术体系的内容较少;从定性概括角度研究较多,有实证支持的调查研究较少;对于地位、作用、意义的相关研究较多,关于具体举措路径研究较少。目前很多哲学社会科学工作者有对讲话内容研究的热情,但还有待更深入、微观、系统的持续性研究。

2. 从学习贯彻落实形式上看,北京高校表现出较高的趋同性,形式较为单一,大部分采取座谈会、集体(中)学习、专题学习研讨、发言摘编等形式,这三种形式占全部形式的比例高达82.7%，这几种形式简便易行、时效性强，可以在最短时间内将讲话精神和内容传达给广大师生，因此也成为北京各高校主要选择的形式。少部分高校采取专题报告、党课、实地调研、专家访谈、下发文件通知等形式，这几种形式加在一起，仅占17.3%。部分高校尤其是重点高校的教师参加校外会议、学术研讨交流、接受访谈的比例较高，通过对讲话内容的系统阐述和学术研讨来贯彻落实讲话精神。北京高校一些学术团体如协同创新中心也在学习贯彻落实5·17讲话中发挥了应有的作用，如中国道路与中国化马克思主义协同创新中心、中国特色社会主义理论体系研究中心、社会主义核心价值观协同创新中心、中国艺术院校大学生双创平台协同创新中心等。总体上看，贯彻落实形式有待进一步创新和具有特色。

3. 从学习贯彻落实具体举措上看，按照学习贯彻落实主体分类，可以分为从中央到北京高校到所属学院、机关部室到基层党支部、学生党支部等4个层面。其中，直接参加中央层面哲学社会科学工作座谈会的北京高校涉及4所，从校级层面学习落实有25项，在院级层面学习贯彻有19项，机关部室有3项，基层党支部有3项（包括教工党支部和学生党支部），从学者视角解读阐释讲话内容的有3项。总体上看，各个学校在学习贯彻习近平总书记5·17讲话中，能够根据学校自身实际和特色进行及具体举措的落实，围绕"两学一做"、学校十三五规划与"双一流"建设目标，以坚持马克思主义指导地位和构建中国特色哲学社会科学为核心，围绕学科建设、学术研究、人才培养、课程建设、智库建设等方面，制订规划与方案，回应重大问题，切实落实好讲话精神。

但是从媒体平台搜集数据来看，与调研90所北京高校比起来，仅有17所高校通过新闻网站、各种媒体平台将学习贯彻落实情况反映和体现出来，这17所院校大部分是985、211院校。普通本科院校、高职院校等存在宣传贯彻落实方面的"失语""失声"现象。即使许多通过"两学一做"活动进行了贯彻落实，但并没有通过媒体发布；有些匆匆学习了一下相关内容，并没有将其落实到具体可操作的层面。

4. 从对讲话的评价与反馈方面来看，北京高校反响热烈、积极，对讲话内容认同程度非常高，纷纷表示，"习近平总书记在哲学社会科学工作座谈会上的讲话非常重要"，"对国家哲学和社会科学的繁荣发展具有根本性的指导意义"。对于哲学社会科学工作者个人来讲，觉得责任、使命重大，压力与挑战并存。讲话起到了精神提振和巨大的鼓舞作用，也为下一步工作指明了方向。

(二)对策建议

1. 深化学习研究,拓宽学术视野

习总书记的讲话为哲学社会科学的发展指明了三个导向:一是坚持和发展马克思主义的思想导向。二是要以人民为中心,以中国优秀传统文化为脉络,以实践为课题的实践导向。三是充分体现中国特色、中国风格、中国气派的价值导向。

在学习研究中,应加大对讲话中提到问题的回应和关注力度,要立足传统、紧扣现实,回应理论和现实重大问题,总结经验,增强传递中国道路、中国理念的意识,提升把"中国经验"转变为"中国思想"的能力。

拓展学习研究的视野和角度,改变唯西方理论马首是瞻的现状,构建中国特色的学术话语体系,发挥国际学术话语影响力,增强文化思想的软实力。

2. 创新形式,拓展渠道,提升学习贯彻效果

目前学习贯彻落实形式较为单一,趋同现象比较严重。大部分高校采取传统的学习贯彻落实方式,在形式上缺乏创新,少部分高校进行了一些卓有成效的探索,如通过调研、专家访谈、专题报告、党课、实践等形式进行与实际工作相结合的学习贯彻,有待总结更有针对性的方式。

从纵向学习时间上看,大部分高校在讲话之后的1个月内进行了学习传达、座谈研讨,但在这之后,鲜有持续性地推动落实反映。

应加强学习贯彻落实渠道的拓展,充分利用手机微信公众平台、网站等多媒体,推动自由灵活、深入持续的学习贯彻落实形式。如北京科技大学在新闻网站上设立了"北京科技大学教职工理论学习网""学生党支部理论学习导师专题学习网",使学习贯彻做到线上与线下相结合,拓展了学习贯彻落实的时间和空间。

3. 加强领导、落实责任,持续推动学习活动深入开展

哲学社会科学事业是党和人民的重要事业,加强和改善党对哲学社会科学工作的领导,是繁荣发展哲学社会科学事业的根本保证。各级党委要进一步强化政治责任、领导责任,切实肩负起领导、组织哲学社会科学繁荣发展的历史重任,积极推动形成有利于哲学社会科学研究的良好环境。

首先要加强政治领导和工作指导。要把哲学社会科学工作摆在重要位置,纳入重要议事日程,经常听取哲学社会科学工作汇报,定期研究哲学社会科学工作。注重思想政治领导,把握正确方向,引领哲学社会科学健康发展。避免出现"重理轻文"的倾向,提高对哲学社会科学战略性认知,一手抓繁荣发展,一手抓引导管理,在学习贯彻落实中,不断提高决策和领导水平。

同时要强化政策保障和工作支持。积极研究出台加大投入保障、帮扶困难哲

学社会科学工作者等方面的政策措施。

另外,应将习总书记重要讲话精髓与实际工作结合,既要胸怀大局,与学校发展共进步,又要脚踏实地,将贯彻行动落细落小落实。将校级、院级、基层支部与教师学生等不同层面进行系统顶层设计与责任分解,形成崇尚精品、严谨治学、注重诚信、讲求责任的优良学术生态。

## 第二节 北京高校落实习近平总书记七一 重要讲话精神专题调查研究

在庆祝中国共产党成立95周年大会上,习近平发表了重要讲话。在讲话中,习近平全面回顾了我们党95年来带领团结全国各族人民不懈奋斗走过的光辉历程,全面系统总结了我们党95年来的历史经验,高度评价了我们党95年来作出的历史贡献,深刻阐明了近代以来我国社会发展的历史规律,深刻阐明了我们党的执政宗旨和执政方略,深刻阐明了我们党对重大国内外问题的原则立场,表明了我们党"不忘初心、继续前进"的坚定信念,为开拓党和国家工作新局面,指明了努力的方向。关于"七一"讲话,相关研究成果不少①,本书就北京高校落实习近平"七一"重要讲话做一归纳总结。

### 一、习近平七一讲话的核心要义

习近平在庆祝中国共产党成立95周年大会上的讲话,深情回顾了中国共产党的三大历史贡献及三次伟大飞跃,总结提炼了中国人民和中华民族走过艰辛历程得出的三大历史启示,突出强调了当前治党治国的八个"坚持不忘初心、继续前

---

① 相关成果有何畏:《"不忘初心、继续前进":中国共产党治国理政的根本原则和方法论》,《思想理论教育导刊》2016年第9期;仝华:《95年奋斗的"伟大历史贡献"和"伟大飞跃"》,《思想理论教育导刊》2016年第9期;汪亭友:《把人民放在心中最高位置——学习习近平总书记庆祝中国共产党成立95周年讲话》,《思想理论教育导刊》2016年第9期;余精华:《从"七一"讲话看习近平总书记系列重要讲话的核心要义》,《思想理论教育导刊》2016年第9期;严书翰:《习近平总书记"七一"重要讲话中需要深刻认识和深入研究的几个亮点》,《党建》2016年第10期;何建华:《习近平"七一"讲话的思想精髓》,《人民论坛》2016年第19期;袁杰:《全面推进党的建设新的伟大工程的纲领性文献——学习习近平总书记"七一"讲话心得》,《思想理论教育导刊》2017年第2期等。

进"。

(一)三大历史贡献和三大历史飞跃

"进行新民主主义革命,是党成立后团结和带领全国各族人民进行的第一个历史阶段的革命斗争。"①新民主主义革命时期,为了推翻帝国主义和封建主义的统治,实现民族独立和人民解放,以毛泽东为代表的中国共产党人坚决抵制马克思主义教条化和"左"倾主义错误,把马克思主义基本原理和中国革命的具体实际相结合,创造性地提出了"工农武装割据"思想,开辟了"农村包围城市,武装夺取政权"的革命道路,最终取得了新民主主义革命的胜利,建立新中国,实现了马克思主义与中国革命具体实际相结合的伟大胜利。对于这一阶段中国共产党领导团结全国人民进行革命斗争的历史贡献和重大意义,习近平总书记在讲话中指出:"这个伟大历史贡献,就是我们党团结带领中国人民进行28年浴血奋战,打败日本帝国主义,推翻国民党反动统治,完成新民主主义革命,建立了中华人民共和国。这一伟大历史贡献的意义在于,彻底结束了旧中国半殖民地半封建社会的历史,彻底结束了旧中国一盘散沙的局面,彻底废除了列强强加给中国的不平等条约和帝国主义在中国的一切特权,实现了中国从几千年封建专制政治向人民民主的伟大飞跃。"②

新中国成立初期,我国人口多、底子薄、现代化水平很低,面临一穷二白的艰难处境,但党和国家领导人克服困难,团结带领全国各族人民完成了社会主义改造,消灭了一切剥削制度,建立了社会主义基本制度,恢复了千疮百孔的国民经济,过渡到了社会主义建设时期,逐步建立了比较完整的工业体系和国民经济体系。虽然探索过程中有些曲折,但通过理论与实践的"二次飞跃",还是探索出适合中国国情的社会主义建设道路,深化了对社会主义的认识,为改革开放开创中国特色社会主义道路提供了宝贵经验和物质基础。所以说"这个伟大历史贡献,就是我们党团结带领中国人民完成社会主义革命,确立社会主义基本制度,消灭一切剥削制度,推进了社会主义建设。这一伟大历史贡献的意义在于,完成了中华民族有史以来最为广泛而深刻的社会变革,为当代中国一切发展进步奠定了根本政治前提和制度基础,为中国发展富强、中国人民生活富裕奠定了坚实基础,实

---

① 仝华:《95年奋斗的"伟大历史贡献"和"伟大飞跃"》,《思想理论教育导刊》2016年09期。
② 习近平:《在庆祝中国共产党成立95周年大会上的讲话》,《人民日报》,2016年7月2日第2版。

现了中华民族由不断衰落到根本扭转命运、持续走向繁荣富强的伟大飞跃。"①

1978年召开党的十一届三中全会,重新确立了解放思想、实事求是的思想路线,把全党工作的重点转移到社会主义现代化建设上来,开辟了中国特色社会主义道路,形成了中国特色社会主义理论体系。党的十八大以来,以习近平同志为核心的党中央从坚持和发展中国特色社会主义全局出发,提出了一系列治国理政新理念新思想新战略,开辟了治国理政新境界,为实现"两个一百年"奋斗目标、实现中华民族伟大复兴的中国梦提供了重要保障。中国特色社会主义道路、理论体系和制度的开辟、形成和确立,是改革开放所取得的伟大成就。"这个伟大历史贡献,就是我们党团结带领中国人民进行改革开放新的伟大革命,极大激发广大人民群众的创造性,极大解放和发展社会生产力,极大增强社会发展活力,人民生活显著改善,综合国力显著增强,国际地位显著提高。这一伟大历史贡献的意义在于,开辟了中国特色社会主义道路,形成了中国特色社会主义理论体系,确立了中国特色社会主义制度,使中国赶上了时代,实现了中国人民从站起来到富起来、强起来的伟大飞跃。"②

(二)三大历史启示

历史是最好的教科书,是最好的营养剂,也是最好的清醒剂。习近平"七一"讲话回顾历史,回顾中国人民走过的艰辛道路,总结归纳了三大历史启示。全面理解和把握以三个"历史告诉我们"对中国共产党95年的历史经验和近代以来中国社会发展历史规律的深刻总结具有重要意义。

第一个历史告诉我们:"没有先进理论的指导,没有用先进理论武装起来的先进政党的领导,没有先进政党顺应历史潮流、勇担历史重任、敢于作出巨大牺牲,中国人民就无法打败压在自己头上的各种反动派,中华民族就无法改变被压迫、被奴役的命运,我们的国家就无法团结统一、在社会主义道路上走向繁荣富强。"这个历史启示实际上有三层含义:"一是理论是行动的指南;二是具有先进理论武装的党才是先进的政党,才能发挥领导作用;三是先进的政党必须有担当精神。"③太平天国的"四有两无"社会虽然吸引了广大农民兄弟,有了暂时的号召力

---

① 习近平:《在庆祝中国共产党成立95周年大会上的讲话》,《人民日报》,2016年7月2日第2版。
② 习近平:《在庆祝中国共产党成立95周年大会上的讲话》,《人民日报》,2016年7月2日第2版。
③ 王炳林:《历史启迪与现实基础——把"三大历史启示"贯彻到"纲要"课教学中》,《思想理论教育导刊》2016年第9期。

和凝聚力,但最终因为小农经济的局限性,不是先进生产力的代表,政策纲领严重脱离实际无法实施而归于失败。洋务派提出"中学为体,西学为用"的口号,试图在维护封建统治的前提下"求强""求富",结果事与愿违,依旧难以逃脱失败的命运。资产阶级改良派试图"维新变法",走资本主义立宪式道路,最终却被顽固的封建势力屠杀镇压。孙中山的"三民主义"指导辛亥革命推翻了两千多年的封建帝制,但是由于中国资产阶级自身的软弱性和妥协性,不敢放手发动和动员人民群众,导致"三民主义"不可能真正付诸实施,中国仍然在黑暗中徘徊。"就在中国先进的知识分子苦苦求索救国真理之时,十月革命第一次把社会主义从理论学说变成了现实。马克思主义在中国的传播促成了中国共产党的诞生。马克思主义成为中国人民革命斗争的伟大旗帜,中国革命面貌焕然一新。理论引领着实践,实践又推动理论创新。马克思主义为实现中华民族伟大复兴指明了前进的方向,对马克思主义的灵活运用和创新发展,并形成中国化马克思主义,从而为开辟一条达到理想彼岸的独特道路指明了方向。"①

第二个历史告诉我们:"95 年来,中国走过的历程,中国人民和中华民族走过的历程,是中国共产党和中国人民用鲜血、汗水、泪水写就的,充满着苦难和辉煌、曲折和胜利、付出和收获,这是中华民族发展史上不能忘却、不容否定的壮丽篇章,也是中国人民和中华民族继往开来、奋勇前进的现实基础。"这个启示揭示了对待历史的两个根本观点:"一是要采取严肃科学的态度对待历史;二是历史是宝贵财富,是继续前进的现实基础。"②。1924 年 1 月国民党"一大"容纳中国共产党参加领导机构和领导核心,由此国共实现第一次合作共同领导了国民革命,以北伐战争为中心的"打倒列强,除军阀"的革命大潮席卷全国。但随后不久,中外反动势力开始向国民党内反共中心集合,国民党反动派大肆屠杀共产党人,先后发动了"四一二""七一五"反革命政变,国民革命骤然失败。中国共产党被迫走向了武装反抗国民党反动派的道路,开始领导新民主主义革命,经过长征,敌后抗战,解放战争,终于打败了国民党反动派,建立了新生的人民政权。这个历程是艰辛的,是无数革命志士和革命群众用鲜血换来的。我们要铭记历史,奋勇前进。

第三个历史告诉我们:"历史和人民选择中国共产党领导中华民族伟大复兴的事业是正确的,必须长期坚持、永不动摇;中国共产党领导中国人民开辟的中国

---

① 王炳林:《历史启迪与现实基础——把"三大历史启示"贯彻到"纲要"课教学中》,《思想理论教育导刊》2016 年第 9 期。

② 王炳林:《历史启迪与现实基础——把"三大历史启示"贯彻到"纲要"课教学中》,《思想理论教育导刊》2016 年第 9 期。

特色社会主义道路是正确的,必须长期坚持、永不动摇;中国共产党和中国人民扎根中国大地、吸纳人类文明优秀成果、独立自主实现国家发展的战略是正确的,必须长期坚持、永不动摇。"①太平天国运动靠"拜上帝教"来动员和组织群众,证明农民阶级不能摆脱封建主义的束缚,无法提出先进的思想理论,不可能承担领导责任。戊戌变法中的资产阶级改良派,宣传鼓动有余,组织力量不足,更没有坚强的领导核心,不可能担当重任。资产阶级革命派组织了自己的政党中国同盟会,但其内部组织松散,派系纷争,难以成为坚强的领导核心,甚至有人主张"革命军起,革命党消"。辛亥革命的最终失败证明了中国资产阶级的软弱性和妥协性,同样无力担当中国革命的领导职责。中国共产党的诞生是开天辟地的大事变。这一开天辟地的大事变,深刻改变了近代以来中华民族发展的方向和进程,深刻改变了中国人民和中华民族的前途和命运,深刻改变了世界发展的趋势和格局。一代又一代的中国共产党人,满怀光荣与梦想,肩扛使命与担当,为实现民族独立、人民解放,为实现国家富强、人民富裕奋起革命,前仆后继,竭尽全力,不愧为国家和民族的脊梁。领导力量的坚强,不在于不犯错误,关键是能否及时纠正错误。政党的先进不是永恒的,过去先进不等于现在和将来永远先进,执政地位也不是一劳永逸的。所以,党的自身建设就格外重要。中国共产党把自身建设作为伟大工程来抓,从严治党,从而成为中国革命事业的坚强领导核心。正是因为有了这个领导核心,中国人民才不断开创出一个又一个胜利局面。② 历史上的经验说明"领导力量是事业成功的关键。中国的近现代历史,是一部中国人民为实现中华民族独立、解放和伟大复兴而不懈奋斗的历史。在这个艰难的征程中,由哪个阶级哪个政党来领导人民进行斗争才能完成这个艰巨的历史任务,成为中国近现代史的核心问题。"③

习近平所讲的三点启示,概括地说,就是:"没有一个具有先进性的党,中国人民和中华民族就无法改变悲惨的历史命运,我们要始终保持党的先进性;没有党和人民的艰苦奋斗,就没有中华民族的今天,我们要更加珍惜来之不易的成就;没有党的领导、中国特色社会主义的正确道路和国家发展的正确战略,就没有今天

---

① 习近平:《在庆祝中国共产党成立95周年大会上的讲话》,《人民日报》,2016年7月2日第2版。
② 王炳林:《历史启迪与现实基础——把"三大历史启示"贯彻到"纲要"课教学中》,《思想理论教育导刊》2016年第9期。
③ 王炳林:《历史启迪与现实基础——把"三大历史启示"贯彻到"纲要"课教学中》,《思想理论教育导刊》2016年第9期。

的辉煌,我们要长期坚持、永不动摇自己的正确选择和正确决策。"①

(三)八个坚持不忘初心、继续前进

习近平"七一"重要讲话以"坚持不忘初心、继续前进"为主题,从八个方面回首往昔、立足现在、把握未来,为今后党领导人民开展中国特色社会主义建设提出了方向和要求。

习近平"初心"的内涵,概括起来说就是:"一要坚持马克思主义的指导地位;二要坚定共产主义远大理想和中国特色社会主义共同理想;三要坚持中国特色社会主义道路自信、理论自信、制度自信、文化自信;四要统筹'五位一体'和'四个全面'战略布局,推进实现中国梦;五要坚定不移高举改革开放旗帜,全面深化改革;六要坚持人民主体地位;七要始终不渝走和平发展道路,始终不渝奉行互利共赢的对外战略;八要从严治党,保持党的先进性和纯洁性,着力提高执政能力和领导水平,着力增强抵御风险和拒腐防变能力。"②"不忘初心、继续前进"构成了贯穿习近平"七一"重要讲话的主题和主旋律,成为全党全国各族人民勇往直前、催人奋进的动员令。这八个坚持既是这次大会的核心主题,也是这次讲话的灵魂要义。它贯穿了中国共产党的过去、现在和未来,明确了我们党未来的任务和努力的方向;它连接起了中国共产党、中华民族和中国人民,关系到全面建成小康社会、实现中华民族伟大复兴的中国梦;它开辟了从严治党、治国理政的新道路,具有重大的战略意义和时代价值。

不忘初心,方得始终,不能忘记建党的初衷,共产党人的初心是什么,只有这样,才能使我们把将来的路看得更清楚、更明白。总书记讲话站位高、看得远、想得深,体现开阔的视野和胸襟。"七一"重要讲话最大的亮点,即是以"不忘初心、继续前进"作为贯穿讲话主要内容的逻辑主线,对在新的历史起点上如何继续推进中国特色社会主义伟大事业进行的阐述。讲话十提"不忘初心,继续前进",从八个方面强调了如何才能做到"不忘初心,继续前进",即必须坚持马克思主义的理论指导,牢记共产主义的理想信念,坚持中国特色社会主义道路,坚持两个一百年奋斗目标、四个全面战略布局、五位一体总体布局,把人民放在心中最高的位置,走和平发展道路,党的建设常抓不懈等。八个"坚持不忘初心、继续前进"深刻阐述了中国共产党的执政理念和执政方略,深刻阐明了我们党对重大国内外问题的原则立场,对加强党的建设、推进党和人民事业发展提出了明确要求。

---

① 李君如:《"不忘初心、继续前进"要从党的历史中汲取营养》,《前线》2016年第8期。
② 鲍莉炜:《不忘初心 继续前进》,《思想理论教育导刊》2016年第7期。

## 二、北京高校学习习近平"七一"讲话的主要形式

习近平"七一"讲话发表后引起了北京各高校共同关注,掀起了师生学习讲话的热潮。教育部发布了《中共教育部党组关于教育系统学习贯彻习近平在庆祝中国共产党成立95周年大会上的讲话的通知》。北京市委教育工委也"召开北京高校党委书记座谈会,深入学习贯彻习近平'七一'重要讲话,研讨交流学习心得体会,并要求把学习贯彻讲话精神作为当前和今后一段时期北京高校的重大政治任务认真抓好落实,不断开创北京高校党建和思想政治工作新局面。市委教育工委常务副书记张雪说,习近平'七一'重要讲话,是一篇重要的历史性文献、纲领性文献,是指引我们的行动指南,北京各高校要高度重视,紧密结合学校实际,认真学习贯彻。"①由此,北京高校拉开了全面贯彻落实习近平"七一"讲话精神的序幕。

### (一)各高校积极落实习近平"七一"讲话进课堂、进教材、进学生头脑

推动习近平"七一"重要讲话精神"进教材、进课堂、进头脑"是教育部和北京市教工委等上级部门重点强调的工作,也是北京各高校从理论上搞清楚"七一"重要讲话的思想内涵和精神实质的具体举措,更是北京各院校师生落细落小落实工作的主要抓手。以课堂教学为主渠道,通过课堂教学让学生了解、认同和接受习近平七一讲话的精神内涵,成了北京高校思想政治理论课教师的重要教学任务。

2016年7月2日,在习近平在庆祝中国共产党成立95周年大会上的讲话发表的第二天,中共中央办公厅就发出通知,要求各地区各部门认真学习贯彻"七一"重要讲话精神,强调要把讲话精神融入大、中、小学校思想政治教育的相关内容,推动讲话精神进教材、进课堂、进头脑。全国普通高校思想政治理论课承担着学习贯彻"七一"重要讲话精神的重要任务,应该总体把握"七一"重要讲话精神,增强学习宣传贯彻"七一"重要讲话精神的自觉性。教育部高等学校思想政治理论课教学指导委员会给出的具体建议如下。

"思想道德修养与法律基础"课具体教学建议:

——关于中国共产党"伟大历史贡献"的论述,建议在第一章第二节第三目"树立中国特色社会主义共同理想"的相关内容中讲授。讲清楚三个历史阶段的三次"伟大飞跃"及其深远影响,进一步深刻理解没有中国共产党就没有新中国,就没有中国特色社会主义;实现中华民族伟大复兴的中国梦,必须坚定对中国共

---

① 《"不忘初心、继续前进"激励我们再创美好》,《北京日报》,2016年7月6日第1版。

产党的信任,必须毫不动摇地坚持中国共产党的领导。

……

——关于"青年是祖国的未来、民族的希望,也是我们党的未来和希望"的论述,建议在教材结束语"做社会主义核心价值观的积极践行者"中讲授。重点讲述95年来青年对党的事业的奉献,激励大学生的学习热情,增强大学生的历史使命感和责任感,引导他们坚定不移跟着中国共产党走,勇做走在时代前列的奋进者、开拓者、奉献者。①

"马克思主义基本原理概论"课具体教学建议:

——关于我们党95年奋斗历程中的"伟大历史贡献"、三次"伟大飞跃"及其深远影响,建议融入绪论第二目"马克思主义的创立和发展"、第一章第三节第三目"以唯物辩证法为指导,不断增强思维能力"等内容的教学,着力引导学生正确认识马克思主义在中国发展的历史进程、推动因素及社会影响,增强历史思维能力。

……

——关于青年的历史责任及青年人才的培养问题等论述,建议融入绪论第四目"自觉学习和运用马克思主义"、第七章第二节第三目"坚持和发展中国特色社会主义,为实现共产主义而奋斗"等内容的教学,着力帮助学生正确认识肩负的历史使命,激励其在实现中国梦的伟大实践中书写别样精彩的人生。②

"中国近现代史纲要"课具体教学建议:

——关于党团结和带领全国各族人民在95年奋斗历程中所作出的"伟大历史贡献"和由此产生的"伟大飞跃"及其深远影响和启示,建议融入中编和下编各相关章节(或专题)讲授,并在第十章第六节第三目"努力实现'两个一百年'的奋斗目标"中作进一步强调。

……

——关于"不忘初心、继续前进"中"要保持党的先进性和纯洁性,着力提高执政能力和领导水平,着力增强抵御风险和拒腐防变能力,不断把党的建设新的伟大工程推向前进"部分,建议融入第十章第六节第二目"取得巨大成就的根本原因和主要经验"的相应内容中讲授,重点阐述保持党的先进性和纯洁性对提高党的

---

① 教育部高等学校思想政治理论课教学指导委员会:《高校思想政治理论课贯彻落实习近平总书记"七一"重要讲话精神的教学建议》,《思想理论教育导刊》2016年第9期。

② 教育部高等学校思想政治理论课教学指导委员会:《高校思想政治理论课贯彻落实习近平总书记"七一"重要讲话精神的教学建议》,《思想理论教育导刊》2016年第9期。

执政能力和执政水平的重要性。①

"毛泽东思想和中国特色社会主义理论体系概论"课具体教学建议：

——在教材的第一章"马克思主义中国化两大理论成果"、第二章"新民主主义革命理论"、第三章"社会主义改造理论"和第七章"社会主义改革开放理论"等相关章节中，建议结合我们党95年奋斗历程，分别讲清楚三个历史阶段的"伟大历史贡献"及其实现的三次"伟大飞跃"和产生的深远影响。

……

——关于一切为了人民、一切依靠人民，国防和军队建设，不断推进党的建设新的伟大工程的相关内容，建议结合第十一章"建设中国特色社会主义的根本目的和依靠力量"和第十二章"建设中国特色社会主义的领导核心"的相关内容进行讲解。②

"形势与政策"课具体教学建议：

——开设"学习领会习近平'七一'重要讲话精神"专题，全面介绍讲话的主要内容和重大意义，引导大学生学习了解中国共产党95年的光辉历程，特别是了解中国共产党发展的三个历史阶段及在相应阶段实现的三次"伟大飞跃"，从历史事实、历史启示中加深对中国共产党的认识与认同；通过对"不忘初心、继续前进"八个方面主要内涵、重点要求的学习理解，加深对中国共产党执政理念与执政方略的理解与认同，从而增进对中国共产党的信任与热爱，增加紧跟党走、早日实现中华民族伟大复兴中国梦的信心与决心。与此同时，引导学生学习与理解"七一"讲话中所体现的历史视野与辩证方法，把握人类历史与社会发展的大趋势、总规律，把握判断、分析中国社会发展形势的大背景、总逻辑，提高学生独立分析与判断形势、理解并运用好政策的实际能力。

……

——在"形势与政策"教育国际内容部分，进一步强调我国始终不渝走和平发展道路，始终不渝奉行互利共赢的开放战略；进一步强调我国外交政策的宗旨是维护世界和平、促进共同发展；进一步强调我国将积极参与全球治理体系建设，努力推动国际秩序和全球治理体系朝着更加公正合理方向发展。引导学生更加珍惜和平，理解党和国家为争取和平发展所制定的各项政策与所作出的努力。结合

---

① 教育部高等学校思想政治理论课教学指导委员会：《高校思想政治理论课贯彻落实习近平总书记"七一"重要讲话精神的教学建议》，《思想理论教育导刊》2016年第9期。

② 教育部高等学校思想政治理论课教学指导委员会：《高校思想政治理论课贯彻落实习近平总书记"七一"重要讲话精神的教学建议》，《思想理论教育导刊》2016年第9期。

国际格局与大国关系等专题内容,进一步强调我国倡导人类命运共同体意识,反对冷战思维和零和博弈;进一步强调我国坚持独立自主的和平外交政策,在和平共处五项原则的基础上同所有国家发展友好合作。同时,强调在国家交往中"国家不分大小、强弱、贫富一律平等","反对把自己的意志强加于人,反对干涉别国内政,反对以强凌弱"等主张。面对外部压力,中国人民"不信邪也不怕邪,不惹事也不怕事",绝不会拿自己的核心利益做交易。引导学生相信党和政府,同心协力,"变压力为动力,化危机为生机",为国家发展与人民幸福创造良好的国际环境与发展条件。①

北京各高校积极响应中央办公厅和教育部的通知要求,按照北京市委教育工委的工作部署,迅速将习近平"七一"重要讲话融入课堂教学中,推动学习迅速展开、层层跟进,将总书记"七一"重要讲话精神传达到每一位师生,实现学习全员覆盖。

为了在高校思想政治理论课中更好地贯彻落实习近平"七一"重要讲话精神,推进这一重要讲话精神进教材、进课堂、进学生的头脑,教育部"毛泽东思想和中国特色社会主义理论体系概论"分教学指导委员会与"中国近现代史纲要"分教学指导委员会还联合于2016年8月23日在北京大学召开了高校思想政治理论课贯彻落实习近平"七一"重要讲话精神高层学术研讨会。来自全国70多所高校的近120名专家、学者与会。与会人员包括教育部"概论"分教学指导委员会和"纲要"分教学指导委员会的全体委员,全国部分高校思想政治理论课的主要负责人,北京市高教学会"概论"课和"纲要"课研究会的会员代表,以及北京大学"中国道路与中国化马克思主义"协同创新中心和"中国特色社会主义理论大众化和国际传播"协同创新中心协同单位的负责人和教师代表。北京大学党委书记朱善璐在致辞中表示北大愿与各兄弟高校一道,承担起思想政治理论课教育教学改革的历史使命和重大责任。北大将把思想政治理论课教育教学改革作为新一轮历史性改革的首要任务。北大党委高度重视思想政治理论课教育教学改革,党委领导决策,校长亲自挂帅,全力推进改革创新,把思想政治理论课建设成为大学生真心喜爱、终身受益的课程。教育部社科司副司长徐艳国在致辞中指出,教育部新一届思想政治理论课教育教学指导委员会刚刚成立,就和北京大学联合召开贯彻落实习近平"七一"重要讲话精神学术研讨会,并讨论思想政治理论课教学指导委员会

---

① 教育部高等学校思想政治理论课教学指导委员会:《高校思想政治理论课贯彻落实习近平总书记"七一"重要讲话精神的教学建议》,《思想理论教育导刊》2016年第9期。

<<< 第二章 北京高校贯彻落实习近平总书记重要讲话专题研究

的相关工作安排，这充分体现了新一届教学指导委员会和北京大学马克思主义学院的责任感和担当意识。学习总书记的系列重要讲话精神，是高校思想政治理论课的一项根本性任务和重大使命。如何更好地宣传党的理论创新成果，如何更好地推动中国特色社会主义理论的创新发展，应贯穿于高校思政课教育教学的始终、贯穿于马克思主义学院学科建设的始终，也应贯穿于思政课教学指导委员会工作的始终。教育部思想政治理论课教学指导委员会主任、北京大学中国道路与中国化马克思主义协同创新研究中心主任顾海良教授在致辞中指出，习近平"七一"重要讲话精神将成为新学期开学以后思想政治理论课教学的一个重要内容。习近平"七一"重要讲话精神与"概论"和"纲要"两个分教指委的工作关系尤其密切。习近平"七一"重要讲话充分体现出历史逻辑和理论逻辑相一致的重要原则，要求"概论"课和"纲要"课要从中国特色社会主义的理论逻辑和中国特色社会主义的历史逻辑来进行教学，同时又要把这两种逻辑结合、统一起来，不能割裂。这是当前高校思政课贯彻学习习近平"七一"重要讲话精神的重要问题。马克思主义学院党委书记孙蚌珠教授代表会议主办方北京大学马克思主义学院在开幕式上发言，她说这次研讨会在北京大学召开具有特殊意义，北京大学是马克思主义在中国最早的学习、研究和传播基地，是五四运动的策源地，是中国共产党早期活动基地，是马克思主义理论学科和全国第一家马克思主义学院的诞生地。在新的条件下北京大学必须担负起历史赋予的责任，和全国同行一起努力，不负先贤，不忘初心，继续前进。在大会的主题报告阶段，顾海良教授、"纲要"分教指委主任委员、教育部社科中心主任王炳林，"概论"分教指委副主任委员秦宣，"纲要"分教指委委员仝华，"概论"分教指委委员韩喜平分别作了题为"中国特色社会主义的历史逻辑和理论逻辑""把'三大历史启示'贯彻到'纲要'课教学中""构建人类美好制度的'中国方案'""把95年奋斗的'伟大历史贡献'和'伟大飞跃'思想贯彻到'纲要'课教学中""坚持以人民为中心的发展思想"的发言。在会议的分组讨论阶段，与会的专家、学者围绕习近平"七一"重要讲话以及大会主题报告中的重大理论问题，并结合"概论"课和"纲要"课的教学实际，详细研讨了"概论"课和"纲要"课如何分工合作共同推进"七一"重要讲话精神"三进"工作，并讨论了《高校思想政治理论课学习贯彻习近平总书记"七一"重要讲话精神的教学建议》。分组讨论后由各组代表作了大会交流，最后顾海良作了大会总结。大会交流和总结阶段由"纲要"分教指委副主任委员吴宏亮主持。大家一致认为，此次会议意义重大，成果丰硕。在新一届思想政治理论课教指委成立不到一个月这样短的时间内，教育部高等学校思想政治理论课的教指委和北京大学马克思主义学院联合召

开高校思想政治理论课贯彻落实习近平"七一"重要讲话精神学术研讨会,反映了高校思想政治理论课战线领导和老师们高度的政治敏锐性和自觉性,反映了思想政治理论课教师强烈的政治责任感和使命感。这次会议也可以说是一次集体备课会,起到了统一思想、促进工作的作用,对于高校搞好新学期的教学工作必将起到引领作用。①

(二)各高校召开多种形式会议学习贯彻落实习近平"七一"重要讲话精神

召开各种会议深入贯彻落实习近平"七一"讲话精神是北京高校落实习近平"七一"讲话的另一重要形式。各高校召开的会议多种多样,有专题学习会,专题报告会,学术研讨会,座谈会,组织生活会,学习教育推进会,工作部署会等,这些会议掀起了北京高校学习习近平"七一"讲话的又一热潮。下面具体介绍一些高校的主要做法。

2016年7月1日下午,北京师范大学在主楼举行教师座谈会,集体学习习近平在庆祝中国共产党成立95周年大会上的讲话精神。"来自马克思主义学院、历史学院、文学院等9个院系的专家学者、党政主要负责人以及党委组织部、党委宣传部的主要负责同志参加了座谈会。"②与会代表在会上畅谈了学习感受和体会。随后,李晓兵对此次座谈会进行了总结。他说:"习总书记的重要讲话全面回顾了我党95年来波澜壮阔的历史进程和作出的伟大贡献,深刻阐释了不忘初心,继续前进必须牢牢把握的'八个方面要求':一是要坚持马克思主义的指导地位,二是要牢记我们党的奋斗纲领和理想信念,三是要坚持中国特色社会主义道路自信、理论自信、制度自信、文化自信,四是要统筹推进'五位一体'总体布局,协调推进'四个全面'战略布局,五是要坚定不移高举改革开放旗帜,六是要坚信党的根基在人民、党的力量在人民,一切为了人民、一切依靠人民,七是要始终不渝走和平发展道路,八是要保持党的先进性和纯洁性,着力提高执政能力和领导水平,着力增强抵御风险和拒腐防变能力。总书记重要讲话是中国共产党人的重要纲领性文献,对于做好学校各项工作具有重大而深远的意义。"他还强调,"按照党委部署,学校召开这次座谈会,既是学习传达的会议,也是研讨贯彻的会议。""学校将把习近平重要讲话精神和学校'两学一做'学习教育结合起来,作为学习总书记系列重要讲话的重要内容,全校师生和党员都要认真学习领会,不忘初心,继续前进。学校将始终坚持党的教育方针,坚持党委领导下的校长负责制,坚持立德树

---

① http://pkunews.pku.edu.cn/xwzh/2016-08/26/content_294742.htm
② http://news.bnu.edu.cn/lxyz/lxyz_gzdt/130709.htm

人的根本任务,坚持'四有好老师'标准,坚持推进世界一流大学和一流学科建设,坚持扎根中国大地,办好中国特色社会主义大学。"①

2016年7月4日上午,在自学的基础上,北京大学医学部领导班子召开专题学习会,集体学习习近平"七一"重要讲话精神,与会人员结合医学部未来的发展进行了座谈。"党委书记刘玉村传达了习近平'七一'讲话精神,并就重点内容作了解读。此次大会完成了五项任务:一、庆祝中国共产党成立95周年;二、回顾中国共产党团结带领全国人民不懈奋斗的光辉历程;三、展望党和人民事业的前景……"②

2016年7月4日,北京航空航天大学党委书记张军主持召开党委常委(扩大)会议,专题学习习近平在庆祝中国共产党成立95周年大会上的重要讲话精神,就贯彻落实讲话精神作出安排部署。全体在校的校领导、校理论学习中心组成员、党政办、宣传部等职能部门负责人参加专题学习。专题学习会上,大家纷纷表示,习近平重要讲话鼓舞人心、催人奋进,令人充满信心、倍感骄傲,将指引中国共产党更好担负起历史使命,也将带给中国人民更加美好的未来。大家在交流发言中说感悟、谈体会,一致认为习近平在讲话中全面回顾了中国共产党95年来团结带领全国各族人民不懈奋斗走过的光辉历程和作出的伟大历史贡献,深刻阐明了近代以来我国社会发展的规律性认识,深刻阐明了中国共产党的执政理念和执政方略,深刻阐明了中国共产党对重大国内外问题的原则立场,以不忘初心、继续前进为主题,科学展望了党和人民事业发展的光明前景,是指引中国共产党奋力推进中国特色社会主义伟大事业和全面推进党的建设新的伟大工程的纲领性文献。张军强调,学习好、贯彻好习近平"七一"重要讲话,是当前的一项重大政治任务。习近平的重要讲话也是"两学一做"学习教育的重要内容,北航各级党组织和广大共产党员要深入学习领会,结合北航实际抓好贯彻落实。作为全国先进基层党组织,我们要学在先、干在前,真正做到学深、悟透、用好,抢抓深化高等教育改革和京津冀协同发展的历史机遇,以改革创新精神,进一步加强北航党的建设,凝心聚力,开拓进取,立足首都、扎根中国,在北航"双一流"建设进程上迈出更大更快的步伐。③

2016年7月6日上午,清华大学校党委理论学习中心组集体学习了习近平在

---

① http://news.bnu.edu.cn/lxyz/lxyz_gzdt/130709.htm
② http://pkunews.pku.edu.cn/xwzh/2016-07/07/content_294349.htm
③ http://news.buaa.edu.cn/mtbh/98049.htm

庆祝中国共产党成立95周年大会上的重要讲话。校党委书记陈旭、校长邱勇等中心组成员参加学习讨论。陈旭在讲话中指出:"'十三五'时期是我国全面建成小康社会的决胜阶段,在这一深化改革、提升发展的关键时刻,总书记的重要讲话不仅是对我们党95周年奋斗历程的全面回顾和总结,也为实现中华民族伟大复兴中国梦再次吹响了战斗号角。总书记的重要讲话是马克思主义中国化新的发展,我们要进一步结合'两学一做'学习教育和对加强高校党的建设与思想政治工作的新要求来认真学习领会;要结合学校实际,深入学习贯彻讲话精神,坚持正确方向,坚持立德树人,坚持服务国家,坚持改革创新,进一步增强建设世界一流大学的使命感和责任感,力争走在前列。"邱勇强调:"习近平的'七一'重要讲话高屋建瓴、内涵丰富,同时也令人鼓舞、催人奋进。我们要通过全面深入的学习,不忘初心、坚定信念,矢志不移地向着建设世界一流大学的更高目标迈进;要把学习讲话精神与推动学校工作有机结合起来,把握好清华在新的历史时期的重要使命,以扎实的工作和创新的精神,加快推进各方面改革和发展步伐,在全国高校综合改革的先行先试中发挥积极作用。"邓卫"介绍了习近平'七一'讲话的主要精神和内容,着重对在八个重要方面'坚持不忘初心、继续前进'进行了分析解读,并概括了重要讲话所涉及的30个要点。随后,大家围绕学习总书记重要讲话精神,结合学校实际工作交流了学习体会。"[①]

2016年7月8日下午,中国人民大学召开党委理论学习中心组扩大会议,学习领会习近平"七一"重要讲话精神。刘伟在讲话中指出,习近平"七一"重要讲话对我们党95年奋斗的历史与经验进行了科学总结,"不忘初心、继续前进"这一主题贯穿始终。回顾95年波澜壮阔的历史进程,中国共产党可谓贡献最大、牺牲最大、凝聚力最强、自我修复能力最强。也正因为如此,全体人民才对在中国共产党领导下实现中华民族的伟大复兴拥有充分自信。在总结历史经验的基础上,习近平系统阐述了面向未来、面对挑战必须牢牢把握八方面的工作,这八个方面既是对成功经验的科学总结,又是对今后朝什么目标努力、走什么路前进的庄严宣誓,对做好党和国家各项工作,具有重要指导意义。刘伟校长强调,习近平在讲话最后一部分特别谈到青年一代。他强调,青年是祖国的未来、民族的希望,也是我们党的未来和希望,要求全党要关注青年、关心青年、关爱青年,倾听青年心声,做青年朋友的知心人、青年工作的热心人、青年群众的引路人。同时提出,青年要深

---

① http://news.tsinghua.edu.cn/publish/thunews/10321/2016/20160708113902725204994/20160708113902725204994_.html

刻了解近代以来中国人民和中华民族不懈奋斗的光荣历史和伟大历程，坚定不移跟着中国共产党走，勇做走在时代前列的奋进者、开拓者、奉献者，让青春在为祖国、为民族、为人民的奉献中焕发出绚丽光彩。伟大的变革过程往往会影响、教育整整一代青年人，大学担负着培养青年一代的任务。人民大学是我们党亲手创办的新中国第一所新型正规大学，更应当担负起培养青年一代的历史责任，全校要牢固树立"一切为了学生"的理念，始终把人才培养作为学校的中心工作，提升办学质量，努力为学生的成长成才创造良好条件，不辜负党和人民的期望。靳诺在总结讲话中指出，习近平在庆祝中国共产党成立95周年大会上发表重要讲话，高度评价我们党为中华民族作出的伟大历史贡献，科学概括历史给予我们的深刻启示，号召全党同志在回顾历史中增强开拓前进的勇气和力量，在面向未来中坚持不忘初心、继续前进。讲话令人鼓舞、催人奋进，是一篇马克思主义的光辉文献，是指引中国共产党更好担负历史使命的行动指南。靳诺强调，学习习近平"七一"重要讲话是当前和今后一个时期学校最重要的政治任务，她就开展学习贯彻工作提出了具体要求：一要高度重视，各级党委要结合实际科学制订学习计划，各级领导干部要先学一步、学深一步，做到真学、真懂、真信、真用，抓好全体党员干部的培训。二要把握精髓，要原原本本学习研读讲话精神，努力学深学透，领会讲话本意，掌握贯穿其中的立场观点方法，更好用讲话精神武装头脑、为青年学生提供指导。三要推动学校学科建设和学校发展相结合，把学科建设真正落实到育人上，落实到咨政上，落实到理论创新上。四是要广泛宣传，发挥学科优势，在中央媒体集中推出一系列专家学者解读"七一"重要讲话精神理论文章，彰显我校作为人文社会科学理论研究重镇的雄厚实力；学校各级舆论宣传阵地也要广泛宣传广大党员干部和师生员工学习讲话精神、推进教育改革和发展的成就与经验。靳诺最后强调，当前，我们必须把思想和行动全面统一到讲话精神上来，把学习宣传贯彻"七一"重要讲话精神与学习贯彻习近平系列重要讲话精神结合起来，与正在开展的"两学一做"专题教育结合起来，与深化学校各项改革发展事业结合起来，进一步加强和改进学校党的建设和思想政治工作，坚持不忘初心，为培养更多优秀的"人民共和国建设者"继续奋斗。[①]

2016年7月12日下午，北京大学党委理论中心组举行学习会，集体学习习近平《在庆祝中国共产党成立95周年大会上的讲话》。朱善璐带领与会人员回顾了习近平《在庆祝中国共产党成立95周年大会上的讲话》的主要内容，并谈了学习

---

[①] http://news.ruc.edu.cn/archives/141284

心得体会。朱善璐说,根据教育部党组、北京市委、北京市委教工委的文件精神和中组部的要求,教育系统党组织要把抓紧学习贯彻落实"七一"重要讲话精神和"两学一做"学习教育紧密结合,作为近期首要的政治任务来抓。"七一"重要讲话是对党的历史和功绩的最新总结,在党史上具有重大的历史意义和思想指导意义。讲话中提到的"三大深刻改变""三大历史贡献",是对新形势下党的历史经验和方向任务的最新概括,丰富了党史研究和马克思主义党建理论;讲话中"不忘初心、继续前进"的提法具有丰富的思想内涵,是哲学上的重大判断。朱善璐强调,学习习近平重要讲话精神,要做到知行合一,落实"不忘初心、继续前进"的要求,埋头苦干、改革创新,早日实现中华民族伟大复兴的中国梦和创建世界一流大学的北大梦。校长林建华说,回顾历史是为了更好地建设未来,习近平"七一"重要讲话中关于党史的回顾、关于未来的要求,给我们以很大的鼓舞。坚持中国特色社会主义道路,实现中华民族伟大复兴的中国梦,这不仅是全体中国人民的愿望,也是教育工作者的奋斗目标。社会主义制度的优越性在于充分发挥人这一重要生产力要素的全部潜能,和资本主义追逐利润的目的形成鲜明的对比,高下立判。在知识经济和全球化的时代,人口素质成为评估一国发展水平的重要因素。提高人口素质,首在教育。学习习近平"七一"重要讲话精神,就是要坚持中国共产党的领导,坚持中国特色社会主义道路,把国家发展和社会进步与创建世界一流大学结合起来,提高办学水平和育人水平,更好更多地培养社会主义事业的合格建设者和接班人。① 随后,学校领导班子各成员纷纷发言,最后,朱善璐总结说,北大各级党组织要把学习贯彻"七一"重要讲话精神纳入"两学一做"学习教育的部署中,走基层、接地气,认真学习系列讲话精神,把总书记在"七一"重要讲话中提到的要求落实到北大办学的各项工作中,做到知行合一,坚定不移地走中国特色社会主义道路,扎根中国大地创建世界一流大学。②

2016年7月13日下午,北理工党委理论中心组开展了习近平"七一"重要讲话精神专题学习研讨。赵长禄带领大家集体学习了习近平在庆祝中国共产党成立95周年大会上的讲话原文,他指出,习近平"七一"重要讲话,以马克思列宁主义、毛泽东思想、邓小平理论、"三个代表"重要思想、科学发展观为指导,全面回顾了我们党95年来团结带领全国各族人民不懈奋斗走过的光辉历程和作出的伟大历史贡献,深刻阐明了近代以来我国社会发展的规律性认识,深刻阐明了我们党

---

① http://pkunews.pku.edu.cn/xwzh/2016-07/15/content_294418.htm
② http://pkunews.pku.edu.cn/xwzh/2016-07/15/content_294418.htm

的执政理念和执政方略，深刻阐明了我们党对重大国内外问题的原则立场，以不忘初心、继续前进为主题，明确提出了面向未来、面对挑战，做好改革发展稳定各项工作、加强和改善党的领导、加强自身建设的要求，科学展望了党和人民事业发展的光明前景。讲话高瞻远瞩、总揽全局，思想深刻、内涵丰富，通篇闪耀着马克思主义真理的光辉，是全党在新的历史条件下进行具有许多新的历史特点的伟大斗争的政治宣言；是党的重要理论创新成果，是马克思主义在当代中国的丰富和发展，是指引我们党奋力推进中国特色社会主义伟大事业和全面推进党的建设新的伟大工程的纲领性文献，对全党在新的历史条件上统筹推进"五位一体"总体布局和"四个全面"战略布局、落实五大发展理念，做好党和国家各项工作，具有重要指导意义。赵长禄要求与会人员加强对讲话原文的学习，进一步领会精神，确保学深悟透。赵长禄强调，认真学习、深刻领会、全面贯彻讲话精神，是学校当前和今后一个时期的一项重要政治任务。要把学习宣传贯彻"七一"重要讲话精神与学习贯彻习近平系列重要讲话精神结合起来，与正在开展的"两学一做"专题教育结合起来，与推进学校"十三五"规划实施、深化学校各项改革发展事业结合起来，进一步加强和改进学校党的建设和思想政治工作，在"双一流"建设进程中迈出更大步伐。赵长禄传达了《中共教育部党组关于教育系统学习贯彻习近平在庆祝中国共产党成立95周年大会上的讲话的通知》并进行了安排部署。①

2016年7月19日，北京师范大学马克思主义学院院长王树荫为辅导员们作了《不忘初心，砥砺前行——学习习近平总书记"七一"重要讲话精神》专题报告。来自校内各学部院系、单位的30余名辅导员聆听了报告。王树荫在报告中围绕"初心"进行了重点阐释。他指出，"初心"是社会主义和共产主义理想信念，是全心全意为人民服务的根本宗旨。"初心"是科学的，"初心"的实践是成功的。要做到"不忘初心，方得始终"，一是要坚持远大理想与共同理想相结合，二是要坚持理论基础与阶级基础相结合，三是要在实践中坚守政治红线和道德底线。此次报告使北京师范大学辅导员进一步学习领会了习近平总书记重要讲话精神，激励他们更加坚定理想信念，坚持立德树人的根本任务，坚持"四有好老师"标准，不忘初心，砥砺前行②。

除了上述北京高校外，北京其他院校也召开了各式各样的专题学习会、学习教育推进会、组织生活会、辅导报告会、学术研讨会、调研督导会等，全面贯彻落实

---

① http://www.bit.edu.cn/xww/djsz/126587.htm
② http://news.bnu.edu.cn/lxyz/lxyz_gzdt/131596.htm

习近平"七一"讲话精神。

（三）开展多种形式的学生活动，积极动员学生深入学习落实习习近平七一讲话精神

对于高校思想政治理论课教师而言，引导学生全面回顾中国共产党团结带领全国各族人民进行革命、建设、改革的光辉历程、辉煌成就和宝贵经验，帮助大学生树立科学的世界观、人生观、价值观，培养出一批又一批的中国特色社会主义合格建设者和可靠接班人是全面贯彻落实习近平"七一"讲话的重要使命。习近平七一讲话发表之前，北京市团市委"发动全市各级团组织和广大团员青年积极收听收看庆祝中国共产党成立95周年大会，认真学习贯彻习近平重要讲话精神。"①随后，北京各高校纷纷以第二课堂活动和社会实践活动为主要方式，召开各种会议布置工作，积极开展社会调查、志愿者服务等大学生道德实践活动和人文实践活动，在实践中认识国情、体察民情，提升大学生的社会责任感、历史使命感，培养创新精神和实践能力。具体选择几个案例介绍如下。

2016年7月1日，为了进一步学习习总书记的重要讲话，清华大学热研三支部组织同学听取相关报告，并根据报告的重要主题，结合"七一主题党课"进行学习研讨，同学们踊跃发言交流，纷纷表示回顾党建历程，使我们坚定地认识到"只有共产党才能救中国、只有共产党才能领导中国""中国人民绝对不能离开共产党的领导"，在新时期的时代背景下，每位党员应树立党员的荣誉感和责任感，尽职尽责做好本职工作，为实现中华民族伟大复兴的中国梦贡献自己的一份力量！②

2016年7月2日，北京师范大学研究生工作处组织研究生党员干部召开学习习近平在庆祝中国共产党成立95周年大会上的重要讲话精神座谈会，来自各学部院系的30余名研究生党支部书记、支委和研究生基层党建组织员代表参加了座谈会。座谈会上，同学们根据自己对习近平"七一"重要讲话的学习和理解，结合自己工作实践和学科专业，踊跃发言，分享了学习心得和体会。经济与资源管理研究院陈国创等同学谈道，总书记讲话以三项"伟大历史贡献"回顾了我们党95年来走过的光辉历程和取得的辉煌成就，科学概括了历史给予的深刻启示，令每一位党员为之鼓舞、倍感骄傲。教育学部刘琦等同学谈道，总书记讲话以"不忘初心，继续前进"为主题，将党的执政理念和建设方略都凝练其中，共产党人的"初

---

① 《"不忘初心、继续前进"激励我们再创美好》，《北京日报》，2016年7月6日第1版。
② http://www.te.tsinghua.edu.cn/publish/te/7582/2016/20160826190012401477751/20160826190012401477751_.html

心"就是马克思主义信仰和共产主义远大理想,只有广大党员自觉高扬马克思主义精神旗帜,坚守理想信念,锤炼党性修养,才能指引我们继续前进,走向新的辉煌。马克思主义学院盖梦洁等同学认为,七一讲话把文化自信与理论自信、道路自信和制度自信并列为"四个自信",表示党员要坚定"初心",要坚持宗旨和路线,要坚持党的领导,同时也要不断从传统文化中汲取营养,凝聚民族精神,树立核心价值,努力开辟新天地、创造新奇迹。水科学研究院徐茂森等同学认为,研究生党员干部要立足于自身实际,既要不忘初心、胸怀理想,也要脚踏实地、身体力行,要积极对照总书记"七一"重要讲话和"两学一做"学习教育要求,扎实推进支部各项党建工作,同时要强化专业知识,提高综合能力,切实为党和国家的事业奉献奋斗。研究生工作处负责同志在总结中指出,习近平"七一"重要讲话全面回顾了党的光辉历史和伟大贡献,深刻阐述了不忘初心、继续前进必须把握的八方面要求,是我们党在新时期积极推进中国特色社会主义事业和全面推进党的建设的纲领性文献。希望广大研究生党员干部要认真学习贯彻"七一"重要讲话精神,把学习习近平"七一"重要讲话精神和"两学一做"学习教育结合起来,做到真学深学,不断以党的最新理论成果武装自己;争做合格共产党员,勇做走在时代前列的奋进者、开拓者、奉献者;按照先进性和纯洁性的要求,积极推进研究生党建工作,把研究生党支部建设成为坚强的战斗堡垒,引领研究生党员为实现中华民族伟大复兴的中国梦贡献青春力量。通过座谈,大家一致认为,习近平"七一"重要讲话站在时代发展的战略高度,内容丰富、内涵深刻、立意深远,鼓舞士气、指明方向、催人奋进,是我们党在新的历史起点上做好党和国家各项工作的行动指南。研究生党员要积极围绕"七一"重要讲话开展理论学习,提升政治素养,坚定理想信念,做新时代的合格共产党员。①

  2016年7月4日中午,北京大学校团委举行深入学习贯彻习总书记"七一"重要讲话精神座谈会。陈永利出席并主持座谈会,校团委机关干部,部分院系以及后勤、机关团委书记代表参加了此次会议。座谈会上,王逸鸣认为,继往开来应是青年人面对历史的基本态度,团员青年应牢记党的历史和自身使命,为本职工作投入更多热情,同时实现个人的持续发展。郭利则针对理想信念的问题阐述了自己的观点。他认为,团干部只有具备了坚定的理想和信念,才能真正地做到克服困难、不断前行,扮演好"引路人"的角色。随后,座谈会围绕"怎样做好北大青年学生的知心人、热心人和引路人""怎样培养走在时代前列的奋进者、开拓者、奉献

① http://ygb.bnu.edu.cn/djsz/djhd/130787.htm

者"等问题展开自由研讨。校团委学生团体部部长石长翼认为,团的工作在开展过程中需要共青团干部培养竞争意识,梳理创新观念。后勤团委书记朱滨丹提出,在工作开展中应紧密围绕中心工作,加强理论学习并切实服务于青年的成长成才,并且重视青年职工职业道德和职业技能的同步提升。陈永利结合个人学习心得进行交流,他号召北大共青团系统要及时、主动、深入地学习贯彻习总书记"七一"重要讲话精神,尤其是有关青年工作和青年成长成才的论述与指引。他提出,北大共青团干部开展工作要具备事业心、专业性和职业化。事业心要求北大共青团干部要坚持以育人为主业,把握正确方向。共青团干部在工作中要秉持做大事的追求,而非当大官的心态,要学会接受自己不喜欢不擅长的事情,在关键时刻为组织挺身而出,有所贡献,并把做好工作当成自己最大的成就感和幸福感。专业性是指共青团工作要形成自己的工作能力和标准,树立团干部工作可量化可评估标准。职业化则要求共青团工作要"守正笃实、久久为功",树立大职业观、大教育观,化"职业"为"志业",真正成为具有高尚职业道德和思想修养的优秀共青团干部。①

2016年7月15日,清华大学核研院党委书记唐亚平在昌平校区教学楼大会议室讲授"两学一做"专题党课,党课的主题为"学习总书记'七一讲话',做'四讲四有'合格党员"。核研院501室党支部、801室党支部、发展与协调中心党支部以及院机关党支部的党员和积极分子,包括安继刚院士等老党员共计60余人参加了党课学习。专题党课的第一部分是深刻学习领会习近平"七一"重要讲话精神。唐亚平介绍了总书记"七一"讲话深厚的历史底蕴、鲜明的时代特征、突出的中国特色和宽广的国际视野,宣讲了讲话八个方面的重要内容和要求,学习了习近平关于三个伟大历史贡献和三个重要历史启示的论断,带领与会人员一起理解领会了习近平"不忘初心、继续前进"的号召和意义。结合对习近平祝贺清华大学建校105周年贺信的学习,与会人员认识到:坚持清华大学和核研院的初心,就应该坚持爱国奉献、追求卓越,坚持用自主创新的成果服务国家民族、服务国家重大战略需求,坚持"中国特色、世界一流、清华风格"的办学道路,用做好教书育人、科技创新、社会服务、文化传承的实际行动,为实现党中央制定的两个百年发展目标做出清华人的重要贡献。②

---

① http://pkunews.pku.cn/xwzh/2016-07/06/content_294326.htm
② http://www.inet.tsinghua.edu.cn/publish/inet/4019/2017/20170401134144100219754/20170401134144100219754_.html

2016年10月19日上午,北京大学外国语学院2014级本科生党支部举办了"两学一做"学习教育专题学习。3位支部党员开讲微党课,包括一名海外党员和两名国内党员。周惠莹同学以"用世界的眼光看习总书记七一讲话"为题开讲,微党课由"数字看七一"和"海外看七一"两大部分组成。"数字看七一"部分通过几个关键数字,帮助党员同学们对习近平总书记"七一"重要讲话进行了简要梳理;"海外看七一"是在5个海外党小组同学帮助下搜集世界各大媒体对"七一"讲话的新闻报道,国内党员同学进行翻译、整合和对比分析,将国外媒体的态度分为拥护赞扬、客观中立和反对质疑三大类,并提出两点思考:为什么对于同样的新闻事件各国会有不同的报道,以及面对复杂多样的报道,作为学生党员应该怎样做?周惠莹认为,由国家利益所引起的国家地位、国与国关系以及意识形态的差异是导致媒体报道产生差异的根本原因,同时媒体的客观性、独立性与政治导向性之间的角力也是重要原因。作为外院的学生党员,应该做到独立思考、辩证分析;实事求是、追本溯源;世界眼光、中国意识;维护形象、从我做起。①

2016年10月26日晚,中国农业大学经济管理学院14级第一党支部召开了本学期第一次学习会,会上主要对习总书记"七一"讲话和五四青年节北大讲话等重要讲话精神进行了原文学习。会议由支部书记周可心主持,支部全体成员参与了此次会议。在此次会议上,支部书记周可心同学就习总书记在庆祝中国共产党成立95周年大会上的讲话内容进行了脉络梳理,由历史启迪现实,全员着重学习了"不忘初心、继续前进"必须牢牢把握的"八方面要求"。之后周可心同学总结讲话精神,即要求全体党员坚定自信,绝对忠诚,不忘初心,牢记使命。大家纷纷表示,为党领导全国人民取得的辉煌成就倍感自豪,更对党带领全国人民实现"两个一百年"的奋斗目标充满信心。②

2016年11月6日18:30,北京师范大学马克思主义学院求索学社宣讲团为政府管理学院公管党支部本科生开展了主题为"不忘初心、继续前进"的宣讲活动。此次宣讲会主讲人冯楠楠主要围绕"初心是什么""为什么要不忘初心""怎么做到不忘初心"三个方面展开。冯楠楠以电影《建党伟业》中的一段引出宣讲的主题,引起了大家的听讲兴趣。在第一部分中,冯楠楠向大家介绍了初心的来源和中国共产党人的初心。在第二部分中,冯楠楠从重要性和必要性两方面回答了"为什么要不忘初心",通过深入浅出的讲解、丰富的视频材料,使大家认识到初心

---

① http://news.pku.edu.cn/2014zt/2016-10/24/content_295478.htm
② http://cem.cau.edu.cn/art/2016/10/31/art_3095_479623.html

的重要性。最后一部分,冯楠楠从国家和学生个人两个层面向大家介绍了"怎么做到不忘初心"。她运用我们身边的优秀人物做范例,十分贴切,使大家深受启发。①

2016年12月14日下午,北京师范大学经济与工商管理学院二级党校第二次理论学习讲座举行,马克思主义学院王树荫教授为学员带来主题为"不忘初心,砥砺前行——中国共产党人理想信念"的主题讲座。他以"习总书记系列讲话"的重要地位为引入点,带领同学们回顾了世界马克思主义大会、中央政治局第28次集体学习以及七一讲话,并指出系列讲话是党的道路、理论、制度、方向的宣言书,将会成为党的指导思想。接下来,他为学员解答了共产党人的初心是什么,为什么要以"不忘初心,继续前行"为主题,如何才能"不忘初心,方得始终"三个问题。王树荫教授认为,马克思和恩格斯的初心是人的解放和发展,而共产党人的初心是将马恩初心中国化。根据中国国情,只有全面解放才能全面发展。我们需要坚持初心是因为初心是科学的,成功的,但是现在有些党员理想信念模糊动摇,忘记了初心。他强调只有坚持远大理想与共同理想相结合,坚持理论基础与阶级基础相结合,并在实践中坚守政治红线和道德底线才能不忘初心。每个人都应坚定理想信念,处理好个人理想与国家理想之间的关系。②

为了认真学习贯彻习近平"七一"重要讲话精神,北京地区各高校通过专题学习讨论、创新式党课、召开党支部专题组织生活会、开展民主评议党员、座谈交流、参观走访、主题班会、党团日活动、知识竞赛等多种教育形式,广泛运用报刊、校园网站、微信、微博等媒介,积极引导学生自觉践行社会主义核心价值观,坚定理想信念,帮助学生树立正确的世界观、人生观、价值观,激发学生成才报国和服务人民的历史使命感和社会责任感。

### 三、北京高校学习习近平"七一"讲话的影响

习近平"七一"讲话发表后,在北京各高校师生中引起了广泛的影响。北京大学马克思主义学院教授沙健孙说,习近平强调马克思主义指导地位的重要性,这对于北京大学来说,不只是办好马克思主义学院,还要让马克思主义深入到学校哲学社会科学各个领域的内部。梁柱教授表示:"历史要善于总结,传统绝不能丢,启示要牢记。要确立保障马克思主义在学校学科的指导作用,传播研究学习

---

① http://marx.bnu.edu.cn/xstd/140725.html
② http://bs.bnu.edu.cn/xw/138484.html

马克思主义。"①清华大学核研院院长、总工程师张作义表示,收看了庆祝中国共产党成立95周年大会,聆听了习近平总书记重要讲话,更加清晰地认识到我们党紧紧依靠人民,为中华民族作出的伟大历史贡献,深刻地领会到在坚持和发展中国特色社会主义的道路上,我们党所肩负的光荣使命。他说:作为一名清华大学的教师党员,我既感到振奋,又非常有紧迫感。"不忘初心、继续前进",是总书记对全党的号召,是对我们的鞭策。清华人的初心就是爱国奉献、追求卓越,核研院师生的初心就是要用自主创新的成果服务于国家民族、服务国家重大战略需求。身为高温气冷堆核电站重大专项总设计师和专职技术责任人,我更要克服一切困难,带领团队加倍努力,只争朝夕地打好攻坚战,高质量地按时建成世界首座商用第四代核电站,为我国自主创新能力建设和能源转型升级作出贡献。②

北京师范大学马克思主义学院院长王树荫听完讲话很受鼓舞,他说:"这次讲话与以往的讲话不同,从八个方面讲了'不忘初心,继续前进'"。对于"不忘初心",王树荫有自己的解读:"这主要体现在共产主义和社会主义的理想信念和全心全意为人民服务的根本宗旨两个方面,都贯穿在共产党人95年的奋斗历程中。党的十八大以来,习近平带领人民艰辛奋斗实现中华民族伟大复兴。艰辛奋斗像是一个接力赛,代代相传。"③北京联合大学马克思主义学院院长韩强说,人民立场是中国共产党的根本政治立场,是中国共产党区别于其他政党的根本标志,也是识别真假马克思主义的试金石。每一名共产党员都要站在人民立场上,自觉把自己的思想和行动统一到人民对美好生活的追求中,统一到国家和民族发展的事业里。④

青年是祖国的未来、民族的希望,也是我们党的未来和希望,习近平在庆祝中国共产党成立95周年大会上的重要讲话,在广大青年中也引起了强烈反响。总书记的殷切嘱托成为了当代青年投身中国特色社会主义现代化建设的不竭动力。"身为教师,我还注意到总书记对青年的关注,他号召全党要关注青年、关心青年、关爱青年,倾听青年心声,做青年朋友的知心人、青年工作的热心人、青年群众的引路人。这正是人民教师的光荣使命。在今后的工作中,我将更加投入地做好教书育人工作,为国家培养高端专门人才,指导青年教师们和产业一线的工人、技术

---

① 《"始终坚定不移地跟着党走"》,《中国教育报》,2016年7月2日第1版。
② 《中华民族伟大复兴的梦想一定能实现——各界人士热议习近平同志在庆祝中国共产党成立95周年大会上的重要讲话》,《光明日报》,2016年7月2日第6版。
③ 《"始终坚定不移地跟着党走"》,《中国教育报》,2016年7月2日第1版。
④ 《"始终坚定不移地跟着党走"》,《中国教育报》,2016年7月2日第1版。

人员奋战在一起,把论文写在祖国的大地上,在与世界同行的创新竞争中能够自豪地走在前列!"①就在习总书记七一讲话的第二天,清华大学举行了2016年赴西部、基层、重点单位工作及创业毕业生出征仪式。2016年,清华有359名毕业生前往西部、东北地区就业;超7成毕业生赴国家重点企事业单位工作。清华大学核研院博士生彭天骥就是其中之一。他有感而发:习总书记说我们现在比以往任何时刻更接近民族复兴的梦想,来兰州建设世界上第一座ADS(加速器驱动次临界核能系统)实验装置,更有一种荣誉感和使命感,我所从事的研究是个人的学术理想,同时也是国家的重大需求。能够将个人梦和中国梦如此完美地结合在一起,我感到非常幸运,这是时代给我们这一代青年的机遇,同时也是我们光荣的使命。②

北京科技大学青年学生热议习近平在庆祝中国共产党成立95周年大会上的讲话。机械学院国防生郝诗文说:"95年的风雨历程中,中国共产党经历了长征的艰辛、战争的苦痛和改革开放的日趋成熟,是党的优良政策和先进指导理论思想促使祖国更加进步、发展和奋进。"行政管理大一年级邹璐漪表示,党的历史就是一部中华民族血泪凝铸的探索史:从丧权辱国,到艰辛探索,到踽踽独行,再到星火燎原,一步一步走出了农村包围城市的道路,用浩然正气带领中国民族开辟出了一番新天地,如果没有独立与富强,哪里来的康庄大道的鸿鹄之志。"95年来,我们党始终坚持把马克思主义与中国革命、建设、改革实践相结合,取得了辉煌的成果。新一代青年大学生要认真学习中国共产党95年的奋斗历程,全面认识中国共产党的历史贡献,为实现中华民族伟大复兴的中国梦而不懈努力。"能源专业的学生朱立东如是说。"中国,正站在一个新的历史起点;中国共产党团结带领全国各族人民,在世界发展的潮流中,在中华民族伟大复兴的征程上,树起了一座里程碑;中国共产党的历史从此掀开了新的篇章,中国特色社会主义迈上了新的征程,中华民族伟大复兴正展现新的前景。"法学专业大三年级吕佳慧激动地说。采矿大二年级学生彭熠也表示:"今天,我们站在灯火璀璨、一片安详的世界里,可曾记得95年前南湖上的那条游船?可曾记得昨天的痛苦、贫困、饥荒和战火?可曾记得那些为了我们今天的生活而付出了一切的人们?铭记历史,也是为了展望未来,青年人更应该以祖国未来的建设者和接班人要求自己。""青年是祖

---

① 《中华民族伟大复兴的梦想一定能实现——各界人士热议习近平同志在庆祝中国共产党成立95周年大会上的重要讲话》,《光明日报》,2016年7月2日第6版。
② http://www.tsinghua.edu.cn/publish/thunews/9650/2016/20160708151342716129874/20160708151342716129874_.html

国的未来、民族的希望,也是我们党的未来和希望。"习近平的重要讲话激发起广大青年大学生的强烈报国志愿。大家普遍认为,讲话饱含深情,寄托着党对广大青年一代的巨大鼓舞和鞭策。材料物理大三年级学生黄诗雨表示,当代青年要勿忘初心,以马克思理论为指导思想来解决实际问题,学习理论基础,提高思想觉悟和理论水平,创新发展理论,将马克思主义时代化、大众化,将马克思主义中国化推向前进。数理学院信息计算专业张静远认为,21世纪的大学生应该把知识基础打牢,提升专业知识水平和职业技能;在今后进行职业选择的过程中慎重选择,在工作岗位中做到以德修身,做诚实有道德的人。"青年大学生必须坚持务实精神,扎实文化课学习,积累专业知识,增强专业技能;我们不能'眼高手低',不要把高文凭当作自己骄傲的资本;我们不要'做话语的强者,行动的矮子',只说不做没作用,我们更需要行动的巨人。"数理学院大二年级吕鑫谈道。结合自己的专业,建筑环境与能源应用工程专业大三学生邹泽辉有感而发,"95年来,共产党员始终冲在行业的最前端,为祖国的安危与发展贡献自己的力量。作为建环环境与能源应用工程专业的学生和一名预备党员,我有感自己应当成为行业的领先者,为祖国的除霾事业贡献自己的一份力。"材料加工大三年级学生麻峻玮结合行业发展现状说:"青年人要勇于担当,现在的钢铁行业十分不景气,我们要努力提高钢铁质量,开发新的钢铁种类,降低成本,把我国钢铁的优势增强,为我国做出我们自己的贡献。"①北京工业大学学生刘鸿铭呼吁:"人民是历史的创造者。我们每一名党员都是中国梦伟大蓝图的谱写者和见证者,应以家国天下为己任,为实现中华民族伟大复兴贡献青年的一份力量。"②

北京其他高校师生也有不少深受习近平"七一"讲话激励和鼓舞的,限于篇幅不一一介绍。

北京高校师生采取多种形式,利用多种宣传媒介,力争做到全员覆盖,认真学习贯彻习近平总书记"七一"重要讲话精神,以讲话精神为遵循和动力,以办好人民满意教育为目标,为实现"两个一百年"奋斗目标和中华民族伟大复兴中国梦贡献力量。

---

① http://news.ustb.edu.cn/meitibeike/2016-07-04/63492.html
② 《"始终坚定不移地跟着党走"》,《中国教育报》,2016年7月2日第1版。

## 第三节　北京高校贯彻落实习近平总书记10·21讲话精神专题调查研究

2016年10月21日上午,纪念红军长征胜利80周年大会在人民大会堂举行,习近平总书记出席大会并发表了重要讲话。党和国家隆重纪念了长征这一人类历史上的伟大壮举,深情缅怀了那些为了理想信念而不畏牺牲的革命先烈。习近平总书记在纪念大会上发表的讲话在北京高校广大师生中引起了强烈反响,同时也掀起了学习习近平总书记纪念红军长征胜利80周年讲话精神的热潮。各高校师生纷纷表示,应该深入贯彻学习习近平总书记的讲话精神,弘扬长征精神,在新的长征路上勇往直前,为实现中华民族伟大复兴的"中国梦"贡献力量。

### 一、习近平总书记10·21讲话核心要义

习近平总书记在纪念红军长征胜利80周年大会的讲话中,对领导长征的老一辈革命家和浴血奋战的红军战士,以及为红军提供帮助的各族人民致以崇高的敬意。习近平总书记高度评价了长征的伟大意义,并指出长征留给我们最宝贵的精神财富,就是中国共产党人和红军将士用生命和热血铸就的伟大长征精神。长征的胜利,是革命先辈历尽千辛万苦、不畏牺牲,用生命和鲜血换来的,先辈们的这种精神是最值得我们尊重和发扬的。习近平总书记在讲话中回顾了红军长征那段悲壮而鼓舞人心的历史,高度概括了长征精神的深刻内涵。正如习近平总书记所指出的,"每一代人有每一代人的长征路,每一代人都要走好自己的长征路"[1],今天我们所面对的长征,与80多年前的红军长征以及改革开放以来我们所经历过的长征是不一样的,它们在历史背景、时代特征和主要任务方面都有很大的差距,但这并不意味着我们今天的长征路走起来就会相对平坦和容易。因为,我们这一代人的长征是要实现"两个一百年"奋斗目标、实现中华民族伟大复兴的中国梦,这同样是极其复杂和艰巨的事业。因此,我们应该铭记长征历史,弘扬长征精神,走好今天的新长征路。

---

[1] 习近平:《在纪念红军长征胜利80周年大会上的讲话》,http://news.xinhuanet.com/politics/2016-10/21/c_1119765804.html

## 二、北京高校师生热议习近平总书记10·21讲话

习近平总书记纪念红军长征胜利80周年的讲话在北京高校广大师生中引起了广泛的讨论和学习。清华大学、北京师范大学、北京交通大学、中国地质大学、中国矿业大学等高校的老师和学生们纷纷在不同场合畅谈了他们学习习近平总书记讲话的感受和心得。

清华大学马克思主义学院朱安东教授从如何纪念长征的伟大胜利、如何走好新长征路方面谈了自己的感想。他认为，纪念长征的最好方式应该是从那段历史中汲取丰富的精神营养，正所谓"革命理想高于天"，我们应当始终坚定理想信念，保持强大的道路自信、理论自信、制度自信和文化自信，继续发扬艰苦奋斗的作风，走好我们这一代人的新长征路，从而推动中国特色社会主义事业的向前发展。清华大学软件学院博士生陈茜同学为了解长征那段悲壮的历史，查阅了相当多的书籍资料，并且认真收看了纪念红军长征胜利80周年大会的直播，中国共产党人那种征服一切困难而不被任何困难所征服的精神深深地感动和震撼着她，"这样的精神与信念激励着我们青年学子在学术科研的道路上不断前行，勇攀高峰。"[1]北京师范大学党委书记刘川生在学习了习近平总书记纪念红军长征胜利80周年的讲话后，从当代中国高校建设的高度谈了他的感想：北师大的奋斗目标是中国特色、世界一流、京师风范。在实现这一目标的过程中，北京师范大学的师生首先要坚定信念和信仰，要有一种革命理想高于天的精神来从事学习、工作和研究，把长征精神贯彻到当下；其次要坚持扎根中国大地办大学，办出中国特色的社会主义大学。

北京交通大学马克思主义学院院长韩振峰教授在《光明日报》上发表了题为《中国共产党人对长征精神的概括凝练》的文章，明确阐释了"长征"和"长征精神"这些概念的形成过程。韩教授指出，"长征精神"这一概念是在总结中国工农红军长征过程时概括提炼出来的。作为观念形态的长征精神首先存在于中国工农红军身上，它是中国共产党优良传统作风的突出反映和光辉结晶。[2] 任一豪，北京交通大学的年轻辅导员，他通过网络阅读了习近平总书记的讲话全文，感触良多。他认为长征精神在他成长的不同阶段都发挥着重要作用：学生时期，长征

---

[1] 《首都各界群众收听收看纪念红军长征胜利80周年大会实况》，http://bj.people.com.cn/n2/2016/1022/c82840-29184813.html

[2] 韩振峰：《中国共产党人对长征精神的概括凝练》，《光明日报》2016年11月23日第14版。

精神激励他刻苦学习;工作时期,他用长征过程中先辈们的事迹引导学生感受党和红军对革命理想的执着追求和艰苦奋斗的民族精神。

中国地质大学海洋学院的吴怀春教授参加了在人民大会堂举行的纪念大会,吴教授从年轻人特别是年轻教师的角度谈了自己的感想,"革命先辈们开创了前所未有的良好发展局面,让我们年轻一代能够在和平的环境中成长,我们应当继续发扬长征精神,接好革命前辈传递给我们的'接力棒'。作为年轻教师,更应该以长征精神为指导,全力以赴为国家培养更多高层次人才,并在自己的研究领域做出有影响力的科研成果,践行长征精神,走好新的长征路。"中国矿业大学环境与测绘学院的王辉副教授在学习了习近平总书记的讲话后,感慨万千地谈道,我们当前所面临的困难已经不同于80年前,但追求真理和光明,实现中华民族伟大复兴中国梦的理想信念,必将激励我们继承伟大的长征精神,努力做好本职工作,不忘初心,一往无前,取得新长征的胜利。①

### 三、北京高校落实学习10·21讲话精神的基本情况

北京各高校积极部署,组织安排多种形式的纪念和学习活动,在纪念红军长征胜利80周年的同时,深入贯彻落实学习习近平总书记纪念红军长征胜利80周年讲话精神,以实际行动传承和发扬长征精神。

(一)主要做法

各高校第一时间组织师生收听、收看在人民大会堂举行的纪念大会直播,认真聆听和学习习近平总书记的纪念红军长征胜利80周年重要讲话。例如,中国农业大学和北京航空航天大学等高校,组织师生在会议室、办公室、宿舍等地收听收看大会。实时收听收看习近平总书记的讲话,为进一步落实和展开深入的学习活动做了很好的铺垫。除了这种方式外,各高校贯彻落实学习习近平总书记纪念红军长征胜利80周年讲话精神,主要采取的形式有以下几种。

1. 举办座谈会和报告会,集中进行理论学习

为了更好地进行理论学习,各高校纷纷举行不同层次的座谈会和报告会,组织干部、教师、学生贯彻学习习近平总书记在纪念红军长征胜利80周年大会上的重要讲话精神,给广大师生们提供了一个畅谈学习体会的机会和平台。例如,纪念大会召开的当天下午,北京师范大学举行了学习习近平总书记讲话的师生座谈

---

① 《首都各界群众收听收看纪念红军长征胜利80周年大会实况》,http://bj.people.com.cn/n2/2016/1022/c82840-29184813.html

会,该校的书记、副书记都出席了这次座谈会,参加座谈会的还有来自马克思主义学院、历史学院、哲学学院等院系的专家学者,部分学生代表以及学校机关工作人员。在座谈会上,师生们积极分享了自己的学习感想,表示听了习近平总书记关于纪念长征的讲话后倍受鼓舞和振奋。历史学院的耿向东教授从自己的学科角度出发,谈了历史学科今后的研究重点和工作方向,即历史学科应深入学习和研究中国共产党领导人民取得革命建设和改革胜利的宝贵经验,深入阐释"四个自信",更好地推进北京师范大学历史学院的综合改革。马克思主义学院的赵朝峰副教授在座谈会上谈了自己的两点深刻感受:首先,他认为习近平总书记的这次讲话中有很多关于长征的创新点,例如,对长征世界意义的阐释实际上揭示了人类战胜困难所必须具备的理想信念;其次,赵老师从学校建设的角度谈了自己的看法,他认为应该将习近平总书记的讲话精神与学校实际相结合,弘扬长征精神,把握落实学科战略部署,为学校的建设发展贡献力量。①

2. 参观主题展览,传承红色记忆

中国国家博物馆于2016年10月22日开展了纪念红军长征胜利80周年大型馆藏文物展,展出的文物中有66件属于一级品,109件是第一次展出。这次大型馆藏文物展由六个部分组成,分别是:战争史诗、军民情谊、艰难岁月、长征记录、丰碑永存、长征画卷。为了突出"长征是人类精神和意志的伟大远征"的主旨,此次展览通过武器、布告、地图、歌曲诗篇、烈士手稿、红军家信等长征中的典型文物,多角度、全方位立体地展现了红军在长征过程中的战斗、生活、学习和互帮互助的场景,将漫漫长征中一个个感人至深的故事向观众们娓娓道来。在中国国家博物馆同时进行展出的,还有由中国文学艺术界联合会、中国国家博物馆、中国美术家协会、中国文学艺术基金会共同主办的"纪念红军长征胜利八十周年美术作品创作展"。这次展览的主创团队根据红军长征中最具代表性的历史节点创作了12幅宏幅巨制,作品包括:《十送红军》《血战湘江》《遵义曙光》《四渡赤水出奇兵》《娄山关大捷》《彝海结盟》《飞夺泸定桥》《翻越雪山》《草地铁流》《智夺腊子口》《直罗镇大捷》《大会师》。这些作品以中国画和油画为主,创作者们满怀对革命先烈的崇敬之情,在尊重历史史实的基础上进行了大胆的、突破性的创造和创新,再现了那段光辉岁月,同时也对长征精神做了史诗般的呈现。

中国人民革命军事博物馆举办了以"英雄史诗 不朽丰碑"为主题的展览。该

---

① 《北师大举行贯彻习近平纪念红军长征胜利精神座谈会》,http://edu.sina.com.cn/l/2016 - 10 - 21/doc - ifxwztrt0070955.shtml

展览以时间线索为轴,主要展示了长征过程中的重要战役,共分为"战略转移踏征程""伟大转折定航向""浴血奋战勇向前""革命理想高于天""胜利会师开新局""不忘初心 走好新的长征路"六大部分,特别对遵义会议、飞夺泸定桥、翻雪山过草地等大型景观进行了精心设计,通过图画、雕塑、实物、视频等形式生动再现了惊心动魄的长征岁月,向观众展示了红军长征胜利的伟大意义和宝贵经验。

中国国家博物馆和中国人民革命军事博物馆举办的这些展览,通过实物实景的展示,为高校师生提供了加深理解长征精神的机会。中国青年政治学院、华北电力大学等高校组织师生参观了这些展览。视觉上的强烈震撼使广大师生被长征精神深深地触动和感染,牢记了那段光辉岁月的英雄历史,同时也加深了对长征精神的理解,进一步坚定了个人的理想信念,明确了人生的前进方向。

3. 组织文艺演出,彰显师生风采

许多高校举办了纪念红军长征胜利 80 周年的文艺演出,通过文艺演出这种生动且富有美感的形式,全面展现了红军将士在长征途中不畏牺牲、坚定信念、追求理想的精神品格,突出表现了长征精神的历史传承和新的时代内涵。例如,北京师范大学举行了以《革命理想高于天》为主题的文艺汇演,使现场观看演出的师生们在荡气回肠的旋律中回顾那段峥嵘岁月。

北京交通大学学生艺术团有一个经典作品——大型声乐套曲《长征组歌》,他们的这一作品已经排演了 14 年。此次,为了纪念红军长征胜利 80 周年,弘扬和传承长征精神,深入贯彻落实习近平总书记关于"把红色资源利用好、把红色传统发扬好、把红色基因传承好"的重要指示精神,学生艺术团精心排演了《长征组歌——红军不怕远征难》,连续演出 3 天。在这特定的纪念时刻,《长征组歌》的演绎,在学校范围内引起了广泛而深刻的影响。作品颂扬了长征这一不朽史诗和伟大壮举,将高雅艺术与红色文化资源高度融合,将艺术教育与理想信念教育高度融合。《长征组歌》不仅是北京交通大学新生入学的第一课,同时也已经成为该校广大师生深入学习和弘扬长征精神的重要载体。《长征组歌》这一宏伟作品在引导该校师生坚定理想信念、自觉担负历史使命方面发挥了重要作用。①

4. 设立专题网站,营造学习氛围

北京大学、中国政法大学、中国农业大学、中央民族大学等高校均在校新闻网上设立专题网页,不仅呈现了习近平总书记纪念红军长征胜利 80 周年讲话全文,

---

① 张京:《纪念红军长征胜利 80 周年〈长征组歌〉专场演出成功举行》,http://news.bjtu.edu.cn/info/1044/25046.htm

还上传了专家对习近平总书记讲话精神的解读,浏览专题网页的师生还可以点击链接,了解专家学者的观点和视角。同时,在专题网页上也对学校及各学院部署组织的贯彻学习习近平总书记讲话的各项活动进行实时报道。通过这种网站专题的设置,为全校学生及教职员工集中报道学习活动动态提供了一个便捷的网络平台,也为广大师生们深入全面地学习习近平总书记讲话精神提供了一个现代化的学习营地。

5. 追寻红军足迹,重游红色记忆

北京各高校组织师生追寻红军足迹、前往红色圣地开展党团日教育活动。例如,2016年10月底,中央民族大学中国少数民族语言文学学院教工党支部和中国少数民族语言研究院教工党支部赴革命圣地延安参观学习。中央民族大学这两个党支部的参观学习,正是为了贯彻落实学习习近平总书记纪念红军长征胜利80周年讲话精神而开展的学习教育活动。此次参观,使党员们重温了中国共产党的革命历史,接受了一次深刻而难忘的革命传统和理想信念的教育;使党员同志们开阔了眼界,丰富了知识,提高了认识,升华了思想,增强了党性,磨炼了意志。参观结束后,两个支部的党员同志们不约而同地表示要在以后的学习和工作中秉持和发扬艰苦奋斗、团结协作的革命精神,树立正确的信念观,用一个新的姿态、新的精神、新的干劲回到工作岗位,迎接新的工作和挑战,为推进教育事业的发展添砖加瓦。

6. 其他形式

除以上五种形式之外,各高校还组织演讲比赛、知识竞赛、主题征文等活动来贯彻落实学习习近平总书记纪念红军长征胜利80周年讲话精神。例如,北京交通大学举办了由党委宣传部、学工部、研工部共同主办的以"大力弘扬长征精神着力建设一流大学"为主题的征文活动,活动得到了北京交通大学各部门和全体师生的广泛支持,并在全校范围内对师生们学习和弘扬长征精神产生重要影响。京冀5所高校根据北京市委教育工委开展"青春与价值对话"主题活动的统一部署,举办了"弘扬伟大长征精神,走好今天的长征路"主题演讲比赛。此次演讲比赛由清华大学、中国地质大学、中国青年政治学院、北京信息科技大学和燕山大学京冀5所高校协同参与,初赛在各校分别举行,总决赛于2016年11月24日在清华大学举办。清华大学党委副书记邓卫在讲话中指出,此次演讲比赛的目的不仅在于纪念长征那段可歌可泣的历史,更重要的是在于通过回顾历史,从中提取不怕牺牲,不畏艰险,敢于拼搏的长征精神。通过对长征这段历史和精神的学习,让当代大学生在新的历史任务上再续辉煌。来自京冀5所高校的优秀选手们进行了精彩的演讲,同学们通过声情并茂、内涵深刻的演讲,给观众们呈现了一场精彩纷呈、极具审美的比赛。这种以演讲比赛的方式贯彻落实学习习近平总书记纪念红军长征胜利80周年讲话精神,不仅使参赛者深刻学习和领悟长征精神以及习近平总书记的讲话精神,而且能够使听众们在聆听的同时被深深地感染。针对这次演讲比赛,北京大学马克思主义学院的郭建宁教授表示,当代青年人要做到"两个增强":首先要增强中国特色的政治认同、价值认同、情感认同;其次,要增强道路自信、理论自信、制度自信和文化自信。当代青年只有做到这"两个增强",才能为实现"两个一百年"奋斗目标、实现中华民族伟大复兴的中国梦而奉献自己的力量。①

(二)各高校学习形式的特点

各高校在贯彻学习习近平总书记纪念红军长征胜利80周年讲话精神的具体做法上突出体现了以下几个特点。

1. 精心组织、全面覆盖

为了让全校师生更好地学习习近平总书记纪念红军长征胜利80周年讲话精神,同时也为了使广大师生更加深刻地理解长征精神,各高校精心组织和部署,针对学校不同层面分别举行不同形式的学习和纪念活动,不仅有全校层面的活动,各二级单位和学院也分别组织活动进行学习,力求学习活动覆盖的全面性,使广大师生都能够深入学习习近平总书记讲话以及深刻感受和铭记长征精神。例如,北京大学举办了纪念红军长征胜利80周年徒步活动。这次活动是由北京大学团委和徒步爱好者协会共同举办的,北京大学的校领导也出席了活动的出征仪式。举办这次徒步活动目的在于让同学们在锻炼身体的同时充分体会长征的精神内涵。此次徒步活动的路线起点是门头沟区王平镇韭园村,终点是圈门村,全程18公里,海拔攀升或下降1000米左右。在徒步行进的过程中,队员相互协作、同舟共济,虽说不能感同身受,但也使同学们深刻体会了红军在长征过程中众志成城、克服困难的艰辛与伟大。除了学校层面的活动外,北京大学的二级学院也组织了相应的学习活动。例如,马克思主义学院为了引导同学们认真学习习近平总书记在纪念红军长征胜利80周年大会上的讲话和十八届六中全会精神,巩固"两学一做"学习教育成果,由学院党委组织该院2016级全体新生党团员前往全国青少年教育基地、北京市爱国主义教育基地怀柔生存岛素质拓展中心,开展以"弘扬长征

---

① 《"弘扬伟大长征精神 走好今天的长征路"主题演讲比赛》,http://politics.gmw.cn/2016-11/25/content_23104374.htm

精神,奋力铸就卓越"为主题的党团日联合教育活动。①

2. 结合实际,力求实效

各高校根据自身特点开展学习和纪念活动,力求使活动取得实际效果而非流于形式。这些活动之所以能够使广大师生深刻理解习近平总书记的重要讲话、意识到自身的使命感和责任感、领悟到新长征路上需要继续弘扬长征精神,这些活动之所以能够取得一些实实在在的效果,都在于活动本身是从学校实际出发,注重结合本校、本院的师生特点,使活动效果均能落到实处。北京航空航天大学的同学们通过读书小组、分享会、观影等方式,从文艺作品中体会和感悟那段艰辛伟大的长征岁月。北航的多个团总支和团支部组织同学们进行集体观影活动,选取《我的长征》《长征》《过雪山草地》等经典红色影片进行观看,帮助同学们回忆那段艰苦卓绝的历史。飞行学院、法学院则举办了影评分享会,同学们通过分享感悟,结合自身经历,加深了对影片中那些感人至深的情节的认识和理解。自动化科学与电气工程学院开设了主题为"驭远征万里,不忘引水源"的专题党课,以党建带团建,从长征故事入手,通过学生党员讲团课的方式,进一步夯实了同学们心中的责任意识。航空学院结合本学院背景,组织同学们围绕长征主题,从自身感悟出发,利用篆刻、绘画、书法等形式,各施所长进行创作。有些学院组织同学们进行了以长征为主题的话剧演出,同学们虽不是专业演员,但他们别出心裁,将长征中感人的小故事演绎成生动的话剧,深化了同学们对长征的认识。新媒体艺术与设计学院分团委的同学们创作了 100 幅以"长征"为主题的剪纸作品,并在北航艺术馆展出,前来参观的师生们通过欣赏一幅幅叙述长征故事的剪纸作品,深刻感受伟大的长征精神。②

这些活动结合学校和学院特点与实际,使广大师生在感触长征记忆的同时,将长征精神深深地刻在每个人的内心深处。

3. 形式多样,深受广大师生欢迎

各高校精心组织了各种各样的理论学习和实践活动,在纪念红军长征胜利 80 周年的同时,深入学习习近平总书记的讲话精神。除了理论学习(例如举行座谈会、报告会),各学校还组织师生参观国家博物馆和军事博物馆纪念长征的主题展览,以及举办文艺演出、演讲比赛。通过这些理论和实践的活动,各个高校在全校

---

① 北京大学校团委:《北大学子纪念红军长征胜利80周年徒步活动成功举行》,http://pkunews.pku.edu.cn/xwzh/2016-10/24/content_295462.htm

② http://toutiao.chinaso.com/jy/detail/20161026/1000200032983341477449716199568598_1.html

范围内营造出了学习习近平总书记讲话精神和弘扬长征精神的良好氛围,使长征精神润物细无声般地深入到每个人的心中。这些学习和纪念活动覆盖全面且力求实效,从学校和学生的特点和实际出发,深受广大师生的欢迎。

4. 多部门通力合作,依托马院,与思政课紧密结合

各高校贯彻落实学习习近平总书记纪念红军长征胜利80周年讲话精神,精心组织覆盖全校教职员工以及学生的、多形式的学习活动,弘扬长征精神,这些活动是学校各个部门通力合作的产物。各校党委宣传部、团委、组织部等部门以及各学院都尽最大的努力共同合作,只为办好既有实效又广受师生欢迎的学习活动。大部分活动由各校的马克思主义学院主办或承办,依托马克思主义学院,与思想政治理论课特别是《中国近现代史纲要》这门课紧密结合,组织的这些学习和纪念活动既促成了思想政治理论课教学成效,又激发了学生学习长征这段震撼人心的历史和学习习近平总书记讲话精神的兴趣,实现了学生活动与思想政治理论课的有效结合,促进了思想政治理论课教学效果的进一步提升。

**四、北京高校落实学习习近平总书记10·21讲话精神的经典案例**

(一)北京信息科技大学之长征展

2016年11月30日下午,北京信息科技大学以"弘扬伟大长征精神"为主题的纪念红军长征胜利80周年作品展拉开帷幕。北京信息科技大学党委副书记刘筱毅出席开幕式,相关职能部门和学院负责人、部分师生参加开幕式并参观展览。此次展览由该校党委组织部、党委宣传部、教务处主办,马克思主义学院、机电工程学院、公共管理与传媒学院承办,是多部门通力合作的产物。展览共呈现了来自学生和部分离退休教师的316项作品。这些作品以实物、平面、多媒体、书法、绘画等多种形式再现了伟大长征的历史画卷。例如,通过运用互动投影、电子翻书等多媒体交互技术手段,展示了《漫漫红军路,精神永不朽》《胜利之路》《长征路上》《长征情》等多个由学生制作的多媒体作品。多媒体交互技术的应用,促进了观众与作品之间的交互体验,也为展览增添了极大的趣味性。同学们在专业老师的精心指导下完成作品,不仅增长了专业知识,而且对长征精神有了更深刻的认知。这次展览活动为同学们搭建了展示才华的平台,也突出了北京信息科技大学信息科技这一特色。北京信息科技大学举办的这次展览是人文素养教育与专业教学相结合、社会主义核心价值观教育与红色文化教学相结合、科学精神教育与全面提升学生人文素养相结合的一次重要尝试,也是北京信息科技大学人才培养中的学科交叉融合、多部门协同联动、不断创新思想政治理论教育工作机制的

一次探索。

(二)北京理工大学之VR(虚拟现实)技术的运用

北京理工大学极具创新性地将VR(虚拟现实)技术这一高科技技术运用到高校思想政治理论课的课堂中,让学生在虚拟情境中重走长征路。央视《新闻联播》和《焦点访谈》节目、新华社、《光明日报》、人民网等多家主流媒体都对北京理工大学这一首创性的尝试进行了报道。VR技术,即虚拟现实技术,其基本特性是沉浸、交互和构想,它作为一种崭新的人机交互技术,还处在成长阶段。北京理工大学将这一技术开创性地运用到思想政治理论课的课堂中,不得不说,这一尝试是对思想政治理论课课堂教学探索的一次重大突破。

在虚拟仿真实验室里,通过VR技术模拟出红军长征过程中的地理环境、气候等背景和条件,学生体验者们戴着VR眼镜,身临其境地体验红军的种种遭遇。在冰天雪地间、在悬崖峭壁上……同学们真正进入到了长征的情境,可以体验到红军长征中经历的围追堵截、生离死别,体验到了爬雪山过草地的艰辛。这种感同身受、身临其境的体验,不仅给同学们带来了情感上的震撼,而且使同学们能够更好地理解长征精神、学习红军勇往直前和不畏艰难的品质、坚定自己的理想信念。这种具有"沉浸、交互"特点的体验式教学,为思想政治理论课教学提供了直观、形象的思维材料,使教学手段更科学化、更丰富多彩,学生可在虚拟环境中体验当时的历史过程。① 这种教学方式弥补了书本教授和课堂讲授相对缺乏生动性、鲜活性的缺憾,能够极大调动同学们学习思想政治理论课的积极性和热情,进一步推动教学的实效性。

(三)中国农业大学之专题新闻网页

中国农业大学为了让全校师生更好地学习习近平总书记纪念长征胜利80周年讲话精神,在学校新闻网上设立了专题网页,该专题分为三个部分:"热点看读""国家纪念""学校活动"。其中,"热点看读"呈现了长征路线的全景交汇地图,在一个动态电子地图上综合展示了红军长征路线图、长征题材的相关影视片段以及图片集,极具特色,为广大师生生动形象地重现了长征那段惊天动地的历史。这个长征全景交汇地图在网上的点击量超过一百万,广大师生和网友们了解和学习长征历史的热情由此可见一斑。"国家纪念"上传了习近平总书记纪念红军长征胜利80周年讲话全文,报道国家层面的相关纪念活动。"学校活动"则集中报道

---

① 北理工宣传部:《北理工虚拟现实技术在思政课中的应用受到各界广泛关注》,http://www.bit.edu.cn/xww/zhxw/135103.html

学校层面的纪念活动以及开展学习习近平总书记讲话精神的活动。

北京各高校把学习、宣传习近平总书记纪念红军长征胜利80周年讲话精神作为相当长一段时间的重要任务,高度重视并切实贯彻落实。广大师生在形式多样、覆盖全面的各种学习实践活动中受益良多,在深刻理解长征精神的同时,也坚定了自己的理想信念。正所谓"人无精神不立,国无精神不强",纪念长征是要传承一种精神。长征精神跨越时空,时代赋予当今青年崇高的使命,我们要弘扬长征精神,走好新长征之路。"坚持和发展中国特色社会主义是一项长期而艰巨的历史任务,必须准备进行具有许多新的历史特点的伟大斗争"。[①] 作为青年一代,特别是接受高等教育的青年学生,即将走向社会,成为建设中国特色社会主义的中坚力量,更需要传承长征精神,方能不辱使命,在新长征路上披荆斩棘、勇往直前。

---

① 习近平:《在庆祝中国共产党成立95周年大会上的讲话》,http://news.xinhuanet.com/politics/2016-07/01/c_1119150660.html

# 第三章

# 北京高校学习和贯彻落实习近平总书记系列重要讲话的理论研究进展

党的十八大以来,习近平总书记围绕党的建设和国家改革发展做了一系列重要讲话,深刻回答了新形势下党和国家事业发展建设的一系列重大理论和现实问题,是新时期全国各族人民实现"两个百年"发展目标和中华民族伟大复兴的中国梦的指导思想。高校担负着为中国特色社会主义事业培养建设者和接班人的重任,是学习、研究、宣传习近平总书记系列重要讲话的前沿阵地。北京高校在学习、宣传、贯彻习近平总书记系列重要讲话精神过程中进行了全面而深刻的理论研究,在一些基本和重大问题的研究上取得了一系列的新进展。

2016 年,北京高校学习和贯彻习近平系列讲话的理论研究成果非常丰富,以中国知网收录文献为例,总共有近千篇论文。基本情况如下。

(1) 研究成果涵盖的内容丰富。围绕实现中华民族伟大复兴的中国梦、坚持和发展中国特色社会主义,围绕协调推进全面建成小康社会、全面深化改革、全面依法治国、全面从严治党"四个全面"战略布局,围绕牢固树立创新、协调、绿色、开放、共享的发展理念,统筹推进经济、政治、文化、社会、生态文明五位一体建设,围绕加强国防和军队建设,推动构建以合作共赢为核心的新型国际关系,学习掌握科学的思想方法和工作方法等十六个专题,全面深入阐释了以习近平同志为核心的党中央治国理政新理念新思想新战略。

(2) 研究成果的学科范围广研究层次多。北京高校学习和贯彻习近平系列讲话的理论研究成果涉及的学科包括:中国政治与国际政治、中国共产党、经济体制改革、高等教育、文化、马克思主义、新闻与传媒、宏观经济管理与可持续发展、环境科学与资源利用、思想政治教育、行政学及国家行政管理、经济理论及经济思想史等方面。研究层次涉及基础研究(社科)、政策研究(社科)、行业指导、职业指导、基础与应用基础研究、高等教育、经济信息等,其中以基础研究(社科)最多,其次是政策研究(社科)。

(3)研究成果得到的基金资助多。2016年,北京高校学习和贯彻习近平系列讲话的理论研究得到了多方面多层次的基金支持和资助。比如,国家社科基金重大项目"全面提升中国文化软实力研究"、国家社会科学基金重大项目"习近平总书记系列重要讲话思想精髓研究"、国家社科基金重大项目"习近平总书记系列重要讲话的理论创新研究"、国家社科基金青年项目"习近平总书记关于思想政治教育工作重要论述研究"、国家社会科学重大招标项目"习近平总书记治疆方略与新疆长治久安研究"、北京市社会科学基金研究基地重点项目"中国特色社会主义宗教理论体系研究"、教育部人文社科项目基地重大项目"近些年来国外学者对中国道路的研究及评析"、教育部人文社会科学研究一般项目"当代大学生价值观自信教育与引导"、北京市社会科学基金项目"十六届六中全会以来社会主义核心价值观领域若干前沿问题研究"、国家民委民族问题研究"习近平民族工作思想研究"、国家民委民族问题研究重点项目"中国特色解决民族问题的道路",等等。

(4)研究成果所属高校特色鲜明。一是学术高地效应明显。近千篇论文,绝大部分由重点大学发表。其中中国人民大学、北京大学、清华大学和北京师范大学的研究成果彰显了学术高地的实力。二是研究成果突出了学校特色。中央民族大学在习近平民族工作思想研究方面的成果很多;国际关系学院、北京外国语大学和外交学院则在习近平关于国际关系方面的研究见长;中国传媒大学则在习近平关于新闻宣传思想方面的研究突出。中国政法大学在依法治国方面的研究突出。

2016年北京高校学习和贯彻落实习近平总书记系列重要讲话的理论研究成果,为广大学者系统学习和进一步研究习近平总书记系列重要讲话重要思想奠定了良好的基础。但理论研究还存在一些问题,一些研究观点仍需进一步深入和拓展。一是高校实力存在参差不齐的现象。北京拥有众多实力雄厚的高校,在学习和贯彻落实习近平总书记系列重要讲话精神的理论研究中成果丰硕,比如中国人民大学、北京大学、清华大学和北京师范大学的研究成果彰显了学术高地的实力。其次,中央民族大学、中国传媒大学、国际关系学院、北京外国语大学、北京交通大学、首都师范大学、中国政法大学和中国青年政治学院也在学习和贯彻落实习近平总书记系列重要讲话精神的理论研究中有不俗的表现。但是,2016年,北京有将近20%的高校没有或者很少有关于习近平总书记系列重要讲话精神的理论研究成果发表。二是研究内容存在冷热不均的现象。从2016年的相关论文中可以发现,研究的热点依次是:①关于文化建设思想的研究,其中着眼于社会主义核心价值观和弘扬中国传统文化的研究比较多;②关于全面从严治党思想的研究;③关于生态文明建设思想的研究;④关于五大发展理念的研究;⑤关于经济建设思想的研究。但是,研究者在军队建设、社会建设、港澳台关系和全面深化改革方面关注较少。三是研究思路和研究方法有待拓展。理论研究的最终落脚点是指导社会实践,实证研究是重要的研究方法之一。如何将习近平系列讲话的重要思想与实践紧密结合是研究的重中之重。而目前的研究成果中,比较着力于分析和研究总书记"说了什么""怎么说的",而对于具体怎么指导实践的实证研究则很少。

在当前学习习近平总书记系列重要讲话、落细落小落实社会主义核心价值观、培育全民族的创新创造素质的时代背景和现实要求下,各高校应该继续加强习近平总书记系列重要讲话精神的理论研究。对习近平系列重要讲话精神进行更广视域、更全方位、更有深度、更富创造性的研究是当前和今后研究者的努力方向。

## 第一节 关于治国理政思想的研究

2016年北京高校学习和贯彻落实习近平总书记系列重要讲话的理论研究成果中关于政治思想方面的研究内容非常丰富,既有广度也有深度;既有对习近平总书记系列重要讲话精神的阐释,也有专家学者的精辟理解和独到见解;既有基础理论研究方面取得的进展,也有理论研究热点方面取得的成绩。现总结梳理如下。

**一、关于中国梦的研究**

2016年北京高校研究"中国梦"的着眼点主要集中在坚持中国道路、弘扬中国精神、凝聚中量,中国梦与世界各国人民的美好梦想相通,以及中国共产党与中国梦,中国梦与社会主义核心价值观的关系和马克思世界历史理论视域中的中国梦等这几个方面。

(一)关于中国共产党与中国梦的研究

北京大学程美东等对中国共产党实践中国梦的情况做了研究。他们从三个层面进行研究。首先,从理论建构层面来看,从毛泽东到习近平,中国梦的基本政治理念就是国家富强、民族振兴、人民幸福;其次,从实践过程来看,孜孜以求于民族的独立,反对帝国主义、反对封建主义的政治革命是其主要手段和途径,工业化革命和农村的现代化社会改造是基本步骤;最后,从现代化视域来看,中国共产党的中国梦符合世界现代化的民族国家梦的内在逻辑。① 中国梦的实现离不开中国共产党的力量,中国共产党是肩负中华民族伟大复兴重要使命的领导力量,是把握中华民族伟大复兴前进方向的核心力量,是开拓中华民族伟大复兴光明前景的根本力量。②

学者们对中国共产党和中国梦的研究,说明了中国共产党在实现中国梦过程中的重要作用。北京大学程美东等的研究立足中国国情,分析中国现状,准确地分析出了我们当前发展的利弊情况,有利于我们在发展的过程中,扬长避短,解决问题。周民伟的研究着重中国共产党是带领我们实现伟大复兴中国梦的领导力量,说明了我们要紧跟党的步伐,为实现中国梦贡献自己的力量,拥护中国共产党。

(二)关于中国梦的内涵和特征的研究

北京大学孙代尧等提出中国共产党95年的历史是在开辟新道路和形成新理论话语的互动中具体展开的。毛泽东开创了有中国特色的革命新道路,并提出"马克思主义中国化",展现了中国气派、中国风格。邓小平以"建设有中国特色的社会主义"破除苏联模式的社会主义观,开辟了中国特色社会主义新道路。党的十八大以来,习近平总书记提出发展"21世纪中国的马克思主义",力图将中国道路的实践优势转化为话语优势,并解构以西方为中心的话语霸权,赋予中国道路和中国马克思主义以新的时代意义。③

北京师范大学张静如等从历史的角度,从研究历史人物李大钊的一生入手,深入分析研究了中国梦的内涵发展。认为李大钊在中国引进马克思主义,将马克思主义与实现中国梦的理想结合起来,极大地推进了中国梦的历史转型,开启了中国人民在中国共产党领导下实现中国梦的伟大征程。在实现中华民族伟大复兴的中国梦进程中,李大钊是中国梦的重要的规划者和践行者,书写了中国梦历史上的辉煌一页,是我们今天实现中国梦理想的宝贵财富和思想动力。④

---

① 程美东、刘锋:《中国共产党实践中国梦的历时度考察》,《理论探讨》2016年02期。
② 周民伟:《"中国梦"与民族复兴的根基——中国共产党的"三个力量"》,《祖国》2016年第14期。
③ 孙代尧、黄斐:《中国共产党与中国道路的话语建构》,《思想理论教育导刊》2016年09期。
④ 张静如、吴汉全:《中国将"第二次大贡献于世界之进步"——李大钊与中国梦》,《唐山学院学报》

<<< 第三章　北京高校学习和贯彻落实习近平总书记系列重要讲话的理论研究进展

也有人认为,"中国梦"是习近平总书记在新时期提出的重大战略性目标和理论创新成果。较全面、系统地探究"中国梦"的时代特征,对于深刻把握"中国梦"的内涵、深刻理解"中国梦"的重大意义、深入探寻"中国梦"的实现路径等都具有重要作用。时代赋予了"中国梦"鲜明而丰富的特征。"中国梦"是民族性、人民性、世界性的统一;是历史性、现实性、未来性的统一;是理想性、理论性、实践性的统一;是总揽性、层次性、阶段性的统一;是和平性、发展性、繁荣性的统一。① 这"五个统一"具有概括性,是对中国梦的内涵很好的剖析。

还有人分析了中国梦与中国精神的关系,实现中华民族伟大复兴的中国梦是中国人民的历史使命和奋斗目标,中国精神是实现中国梦的精神支撑和力量源泉。弘扬中国精神实现中国梦应注重民族精神和时代精神的统一;弘扬中国精神与立足中国特色社会主义实践相结合;弘扬中国精神与坚持社会主义核心价值观相结合;注重传统路径与现代手段相结合;实现中国精神教育与制度管理相结合。②

(三)中国梦与世界各国人民的美好愿望相通

清华大学艾四林领衔申报的国家社科基金重大招标课题"习近平总书记系列重要讲话的理论创新研究"在这方面进行了深入研究。清华大学张娅从整体意义上了解中国梦的国际接受度和国际影响力。国外关于中国梦形象的基本共识包括:中国梦展现了中国新一届领导人的崭新面貌;中国梦象征的软实力价值大于硬实力指标;中国梦与世界息息相关。中国梦的世界影响表现在:世界期待共享中国梦;中国梦引发许多国家对于自身发展道路和国家梦的思考;中国梦对世界经济发展和政治稳定产生重要作用。总体看来,国际社会对中国梦共识性评价较为正面,这些主流观点是我们了解中国梦的世界影响的基点。积极倾听国际声音,有助于我们不断优化中国梦的对外传播,以争取中国梦得到更广泛的国际认同,为中国梦的实现创造良好的世界环境。③ 另外,张娅还梳理分析了国外学者解读中国梦的视角及其观点,这些分歧是关于中国梦的内涵认知,表现为"国家梦"与"个人梦"的分歧;关于中国梦提出的动机认知,表现为"民族复兴"与"霸权主义"的分歧;关于中国梦与其他国家梦的关系认知,表现为"梦想相通"与"梦想不相容"的分歧;关于中国梦的道路选择认知,表现为"和平发展"与"对外扩张"

---

① 2016年04期。张廷广:《"中国梦"的鲜明时代特征"五个统一"》,《河北青年管理干部学院学报》2016年02期。
② 王敏:《弘扬中国精神实现中国梦的路径思考》,《洛阳师范学院学报》2016年07期。
③ 张娅:《中国梦的国际评价:基本形象与世界影响》,《北京教育(德育)》2016年03期。

的分歧;关于中国梦的前景认知,表现为"充满信心"与"不切实际"的分歧。① 这些分析有助于澄清其中的偏见与误读,还原中国梦本质思想。张娅对中国梦的解读,很好地诠释了其内在含义,同时驳斥了世界其他国家对中国梦的错误理解和解读。中国梦是和平、发展、合作、共赢的梦,与世界各国人民的美好愿望息息相通,根本就不会出现外国所担心的"中国威胁论"和"对外扩张"等现象,张娅这两篇文章有利于将中国爱好和平的和蔼可亲的形象传递给世界,有利于世界其他国家对"中国梦"有更深刻的了解。

(四)关于中国梦与社会主义核心价值观的关系研究

清华大学王贵贤认为中国梦与社会主义核心价值观同属中国特色社会主义理论,是马克思主义中国化的最新成果。中国梦与社会主义核心价值观本质上具有内在一致性,二者在指导思想、问题意识、宏观结构、微观价值内容以及以人为本的价值旨归等方面都是相同或类似的。但是,二者在具体内容、适用范围等方面也存在着差异性。中国梦与社会主义核心价值观的一致性为中国特色社会主义理论奠定了坚实的理论基础,能够保证意识形态宣传教育工作的一致性和持久性;它们之间的差异性使得二者能够相互补充,同时又对实现中国梦和践行社会主义核心价值观提出了针对性要求。② 王贵贤的研究,有利于从理论上给我们解惑,也有利于在社会主义核心价值观的指导下,在实践层面更好地践行中国梦。

## 二、关于中国特色社会主义及民主政治的研究

(一)坚持和发展中国特色社会主义的研究

2016年北京高校关于"实现中华民族伟大复兴的必由之路"的研究中,关于中国特色社会主义道路、理论体系、人民选择这几个方面内容最多。其次,关于中国特色社会主义总布局、"四个自信"这两个方面的研究也不少。

1. 中国特色社会主义内涵及意义研究

清华大学肖贵清认为加强和深化中国特色社会主义制度研究具有重大的理论意义和现实意义,研究中国特色社会主义制度要着重把握中国特色社会主义制度的形成与发展、内在结构和运行机理、特点和优势、存在的现实问题与制度创

---

① 张娅:《国外学者关于中国梦认知的分歧评析——兼驳对中国梦的偏见与误读》,《社会主义研究》2016年01期。
② 王贵贤:《中国梦与社会主义核心价值观的关系研究》,《社会主义核心价值观研究》2016年03期。

新、制度自信与价值认同、制度比较研究等问题,并注重研究方法的选择和运用。① 肖贵清还指出中国共产党是中国特色社会主义的坚强领导核心,党的领导是中国特色社会主义最本质的特征。只有坚持中国共产党的领导,才能不断发展中国特色社会主义道路,丰富中国特色社会主义理论体系,完善中国特色社会主义制度。②

中国人民大学张雷声提出中国特色社会主义制度具有鲜明的特色和显著的效率,但中国特色社会主义制度还需要不断完善。中国特色社会主义制度的鲜明特色主要表现在体系特色、属性特色和国情特色三个层面上。中国特色社会主义制度的效率表现为两个层面:一是制度在多大程度上能够代表并反映广大人民群众的利益,二是行为主体在多大程度上能够遵守制度的规定、受到制度的约束。在我国现阶段,完善和发展中国特色社会主义制度,必须推进国家治理体系和治理能力现代化,必须缩小贫富差距、促进社会公平正义。③

中国人民大学侯衍社认为中国道路的价值目标就是实现中华民族的伟大复兴;价值原则是共享、民主、公正、和谐;基本保障包括理论依据、制度依托、文化支撑和根本保证;根本动力是改革开放;基本要求是指在推进中国特色社会主义道路过程中形成的基本经验和规律性内容。中国道路不走封闭僵化的"老路"、不走改旗易帜的"邪路"、不走错误的"歧路",中国道路坚决走中国特色社会主义道路。中国特色社会主义道路是一条实现国家富强民族振兴人民富裕的正确道路,它的成功开辟具有重大的世界历史意义。④

北京师范大学徐斌等认为中国特色社会主义制度的完善和发展,必须立足于当代中国社会发展现状、全面深化改革、推进国家治理体系和治理能力现代化的实践,其效果如何,需要我们在它所要解决的问题和社会发展目标中确定评价尺度。应该是生产力的发展、社会公正的实现、人的自由全面发展和法治化四个维度的有机统一。⑤

---

① 肖贵清:《加强和深化中国特色社会主义制度研究》,《湖南科技大学学报(社会科学版)》2016 年 05 期。
② 肖贵清:《党的领导是中国特色社会主义最本质特征》,《河北日报》2016 年 6 月 22 日第 007 版。
③ 张雷声:《论中国特色社会主义制度》,《甘肃社会科学》2016 年 01 期。
④ 侯衍社:《关于中国道路的几个重要理论问题思考》,《中国特色社会主义研究》2016 年 05 期。
⑤ 徐斌、赵秀芳:《完善和发展中国特色社会主义制度的评价尺度》,《科学社会主义》2016 年 01 期。

清华大学杨万山从党的制度建设层面探讨中国特色社会主义的内涵,提出党的制度建设是中国特色社会主义制度建设的前提和基础,中国特色社会主义制度建设,是党的制度建设在国家制度建设层面的体现,二者有机统一于中国特色社会主义的实践。党的制度建设引领中国特色社会主义制度建设,具有内在逻辑和重要意义。以党的制度建设引领中国特色社会主义制度建设,是发展和完善中国特色社会主义制度的有效途径。

以上这些专家和学者比较全面地阐述了中国特色社会主义的内涵。清华大学肖贵清着重研究中国制度,关注中国制度的形成与发展、内在结构和运行机理、特点和优势、存在的现实问题与制度创新、制度自信与价值认同、制度比较研究等问题,并注重研究方法的选择和运用,这样比较细化的研究,有利于加深我们对中国制度的了解。中国人民大学的侯衍社从中国道路的价值目标、价值原则、根本动力、基本要求等几个方面进行了剖析,使中国道路本身更加具体,更加系统。

2. 中国特色社会主义总布局

中国人民大学王宏兴等在《试论五位一体总布局对中国现代化目标的系统表达》中写道,五位一体总布局是中国特色社会主义全面发展的实践系统。富强、民主、文明、和谐、美丽不仅是全面推进总布局的发展目标,也是全面实现社会主义现代化的目标,这五者之间存在着非线性的复杂关系,形成了一个相互耦合、辩证统一的目标系统。实践系统和目标系统的相互建构和积极互动,不仅实现了现代化目标在总布局中的系统表达,也为全面实现社会主义现代化指示了明确方向和具体路径。① 他们在另一篇文章《试析中国特色社会主义总布局的根本价值诉求》中认为坚持以人为本,促进人的全面发展是中国特色社会主义总布局的根本价值诉求,"以人为本"是对过去"以物为本"的纠正和超越,它既不同于中国古代的民本主义,也不同于西方近代的人本主义,而是以人民群众为本,促进人民群众的全面发展。五位一体总布局从"社会总体"和"系统工程"角度,在价值层面上展现了社会全面进步与人的全面发展过程中自然本质、社会本质和精神本质发展的内在联系。②

中国人民大学张红太在《推进中国特色社会主义总布局的有控自组织方法》中认为,中国特色的社会主义总布局是系统工程,"五位一体"中的五项建设都可

---

① 王兴宏、孙功:《试论五位一体总布局对中国现代化目标的系统表达》,《理论界》2016年09期。

② 王兴宏、孙功:《试析中国特色社会主义总布局的根本价值诉求》,《佳木斯大学社会科学学报》2016年01期。

以按照系统的自组织和他组织相统一而实施的有控自组织方法来实施。改革开放、社会主义初级阶段、党的领导、中国的特殊国情等环境条件决定了实施有控自组织的方法的特殊性,把当前的社会总建设当作复杂性来对待,从实际出发实事求是地制定方针路线,才能推进社会总体建设快速发展。

从上述的研究中可以看出,五位一体总布局是中国特色社会主义全面发展的实践系统,是一个系统工程,这五方面并不是独立存在的,而是高度相关的。他们透过五位一体的系统性,看到了"人"的重要性强调通过坚持以人为本,促进人的全面发展,亦是中国特色社会主义总布局的题中之意。马克思主义的历史唯物观认为,人民群众是物质财富的创造者,也是人类精神财富的创造者,是社会变革的决定力量。人民群众在五位一体发展过程中做出巨大贡献的同时也是壮大和发展了自己。中国人民大学张红太重视国情,认为一切应从实际出发实事求是地制定方针路线,最终推进社会总体建设。历史的发展告诉我们,只有依照国情,尊重客观规律,按客观规律办事,我们的社会主义才能取得成功,我们的国家才能繁荣发展。

3. 坚定"四个自信"

北京大学孙代尧从"何以自信""为什么需要自信""如何保持自信"三个方面深刻阐述了"四个自信"的逻辑关系。他认为中国5000多年来的文化积淀,构成了中国特色社会主义的底色和道路、理论、制度的基础。文化自信是道路自信、理论自信、制度自信的根本。坚持"四个自信",既是现实的,也是必要的。坚持"四个自信"要进一步解放思想、解放和发展社会生产力、解放和增强社会创造活力。在文化自觉的过程中认识和处理好与世界的关系。合理构建社会理想,凝聚中国力量。①

北京大学宇文利认为中国特色社会主义制度尽管还不够完善,尚需要建设和健全,但在实践中却展现了卓越的先进性和强大的优越性,从根本上说是自信的。对于中国特色社会主义制度充满自信,这既是对改革开放以来中国社会主义建设道路选择和理论创新的自信,也是对中华民族伟大复兴的实践目标的自信。党的十八大提出了中国特色社会主义道路自信、理论自信和制度自信。三个自信之间是三位一体、合三为一的,其中道路自信是实践基础,理论自信是思想基础,制度

---

① 孙代尧:《坚定"四个自信"实现民族复兴》,《时事报告》2016年06期。

自信是组织基础。①

北京师范大学杨增崒等在《中国特色社会主义文化自信的基本特性》中认为作为党中央治国理政新理念新思想新战略的重要组成部分,习近平总书记关于中国特色社会主义文化自信的思想彰显出鲜明的特性,表现在四个方面:文化传统和价值体系的历史传承性、社会主义现代化建设的指导性、人民精神思想的导向性以及吸引世界目光的文化优越性。认识和理解习近平总书记关于文化自信的思想的基本特性,有助于深刻认识当代中国文化发展的历史方位及内在逻辑,对促进中国特色社会主义文化大发展大繁荣和推动当代中国文化"走出去"具有重要意义。②

中国农业大学王珑瑾等在《中国特色社会主义制度自信的理论与实践基础》中写道,中国特色社会主义制度自信是建立在社会历史发展逻辑基础之上的,是对社会主义由空想到科学、由理论到现实、由一元模式到中国特色的转变而做出的自我发展抉择。中国特色社会主义制度自信依赖于马克思主义科学理论的支撑,根植于中国特色社会主义建设的伟大实践。③

关于中国特色社会主义"四个自信",专家学者们的分析到位、认识深刻。我们对中国特色社会主义的自信,来源于实践、来源于人民、来源于真理。我们要坚定"四个自信",敢于战胜前进道路上的一切困难和挑战,不断地开创中国特色社会主义新局面,不断地交出发展中国特色社会主义的合格答卷。

(二)关于发展社会主义民主政治的研究

1. 关于我国政治制度的研究

我国是一个发展中大国,坚持正确的政治发展道路是关系全局的重大问题。部分学者对这个主题进行了深入的研究。北京大学程美东探讨了近代中国历史发展过程中的应然性和实然性问题,分析了其应然性和实然性的冲突过程,肯定了改革开放以来中国政治路径选择的合理性、必要性,指出我们必须在今后的实践中注意宣传这种必然性和实然性,以推动中国政治实践向前发展。中国近四十年的以改革开放为手段的政治发展史,就是自觉和不自觉地按照政治的应然性基

---

① 宇文利:《论中国特色社会主义的制度治理——习近平治国理政思想的总体特色》,《新疆师范大学学报(哲学社会科学版)》2016年01期。
② 杨增崒、吕璐:《中国特色社会主义文化自信的基本特性》,《前线》2016年08期。
③ 王珑瑾、刘巍:《中国特色社会主义制度自信的理论与实践基础》,《河南教育(高教)》2016年02期。

本功能——秩序、效率、幸福的追求为原则的发展过程。①

北京大学王浦劬认为行政体制改革是政治体制改革的重要内容,也是我国全面深化改革的重要组成部分。党的十八大以来,以习近平同志为总书记的党中央对行政体制改革进行了深刻阐述和全面部署,有力推动了行政体制改革进程。新时期的行政体制改革既是改革开放以来行政体制改革的继承和接续,又是在新的时代背景下的探索和创新,富有新的理论和实践内容。这就使得新一轮深化行政体制改革呈现出新特点。深化行政体制改革是中国特色社会主义制度的完善和发展。坚持社会主义市场经济的改革方向。以法治政府和服务型政府为具体目标。②

中央民族大学胡利明对民族区域制度进行了研究。民族区域自治是中国解决民族问题、协调民族关系和促进民族和谐的基本政策规则,既是党的民族政策,又是国家的法律规范和具体措施,更是民族政策和民族法律的有机统一体。既作为治国方式,又作为民族地方的治理措施,总体上有原则、有立场和有方向,其中既蕴涵着诸多的法治理念,又显现了丰富多彩的中国特色:多元统一特色是前提原则、坚守底线和死守红线;自治特色是本色;主体特色是主色;地域特色是范围;治国特色是行为方式;法治特色是规则理念。③

2.关于政治参与的研究

政治参与是社会主义民主政治建设的重要方式。近年来随着网络时代的勃兴,学者们比较关注网络政治参与问题。

北京工商大学张宏伟认为,互联网时代网络政治参与的不断完善给政协民主监督职能的优化提供了可能。当前,利用互联网技术参与政治已是大势所趋,互联网越来越成为公民知情、政治参与和民主监督的重要渠道。所以应深入挖掘互联网对民主政治的潜能,深入研究网络政治监督在国家政党协商和党际监督中的重要作用,通过搭建网络问政平台,扩大网络政治参与规模,以提升人民政协民主监督的实效。④

北京工商大学赵春丽等认为网络新媒体有助于实现党的领导、人民当家做主和依法治国的统一,有利于中国民主模式的践行,是发展社会主义民主的有力工

---

① 程美东:《应然与实然:当代中国政治的路径选择》,《北京大学学报(哲学社会科学版)》2016年04期。
② 王浦劬:《深化行政体制改革的新特点》,《人民日报》2016年2月28日第005版。
③ 胡利明:《论民族区域自治的中国特色》,《甘肃理论学刊》2016年03期。
④ 张宏伟:《网络政治参与:政协民主监督新渠道》,《人民论坛·学术前沿》2016年09期。

具和手段。良好的民主进步和政治发展需要大众媒体的理性引导和民众的稳健参与,网络新媒体在实现媒介、政治参与和民主的有机良性互动进程中承担着义不容辞的责任和担当。尽管网络新媒体是政治参与、舆论监督、权益表达的有效途径,但也存在诸多问题和风险。既要充分发挥网络新媒体的政治参与功能和民主潜力,又要依法引导和规范无序参与和非法参与。①

中国人民大学简臻锐认为大学生网络政治参与也是民主政治建设的重要力量。网络政治参与对大学生民主意识的培养具有重大影响,它在丰富民主成长内容的同时又可能会带来不良信息,在延伸民主发展环境的同时又易产生群体极化,在拓展民主实现途径的同时又容易为不良者所用。改进和完善网络政治参与,培养大学生民主意识,应加强网络政治参与的监管,重视网络政治参与环境的营造,注重网络政治参与平台的搭建。②

3.关于人民当家做主的研究

北京大学吕其庆认为习近平关于党性和人民性相统一的论述,进一步丰富了马克思主义建党学说,是马克思主义中国化的重要成果。党性和人民性虽属于不同的范畴,但习近平阐述党性和人民性关系时,却体现着鲜明的思想脉络,即沿着马克思主义政党视角,思考党性和人民性本质上相统一的天然坚实基础。从党性和人民性的"同根""同性""同路"的思想脉络,能够揭示出习近平关于党性和人民性相统一的论述的合逻辑性。③

中国人民大学汪亭友指出习近平总书记在庆祝中国共产党成立95周年的讲话高屋建瓴、实事求是,充满着马克思主义的理论光辉和时代感、使命感。讲话通篇贯彻"人民"这个主题,要求党要把人民放在心中最高位置,显示出人民群众是历史的创造者,是党的根基、力量源泉之所在;人民利益至高无上,党要始终不渝带领人民创造幸福生活;尊重人民主体地位、保证人民当家做主是党的一贯主张。这一观点是结合中国情况,对马克思主义人民观的重要诠释,具有重要的指导和现实意义。④

---

① 赵春丽、卢君仪:《网络新媒体与政治参与、社会主义民主建设——可能性、风险和路径》,《中共天津市委党校学报》2016年02期。
② 简臻锐:《从网络政治参与谈大学生民主意识的培养》,《思想教育研究》2016年02期。
③ 吕其庆:《略论习近平党性和人民性相统一重要论述的思想脉络》,《思想教育研究》2016年06期。
④ 汪亭友:《把人民放在心中最高位置——学习习近平总书记庆祝中国共产党成立95周年讲话》,《思想教育研究》2016年09期。

4. 关于党的宗教政策、民族政策研究

中国人民大学何虎生对党的宗教政策进行了比较深入的研究。他认为习近平总书记在全国宗教工作会议上第一次提出和系统阐释了中国特色社会主义宗教理论,深刻揭示了宗教的基本属性,系统概括了党处理宗教问题的基本观点,全面阐释了党开展宗教工作的大政方针,是我们认识宗教属性、处理宗教问题、开展宗教工作的指导思想。① 习近平总书记从宗教的本质特征、发展规律、社会作用等方面丰富和发展了中国特色社会主义宗教理论对宗教属性的认识;全面分析了国际国内宗教问题出现的新变化,并做出了科学判断,找到了宗教问题的症结所在,为解决宗教问题指明了方向;明确了做好宗教工作的本质要求、基本方针、基本原则、价值取向、组织保证等,对做好宗教工作进行了全面部署;总结了党认识宗教属性、处理宗教问题、做好宗教工作的基本经验,为不断丰富和发展中国特色社会主义宗教理论,更好指导宗教工作实践提供了重要借鉴。② 我国是一个多民族国家,所以解决好宗教问题显得尤为重要。

中央民族大学对党的民族政策的关注度比较高。李臻等认为习近平总书记关于中华民族的新论述继承和发展了中国共产党的中华民族观,充实和丰富了党的民族工作思想,成为中国特色解决民族问题的道路、理论和制度的重要组成部分,为中华民族理论注入了全新的时代内涵,使中国共产党的中华民族观为全国各族人民"口耳相邮、共知共鉴、共享共爱",为凝聚各族人民的共识提供了重要的理论依据,也为做好新形势下的民族工作提供了重要的思想指引。③ 这些新思想、新论断、新认识,深化了党和国家对于基本国情的认知,创新发展了中国共产党的统一国家观、大一统历史观以及中华民族观,有利于各族群众树立正确的国家观、历史观和民族观,也有利于培养各族群众的爱国情怀,成为新常态下民族工作的基本国情依据。④

5. 关于"港、澳、台"问题的研究

中国人民大学齐鹏飞关于港澳台问题有一系列的研究。他认为中共十八大

---

① 何虎生:《马克思主义宗教观中国化的最新成果》,《中国宗教》2016 年 05 期。
② 何虎生、张杰:《论习近平对中国特色社会主义宗教理论的丰富和发展》,《思想理论教育导刊》2016 年 06 期。
③ 李臻、金炳镐:《习近平总书记关于中华民族的新论述初探》,《中央民族大学学报(哲学社会科学版)》2016 年 01 期。
④ 李臻、金炳镐:《新常态下民族工作的基本国情依据:中国是统一的多民族国家——做好民族工作的前提——习近平民族工作思想研究系列论文之二》,《黑龙江民族丛刊》2016 年 03 期。

以来,以习近平同志为核心的党中央,直面"九七"回归以来"一国两制"在香港特区实践过程中出现的新情况、新问题,一方面坚决贯彻落实"一国两制"方针政策"不改变、不动摇";另一方面高度重视全面准确地理解认识和贯彻落实"一国两制"方针政策的问题,以求确保"一国两制"在香港特区的实践"不走样、不变形",提出并实施了一系列具有理论创新和实践创新意义的"依法治港"之"顶层设计""底线思维"和重大战略举措,取得了在香港特区全面准确地理解认识和贯彻落实"一国两制"方针政策的重大成果、重大突破,指引了在实现中华民族伟大复兴进程中全面完成香港同胞"人心回归"历史任务的正确方向。① 关于澳门问题,他认为中共十八大以来,以习近平同志为核心的党中央,一方面高度重视总结"一国两制"在澳门特区成功实践的历史经验,高度重视澳门同胞爱国爱澳光荣传统的弘扬和薪火相传,全力支持澳门特区"在'一国两制'和基本法指引的正确道路上越走越稳、越走越好";另一方面高度重视解决澳门特区在实践过程中出现的结构性矛盾和深层次问题,全力支持特区政府和澳门同胞努力克服各种困难,谱写更加精彩的澳门故事。② 关于台湾问题,他认为以习近平同志为核心的党中央,形成了一系列具有理论创新和实践创新意义和价值的"顶层设计""底线思维"和重大战略举措,体现了深厚博大的历史思维、总揽全局的战略思维和与时俱进的创新思维,体现了高超的政治勇气、政治智慧和战略定力,体现了鲜明的使命意识和责任担当,并有机构建了习近平总书记系列重要讲话直接针对台湾问题彻底解决之"国家统一"篇,指引了在实现中华民族伟大复兴进程中完成"国家统一"的正确方向。③

### 三、关于协调推进"四个全面"战略布局的研究

2016 年北京高校关于"四个全面"战略布局的研究中,很多专家学者都对"四个全面"做了解读,有的是从总体上对其进行了解读,例如研究"四个全面"战略布局的意义;有的是就"四个全面"战略布局对某方面的发展的影响,例如"四个全面"战略布局对高校思想政治教育工作的影响;有的是从"四个全面"与其他理论的关系来研究。具体如下。

---

① 齐鹏飞:《中共十八大以来习近平"依法治港"的新理念、新论述初探》,《党史研究与教学》2016 年 04 期。
② 齐鹏飞:《习近平关于"依法治澳"的新理念新论述》,《当代中国史研究》2016 年 03 期。
③ 齐鹏飞:《习近平"巩固和深化两岸关系和平发展"新论初探》,《台湾研究》2016 年 02 期。

## 第三章　北京高校学习和贯彻落实习近平总书记系列重要讲话的理论研究进展

（一）关于"四个全面"战略布局的总体研究

1."四个全面"战略布局的研究概况

北京大学郭建宁在《深刻领会"四个全面"战略布局》中提出全面建成小康社会、全面深化改革、全面依法治国和全面从严治党是一个相互联系、相互支撑、相互促进的整体。用"四个全面"来统领经济社会发展，来引领各项工作，是党的十八大以来以习近平同志为核心的党中央治国理政方略、治国理政思路、治国理政理念的集中体现，是马克思主义中国化的新发展。①

北京大学宇文利对"四个全面"的内涵提出了独到的见解。他认为"四个全面"的思想与实践为中国特色社会主义走向民族化的现代化提供了目标、方向、路径和保障，为中国社会和中国共产党增进其现代性提出了要求，也为社会主义中国的现代化和民族化内设了规范。可以认为，在"四个全面"中，社会主义现代化与民族化是有机结合在一起的，现代化的目标中有民族化的规定，民族化的范式中包含着现代化的价值。②

北京交通大学王晓青在《"四个全面"战略布局的公正意蕴探析》中认为"四个全面"战略布局确立了新形势下党和国家各项工作的战略方向、主攻目标和重点领域，开辟了中国共产党治国理政的新境界。"四个全面"战略布局，彰显着公平正义的深刻意蕴。作为发展中国特色社会主义的内在要求，公平正义是全面建成小康社会的核心理念，是全面深化改革的时代要求，是全面依法治国的根本体现，是全面从严治党的必然要求。公平正义是"四个全面"战略布局的题中应有之义，是实现富强、民主、文明、和谐的社会主义现代化国家的核心价值理念。③

清华大学张廷广等在《试论"四个全面"战略布局提出的现实逻辑》中认为"四个全面"是以习近平同志为核心的党中央在十八大以来提出的治国理政的重要理论创新和重大战略布局。深入探讨"四个全面"战略布局提出的现实逻辑，对深刻理解"四个全面"战略布局的科学含义以及不断推进"四个全面"战略布局的深化落实等都具有重要价值。对"四个全面"现实逻辑的深刻把握，不能简单从"领导人的顶层设计"或者"实现民族复兴的梦想"等单一角度出发，而应该从"合力角度"出发。"四个全面"的提出是以习近平同志为核心的党中央直面发展中的现实问题的结果，是推动顺利实现"中国梦"的结果，是推进马克思主义中国化的

---

① 郭建宁：《深刻领会"四个全面"战略布局》，《观察与思考》2016 年 02 期。
② 宇文利：《"四个全面"：现代化与民族化的有机结合》，《思想政治工作研究》2016 年 02 期。
③ 王晓青：《"四个全面"战略布局的公正意蕴探析》，《理论导刊》2016 年 04 期。

结果,是大力巩固党的执政地位的结果,更是这些因素"合力"的结果。①

中国青年政治学院史为磊对"四个全面"战略布局的形成背景、内涵、特征、意义、定位、功能、逻辑关系、实现途径等方面进行回顾、梳理和评述。他认为"四个全面"既是中国特色社会主义的总体性战略布局,也是新一届领导人治国理政的重大战略思想,研究"四个全面"基本问题具有重大的理论意义和现实意义。② 当前和今后一个时期,学术界应当重视从实现中国梦的历史进程中把握"四个全面"战略布局的演进问题,加强"四个全面"战略布局的马克思主义基本理论渊源等问题的研究。③

2."四个全面"战略布局对高校思想政治教育工作的影响

北京交通大学韩振峰在《把"四个全面"融入思想政治理论课教育教学》中强调"四个全面"是习近平总书记治国理政思想的重要内容,也是马克思主义中国化的最新理论成果之一。首先,要把"四个全面"内容充实到本科生思想政治理论课教学内容之中。其次,要把"四个全面"内容充实到研究生思想政治理论课教学内容之中。最后,要把"四个全面"内容充实到"形势与政策"课教学内容之中。把"四个全面"通过思想政治理论课讲授给学生,这只是保证了让学生全面学习和准确掌握"四个全面"的基本内容,而要让学生做到"真听""真懂""真信"尤其是"真做",还需要每一位思想政治理论课教师在教学方法和教学艺术上下真工夫。④

中央财经大学丁贞栋和北京化工大学宋来新在《"四个全面"与高校思想政治教育工作发展的思考》中提到,"四个全面"战略思想的提出,对于深化大学生思想政治教育有着重要的意义,"四个全面"战略思想要求大学生思想政治教育要在知识体系上拓展延伸、在坚定信念上磨出实效、在实践行动上提升水平。把"四个全面"战略思想教育融入大学生思想政治教育全过程,就是要落实立德树人根本任务,为全面建成小康社会提供人才支撑;培养改革创新思维,为全面深化改革凝聚广泛社会共识;加强法治宣传教育,为全面推进依法治国打下坚实基础;加强党性

---

① 张延广、王孟秋:《试论"四个全面"战略布局提出的现实逻辑》,《领导之友》2016 年 13 期。
② 史为磊:《国内学术界关于"四个全面"研究述评》,《社会主义研究》2016 年 01 期。
③ 张继龙、朱宗友:《学界关于"四个全面"战略布局研究的新进展》,《当代世界与社会主义》2016 年 01 期。
④ 韩振峰:《把"四个全面"融入思想政治理论课教育教学》,《北京教育(德育)》2016 年 03 期。

意识教育,为全面从严治党从源头上把好关。①

上面的学者都提到了"四个全面"战略布局对思想政治教育的重要意义。其中丁贞栋等主张大学生在实践行动上提升水平,而韩振峰则更主张首先把"四个全面"战略思想传递给学生,虽各有侧重,但是都促进了"四个全面"的内容融入大学生的思想政治教育中。

3.关于"四个全面"的其他研究

中国人民大学侯衍社对实施"四个全面"战略过程中领导干部的素养进行了研究。他认为领导干部作为一个部门或单位的带头人,作为"关键少数",在协调推进"四个全面"伟大战略布局中肩负着重要领导责任,要贯彻落实和深入推进"四个全面"战略布局,必须坚持辩证唯物主义和历史唯物主义的世界观、方法论,以奋发有为的精神状态和实事求是的科学态度认真学习和自觉运用马克思主义哲学方法论。概言之,领导干部要想在推进"四个全面"战略布局中发挥好模范带头作用,必须具备良好的主体素养,特别是要具备良好的主体意识,掌握科学的思维方法和领导方法。②

清华大学刘微娜研究了县域经济与"四个全面"战略布局的关系。提出协调推进县域经济全面发展,既是实现全面建成小康社会的现实基础,也是顺利实现"十三五"规划的具体要求。立足"四个全面"战略布局,引领县域经济社会发展,就是要立足"全面",形成推动县域经济发展的有效范式和方法论指导;协调经济社会发展的各类关系,为县域经济发展提供战略选择;立足战略目标和战略举措统一,为县域经济社会发展指明实践路径。③

总之,学者们从各个方面对"四个全面"进行了探讨,总体来说,还是比较全面深刻的,这样有利于我们对"四个全面"战略布局的了解,有利于"四个全面"战略布局的实施。但是,在关于"四个全面"战略布局的研究中,关于充分调动广大人民群众的积极性、主动性、创造性中的研究分析比较少。在接下来的研究中,我们可以在更好地调动人民群众的积极性方面多做研究。

(二)关于全面建成小康社会的研究

党的十八届五中全会对全面建成小康社会进行了总体部署,发出了向全面建

---

① 丁贞栋、宋来新:《"四个全面"与高校思想政治教育工作发展的思考》,《思想理论教育导刊》2016年07期。
② 侯衍社:《领导素养与实施"四个全面"战略》,《吉林师范大学学报(人文社会科学版)》2016年05期。
③ 刘微娜:《"四个全面"与县域经济发展》,《北京教育(德育)》2016年03期。

成小康社会目标冲刺的新动员。2016年北京高校的专家学者们就全面建成小康社会也有许多研究和探讨。

1. 总体上对全面建成小康社会的研究

北京大学刘志光认为中共十六大提出"全面建设小康社会"的历史任务,重点在于保持了改革开放以来历史、理论和战略的连续性,并且以这种连续性为基础,把中国特色社会主义的理论和实践提高到了一个新阶段。中共十八大提出的"全面建成小康社会"的历史任务,也是中国共产党在新世纪的施政纲领和施政目标。小康社会战略是一种总体和长远的谋划;它具有战略目标、战略步骤、战略重点、战略措施诸方案,又具有全局性、长期性、阶段性、稳定性和竞争性诸特征。[1]

北京师范大学熊晓琳等用坚持人民主体地位、坚持科学发展、坚持深化改革、坚持依法治国、坚持统筹国内国际两个大局、坚持党的领导等"六大原则",指明了全面建成小康社会的根本力量,凸显了全面建成小康社会的发展方式,揭示了全面建成小康社会的内在动力,明确了全面建成小康社会的外部保障,构建了全面建成小康社会的发展格局,强化了全面建成小康社会的政治保证,是我们坚持和发展中国特色社会主义,推动经济社会持续健康发展,确保如期全面建成小康社会的实践准则。[2] 她在《准确把握全面建成小康社会的几个重要方面》中认为,全面建成小康社会是实现中华民族伟大复兴中国梦的关键一步,全面建成小康社会,根本任务是坚持和发展中国特色社会主义;根本目的是实现好发展好维护好最广大人民的根本利益;基本要求是"全面";内在要求是坚持科学的发展原则和发展理念;关键环节是补齐"短板",只有准确把握这几个方面,才能确保如期全面建成小康社会,为实现中华民族伟大复兴中国梦奠定坚实基础。[3]

北京师范大学李娉在《全面建成小康社会的提出及其战略意义》中提出,从改革开放之初提出小康社会到实现总体小康,从全面建设小康社会到全面建成小康社会,体现了党的政策的一贯性与党带领中国人民不断摸索、不断反思、不断前进的发展历程。全面建成小康社会的关键在于"全面",核心在于"建成"。全面建成小康社会有利于增强党的执政地位,有利于彰显改革开放战略和中国特色社

---

[1] 刘志光:《小康社会建设中的战略思维与感召力》,《人民论坛》2016年18期。
[2] 熊晓琳、王丹:《"六大原则"与全面建成小康社会》,《学校党建与思想政治教育》2016年07期。
[3] 熊晓琳、王丹:《准确把握全面建成小康社会的几个重要方面》,《北京教育(德育)》2016年04期。

主义道路的正确性,有利于实现中华民族的伟大复兴。①

熊晓琳等在总体上对全面建成小康社会这个总目标作了深刻的分析,包括对"六个原则"的分析,有利于我们党在具体实践时能有更好的理论指导,有利于团结人民群众早日完成这个目标。李娉在全面建成小康社会的提出及战略意义上做了分析,提出全面建成小康社会的关键在于"全面",核心在于"建成"的观点,有利于我们准确地把握全面建成小康社会的关键点。

2. 准确把握全面建成小康社会的目标要求

清华大学肖贵清等深入分析了党领导全国各族人民建设小康社会的过程。指出党的十八届五中全会通过的《中共中央关于制定国民经济和社会发展第十三个五年规划的建议》,对未来全面建成小康社会提出了新的目标要求。这些要求继承了党的几代领导集体对小康社会接力探索的成果,在经济、民生、文化、生态文明和制度建设等不同维度内丰富了小康社会的理论内涵。进入全面建成小康社会的冲刺阶段,需要协调好以经济建设为中心与五位一体总布局、经济发展与社会公平、国际国内两个大局这三个关系。②

中国人民大学周新城认为,全面建成小康社会的主要目标是发展经济和改善人民生活,但绝不能离开中国特色社会主义抽象地谈论这一目标。他提出必须要把坚持和发展中国特色社会主义作为总纲,而把其他具体问题作为中国特色社会主义框架下的"末",绝不能离开社会主义谈现代化和经济发展。③

北京大学郇庆治从生态方面对全面建成小康社会做了分析研究,他认为无论是"全面建成小康社会"还是"生态文明建设",都是同时可以在狭义和广义层面上加以阐释的综合性社会发展目标话语与实践。当我们从大力推进生态文明建设视角来观察与评估当前的全面建成小康社会努力时,更应该看到或强调的也许是后者的阶段过渡性而不是完成性意涵,从而使我们2020年之后的新时期发展有更为明晰的着力点或方向。他认为舒适安全的生态环境与生活环境是一个完整意义上的或全面建成后的小康社会的必须性构成要素。④

北京师范大学马超林认为新常态下全面建成小康社会目标所面临的一系列

---

① 李娉:《全面建成小康社会的提出及其战略意义》,《北京教育(德育)》2016年04期。
② 肖贵清、李戈:《论全面建成小康社会新的目标要求》,《山东社会科学》2016年02期。
③ 简繁:《"全面小康决胜阶段的战略决策与中国特色社会主义理论研讨会"述要》,《教学与研究》2016年01期。
④ 郇庆治:《前瞻2020:生态文明视野下的全面小康》,《人民论坛·学术前沿》2016年18期。

挑战,要以经济建设和改革为中心任务,以社会发展和改善民生为导向,以鲜明的社会主义文化为旗帜,以建设人民幸福的美丽中国为目标,以作风建设和严惩腐败为突破口,聚焦制度建设,在全面深化改革的道路上取得实实在在的成效和变化。①

首都师范大学赵亮从全人类"共同价值"的视角,认为中国全面建成小康社会任务的顺利实现,不仅将成为实现中华民族伟大复兴的重要历史节点,也将为世界上其他国家或地区乃至世界整体的发展进步做出重要贡献:即证明和平发展的必要性和可行性;为其他国家民族探索如何切实实现人的更好发展提供借鉴;证明维护公平正义对推动经济社会发展的重要推动作用;提示其他发展中国家必须探索适合本国国情的民主政治发展道路。而正是从这些意义上说,中国全面建成小康社会任务的顺利实现,必将成为不仅是中华民族也是全人类在努力实现人的更加自由发展方面又迈出的重要一步。②

在全面建成小康社会的战略目标中,学者们从上述的经济、生态和全人类"共同价值"等视角进行了研究,比较全面透彻。如马超林将经济中的"新常态"创造性地应用于其他领域,以此来拓宽了我们研究视野;而北京大学郇庆治从生态角度加以分析,认为当我们从生态文明建设视角来观察与评估当下的全面建成小康社会实践努力时,似乎更容易看清后者的阶段过渡性特征而不是完成性意涵,也就是我国未来发展的着力点或方向。

(三)关于全面深化改革的研究

全面深化改革是"四个全面"战略布局中具有突破性和先导性的关键环节。各个高校的专家学者们纷纷就全面深化改革发表了自己的见解。

1. 深刻把握全面深化改革的指导思想和总目标

中国人民大学周新城指出,党的十八届三中全会全面部署了我国深化改革的任务,历史唯物主义是我国全面深化改革的指导思想。我们必须按照历史唯物主义的基本原理和方法来研究和实施改革。探讨改革问题必须从我国社会的实际出发;必须运用生产力与生产关系、经济基础与上层建筑的矛盾运动的观点来分析改革的问题;在改革的方法上,必须尊重群众的实践经验,把群众路线同顶层设

---

① 马超林:《新常态下全面建成小康社会的挑战与对策》,《长春理工大学学报(社会科学版)》2016年05期。

② 赵亮:《试论全面建成小康社会的国际贡献——基于全人类"共同价值"的视角》,《西北工业大学学报(社会科学版)》2016年02期。

计结合起来。①

清华大学陶蕾韬认为以马克思主义的立场和观点去理解中共十八届三中全会的全面深化改革总目标,我们才能有高举中国特色社会主义伟大旗帜的决心和坚持改革开放的信念,才能够正确解读全面深化改革总目标的内涵和要求。文章从马克思主义实践观的概念、历史、现实三个维度去分析和理解全面深化改革总目标,目的在于探寻总目标的理论坐标,审视总目标的现实支撑,讨论总目标的实现路径。②

2. 推进国家治理体系和治理能力现代化

国家治理体系和治理能力现代化是一个国家的制度和制度执行力的集中体现,二者是一个有机整体,相辅相成。

清华大学肖贵清等认为人民主体地位是习近平治国理政思想的核心理念。人民主体地位理念以马克思主义唯物史观作为理论基础,中国传统民本思想是其文化渊源。人民主体地位是中国化马克思主义理论一以贯之的核心理念,在习近平治国理政的理论与实践中具体体现为权力主体、价值主体、实践主体、评判主体四个维度。人民主体地位理念对坚持和发展中国特色社会主义、夯实党的执政根基、实现"两个一百年"奋斗目标和中华民族伟大复兴的中国梦具有重要意义。③

中国人民大学秦宣总结习近平总书记治国理政思想有三个层次。即包括哲学层面、基本理论层面和制度安排和路径选择层面。从治国理政的指导思想到具体的路径选择进行了深入的研究。④ 他认为推进国家治理现代化必须完善和发展中国特色社会主义制度。国家治理现代化包括国家治理体系现代化和国家治理能力现代化两个方面,前者指国家的制度安排,后者指制度的执行能力。实现国家治理现代化,必须促进二者协调发展。将制度建设贯穿于全面深化改革的始终。加强顶层设计,从战略上谋划国家治理体系现代化。学习和借鉴发达国家的国家治理经验,实现治理经验的中国化、本土化。⑤

北京师范大学马振清等提出中国的改革已经进入关键期和深水区,未来将面

---

① 周新城:《历史唯物主义是我国全面深化改革的指导思想》,《中共石家庄市委党校》2016年04期。
② 陶蕾韬:《马克思主义实践观视域下的全面深化改革总目标》,《学术论坛》2016年06期。
③ 肖贵清、田桥:《人民主体地位:习近平治国理政思想的核心理念》,《思想理论教育》2016年12期。
④ 秦宣:《习近平治国理政思想研究中的三个关键问题》,《党政视野》2016年8-9期。
⑤ 秦宣:《推进国家治理现代化的方向和路径》,《人民日报》2016年6月22日第7版。

临一系列的挑战,如经济创新、产业转型升级、廉洁政府建设、民主法治建设进程等,都需要进一步推进,而解决这一系列问题的关键是正确处理政府、市场和社会的关系。只有坚持党的领导、人民民主和依法治国的有机统一,精简政府职能,充分发挥市场在资源配置中的决定性作用,同时积极培育社会自治组织,形成政府、市场、社会的良性互动机制,才能真正实现国家治理的现代化。①

北京师范大学袁红认为,在中国共产党的视阈下,国家治理体系现代化的价值目标与中国特色社会主义的价值目标具有一致性,其核心就是实现党的领导、人民当家做主和依法治国的有机统一。制度化、规范化、程序化是国家治理体系现代化核心价值目标的衡量标准。国家治理体系现代化所追求的核心价值目标及其制度化、规范化、程序化,体现了价值体系与制度的统一,具有全面性的特点,它体现和贯穿于中国特色社会主义建设的经济、政治、文化、社会、生态文明、党的建设等各领域,从而在总体上形成更加科学、完善、有效的现代国家治理体系,使中国特色社会主义制度更加成熟定型。②

北京师范大学孙秀民等在《新媒体时代执政党推进国家治理现代化面临的挑战及对策》认为新媒体时代的到来,使执政党在推进国家治理现代化的进程中面临着诸多挑战:一些领导干部新媒介素养整体不高,执政党主流意识形态的主导地位遭到严重冲击,新媒体发展产生的数字鸿沟影响民意表达,新媒体空间生态失衡现象严重。面对这些问题,执政党应不断提升领导干部自身的新媒介素养,加强新媒体时代意识形态的话语权建设,积极缩小国内数字鸿沟,净化新媒体生态环境,为全面建成小康社会、实现中华民族伟大复兴提供政治保证。③

3. 让人民群众有更多的获得感

我们党全面深化改革的根本目的就是让改革发展的成果惠及全体人民,让人民有更多的获得感。

北京大学王文章指出十八大以后的全面深化改革取得了很大的进展,但也面临着改革措施落实难的问题,广大人民群众还没有充分享受到改革释放的红利。为此,必须通过破除特殊利益的阻挠、进一步解放思想和鼓励基层探索改革的积

---

① 马振清、王勇军:《国家治理现代化与正确处理政府、市场和社会的关系》,《河北学刊》2016年02期。
② 袁红:《国家治理体系现代化的价值目标及其衡量标准》,《理论与改革》2016年03期。
③ 孙秀民、苏海生:《新媒体时代执政党推进国家治理现代化面临的挑战及对策》,《理论探讨》2016年02期。

极性,来破解改革空转的问题,将全面深化改革的各项措施落到实处。①

北京大学王在全对国有企业的改革与实现收入公平的关系进行了研究。他认为随着我国国民经济持续快速发展,城乡居民收入水平在不断提高的同时,收入分配差距扩大成为现阶段改革的一个重要问题。以央企为代表的国有企业是保证实现收入公平的重要力量。国有企业不仅提供了大量的国家税收,用于国民收入的再分配,而且国有企业获得的利润也归全体或者部分社会成员共同占有和分享,日益做大的国有企业的"蛋糕"如何更多地用于改善民生,对于新时期全面建成小康社会具有重要意义。②

北京交通大学王永凤等在《破解公民权利相对贫困:全面深化改革阶段中国法治建设"三维一体"》中,认为改革全面深化阶段,若要有效解决仍然较为普遍存在的公民权利相对贫困问题,中国法治建设就必须在三个主要维度着力:进一步推动构建科学严密的法律规范体系,进一步加强公正严格的法治程序建设,进一步构建有效的公民权利救济机制。只有通过这"三维一体"的法治建设,公民权利才能得到更好的确认、维护与保障。③

4. 争当改革的促进派和实干家

中国人民大学杨凤城提出在全面深化改革的新阶段,积极推进和落实十八届三中全会全方位系统改革蓝图的干部就是当今的改革促进派,自觉用"四个全面"战略布局统一思想,正确把握改革大局,从改革大局出发看待利益关系调整,只要对全局改革有利、对党和国家事业发展有利、对本系统本领域形成完善的体制机制有利,便自觉服从改革大局、服务改革大局,勇于自我革命,敢于直面问题,把全面深化改革这篇大文章做好的干部,就是当今的改革促进派。④

清华大学王传利就争当改革的促进派和实干家发表了两篇文章。在《培养出一大批实干家具有特殊价值》中,他认为习总书记提倡实干精神,是世情国情党情向党的建设提出的历史性课题,具有现实感和历史紧迫性。我国的基本国情和所处的发展阶段,决定了我国实现工业化、现代化的任务比别的国家艰巨得多,遇到的矛盾和困难也比别的国家复杂得多。因此,能否培养出一大批实干家,维护好发展好实干家的实干精神,对于奋进在实现中华民族伟大复兴路途中的中国人民

---

① 王文章:《改革"最后一公里"如何打通》,《人民论坛》2016年32期。
② 王在全:《深化国有企业改革与收入分配探析》,《观察与思考》2016年03期。
③ 李海青、王永凤:《破解公民权利相对贫困:全面深化改革阶段中国法治建设"三维一体"》,《北京行政学院学报》2016年01期。
④ 杨凤城:《从改革开放的当代视野下看"改革促进派"》,《党员生活(湖北)》2016年03期。

来说,具有特殊的价值。① 王传利在《领导干部要当改革的实干家》中认为中国共产党之所以能够在90多年的曲折发展历程中不断战胜各种困难险阻并取得辉煌胜利,不仅在于坚持全心全意为人民服务的宗旨,与人民保持密切的联系,不仅在于制定的路线方针政策适合国情,也不仅在于作风优良、纪律严明,实现了全党的团结统一,还在于高高飘扬的党旗下聚集着一大批意气风发、斗志昂扬、视党和人民的事业如生命的实干家。他认为团结实干铸辉煌、海阔潮涌催人进、心齐风正好扬帆,实干家要体现党的实事求是思想路线、实干家要树立远大理想和崇高信念、实干家要具有公仆意识。②

北京师范大学周良书在《从"梦想家"到"实干家"要过"五关"》中提出面对全面深化改革的时代命题,时代需要改革实干家的同时,也对他们提出更为繁重的任务和更艰巨的挑战。实干家如何抓住机遇,抵御诱惑,战胜困难,是党员干部干事创业的现实命题,是把改革蓝图付诸实践的必然选择。他认为"实干家"们应不惧"畏难心"、不存"浮躁气"、不做"老好人"、不怕"丢官帽"、敢于"出实招"。③ 专家们就全面深化改革中"实干家"这个主题进行研究,既分析了实干家应有的品质,又指出了如何才能做一个实干家。

(四)关于全面依法治国的研究

全面依法治国是关系我们党执政兴国、关系人民幸福安康、关系党和国家长治久安的重大战略问题,是"四个全面"战略布局的重要组成部分。2016年北京高校关于全面依法治国研究中,关于党领导下的依法治国和当代青年学生的法制教育比较多。

1. 在党的领导下依法治国、厉行法治

首都师范大学徐志宏指出全面依法治国是"四个全面"战略布局的重要内容,是实现"十三五"规划必须坚持的重要原则和指导思想。推进全面依法治国,全党肩负着重要责任;实现全面依法治国战略任务的关键,是领导干部特别是县处级以上主要领导干部。依法治国是治国理政的"关键";全面推进依法治国,最关键的方向是坚持党的领导。④

中国人民大学汪亭友在《全面推进依法治国必须坚持党的领导,拒斥西方"宪政"思潮》中提出党的领导是社会主义法治之魂,是中国特色社会主义法治道路的

---

① 王传利:《培养出一大批实干家具有特殊价值》,《人民论坛》2016年12期。
② 王传利:《领导干部要当改革的实干家》,《红旗文稿》2016年07期。
③ 周良书:《从"梦想家"到"实干家"要过"五关"》,《人民论坛》2016年12期。
④ 徐志宏:《全面依法治国与"抓关键少数"》,《前线》2016年01期。

核心要义,坚定不移走中国特色社会主义法治道路必须坚持党的领导。我国宪法确立的国家的根本制度、根本任务、领导核心和指导思想,国体、政体以及社会的基本政治经济制度,同维护资本主义制度、保障资产阶级利益的西方国家的宪法有着本质的区别,党领导人民依宪治国、依宪执政并不是西方所谓的"宪政"。①

首都师范大学研究生周民伟在《党的领导与依法治国——基于近代中国"党治国家"的思考》中提出中国共产党是武装夺取政权并以武装手段获取国家统治资格的,特殊的历史和国情决定了党对国家必须要有"核心控制力"——即坚持党的领导必须毫不动摇。经过半个世纪以来的反复比较,中华儿女得出了"只有共产党才能救中国、只有共产党才能发展中国"的真知。中国共产党才是真正发展繁荣中国的可靠保障。确保党在新形势下能够长期执政、稳定执政,必须解决好善于领导的问题。只有从根本上解决好"党权"与"政权"的问题,才能确保党科学执政、民主执政、依法执政,才能推进国家治理能力和治理体系现代化。②

中国人民大学张丽从历史的角度梳理了依法治国的发展历程,她指出十八届三中全会将国家治理现代化作为全面深化改革的总目标。十八届四中全会提出全面推进依法治国的总体部署。作为十八大全面建成小康社会奋斗目标之下的重要战略,依法治国和国家治理现代化紧密联系、相互促进。全面推进依法治国和国家治理现代化的提出都是中国特色社会主义事业发展到一定阶段的结果。依法治国是推进国家治理现代化的必然要求。依法治国与国家治理现代化是统一的,体现在二者内涵的一致,共同遵循的基本原则的一致及二者在中国特色社会主义总体规划中一致。

历史告诉我们,没有共产党就没有新中国,忽视党的建设就必然影响党的执政地位。党的建设伟大事业的实现关系着"四个全面"总体布局的推进,关系着党的事业的成败,关系着民族伟大复兴的实现。只有在党的领导下依法治国,厉行法治,人民当家做主才能充分实现,国家和社会生活法制化才能有序推进。

2. 领导干部要做尊法学法守法用法的模范

徐志宏认为政治路线确定之后,干部就是决定因素。党的十八大以来,习近平总书记反复强调"必须抓关键少数",最根本原因,是抓住这个"关键少数",不

---

① 汪亭友:《全面推进依法治国必须坚持党的领导,拒斥西方"宪政"思潮》,《思想理论教育导刊》2016 年 06 期。
② 周民伟:《党的领导与依法治国——基于近代中国"党治国家"的思考》,《党史博采》2016 年 04 期。

仅抓住了全面从严治党的"牛鼻子",也抓住了落实全面依法治国战略任务。①

北京师范大学马金祥在《依法治国视阈下加强干部"德"的考核意义再探》中认为,为政之本,莫先于用人,德才兼备的好干部是引领党的事业不断取得胜利的重要基石和组织保障。面对"四个全面"战略布局,如何加快推进依法治国和依规治党,进一步加强干部"德"的考核评价体系的建设,提高选准用好干部的准确性和公正性,是需要迫切回答和解决的难题。他认为"十三五"关键时期,更好地加强党的建设,加快培养更多党和国家靠得住、人民群众信得过的领导干部,就必须充分认识干部"德"的考核体系建设的紧迫性和必要性,科学制定考核的内容,合理改进考核的方式,全面评价考核的结果。②

3. 加强青年学生的法制教育

北京交通大学张夏力认为国家要以社会主义法治理念为基础,积极构建中国特色法治话语体系,把社会主义法治理念的内容融入法学理论和法治实践之中;社会要加强法治教育和宣传工作,通过开展形式多样的法治宣传教育活动,弘扬社会主义核心价值观,弘扬中华传统美德,在引导和提升青年法治素养的过程中,增强法治的文化和道德底蕴,充分发挥公序良俗对青年法治意识形成的促进作用,达到提升青年法治意识和法治观念的目的;就个人而言,青年要熟悉掌握基本的法律知识,学会用法治思维看问题,逐渐形成办事依法、遇事找法、解决问题用法、化解矛盾靠法的习惯,进而做到学法尊法守法用法。③

北京联合大学王东红在《首都大学生宪法意识现状的调查与思考》提出大学生宪法意识的高低对推进法治中国目标的实现具有重要意义。首先,打通小学到大学的宪法教育,分阶段、分层次进行;其次,充分利用思想政治教育多种活动载体,开展丰富多彩的大型普法活动以提高大学生的宪法意识;最后,"思想道德修养与法律基础"课教师就应从战略高度来认识培育大学生宪法意识的必要性、紧迫性和艰巨性,深入贯彻习近平总书记"坚持依法治国首先要坚持依宪治国"的治国理念,加强教学内容和教学方法设计,把培育大学生宪法意识作为"思想道德修养与法律基础"课法律基础部分的教学重点。④

北京林业大学姜恩来等在《高校研究生党建领域开展法治精神与法治能力建

---

① 徐志宏:《全面依法治国与"抓关键少数"》,《前线》2016 年 01 期。
② 马金祥:《依法治国视阈下加强干部"德"的考核意义再探》,《中共济南市委党校学报》206 年 04 期。
③ 张夏力:《加强当代青年法治精神培育》,《光明日报》2016 年 8 月 21 日第 007 版。
④ 王东红:《首都大学生宪法意识现状的调查与思考》,《思想教育研究》2016 年 06 期。

设的思考》中强调在高校研究生党建领域开展法治精神与能力建设,提升研究生党员的法治精神与能力水平,是"四个全面"战略布局对新时期高校党建提出的新要求。当前在高校研究生党建领域开展法治精神与法治能力建设还存在重视不足、力度不够等问题,应尽快提高思想认识,加大工作力度,深入研究并掌握建设规律。[1] 北京大学朱霁等认为,目前我国高校内部执行机制存在泛行政化、泛趋利化、泛集权化现象严重等突出问题。创新高校内部行政执行机制,具有充分的法理依据和坚实的现实基础,也是全面推进依法治校的时代要求、制度要求和价值追求。[2]

(五)关于全面从严治党的研究

中国特色社会主义是我们党领导的伟大事业,全面推进党的建设,是这一伟大事业取得胜利的关键所在,2016年北京高校研究全面从严治党的内容比较多,是一个热点问题。

1. 补足共产党人精神上的"钙"

北京大学宇文利认为中国革命之所以能够成功、新中国之所以能够建成、社会主义之所以能够在中国建立并取得巨大的成就、中国共产党之所以成为中国事业的领导核心,重要的原因之一就在于中国共产党人是有坚定的政治理想的人,而且党的理想信念和根本宗旨始终是服务于让中国朝着好的方向走、让中国人民都过上好日子这一目标的。他还认为政治意识作为"四个意识"之首,是根本的,也是统管全局、至关重要的。这不仅是对党员基本政治素质的辨别,也是对其根本政治取向的考验。[3]

清华大学刘书林在《高举共产主义信仰的旗帜》中强调共产主义是马克思列宁主义的重要组成部分,也是科学社会主义的代名词。中国特色社会主义事业之所以取得进展,与我们党始终如一地坚持共产主义思想体系的指导密不可分。随着"四个全面"战略布局的展开和五大发展理念的学习深入,随着"三严三实"专题教育和"两学一做"学习教育的展开,中国共产党以民族振兴大业为近期奋斗目标,必定能更加坚定地把党和人民的事业沿着共产主义的方向推进。[4]

---

[1] 姜恩来、钟爱军、孙信丽:《高校研究生党建领域开展法治精神与法治能力建设的思考》,《前线》2016年07期。

[2] 朱霁、周雄文:《高校内部执行机制现状与依法治校的价值追求》,《湖南工业大学学报(社会科学版)》2016年04期。

[3] 宇文利:《习近平缘何高度重视党员干部政治意识问题》,《人民论坛》2016年29期。

[4] 刘书林:《高举共产主义信仰的旗帜》,《前线》2016年06期。

北京大学吕其庆强调"行程万里,不忘初心"。中国共产党的革命奋斗历史是最好的教科书,从中可以察政治之成败,鉴政策之得失,明政权之兴替。这种革命传统饱含着深刻的历史哲理和珍贵的精神财富,是开展理想信念教育的经典题材和丰厚营养。这种革命传统是别具魅力的红色基因,也是我们共产党的"传家宝"。这种"传家宝"的主要内容之一就是坚定的理想信念。坚定的理想信念是我们党在不同时期能够克服各种困难挑战,凝聚民心群力,找到正确道路,不断取得新胜利的政治优势。①

北京师范大学王炳林等在《共产主义信仰教育要把握好三个关系》中写道,当前,做好共产主义信仰教育工作,必须着重从理论、历史和实践维度阐明共产主义的科学性、合理性和必然性,把握好共产主义信仰与马克思主义理论认知、共产主义信仰与人类历史进程及规律,以及共产主义理想与现实这三方面关系。通过深化理论认知和对历史及现实的反思,增强人们对共产主义的认同感,从而培养和树立坚定的共产主义信仰。②

中央财经大学冯秀军等认为理想信念是一个人精神上的"钙",有无坚定的理想信念是中国共产党人区别于其他人的根本标志。马克思主义的科学信仰、共产主义的远大理想和中国特色社会主义的坚定信念,是当代中国共产党人的理想信念。全面从严治党既需要着重于组织行为的制度性建设,也要求党员个体自觉自律的思想性建设。理想信念是思想的核心,党员理想信念建设也因此成为全面从严治党的重要内容和深层要求。③

北京师范大学张润枝等认为中国共产党是具有信仰属性的组织系统,组织是构建党员信仰的重要依托。在党的历史上,始终重视依托基层组织建设坚定党员信仰,依托严密的组织网络助推信仰、通过集中的组织学习统一信仰、凭借严格的组织纪律保障信仰、依靠多样的组织生活涵化信仰。新的历史时期,我们应当进一步加强基层组织建设,强化理论学习、严密组织生活、严格组织规范,促进党员坚定共产主义信仰。④

"心中有信仰,脚下有力量"。理想信念是中国共产党人精神上的"钙"。以

---

① 吕其庆:《不忘革命传统 坚定理想信念》,《红旗文稿》2016 年 09 期。
② 王炳林、王晓广:《共产主义信仰教育要把握好三个关系》,《思想理论教育导刊》2016 年 04 期。
③ 冯秀军、毛娜:《全面从严治党背景下的党员理想信念建设》,《学校党建与思想教育》2016 年 05 期。
④ 张润枝、陈艳飞:《党员信仰构建难题破解的规律性认识》,《人民论坛》2016 年 26 期。

上学者都充分揭示了理想信念的重要性,认识到了我们今天仍旧提倡理想信念的必要性和紧迫性。

2. 作风建设永远在路上

从严治党,抓好党的作风建设是党的建设的重头话题。历史上我党在这方面有成功的先例,毛泽东领导开展著名的整风运动,其重要报告"整顿党的作风"也成了经典文献资料。同样,在新形势下,面对党的建设中存在的各方面问题,以习近平同志为核心的党中央高度重视党的作风建设,使党的风气焕然一新。新形势下我们要坚持党的群众路线教育实践活动,开展"三严三实"专题教育,"两学一做"学习教育。①

北京师范大学王树荫认为,"教育引导党员自觉按照党员标准规范言行,进一步坚定理想信念,提高党性觉悟"是学习教育顺利开展和取得成效的首要目标和坚实基础。只有坚定理想信念,提升党性觉悟,才能增强"四个意识",坚定正确政治方向,严守政治纪律政治规矩,发挥先锋模范作用。因此,必须有针对性地在"两学一做"学习教育中加强共产党员理想信念教育,进一步解决党员队伍在思想、组织、作风、纪律等方面存在的问题,保持发展党的先进性和纯洁性。②

对外经贸大学王志民认为八项规定在改善党风方面取得了三点主要成效:第一,重塑了党员干部的民主作风。领导干部开始转变工作作风,问政于民、问需于民、问计于民,真正体现科学执政、民主执政、依法执政。第二,树立了党和政府的清廉形象。随着八项规定出台,从中央到地方,领导干部率先垂范,轻车简从、勤俭节约,各级政府大兴廉政之风,积极树立廉政形象,深得百姓赞许和社会认可。第三,彻底摈弃形象工程等不良政风。八项规定压缩了政府支出,使好钢用在了刀刃上。③

当前为确保"两学一做"真正落到实处,就必须抓住领导干部这个"关键少数",只有让他们在实践"两学一做"的整个过程中扮演好排头兵的角色,才能充分号召"普通多数"在整个党风建设过程中持续跟进。同时,也只有领导干部的作风问题得到明显改善,他们在"两学一做"中的执行力得到明显认可,才能保障"两学一做"实践全局的效果与成绩。思维是行动的先导,科学的思维才能引导科学的实践。作为思维体系金字塔主体框架的四种思维,"是非思维、规矩思维、道德思

---

① 罗金、张雅琳:《"整顿党的作风"与党的作风建设》,《经济研究导刊》2016年24期。
② 王树荫、贾雪丽:《"两学一做"学习教育的主线和着力点》,《前线》2016年06期。
③ 王志民:《党风建设对民风改善的经验启示》,《人民论坛》2016年12期。

维、信仰思维"是培养和锤炼领导干部科学用权的四个主要着力点。①

党风廉政建设也是党的作风建设的重要内容。中国人民大学戚雯泾提出党风廉政建设思想是习近平从严治党战略思想的重要组成部分。习近平党风廉政建设思想的形成,经历了知青、基层、市委省委三个重要工作阶段;其党风廉政建设思想具有三个特点,即始终以人民群众为根本,以从严从实为准绳,以形式多样为特色。习近平在地方从政时期形成的党风廉政建设思想,为地方党的建设做出了重要贡献,为党的十八大后从严治党思想的提出奠定了重要基础,为丰富中国特色社会主义党风廉政建设理论做出了重要贡献。②

上述学者都强调了在全面从严治党的过程中作风建设的重要性。尤其是"两学一做"的研究有利于丰富我党的理论知识,有利于我党在实践中保持其先进性和纯洁性。

3. 培养选拔党和人民需要的好干部

为政之要,莫先于用人。建设中国特色社会主义,关键在于一支宏大的高素质干部队伍。习近平总书记指出:"实现全面建成小康社会奋斗目标、实现中华民族伟大复兴的中国梦,关键在于培养造就一支具有铁一般信仰、铁一般信念、铁一般纪律、铁一般担当的干部队伍。"

中国人民大学冯纪元认为这既是将干部队伍建设的位置提升到了一个新的高度,也是在新形势下为党员领导干部提供的新的遵循。我国现在正处于协调推进"四个全面"战略布局的重要时期,党的领导干部如何能够抵御各种诱惑,如何能够在自己的岗位上做到立党为公、执政为民,全心全意为人民服务,这是在这一时期保证党能应对各种挑战的关键。因此,党员领导干部培养"四铁"精神、践行"四铁"要求刻不容缓。③

中国人民公安大学任红杰认为多数党政干部在职业生涯中会遭遇成长困境,只有不断提升自己的综合素质和能力,善于识别并勇于把握机遇,积极构建和谐的人际关系,才能走出困境,顺利成长。党政干部可以通过以下方式来摆脱自己的困境:党政干部要突破成长困境,综合素质和能力的提升是基础,基础越扎实,突破成长困境的概率就越高。识别和把握机遇是关键,对机遇视而不见,不能充分把握良好的机遇,往往会在困境中越陷越深。和谐的人际关系是党政干部成长

---

① 赵建春:《"两学一做"中"关键少数"的四种思维》,《毛泽东思想研究》2016 年 05 期。
② 戚雯泾:《习近平地方从政时期的党风廉政建设思想探析》,《领导之友》2016 年 21 期。
③ 冯纪元:《党员干部需践行"四铁"新要求》,《党政论坛》2016 年 05 期。

的助推器,人际关系越和谐,党政干部的成长越顺利。①

北京信息科技大学杨兴林认为适应全面从严治党的战略要求,必须严格坚持按照习近平提出的"好干部"标准选拔干部;着力秉持高度的公心和责任心选干部;切实以长期、全面、深入的了解和考察为基层选干部;在高度重视操作层面制度改革与创新的前提下选干部。② 在全面从严治党过程中要注重对干部"德"的考核。干部"德"的考核体系建设事关新时期干部队伍建设的有序推进,是确保党的建设沿着正确方向前进的关键。当前,深入思考干部德考方面存在的诸多问题,着力解决缺乏指导性的标准及内容体系、考核方法针对性不够、德考权重设置偏低、考核主体单一化、考核结果缺乏准确性、考核结果使用效率低等问题,无疑对全面从严治党战略布局的落地落实落细具有极其重要的意义。③

4. 用制度治党、管权、治吏

治国必先治党,治党务必从严。要管理好中国共产党这样一个有着8000多万名党员的大党,离不开中国特色社会主义法律体系,更离不开完备的党内法规制度作为根本保障。

北京交通大学郝潞霞指出党的十八大以来,习近平总书记围绕党的纪律建设提出了一系列新思想、新观点、新论断,深化和拓展了党的纪律建设思想,主要体现在:深刻揭示了加强党的纪律建设的极端重要性,系统阐述了党内法规制度建设的基本要义,全面阐发了提高党内法规制度执行力的着力点。习近平关于党的纪律建设思想,具有鲜明的问题导向性、辩证统一性、系统完整性、高度战略性特征,为深入推进党的纪律建设、实现全面从严治党提供了理论依据和行动指南。④

北京师范大学马振清认为全面从严治党,全面提高党的建设科学化水平,必须建立健全以党章为根本、以民主集中制为核心的一系列相关具体法规制度组成的党内法规制度体系,把制度管党治党作为党要管党、从严治党的治本之策,切实增强制度的科学性、系统性、可操作性、执行力和实效性。⑤ 制度治党是全面从严治党的根本之道和有力保障。制度治党必须坚持思想建党与制度治党相结合、构建配套完善的党内法规制度体系、坚持党内法规与国家法律相衔接、在增强制度

---

① 任红杰:《党政干部怎样才能走出成长困境》,《沈阳干部学报》2016年04期。
② 杨兴林:《全面从严治党视角下严格干部选拔问题思考》,《实事求是》2016年01期。
③ 马金祥:《全面从严治党视阈下干部"德"的考核问题探析》,《晋中学院学报》2016年04期。
④ 郝潞霞:《习近平对党的纪律建设思想的理论创新》,《思想理论教育导刊》2016年10期。
⑤ 马振清:《坚定不移推进全面从严治党》,《前线》2016年04期。

执行力上下功夫、坚持依规治党与以德治党相统一、加强制度文化建设。①

北京联合大学韩强认为党内法规是党的中央组织以及中央纪律检查委员会、中央各部门和省、自治区、直辖市党委制定的规范党组织的工作、活动和党员行为的党内规章制度的总称，是一个由党章、准则、条例、规则、规定、办法和细则构成的体系。由于改革开放以来我们党才开始注重党内法规建设，近年来又提出了完善党内法规体系问题，因此总体上我们对党内法规建设还认识不多、认识不深，需要进一步加强理论研究，深入思考党内法规的一些基本问题，以促进党内法规的科学化、系统化，提高依规治党的水平。②

制定党内问责条例是对党内民主权力实现有效约束的重要手段，是提高党内法规体系科学化水平的迫切需要。党内问责条例实现了由党内文件到党内法规的升级转化，具有重要的价值功能。准确把握党内问责条例的问责主体、适用范围、启动程序、结果处置等，是建立问责机制的重要前提。同时，正确区分党内问责与党内纪律处分的"四个不同"，提高管党治党的效率，把好制度笼子的开关，对于应对当前全面从严治党存在的突出问题具有重要意义。③《中国共产党问责条例》明确规定并细化了党的问责工作，对于问责原则、问责对象、问责归属、问责范围和方式、问责决定和终身问责等方面做出了明确的规定，让问责工作有法可依、有章可循。党章是党的根本大法，条例的制定也以党章为根本依遵，是党章在从严治党方面的细化和延伸，是问责工作的"方向标"。问责不是轻描淡写，更不是搞形式主义，对于职责所在权力部门及主要负责人严肃处理，从中央到地方，层层落实责任。④

北京化工大学王美玉关注巡视制度的研究。她认为巡视作为一项党内监督制度，是实现上级监督下级的重要手段。巡视制度既为实现全面从严治党打下基础，也为推进全面从严治党提供动力，更为落实全面从严治党给予保障。通过进一步强化对巡视组自身的监督、建立巡视工作绩效评估体系、完善巡视工作方式与程序，能够进一步推进全面从严治党的实施，提升党的治理能力，使巡视制度真

---

① 黄家茂、王海军:《全面从严治党视域下制度治党的基本路径探析》,《甘肃理论学刊》2016年02期。
② 韩强:《关于党内法规的几个基本问题》,《中共杭州市委党校学报》2016年02期。
③ 马金祥:《党内问责条例制定之探究》,《武陵学刊》2016年04期。
④ 张倩:《中国共产党问责条例——推进全面从严治党的新利器》,《实践（思想理论版）》2016年09期。

正成为"全面从严治党"的一把"利剑"。①

5. 坚持以零容忍的态度惩治腐败

清华大学王传利等认为建设一个坚强而伟大的党,是习近平全面从严治党思想的基本出发点。在认真总结我国旧史政权兴亡周期率、苏联共产党亡党亡国的惨痛教训和中国共产党党风廉政建设的历史经验的基础上,习近平提出反腐倡廉是我们必须抓好的重大政治任务。在对"四风"、纪律不严、理想信念缺失等问题进行综合考察的同时,习近平提出一系列推进党风廉政建设的重要举措,包括抓紧党的作风建设,严明党的纪律,把权力关进制度的笼子里,用好巡视这把反腐"利剑",以及筑牢拒腐防变的思想道德防线。② 伴随着新中国的反腐历程,我国的治理腐败方略经历了重大调整,目前呈现出构建系统性治理腐败方略的新趋势。建构系统性治理腐败方略,应系统综合并提升中国古代和西方的反腐经验,但必须破除对两者的迷信,珍惜中国共产党自身的宝贵经验。要坚持党领导下的人民群众广泛参与的中国特色反腐机制,建构国家与社会双重治理腐败体系;要侧重从权力视角转向从权力与资本相结合的视角考察腐败的发生机理,将权力关进制度的笼子里,并且资本也不可任性;要将具体的腐败过程进行系统性透视,做到法纪与规矩相互配合、政策和法纪相互兼顾、改革方案与治理腐败方略相配套、技术层面和体制组织层面相互契合。同时,要加强国际反腐合作,在开放背景中注意维护国家安全。③

北京大学王文章认为十八大以来,党中央加大了反腐工作力度,严厉惩治腐败,取得了很大的成效,党内的政治生态也有了可喜的改观。但是,要根本治理中国的腐败问题,必须通过加强党的纪律建设和党内监督制度建设,必须通过国家的反腐法制体系建设、国家反腐机构建设和社会监督机制建设,也就是要通过加强党和国家的制度化反腐体制建设,才能铲除中国腐败产生的根源,建设起特色中国的廉洁政治。④

总之,专家学者们在研究全面"从严治党"的课题中,研究面比较广,内容丰富、深刻。

---

① 王美玉、李胜凯:《全面从严治党与巡视制度的相互关系》,《廉政文化研究》2016年03期。
② 王传利、方闻昊:《为了建设一个伟大的党——学习习近平关于全面从严治党的重要论述》,《思想教育研究》2016年07期。
③ 王传利:《论系统性治理腐败方略的原则与内涵》,《政治学研究》2016年03期。
④ 王文章:《制度化反腐:建设廉洁政治的必由之路》,《人民论坛》2016年35期。

### 四、关于五大发展理念的研究

习近平指出:"发展理念是发展行动的先导,是管全局、管根本、管方向、管长远的东西,是发展思路、发展方向、发展着力点的集中体现。"党的十八届五中全会坚持以人民为中心的发展思想,鲜明地提出了创新、协调、绿色、开放、共享的发展理念。2016年北京高校关于五大发展理念的研究主要集中在五大发展理念的整体研究和关于共享发展理念的研究。

#### (一)关于"五大发展理念"的整体研究

中国人民大学秦宣认为五大发展理念,反映了我们党对社会主义建设规律的新认识。认真贯彻落实五大发展理念,必须准确把握它们的辩证关系。其中,创新发展是动力;协调发展是方法;绿色发展是方向;开放发展是战略;共享发展是归宿。① 郝立新认为"五大发展理念"既有哲学的思想,又有一般社会发展理论的思想,内涵非常丰富。从理论定位上讲,"五大发展理念"是在唯物史观、科学社会主义发展理论等基础上建立起来的一种关于当代中国社会发展规律和发展问题的新的理论、新的理念。② 北京大学郭建宁梳理了"五大发展理念"与科学发展观的关系、"五大发展理念"和社会主义核心价值观的关系。他认为"四个全面"战略布局也好,"五大发展理念"也好,其中都贯穿了一个核心线索,就是以人民为中心的发展思想。③ 北京交通大学韩振峰认为,"五大发展理念"从多个方面丰富和发展了马克思主义发展观,把中国共产党关于发展的理论提升到了一个新的境界:"丰富了发展内涵,充实了发展内容,指明了发展方向,强调了发展重点,明确了发展目的,强化了发展动力",是中国化马克思主义发展观的最新成果,是中国共产党发展理论的又一次重要升华,对推进"四个全面"战略布局、实现"两个一百年"奋斗目标和中华民族伟大复兴的中国梦具有重大战略指导意义。④

北京交通大学郝潞霞认为五大发展理念的提出在我们党的历史上还是第一次,是发展理念的新概括,是对中国特色社会主义发展理论的重大创新。既突出强调了创新发展和开放发展的地位和作用,又丰富完善了协调发展、绿色发展、共

---

① 秦宣:《五大发展理念的辩证关系》,《光明日报》2016年2月4日第016版。
② 郝立新:《"五大发展理念"——当代中国的新发展观》,《党政视野》2016年08期。
③ 郭建宁:《用新理念引领新发展不断开辟二十一世纪马克思主义发展新境界》,《党政视野》2016年08期。
④ 韩振峰:《五大发展理念是中国共产党发展理论的重大升华》,《思想理论教育导刊》2016年01期。

享发展的内涵。① 北京师范大学熊晓琳等认为五大发展理念是新时期我们继续坚持和发展中国特色社会主义的发展思路、发展方向、发展着力点的集中体现。它体现了坚持和发展中国特色社会主义的新要求,统一于中国特色社会主义发展新征程,进一步探索了中国特色社会主义发展规律,拓展了中国特色社会主义治国方略,强化了中国特色社会主义本质属性。② 清华大学张波认为"五个发展"理念对马克思主义发展观的继承与发展。其中,"创新"与"开放"在继承马克思主义关于社会发展动力理论的基础上对当代中国发展的动力系统进行了新的揭示;"协调"与"绿色"在继承马克思主义关于社会发展基本规律的基础上对发展的基本要求做出了符合时代要求的界定;而"共享"则对马克思主义发展目的论进行了符合当前中国国情的说明。这五个发展理念创新了我国发展战略的总体框架,把马克思主义发展观推向了新的高度。③

首都师范大学王淑芹认为十八届五中全会提出的"创新、协调、绿色、开放、共享"的发展理念,是突破结构之困和发展瓶颈的新思路和新举措。贯彻落实好五大发展理念,需要全面理解其内涵。一是继承、借鉴、探索中的创新发展;二是物质与精神、整体与部分的系统性、整体性协调发展;三是人与自然和谐的绿色发展;四是深度融入世界经济和参与全球治理的开放发展;五是人民公平享有经济发展成果的共享发展。④ 中国人民大学张继龙等对学界关于"五大发展理念"的研究进行了总结述评。他们认为学界从"五大发展理念"的形成、内涵、特征、逻辑关系、意义等方面进行了研究,取得了丰富的研究成果,同时也存在不足。进一步研究"五大发展理念",在内容和研究方法上,要多维度阐释,运用定性和定量结合的方法;在内在逻辑关系上,要运用辩证思维,从纵横两方面进行揭示;在五大发展理念的形成过程上,既要整体考察其形成,又要考察每个方面的形成与发展;在五大发展理念的价值上,既要阐明其理论价值,又要阐明其实践价值。⑤

(二)关于共享发展的研究

2016年北京高校的学者们很关注共享发展理念的研究,显然是一个热点。

---

① 郝潞霞:《习近平对中国特色社会主义发展理论的新发展》,《科学社会主义》2016年01期。
② 熊晓琳、王丹:《五大发展理念与中国特色社会主义》,《思想理论教育导刊》2016年01期。
③ 张波:《"五个发展"理念对马克思主义发展观的继承与发展》,《北京教育(德育)》2016年03期。
④ 王淑芹:《正确理解五大发展理念的内涵和要求》,《思想理论教育导刊》2016年01期。
⑤ 朱宗友、张继龙:《国内关于"五大发展理念"研究述评》,《社会主义研究》2016年03期。

首先,关于共享发展的本质。很多学者认为共享是中国特色社会主义的本质要求。北京大学孙代尧等认为共享是发展的出发点和落脚点,与马克思主义经典发展理论中强调分享和共同占有的思想一脉相承,是中国特色社会主义不断探索与深化发展的理论创新成果。共享发展理念的提出,既是为了解决中国发展中面临的矛盾和问题,也是对发展目的的再确认。共享发展体现了坚持人民主体地位的原则,是中国特色社会主义的本质要求。① 北京科技大学左鹏认为共享发展是中国特色社会主义的本质要求,它所涵盖的内容比共同富裕更加宽广,在社会主义发展的每一阶段都可以努力实现。作为全面建成小康社会的基本目标,共享发展要求发展成果更多更公平地惠及全体人民。作为引领"十三五"时期经济社会发展的基本着力点,共享发展是创新发展、协调发展、绿色发展、开放发展的最终目标和精神力量源泉。② 北京师范大学熊晓琳等认为发展理念是发展行动的先导。共享发展是中国特色社会主义的本质要求,根植于党的为人民服务的终极价值追求,是指导发展和改善民生的有力思想武器。③ 北京交通大学颜吾佴等认为共享是中国特色社会主义的本质要求;共享发展是社会主义优越性的集中体现,是我们党坚持全心全意为人民服务根本宗旨的必然选择。共享发展中高等教育要进一步提高办学水平,体现教育公平,为国家经济社会发展提供支持和服务,满足人民群众的共享要求。高校办学必须坚持共享发展的理念,即全民共享、全面共享、共建共享、渐进共享、成果共享,惠及师生,高校才能有长远发展。④

其次,关于共享发展理念的内涵和价值的研究。清华大学艾四林、中国地质大学(北京)刘武根认为准确理解共享发展理念需把握好共建、共享、共富的关系,把握好共享机会、共享能力、共享水平的关系,把握好共享与社会主义本质的关系,将共享发展理念落到实处,需坚守底线、突出重点、完善制度、保障基本民生。⑤ 北京师范大学熊晓琳等从目标、层次、原则、关键以及评价标准等五个维度对共享发展加以探究,有助于我们科学把握发展规律,顺应时代发展潮流,不断优化发展的制度设计,维护社会公平正义,增进人民福祉,实现国家长治久安。⑥ 北

---

① 孙代尧、何海根:《论中国特色社会主义发展理论的新发展》,《山东社会科学》2016 年 02 期。
② 左鹏:《共享发展的理论蕴涵和实践指向》,《思想理论教育导刊》2016 年 01 期。
③ 熊晓琳、王丹:《共享发展理念的多维探究》,《思想理论教育导刊》2016 年 08 期。
④ 颜吾佴、吴静:《共享发展是社会主义的本质要求》,《思想理论教育导刊》2016 年 08 期。
⑤ 刘武根、艾四林:《论共享发展理念》,《思想理论教育导刊》2016 年 01 期。
⑥ 熊晓琳、王丹:《共享发展理念的多维探究》,《思想理论教育导刊》2016 年 08 期。

京大学魏波认为共享既是一种美德也是一种发展理念,推动以增强包容性为特征的共享式发展是实现发展转型、巩固执政合法性的客观要求。共享式发展主张增进主体之间的共识、认同与合作,内含了发展理念与价值观的转变。在现实中,面对公平与效率、公德与私利的矛盾,实现共享需要从具体、历史、辩证的立场予以认识和处理。[1]

(三)关于绿色发展理念的研究

北京大学康沛竹指出党的十八大以来,习近平总书记直面国际国内对我国生态文明建设的新要求,从传统发展模式向绿色发展模式转变的角度就生态文明建设提出了一系列重要论断。习近平生态文明思想在绿色发展的视域下阐述了生态生产力理念、绿色福利理念、发展与文明的关系,这是对马克思主义生态观的回归和发展、对中国特色社会主义理论体系的丰富,具有鲜明的破解当代中国发展难题的性质,有利于形成人与自然和谐发展的现代化建设新格局。[2] 中央财经大学廖五州认为绿色发展理念是在党深刻反思我国现实发展状况和深刻总结我国发展经验的基础上提出的治国理政的新发展理念,为我国的发展提供了理论指导和方向指引,是对坚持和发展中国特色社会主义新要求的本质体现。[3]

(四)关于协调发展理念的研究

习近平总书记指出:"下好'十三五'时期发展的全国一盘棋,协调发展是制胜要诀。"[4]清华大学吴潜涛认为协调发展指的是事物所有构成要素的适度发展,是一种具有整体性品格的和谐发展。协调发展理念具有不可替代的作用,是发展的偏向点、着力点,也是发展的重要驱动力。坚持协调发展理念,就必须积极培育和践行社会主义核心价值观。[5] 协调发展理念聚焦发展中面临的不平衡、不协调的矛盾和难题,既反映了发展的整体性要求,又切中了发展面临的问题与挑战,充分体现目标导向和问题导向相统一。[6] 北京大学孙代尧等分析了协调发展理念的内涵。梳理了新中国成立以来,中国共产党在国家建设过程中积极探索解决各个时期内涵不同的协调发展问题。他们认为实现协调发展要求合规律性与合目的

---

[1] 魏波:《以共享理解发展》,《中国特色社会主义研究》2016年01期。
[2] 康沛竹、段蕾:《论习近平的绿色发展观》,《新疆师范大学学报(哲学社会科学版)》2016年04期。
[3] 廖五州:《绿色发展理念与中国特色社会主义》,《改革与开放》2016年10期。
[4] 习近平:《在省部级主要领导干部学习贯彻党的十八届五中全会精神专题研讨班上的讲话》,《人民日报》2016年5月10日。
[5] 吴潜涛:《协调发展理念与社会主义核心价值观》,《中国高等教育》2016年06期。
[6] 吴潜涛:《以价值力量助推协调发展》,《中国教育报》2016年4月28日第005版。

性相统一。① 北京师范大学王炳林等认为,协调发展是时代的迫切要求,具体表现为是全面建成小康社会的内在要求,是适应经济发展新常态的必然选择,是来自于历史经验和教训的深刻启示。②

## 第二节 关于经济思想方面的研究

2016年,北京高校关于习近平经济思想的研究主要集中在"新常态"、供给侧改革和市场与政府的关系等方面。

### 一、关于新常态的哲学意蕴

"新常态"是2014年5月习近平总书记到河南考察时提出的:"中国发展仍处于重要战略机遇期,我们要增强信心,从当前中国经济发展的阶段性特征出发,适应新常态,保持战略上的平常心态。"2016年北京高校关于新常态的研究涉及了多个方面。

清华大学邹广文认为新常态的核心追求是要从经济的一枝独秀走向社会的协调发展,而这一总体要求就为我们哲学研究提出了新的任务和使命。第一,着眼于社会的有机协调发展,我们要强化发展的总体性思维。第二,着眼于哲学的超越意识和批判意识,我们要注意自觉审视市场经济与技术理性,摈弃急功近利式的发展理念。第三,着眼于社会生活的目的性与人文性,我们要呼唤社会的公平正义。③ 北京大学张梧认为经济新常态的显著特征是人的发展与经济发展高度融合,人的发展不仅是经济发展的评价尺度,同时也成为推动经济发展的内在动力,这是经济新常态的人学意蕴。经济新常态为人文精神的重建提供了现实可能性;而人文精神又为经济新常态的深入推进提供了强大的思想引领。④ 中国人民大学吴林龙认为深入理解新常态,不能仅仅局限在经济领域,定位在经济新常态,而应该从主观与客观、认识与实践、自在与自为、经济与社会、改革与发展的多维统一中认识到随着经济进入新常态。认识新常态,也要认识新常态对经济生

---

① 孙代尧、何海根:《怎样理解协调发展》,《中国高校社会科学》2016年05期。
② 吴小妮、王炳林:《协调是持续健康发展的内在要求》,《思想理论教育导刊》2016年01期。
③ 邹广文:《发展新常态与哲学新使命》,《理论视野》2016年02期。
④ 张梧:《经济发展新常态与人文精神重建》,《山东社会科学》2016年01期。

活、国家治理以及国际环境带来的影响。①

**二、关于推进供给侧结构改革研究**

北京科技大学杨兴业在《从马克思"生产与消费同一性"命题看供给侧结构性改革的理论内涵》中认为可从两个方面加深对当前我国供给侧结构性改革的理解:其一,供给侧结构性改革从供给侧着手解决产能过剩问题,符合马克思关于生产与消费矛盾本质的主要观点;其二,供给侧结构性改革所重点推进的经济结构优化调整,也同样契合马克思所总结的在市场经济体系内部解决生产与消费矛盾的方法和途径。②

北京师范大学陈璐等认为要想保持经济的持续稳定增长,必须加快转变经济发展方式,促进经济转型升级,使经济发展迈向中高端水平。供给侧改革思路的提出,旨在通过保护财产权和知识产权,建设自由流动的要素市场,同时打破行政垄断、转变政府职能,用增加有效供给的方式来解决需求管理留下的不良后果。③翟成玉认为理论与实践表明供给侧结构性改革是应对经济新常态的关键,应围绕三个方面进行:问题产业存量的调整;新经济增长点的培育;政府与市场角色的合理定位。供给侧结构性改革是对现有经济结构、经济体制的巨大调整,是对既得利益的正面挑战,势必会遇到前所未有的压力和困难。④

中国人民大学陈涛以国际货币体系重构为视角,讨论了国际货币体系的现存问题和重构的方向,进而从汇率决定视角分析了供给侧改革对国际资本流动的影响路径,通过对贸易层面和投资层面的分析,讨论了供给侧改革的着力点,并对进一步提升人民币国际地位提供了建议。⑤ 北京语言大学贾甫认为中国经济下行是全球经济大周期运行背景下的阶段特征,并非"中等收入陷阱"作用因素的产物。应对的长期方案是进行"供给侧"改革,短期措施是防范实体经济的财务风险。⑥

---

① 吴林龙:《新常态及其对社会生活的影响》,《北京教育(德育)》2016 年 04 期。
② 杨兴业:《从马克思"生产与消费同一性"命题看供给侧结构性改革的理论内涵》,《高校马克思主义理论研究》2016 年 03 期。
③ 陈璐、孙杨:《新常态背景下的"供给侧改革"》,《思想政治课教学》2016 年 01 期。
④ 翟成玉:《新常态下供给侧结构性改革的实践路径探究》,《中国市场》2016 年 37 期。
⑤ 陈涛:《供给侧改革助推国际货币体系重构》,《中国物价》2016 年 06 期。
⑥ 贾甫:《供给结构失衡、信贷约束扭曲与金融改革》,《财经科学》2016 年 10 期。

## 三、关于市场与政府关系的研究

中国人民大学苗勃然通过西方经济学与马克思主义经济学对于市场机制能否解决产能过剩的探讨,认为需要政府与市场合力才能解决好这一问题,最终要靠供给侧改革实现去产能的目标。为此,一是我们要加强国企的主导作用;二是保持一定的经济增长速度的同时转变经济发展方式,以供给侧结构性改革淘汰落后产能;三是提高工人工资水平,倒逼企业提升科技创新能力;四是减少地方政府的不当干预。①

北京师范大学袭亮等认为市场经济的发展以及与之相伴的经济社会文化的深刻变革,要求必须进一步推进服务型政府建设。服务型政府不是"经济建设型政府",而是"服务优先型政府";不是"替民做主"政府,而是"让民做主"的政府;不是全能政府,而是有限政府、有效政府;不是恣意政府,而是法治政府;不是"部门化的政府",而是"整体协作"的政府,进一步推进服务型政府建设,必须理念先行、加强制度建设、转变政府职能、调适政府行为、加大创新力度。②

处理好政府与市场的关系,是经济体制改革的核心问题。专家学者都认为市场在经济发展中起决定性作用同时,也要发挥好政府的积极作用,加强市场监管,这样才能更好地促进我国经济的发展。

## 四、关于我国经济发展的大逻辑研究

北京师范大学熊晓琳等认为新常态是当前和今后一个时期中国经济发展的大逻辑。在新常态的大背景下,经济增长压力前所未有,但增长潜力值得重视。从改革、创新、开放的角度化解压力,释放潜力,是新常态下经济增长的调整方向。这一调整对本国经济来说意味着健康与持续发展,而对于世界经济来说更意味着安全与稳定。当中国经济不再仅仅着眼于速度,而是着眼于质量和影响时,在世界经济全球化大背景下,它带给世界经济的不再仅仅是"中国制造"的产品和服务,而更多的是一种责任和贡献。③

北京大学仝华从理论上梳理了主动适应和引领经济发展"新常态"概念的内涵、必要性、特点、成效和前瞻等。主动适应和引领经济发展新常态,其必要性在

---

① 苗勃然:《基于政府与市场关系的产能过剩分析》,《中国物价》2016 年 11 期。
② 高学栋、袭亮:《深入推进服务型政府建设的思考》,《东岳论丛》2015 年 12 期。
③ 熊晓琳、周江霞、张心语:《新常态下的中国经济增长探析》,《海南大学学报(人文社会科学版)》2016 年 04 期。

于:第一,这是应对世界经济形势提出的新挑战的需要;第二,这是深化我国改革的需要。其特点可以分为以下几个方面:新常态下,中国经济增速虽然放缓,但实际增量依然可观;中国经济增长更趋平稳,增长动力更为多元;中国经济结构优化升级,发展前景更加稳定;中国政府大力简政放权,市场活力进一步释放。①

中央财经大学肖翔认为中国经济进入"新常态"之后,增长速度虽然趋缓但仍然是世界经济增长最快的大国。虽然面临着成本上升、自主创新与品牌建设不足、国际竞争激烈等方面的挑战,但我国拥有巨大的国内市场、新的经济增长点逐步兴起、二次人口红利以及大国特有的回旋空间等方面的机遇与潜力。未来应当贯彻新的发展理念,通过"全面深化改革""一带一路""供给侧结构性改革"等措施,在"十三五"时期积极适应经济"新常态"。②

**五、加快实施创新驱动发展战略的研究**

中国人民大学代贤萍认为"创新驱动发展"的核心是创新。从生产力构成要素角度来看,生产力包括智能性要素和实体性要素,创新主要是智能性要素的创新,包括科学技术的创新、科学管理的创新和人力资本的创新。推动创新驱动发展战略,需要大力推进科学技术的创新、科学管理的创新和人力资本的创新。③当今的中国是对外开放型的国家,中国面对自身经济发展的客观形势,主动调整经济结构,主动转变经济发展方式,主动实施创新驱动战略,有利于国际社会更好参与到中国经济发展进程,使跨国公司在中国获得更稳定、更可靠的投资和运营空间。同时,新常态的到来,意味着中国必将更加注重与国际社会的交流合作,必将扩大开放,参与到区域或全球经济社会治理中,合作共赢,共同发展,成为国际经济政治新秩序的推动者。④

**六、推进以人为核心的新型城镇化建设研究**

清华大学解安提出研究新中国城镇化发展历程的理论分析框架,强调从制度变迁的视角探讨我国不同时期自下而上和自上而下两种城镇化推进路径的内在机制、阶段特征、优势与不足。通过对新中国 67 年来城镇化发展历程的研究,可以发现,新中国城镇化发展基本围绕农民自主选择与社会秩序矛盾运动这条主线

---

① 仝华:《以新发展理念引领经济发展新常态》,《前线》2016 年 08 期。
② 肖翔:《理性认识经济"新常态"》,《思想理论教育导刊》2016 年 05 期。
③ 代贤萍:《论创新驱动发展中的生产力智能性要素创新》,《学理论》2016 年 06 期。
④ 吴林龙:《新常态及其对社会生活的影响》,《北京教育(德育)》2016 年 04 期。

展开,其矛盾运动过程作为生产力与生产关系、经济基础与上层建筑矛盾运动的体现,激发了城镇化发展的根本动力。推进中国特色新型城镇化的科学发展,需要根据马克思主义真理与价值相统一的方法论,实现二者的有机统一。① 中国人民大学苏珊珊认为经济新常态下,中国的城镇化面临着人口城镇化速度放慢、土地城镇化速度放缓、城镇化内部结构分化的困境,急需解决经济发展挑战对城镇化的需要与经济下行压力下导致城镇化动力不足的矛盾。"三农"问题是城镇化的保障和动力,要坚持以人为本的城镇化,实现就近就地实现城镇化。②

### 七、关于新常态与思想政治教育的研究

中国人民大学吴林龙认为必须全面审视新常态对思想政治教育的影响,挖掘新常态中的思想政治教育元素。新常态意味着思想政治教育环境、功能和理念的新变化,意味着思想政治教育的新样态。能否深入研究新常态下的思想政治教育,将直接关系到新常态下经济工作和其他一切工作生命线作用的充分发挥。我们呼吁学界深入研究新常态下的思想政治教育,并通过深入研究科学构建思想政治教育新样态。③

中人民大学华敏等认为我国经济发展的新常态带来了其他领域的相应变化,新常态也呼唤思想政治教育创新发展。面对新挑战和新机遇,思想政治教育工作要顺势而为,主动适应新常态的变化。要以"四个全面"战略为统领,推动"五大发展理念"融入思想政治教育,关注全民社会心理、坚定社会主义信念,创新思想政治教育方式方法,增强思想政治教育的时代性和感召力。④ 面对新挑战和新机遇,思想政治教育工作要顺势而为、因势而谋、因势而动及因势而进,应通过坚守意识形态阵地——增底气,通过将思想政治教育融入生活实践——接地气,通过创新思想政治教育宣传方式——讲新气,准确把握时代的脉搏,顺应新常态下的发展趋势。⑤

中国人民大学李琼认为经济增长速度换挡会影响到民众的社会心理,政治领域中社会治理方式现代化改变了基层思想政治工作的重心,文化领域里新媒体时

---

① 解安、徐宏潇:《农民自主选择与社会秩序统——新中国城镇化发展历程研究》,《高校马克思主义理论研究》2016 年 01 期。
② 苏珊珊:《经济新常态下城镇化的困境及其对策探究》,《科技经济导刊》2016 年 21 期。
③ 吴林龙:《挖掘"新常态"中的思想政治教育元素》,《关东学刊》2016 年 02 期。
④ 华敏、秦睿:《新常态下思想政治教育的新思路》,《北京教育(德育)》2016 年 04 期。
⑤ 华敏:《新常态下思想政治教育工作的新气象》,《教育探索》2016 年 06 期。

代冲击着舆论的传播方式,而复杂的国际局势影响着中国形象塑造。越是发展经济,越是要重视思想政治教育;越是形势严峻,越是需要思想政治教育振奋精神,迎接挑战。①

## 第三节　关于建设社会主义文化强国的研究

文化是一个民族的灵魂,是一个国家兴旺发达的不竭动力。而一个国家、一个民族的价值观则是文化的核心内容。于国家而言,有什么样的价值观就会建设什么样的社会;于个人而言,有什么样的价值观就会有什么样的人生。十八大以来,习近平总书记高度重视培育和践行社会主义核心价值观,多次做出重要论述、提出明确要求。他领导起草的十八大报告提出,倡导富强、民主、文明、和谐,倡导自由、平等、公正、法治,倡导爱国、敬业、诚信、友善,积极培育和践行社会主义核心价值观。这一论述把涉及国家、社会、公民的价值要求融为一体,既体现了社会主义的本质要求,继承了中华优秀传统文化,也吸收了世界文明的有益成果,体现了鲜明的时代精神,对我们培育和践行社会主义核心价值观,推进社会文化建设,具有直接的指导意义。与此同时,北京高校许多学者纷纷掀起了关于社会主义核心价值观培育和养成研究。归纳起来主要有以下各个方面成果。

**一、关于社会主义核心价值观的研究**

社会主义核心价值观自党的十八大提出以来,成为学界持续关注、研究的重点与热点问题,北京高校诸多学者有关这一问题的研究取得了丰硕的成果。

(一)关于社会主义核心价值观的总体研究

清华大学刘书林认为任何社会都要确立自己的核心价值观,初级阶段的社会主义也不例外。党的十八大颁布的"三个倡导"的社会主义核心价值观,是在应对西方资产阶级价值观的挑战中构建的,是针对社会主义市场经济环境的需要而产生的,也是在我国社会主义精神文明建设的实践中不断提炼的。理解社会主义核心价值观产生的历史条件及其提出的必然性,能够更加清楚地把握其内容实质及

---

① 李琼:《新常态下思想政治教育的新挑战》,《北京教育(德育)》2016 年 04 期。

发展趋势,增强培育和践行社会主义核心价值观的自信。①

清华大学吴潜涛认为积极培育和践行社会主义核心价值观,是一个理论问题,又是一个实践问题。在一定的意义上来讲,社会主义核心价值观是一种实践精神,需要在实践中去领会、在实践中去融入生活。践行社会主义核心价值观,要做到习近平总书记讲的"三落",即把社会主义核心价值观落实、落细、落小。近些年来,我国教育战线坚持理论研究与实践探索协调发展,注重实践育人,注重常态化机制建设,引导学生从自我做起、小事做起,在实践活动中切身体验、认同、践行社会主义核心价值观,实现把社会主义核心价值观内化于心、外化于行、固化于性。②

北京大学郭建宁认为,构建社会主义核心价值观就要把培育和践行社会主义核心价值观融入国民教育全过程,融入人们的生产生活和精神世界,促进人的全面发展,引领社会全面进步。社会主义核心价值观作为实现中华民族伟大中国梦的宝贵精神财富,是中华民族伟大复兴的思想与文化的引领和支撑。③

北京交通大学韩震峰认为社会主义文明体现了社会主义制度的本质特征,代表了社会主义条件下广大人民群众的核心价值追求,是人类社会发展迄今为止最先进、最科学的文明形态。培育社会主义核心价值观的文明价值观,一要弘扬中华优秀传统文化,二要丰富人民的精神世界,三要提高国民整体素质,四要培育良好社会风尚,五要塑造良好文明国家形象。④

中国人民大学常宴会认为社会主义核心价值观在当代中国人精神世界中处于统领地位,以社会主义核心价值观引领当代中国人精神世界构建,最能体现当代中国人精神世界的独特性,也是对国内国际思想环境变化的深刻回应。社会主义核心价值观为当代中国人精神世界的构建规定了方向,明确了构建当代中国人精神世界的目标和宗旨。⑤ 孙清华认为构建当代中国人的精神世界是我国精神文明建设和意识形态工作的重大课题。要积极培育和践行社会主义核心价值观,

---

① 刘书林:《社会主义核心价值观的由来和发展趋势》,《社会主义核心价值观研究》2016年01期。
② 吴潜涛:《紧扣社会主义核心价值观教育主题》,《中国教育报》2016年3月3日第005版。
③ 郭建宁:《关于培育和弘扬社会主义核心价值观的几个问题》,《社会主义核心价值观研究》2016年02期。
④ 韩震峰:《文明:社会主义核心价值观的文化价值目标》,《社会主义核心价值观研究》2016年04期。
⑤ 常宴会:《论社会主义核心价值观对当代中国人精神世界构建的意义》,《北京教育(德育)》2016年04期。

发挥其思想引领和精神旗帜的作用,并与其他意识形态建设活动紧密结合,共同推进当代中国人精神世界的构建。①

中央民族大学孙英认为,践行社会主义核心价值观与涵养健康的大国国民心态必然相关。社会主义核心价值观是作为社会主义大国坚定的价值导向;社会主义核心价值观这根红线需要从理论研究、政策融入、国民受惠进而在人们的内心产生观念共振,健康的国民心态方可自然天成。②

清华大学祝大勇提出培育和践行社会主义核心价值观需要坚持问题意识,有针对性地抵制现实社会中流行的新自由主义、消费主义、极端个人主义等错误思潮。社会主义核心价值观的培育和践行,通过国家层面的价值追求抵制新自由主义的影响,通过社会层面的价值追求克服资本逻辑及其制造的虚假需求的影响,通过个人层面的价值追求防止金钱至上及市场交换伦理的侵蚀。③ 清华大学欧阳沁等认为培育和践行社会主义核心价值观,应着力从情感、理论和实践三个维度出发,层层递进、久久为功,使之成为全社会共同遵循、全体公民自觉践行的行为准则。以情感认同为基石,增强社会主义核心价值观的感召力;以理论认同为支撑,增强社会主义核心价值观的说服力;以实践认同为落脚点,增强社会主义核心价值观的行动力。④

中央财经大学陈顺伟认为社会主义核心价值观制度由其制度体系、制度实践和制度文化构成。社会主义核心价值观制度体系的现代化着重于公正的制度设计、公正的制度实施和公正的制度评价;社会主义核心价值观制度实践的现代化着重于保证制度实践的一致性、提高制度实践的连贯性和注重社会主义核心价值观制度实践的有序性;社会主义核心价值观制度文化的现代化着重于重建市场伦理、塑造法治精神和树立和谐理念。⑤

清华大学陶蕾韬则认为全球化的迅猛发展,加速了多元文化发展场域及语境的形成,不同类型文化间的碰撞、激荡、交流、融合成为了历史趋势的必然。价值是文化的核心范畴,在社会发展的现实性上,文化的多元化为价值认同带来困境

---

① 孙清华:《社会主义核心价值观:引领当代中国人精神世界构建的旗帜》,《社会主义核心价值观研究》2016 年 04 期。
② 孙英:《践行社会主义核心价值观,涵养大国国民心态》,《人民论坛》2016 年 22 期。
③ 祝大勇:《培育和践行社会主义核心价值观 抵制几种错误思潮》,《社会主义核心价值观研究》2016 年 02 期。
④ 欧阳沁、赵晓杰、王小龙:《增强对社会主义核心价值观的情感认同、理论认同和实践认同》,《社会主义核心价值观研究》2016 年 01 期。
⑤ 陈顺伟:《论社会主义核心价值观制度结构的现代化》,《思想教育研究》2016 年 01 期。

与藩篱,也孕育着希望与契机。在当代中国,价值认同主要表现为对社会主义核心价值观的共识。了解社会主义核心价值观认同中的困境,是我们在多元文化背景下的清醒认识;探索社会主义核心价值观认同的路径,是我们凝聚共识实现梦想的必然选择。①

(二)关于社会主义核心价值观不同层次的研究

党的十八大报告提出,倡导富强、民主、文明、和谐,倡导自由、平等、公正、法治,倡导爱国、敬业、诚信、友善,积极培育和践行社会主义核心价值观。2016年,北京高校的学者们围绕社会主义核心价值观的具体内容进行了深入的研究,其中尤其对"爱国"的研究关注度比较高。

文明,体现着社会主义先进文化的前进方向,代表着社会主义精神文明的价值追求,是社会主义核心价值观的文化价值目标。北京交通大学韩振峰认为培育社会主义核心价值观的文明价值观,一要弘扬中华优秀传统文化,二要丰富人民的精神世界,三要提高国民整体素质,四要培育良好社会风尚,五要塑造良好文明国家形象。②

爱国主义是民族精神的核心,是社会主义核心价值观的重要内容,实现中国梦必须弘扬爱国主义。中国人民大学刘建军对"爱国"与"爱国主义"两个概念进行了学理的辨析,揭示的了"爱国"与"爱国主义"的联系与区别,认为需要把爱国主义从事实层面上升到价值层面,从经验层面上升到理论层面,从言语层面上升到精神层面,以及把爱国主义研究从日常语境和宣传语境中独立出来。③ 北京师范大学温静认为,在当今时代条件下,深刻理解爱国主义在中华民族精神中的核心地位,有助于理解爱国主义与社会主义的内在联系,消除爱国主义的各种误区,增强中华民族精神认同等,并从历史、理论与现实三重维度予以论述和说明。强调"在经济全球化和改革开放的时代背景下,弘扬中华民族精神必须高扬爱国主义旗帜。"④北京科技大学左鹏等从弘扬爱国主义精神与扩大对外开放的有机统一的角度,提出了"在扩大对外开放中弘扬爱国主义精神,需要正确认识并处理好

---

① 陶蕾韬:《多元文化发展中社会主义核心价值观认同的困境与应对》,《求索》2016年06期。
② 韩振峰:《文明:社会主义核心价值观的文化价值目标》,《社会主义核心价值观研究》2016年04期。
③ 刘建军:《"爱国"与"爱国主义"概念辨析——兼谈深化爱国主义研究的路径与要求》,《思想教育研究》2016年09期。
④ 温静:《论爱国主义在中华民族精神中的核心地位》,《马克思主义研究》2016年02期。

爱国主义与社会主义的关系,爱国主义与民族主义的关系,爱国主义与国际主义的关系,爱国情感、爱国思想和爱国行为的关系"的观点,并深入探讨了将爱国主义与对外开放有机统一起来的重要积极和需要正确处理的几项关系。[1] 北京交通大学樊泽民则从历史的角度论述了爱国是中华民族文化的底色,从而提出了爱国是价值真题和精神魅力,培育和践行爱国这一价值行为准则,是一项复杂艰巨的系统工程,需要不断学习中华民族的光荣历史,继承先人的爱国精神,学习爱国模范和先进人物。通过学习,增强我们对国家和人民的强烈责任感和勇于担当精神的研究观点。[2] 清华大学张瑜等则以当代大学生为研究对象,通过对全国19所高校的问卷调查,从爱国情感、爱国思想和爱国行为三个层面分析了当代大学生爱国主义精神现状,指出大学生爱国主义精神在新时期的突出特点,分析了当前大学生爱国观念中存在的问题,并提出了教育对策与建议。[3]

诚信是中华民族的传统美德,千百年流传下来,亘古不变,是社会主义核心价值观的重要内容。北京中医药大学徐蕾认为诚信对于当代的中国社会具有重要的价值和意义,在分析其当代价值的基础上,结合西方诚信教育的经验,提出了针对大学生诚信教育的有效途径,包括要营造诚信氛围,将诚信教育和思想政治教育紧密结合起来;加强高校诚信的制度建设,完善有效的监督和管理机制;要把大学生诚信教育放在整个国家和社会的层面来考量,重视其长远影响。[4] 北京信息科技大学赵爱玲等对首都十所高校大学生道德领域存在突出问题的调查表明,诚信缺失依然是大学生道德领域存在的一项突出问题。高校在全面推行教育现代化过程中既要坚持专业基础与道德品质教育并重,保证立德树人、高质培养,也要高度重视大学生诚信品质及社会主义核心价值观的培育和践行,保证每一位学生都能成长为素质全面发展的社会主义建设者和接班人。[5]

敬业作为社会主义核心价值观之一,不仅是人类实践创造的基本内容和社会进步的重要动力,更是人类社会的重要美德。北京大学夏文斌等对敬业的内涵、时代价值和践行敬业精神进行研究和阐述。他们认为学习培育践行敬业精神,是

---

[1] 左鹏、雷娜:《论弘扬爱国主义精神与扩大对外开放的有机统一》,《思想理论教育》2016年15期。
[2] 樊泽民:《爱国是中国文化的底色》,《辽宁教育》2016年03期。
[3] 张瑜、王海光:《当代大学生爱国主义精神实证研究》,《社会主义核心价值观研究》2016年01期。
[4] 徐蕾:《当代大学生诚信教育的必要性研究》,《社科纵横》2016年04期。
[5] 赵爱玲、张珂源:《首都大学生诚信状况调查与教育治理对策》,《唐都学刊》2016年03期。

实现中国梦的需要,是提升国民素质的需要,是优化社会风气传播正能量的需要。①

北京交通大学庞玉超认为,个人层面的爱国、敬业、诚信、友善,侧重于道德层面,与大学生群体息息相关,引导着大学生形成正确的价值观。提出了深入理解社会主义核心价值观的内容,尤其是个人层面,对个人成长乃至社会发展具有重要意义的观点。并且主要从爱国、敬业、诚信、友善四个方面具体阐述了社会主义核心价值观对大学生的导向意义。②

习近平总书记指出:"核心价值观,其实就是一种德,既是个人的德,也是一种大德。就是国家的德、社会的德。"关于德育的研究对广大高校学生社会主义核心价值观的培育有着至关重要的意义。北京工业大学迟萌从大学德育的诗意、情意、美意新视角阐述了大学德育的重要意义和德育课程设置的深刻价值,认为大学德育课程的提升不仅是单纯教学方法的探索,更是教师教学理念和教学精神的反映,以创作的精神和欣赏的姿态看待课程本身和教学内容,发现课程内容的诗情意,进而以欣赏者的眼光和美育的理念展开教学应该是提升大学德育有效性的途径之一。③

(三)关于高校社会主义核心价值观培育和践行的研究

高校作为广大青年学生学习生活的重要场所,是引导青年一代树立良好道德风尚,践行社会主义核心价值观的主要阵营。

1.关于青年学生的核心价值观的研究

中国人民大学林聪认为青年信仰社会主义核心价值观,首先是历史的需要:青年的信仰贯穿民族复兴的历史,中华优秀文明融入社会主义核心价值观。其次是时代的呼唤:科学信仰为青年扛起改革大旗奠定了基础,作为科学信仰的社会主义核心价值观,其践行的生命力来源于青年对社会主义核心价值观的真信仰。最后是价值得以实现的要求:青年的价值在践行满足自身需要的科学信仰中实现,科学信仰的价值也在青年满足需要的实践中得以实现。④ 北京师范大学张亚东认为青年的价值取向决定了整个社会的价值取向,而青年又处在价值观形成和确立的重要时期,对于引导践行社会主义价值观的新风尚尤其重要。广大青年在深刻认识、准确理解和正确把握社会主义核心价值观的重要意义和丰富内涵的基

---

① 夏文斌、徐瑞:《论敬业——社会主义核心价值观系列谈十》,《前线》2016年04期。
② 庞玉超:《个人层面核心价值观对大学生的导向意义探析》,《教育论坛》2016年。
③ 迟萌:《大学德育的诗情意》,《科教导刊》2016年28期。
④ 林聪:《社会主义核心价值观应成为青年的共同信仰》,《知与行》2016年04期。

础之上,要通过具体的行动来践行社会主义核心价值观,真正让社会主义核心价值观入脑入心入行。①

2. 关于大学生社会主义核心价值观的培育和践行研究

中国人民大学刘建军系统地提出了高校全面落实培育和践行社会主义核心价值观的工作的四大步骤:一是学校领导和教师认真学习、深入钻研和自觉认同社会主义核心价值观;二是以社会主义核心价值观的基本要求重新审视大学章程和各项规章制度,并在学校改革发展的各项举措中突出体现社会主义核心价值观的精神和要求;三是学校领导和教师要在培育和践行上以身作则,做出表率;四是在大学生中深入开展培育和践行社会主义核心价值观的教育活动,通过多种途径使他们了解和理解、认同和接受社会主义核心价值观,并内化于心、外化于行。②北京交通大学张立学等认为社会主义核心价值观是社会主义意识形态的本质体现,高校党的建设是高校改革发展稳定的根本保证。把社会主义核心价值观融入高校党的建设,即融入高校党的思想建设、组织建设、作风建设、反腐倡廉建设和制度建设的全过程,这对提升高校党建工作的质量和水平、确保办学的社会主义方向、培养中国特色社会主义事业的建设者和接班人具有重要意义。③

3. 把社会主义核心价值观融入高校思想政治理论课的研究

清华大学杨万山认为对大学生进行社会主义核心价值观教育,保证党在高校意识形态的领导权是高校"概论"课教学的应有之义。清华大学将社会主义核心价值观融入"概论"课教学的显著特点营造与社会主义核心价值观高度契合的校园文化;课中采用"慕课"、网络学堂、社会实践等多种教学方式和教学手段使学生将社会主义核心价值观内化于心,外化于行;课堂教学与课外学习相结合以巩固学生对社会主义核心价值观的认同。④ 北京大学钟天娥认为,当前切实尊重当代大学生的身心特点和成长规律,全面提升思想政治理论课教师的素质和水平,把社会主义核心价值观系统融入思想政治理论课教学内容中,不断改进和创新思想政治理论课教学方法、教学手段和教学模式,努力探索思想政治理论课实践教学

---

① 张亚东:《当代青年要做社会主义核心价值观的自觉践行者》,《求知》2016 年 04 期。
② 刘建军:《高校培育和践行社会主义核心价值观的四个步骤》,《思想教育研究》2016 年 03 期。
③ 张立学:《路日亮社会主义核心价值观融入高校党的建设路径探析》,《北京教育高教》2016 年 10 期。
④ 杨万山:《社会主义核心价值观融入"概论"课教学过程探析——以清华大学为例》,《思想理论教育导刊》2016 年 05 期。

的有效形式和途径,积极打造课堂教学、网络教学和实践教学等多层面的教育平台,实现理论教学、网络教学和实践教学的有机结合和统一,是思想政治理论课教育教学引导大学生自觉养成和践行社会主义核心价值观的主要实践途径。① 中国传媒大学杨倩也认为为了更好地推进社会主义核心价值观"进教材、进课堂、进大脑"的工作,高校思想政治理论课的教学不应仅仅停留在理论认知层面,而应积极拓宽教学渠道,创新课堂教学的组织形式,开辟现场教学的场所,使学生在感性认识与理性认识的循环过程中完成对社会主义核心价值观的全面体验和深入理解,内化于心、外化于行,产生更为积极的效果。②

4. 加强大学生社会主义核心价值观培育的其他载体研究

北京交通大学闫长丽认为历史文化资源是中华民族文化精神的记忆留存,是优质的思想政治教育资源。③ 北京化工大学周宏岩等认为校史文化简要来说是学校历史文化,是大学文化的特殊表现形态,其深处蕴含着大学传统和大学精神。近年来,学界从校园文化中提取出校史文化这一概念,并把它引入价值观研究之中。④ 北京信息科技大学舍娜莉认为要充分利用新媒体的时效性和便捷性,把理想教育融入大学生活的方方面面,向他们传输积极的思想观念,鼓励他们抵制诱惑,循序渐进地帮助大学生坚定理想信念,树立正确的价值观念,积极响应正能量,努力实践社会主义核心价值观。⑤

## 二、关于意识形态的研究

2013年8月19日,习近平总书记在全国宣传思想工作会议上指出:"能否做好意识形态工作,事关党的前途命运,事关国家长治久安,事关民族凝聚力和向心力。"学者们对意识形态的领导权、管理权和话语权等方面进行了研究。

(一)关于意识形态领导权

北京科技大学左鹏强调意识形态工作的重要性。他认为坚持用社会主义核心价值观引领多样化社会思潮,把意识形态工作的领导权、管理权、话语权牢牢掌

---

① 钟天娥:《社会主义核心价值观融入思想政治理论课教学的实践路径研究》,《河北北方学院学报》2016年02期。
② 杨倩:《社会主义核心价值观的现场教学初探》,《上饶师范学院学报》2016年01期。
③ 闫长丽:《历史文化资源融入大学生社会主义核心价值观教育探析》,《思想理论教育导刊》2016年10期。
④ 周宏岩、邓梦梦:《以校史文化培育大学生社会主义核心价值观的研究述评》,《北京化工大学学报(社会科学版)》2016年02期。PHam
⑤ 舍娜莉:《微文化背景下大学生核心价值观培育探究》,《教育教学论坛》2016年15期。

握在手中,任何时候都不能旁落。为此,需要重点做好以下几项工作。第一,把马克思主义基本理论的学习和应用作为引领多样化社会思潮、巩固意识形态阵地的"看家本领"。把对重大理论、现实问题的科学阐释、合理解决作为引领多样化社会思潮、巩固意识形态阵地的根本举措。把网上舆论工作作为引领多样化社会思潮、巩固意识形态阵地的重中之重。把对错误思潮的及时澄清、有力批驳作为引领多样化社会思潮、巩固意识形态阵地的关键环节。① 彭庆红认为需要辩证地看待大学生主流意识形态认同问题,就是"不过激(反应)、不大意、不放弃(关心帮助)"。大学生意识形态教育必须按规律办事。遵循认识的规律,尤其是要"循序渐进、知行统一"。要符合接受的规律,尤其是要"情理交融、寓教于乐"。②

清华大学刘书林多次撰文犀利批判历史虚无主义,捍卫我国主流意识形态的主导地位。他认为历史虚无主义不顾基本史实,利用网络媒体散布谎言、制造舆论和政治混乱,玷污和贬损历史上的英雄模范人物,因此一直被马克思主义理论界深刻批判。③ 但是近30多年来,历史虚无主义在社会主义国家的泛滥造成了思想舆论方面和政治方面极大的危害,为我们提供了深刻教训:社会主义国家必须维护社会主义事业的实践历史,使其不被历史虚无主义思潮歪曲、否定和丑化;执政党必须保持思想上和政治上路线的正确性;必须维护国家开创者的历史地位及其思想的指导地位。④ 新世纪青年的价值观表现出可喜的倾向。在批判历史虚无主义的思潮中,爱国主义的主旋律在青年中不断高涨,展现了一代爱国青年的精神风貌;集体主义作为社会主义精神文明建设的总原则在意识形态复杂环境中持续发扬;在深入反腐败的斗争中,增强了对共产党领导和社会主义社会能够消除腐败的信心,西方政治制度的影响大为消散。⑤

(二)关于互联网与意识形态

有很多学者的研究点放在互联网时代意识形态工作面临的机遇和挑战方面。自媒体作为一种新成长起来的力量因其多样性和时效性的特点,为我国意识形态的巩固和发展提供了有效平台。⑥ 清华大学王峰明等系统分析了"互联网+"时

---

① 左鹏:《在引领多样化社会思潮中巩固意识形态阵地》,《思想教育研究》2016年01期。
② 彭庆红:《如何对待大学生主流意识形态认同问题》,《北京教育·德育》2016年05期。
③ 刘书林:《2015历史虚无主义思潮方寸大乱》,《人民论坛》2016年03期。
④ 刘书林:《历史虚无主义在当代社会主义国家泛滥的深刻教训》,《理论探索》2016年01期。
⑤ 刘书林:《新世纪以来青年价值观新取向分析》,《思想理论教育》2016年09期。
⑥ 张瑶:《自媒体视阈下的网络意识形态安全探究》,《明日风尚》2016年12期。

代对理论研究提出的新要求,并对马克思主义理论所具有的独特品质进行了阐述,从而分析总结出马克思主义大众化面临诸多挑战。并在此基础上,提出了应对挑战必须在理论的"深入"与"浅出"两个方面着力。就要重视和加强文本研究和比较研究,真正进入马克思的思想世界,深入理解和把握事物的本质和规律;同时要立足马克思主义的基本立场、观点和方法,对种种现实问题做出有力剖析,并构建中国特色社会主义话语体系的观点。① 中央财经大学刘刚等认为互联网已经成为意识形态斗争的主战场,确保网络意识形态安全关系到国家政权稳定和长治久安②。清华大学朱效梅等认为网络的去中心化、资本化和自由化的特点,对意识形态话语权的建构带来了诸多挑战。为此,需要立足现实,增强网络意识形态话语权的感召力,因势利导地整合强大的网络媒体平台,加强网络意识形态建设的法制规范与预警监控等。③ 中央财经大学谢玉进认为网络文化作为网络意识形态的重要来源,有着突出的意识形态功能,同时对我国主流意识形态的安全带来深刻影响。针对此,为维护主流意识形态安全,需找到全社会意愿的最大公约数,满足社会大众的利益诉求;繁荣网络文化,大力加强网络文化的价值观引领;大力发展网络技术,为主流意识形态安全提供技术保障;推进意识形态话语转换,提升主流意识形态的话语权。④ 微博主流意识形态传播要结合微博媒体环境下的传播特点,利用意见领袖,加强微博监管,提高受众媒介素养,发挥把关人的作用等方面入手,可以有效地促进微博主流意识形态传播的发展。⑤

有很多学者关注互联网的治理研究。中国人民大学陶文昭认为信息化与互联网开创了一个时代,从安全角度看,互联网是既重要又脆弱,网络治理必须确保政治军事安全和维护国内和谐稳定。并基于此得出我们需要运用系统思维和辩证思维思考网络安全与成本、发展、开放和权利的关系,并结合中国特殊国情,才能够把握网络治理规律,展现网络治理艺术的观点。分别从网络安全的国情考量、网络安全的重大关切、网络安全的科学思维进行了深入的研究和探讨。⑥ 北

---

① 王峰明、莫小丽:《马克思主义大众化:"互联网+"时代的挑战与回应》,《高校马克思主义理论研究》2016 年 03 期。
② 刘刚、颜玫琳、王春玺:《网络意识形态安全的隐患及其防御》,《思想教育研究》2016 年 06 期。
③ 朱效梅、谢萌:《网络意识形态话语权建构研究》,《社会主义核心价值观研究》2016 年 03 期。
④ 谢玉进:《网络文化与主流意识形态安全》,《电子科技大学学报(社科版)》2016 年 02 期。
⑤ 时宜:《微媒体环境下网络意识形态传播机制分析》,《新媒体研究》2016 年 09 期。
⑥ 陶文昭:《网络安全的国家战略》,《人民论坛》2016 年 04 期。

京大学宇文利通过对互联网治理与社会治理的不同之处进行研究,系统阐述了一个国家能否实现互联网治理的安全,决定着其社会治理能否安全,也决定着整个国家安全的指数与程度的观点,并分析得出从新国家安全的视角出发,要保障和提升现时代的国家安全,有必要深入理解互联网治理的新特征,把握现时代互联网治理的能力需求,推动互联网治理能力的现代化的学术论点。①

(三)关于意识形态的话语权

有些学者对意识形态的话语权进行了研究。北京大学孙代尧认为中国共产党95年的历史是在开辟新道路和形成新理论话语的互动中具体展开的。毛泽东开创了有中国特色的革命新道路,并提出"马克思主义中国化",展现了中国气派、中国风格。邓小平以"建设有中国特色的社会主义"破除苏联模式的社会主义观,开辟了中国特色社会主义新道路。党的十八大以来,习近平总书记提出发展"21世纪中国的马克思主义",力图将中国道路的实践优势转化为话语优势,并解构以西方为中心的话语霸权,赋予中国道路和中国马克思主义以新的时代意义。② 北京大学闫志民认为,作为是一个宏大的系统工程——发展21世纪中国的马克思主义既要在内容上与时俱进和系统创新,又要精心打造中国风格中国气派的话语体系,努力实现内容与形式的有机统一和完美结合。并主要从实现中国马克思主义话语的体系化、推进中国马克思主义话语的民族化、提高中国马克思主义话语的国际融通力这三个方面系统论述了要打造21世纪中国的马克思主义话语体系所需要进行的工作。③ 中国农业大学陈东琼认为思想理论只有借助一定的话语体系才能得以表达和传播。作为引领当代中国发展进步的旗帜,中国特色社会主义的传播和普及离不开中国特色社会主义话语体系的支持。实现中国特色社会主义的大众化,增强中国特色社会主义的话语权,迫切需要构建中国特色社会主义话语体系。构建中国特色社会主义话语体系是一个系统工程,话语内容、表达方式、传播能力是中国特色社会主义话语体系构建的重要方面。④

### 三、关于传承和弘扬中华民族优秀传统文化的研究

习近平总书记高度重视中华民族传统文化的弘扬和培育,多次强调社会主

---

① 宇文利:《中国互联网治理的转型性特征》,《人民论坛》2016年02期。
② 孙代尧、黄斐:《中国共产党与中国道路的话语建构》,《思想理论教育导刊》2016年09期。
③ 闫志民:《形成中国风格中国气派的话语体系》,《求是》2016年07期。
④ 陈东琼:《马克思主义大众化与中国特色社会主义话语体系的构建》,《思想教育研究》2016年02期。

核心价值观必须立足中华优秀传统文化,使中华优秀传统文化成为涵养社会主义核心价值观的重要源泉。

有学者从总体上研究了习近平的传统文化观。中国人民大学冯纪元认为十八大以来,习近平同志在一些重要讲话中多次提到中华优秀传统文化,形成了对中华优秀传统文化的一系列新认识,揭示了中华优秀传统文化的时代意义,强调了中华优秀传统文化的现实应用和对待中华优秀传统文化的科学方法。① 中国人民大学郑吉伟等认为习近平十分重视中华传统文化,对中华传统文化的重要地位、时代价值和在新时期社会主义实践中弘扬中华优秀传统文化进行了深刻阐述。弘扬中华传统文化是马克思主义中国化的题中之意,是中华民族生生不息、发展壮大的丰厚滋养。② 北京大学孙代尧等认为,习近平对传统文化的当代价值及其实现途径问题的探索与回答,体现了全面性、现代性和超越现代性的特点。并将习近平总书记关于中华民族优秀传统文化的系列讲话内容研究形成了研究论述,可谓很好地总结了十八大以来,习总书记关于中华优秀传统文化的讲话内容和意义研究。③

有学者对传统文化与社会主义核心价值观的关系进行了研究。北京大学程美东等立足于文化的双重属性解读社会主义核心价值观与中华优秀传统文化之间的关系,为培育和践行社会主义核心价值观提供了一个有意义的研究视角。文化的民族性彰显了社会主义核心价值观与中华优秀传统文化之间的相通性,文化的时代性体现着二者的差异性,文化这一双重基本属性反映了社会主义核心价值观与中华优秀传统文化之间既对立又统一的辩证关系。④ 中国人民大学刘永春等认为中国传统文化是社会主义核心价值观生命力和影响力的源泉,社会主义核心价值观是对中国传统文化的传承和升华。从国家层面来看,富强、民主、文明、和谐的价值观植根于中华民族的政治实践之中;从社会层面来看,自由、平等、公正、法治的价值观,植根于中国传统社会生活之中;从公民层面来看,爱国、敬业、诚信、友善的价值观体现了中华民族的优良传统。⑤ 北京科技大学左鹏总结归纳

---

① 冯纪元:《论习近平传统文化观》,《湖北社会科学》2016 年 02 期。
② 郑吉伟、常佩瑶:《论习近平的传统文化观》,《理论学刊》2016 年 01 期。
③ 黄晓丹、孙代尧:《传统文化当代价值实现路径探析——学习习近平关于中国传统文化的重要论述》,《中国特色社会主义研究》2016 年 01 期。
④ 王清玲、程美东:《论社会主义核心价值观与中华优秀传统文化的内在关系——基于文化的双重属性视角》,《学校党建与思想教育》2016 年 21 期。
⑤ 鲁力、刘永春:《中国传统文化视域中的社会主义核心价值观》,《唐都学刊》2016 年 02 期。

了习近平总书记关于中华民族优秀传统文化的讲话内容,提出了中华优秀传统文化是中华民族最深厚的文化软实力、是中国特色社会主义植根的文化沃土和是中华民族生生不息、发展壮大的丰厚滋养的观点,且将总书记系列讲话中系统阐释中华优秀传统文化的时代价值归纳为是中华优秀传统文化是实现中华民族伟大复兴的坚实支撑、是涵养社会主义核心价值观的重要源泉、是治国理政的历史镜鉴等。[1]

首都师范大学王洪波等通过对习近平系列讲话的深入分析,提出在继承和弘扬中华优秀传统文化的过程中,从国家、社会和个人层面探究社会主义核心价值观融入社会的传统文化路径的学术观点。[2] 教育部思想政治工作司冯刚和中国人民大学刘晓玲认为在新的历史条件下,要将社会主义核心价值观培育践行推向深入,需要处理好继承和创造性发展的关系,使中华优秀传统文化成为涵养社会主义核心价值观的重要资源,做到"以文化人、以文育人"。[3] 北京师范大学崔锁江等认为,习近平在运用中华优秀传统文化的过程中确立了正确认识和对待中华优秀传统文化的基本范式、价值目标与逻辑遵循,为传承与弘扬中华优秀传统文化做出了历史性贡献。[4] 张伟丽分析了中华文化中蕴藏着丰厚的精神财富和力量源泉,并论述了优秀传统文化是治国理论的精神命脉和丰厚滋养、是核心价值观的重要源泉的观点,并提出了要注意创新性地弘扬优秀传统文化的科学路径。[5]

北京大学马吕其庆将习近平总书记多强调的中华民族优秀传统文化将"一带一路"热点问题相结合进行探讨,提出在建设"一带一路"的进程中,应当坚持文化先行,树立文化引领经济的高度自觉,推动传统文化的传承与现代文化的创新,通过进一步深化与沿线国家的文化交流与合作,促进区域合作,实现共同发展的观

---

[1] 左鹏:《论习近平对中华优秀传统文化的继承和弘扬》,《社会主义核心价值观研究》2016年03期。
[2] 王洪波、李杨:《中华优秀传统文化与社会主义核心价值观》,《中国矿业大学学报(社会科学版)》2016年03期。
[3] 冯刚、刘晓玲:《坚持以文化人 深入推进社会主义核心价值观培育践行》,《思想理论教育导刊》2016年01期。
[4] 崔锁江、张春玲:《习近平运用中华传统文化的范式、意义与逻辑》,《天中学刊》2016年04期。
[5] 张伟丽:《优秀传统文化精神与治国理政新思路——浅析习近平同志关于中华优秀传统文化的重要论述》,《江南论坛》2016年23期。

点。① 北京外国语大学孙磊着眼于"五位一体"总布局的高度,提出了文化建设是中国特色社会主义事业的一个重要组成部分,马克思主义基本原理与中国现实相结合所形成的具有中国特色的社会主义文化发展道路,作为文化建设的一部分,也对于中国的文化建设及特色社会主义道路的实现具有不可或缺的作用。②

**四、关于文化软实力的研究**

习近平总书记在中共中央政治局第十二次集体学习时发表的重要讲话中指出,提高国家文化软实力,关系"两个一百年"奋斗目标和中华民族伟大复兴中国梦的实现。

中国人民大学刘建军认为文化软实力研究在我国兴起已经有近十年的时间,它取得了很大的成绩并具有广阔的前景。为了更有效、更可持续地开展文化软实力研究,他对文化软实力的研究对象、研究范围、研究类型、学科领域、研究目标、学术纵深等进行了深入细致的学理分析。③ 北京交通大学韩振峰认为,文化之强主要体现在软实力的强大。在习近平总书记治国理政思想体系中,提升国家文化软实力思想是一个重要内容。其思想内涵丰富,博大精深,这里主要概括归纳为十个方面,即提高国家文化软实力的重要意义、重要目的、深厚基础、内在灵魂、发展道路、价值导向、目标愿景、重要根基、形象要素、方式路径。④

北京大学夏文斌等提出要通过加强社会主义核心价值观的引领、夯实文化软实力根基、不断弘扬中华优秀传统文化、提高国际话语权、注重软实力和硬实力的协调等方面,创新务实地推进中国文化软实力的提升的观点。⑤ 中国人民大学张丽认为由于社会主义核心价值观在文化软实力构建中处于统摄和主导地位,因此培育践行社会主义核心价值观是增强文化软实力的关键环节。从科学发展、和平发展和核心价值观三个方面进行了阐述,认为提升文化软实力是科学发展观指导下的中国特色的软实力发展的需要、是促进和平发展的重要举措、是构建社会主

---

① 吕其庆:《中国优秀传统文化要融入"一带一路"建设》,《文化软实力》2016 年 03 期。
② 孙磊:《中国特色社会主义文化发展道路论要——基于历史生成、独特地位、重要意义三个维度》,《东岳论丛》2016 年 07 期。
③ 刘建军:《文化软实力研究的学术视野》,《文化软实力研究》2016 年 03 期。
④ 韩振峰:《习近平关于提升国家文化软实力的十个基本思路》,《文化软实力》2016 年 02 期。
⑤ 夏文斌、王晨:《提升文化软实力的战略路径——学习习近平总书记关于文化软实力建设的重要论述》,《中国特色社会主义研究》2016 年 05 期。

义核心价值观的必然选择。① 北京联合大学李艳艳认为,文化软实力的竞争已经成为国际竞争的重要组成部分。美国等西方国家已经走在了发展文化软实力的前列,并且据此形成了文化霸权地位,对我国的经济、政治、文化等国家安全领域形成了巨大挑战。并提出了应对之举。②

中国人民大学常宴会等认为以文化建设增强文化自信的关键在于加强社会主义核心价值观教育、发展文化事业和文化产业、提升中华文化的国际影响力的观点和策略。③ 简臻锐等认为文化自信是人民的自信,是人民对当前社会主义先进文化的自信,这一过程重在强调人民主体性的作用。通过文化和意识形态等要素所体现出来的无形影响力和感召力可以视为文化软实力。人民对先进文化认同所产生的凝聚共识作用增强了民族凝聚力、提升了民族精神感召力、推进了意识形态整合力,对内激发了民族自豪感、自尊心、自信心,对外提升了文化的影响力、吸引力的研究观点。这对于我们提升国家文化软实力,增强我国综合国力和国际竞争力起到了一定的促进作用。④ 朱小娟等同样以人民为主体对文化建设进行了系统研究。归纳总结了人民主体性在文化自信中的主要表现:即人民的文化自信表现为对中国特色社会主义路、理论体系、制度的坚持与发展,为对理论创新的热情与自觉,对文化创造力的重视与应用。⑤

## 第四节 关于改善民生和创新社会治理思想的研究

民生问题是习近平总书记非常关心的问题,也是学者们关注的焦点。中国人民大学汪亭友以民生问题为研究的主要侧重点,透过习近平总书记有关民生问题的讲话,分析探讨了广大党员干部作为社会主义事业的骨干和人民群众的主心骨,对牢固树立民生意识,把握民生所向,坚定理想信念,并对发扬民主、坚持民生

---

① 张丽:《提高国家文化软实力的战略思考——兼论社会主义核心价值观的软实力价值》,《理论月刊》2016年04期。
② 李艳艳:《习近平文化软实力战略思想探微》,《思想理论教育导刊》2016年03期。
③ 常宴会、宋建林:《论人民的文化自信来源于文化建设》,《学校党建与思想教育》2016年13期。
④ 简臻锐、许慎:《论人民在文化自信中的作用》,《学校党建与思想教育》2016年13期。
⑤ 朱小娟、安丽梅:《论人民主体性在文化自信中的彰显》,《学校党建与思想教育》2016年13期。

意识的重要意义做了较为全面的论述。① 重人民主体地位、保证人民当家做主是党的一贯主张。这一观点是结合中国情况，对马克思主义人民观的重要诠释，具有重要的指导和现实意义。② 北京第二外国语学院李谧，提出了国特色社会主义民生改善是中国特色社会主义现代化建设的核心。中国特色社会主义民生建设的求解路径须从五个方面去把握，以构建五位一体的民生建设体系：推进经济建设，走共同富裕道路，为改善民生奠定坚实的物质基础；确保改善民生工程的顺利进行，建立公平正义的制度体系；走绿色政治之路，促进民生建设生态发展；弘扬中华民族精神，践行核心价值观，建设先进文化，提升人民的民族自信心和自豪感，实现民族振兴；展现幸福生活的民生建设旨归，必然成为党和政府的伟大历史使命的观点，并分别从民生改善、求解路径、幸福实现三个切入点进行了论述。③

关于创新社会治理的研究也颇有声色。有学者从历史的角度研究党的社会治理思想的变迁和发展。北京师范大学周良书等认为改革开放以来，中国共产党社会治理思想的演进，可分为"改革开放起步阶段""市场经济体制确立阶段""全面建设小康社会阶段""十八大以来的新发展"等四个阶段。从总体上看，这一思想的发展呈现出既一脉相承又与时俱进的特点。主要表现为，社会治理主题由满足民众生存需求演化为更加注重民众发展权，社会治理理念发生由"管理"到"服务"再到"治理"的演变，社会治理方式呈现从单一行政手段向多种手段并用的发展趋势。④ 北京师范大学张润枝等认为在社会治理的认识和实践探索中，党始终坚持群众路线，坚持一切为了群众、一切依靠群众的价值取向。社会治理的主体构成、存在形态、规范方式得以不断完善。⑤

有学者从社会治理创新的途径着手研究。清华大学李强认为当前新的社会矛盾和问题必须通过创新社会治理来解决，抓住基层社会治理创新、社区治理创新、社会组织创新三个互相嵌入、紧密联系的方面。⑥ 全民共建共享是社会治理创新的需要。全民共建共享体现了社会治理的本质属性。创新基层社会治理是

---

① 汪亭友：《"民生意识"：让人民有更多获得感》，《党建》2016 年 09 期。
② 汪亭友：《把人民放在心中最高位置——学习习近平总书记庆祝中国共产党成立95 周年讲话》，《思想教育研究》2016 年 09 期。
③ 李谧：《中国特色社会主义民生建设的求解路径》，《陕西行政学院学报》2016 年 01 期。
④ 周良书、朱孟光：《改革开放以来中国共产党社会治理理念的演进与特点》，《社会治理》2016 年 04 期。
⑤ 张润枝、苏晓微：《新中国成立后中国共产党社会治理思想发展脉络》，《社会治理》2016 年 04 期。
⑥ 李强：《创新社会治理需要激发社会活力》，《人民日报》2016 年 2 月 2 日第 007 版。

构建全民建共享社会治理格局的基础。① 北京师范大学魏礼群认为加强和创新社会治理,全面推进社会建设,是实现全面建成小康社会目标的重要任务和内在要求。决胜全面小康社会,必须加强和创新社会治理,提高社会治理水平,加快社会建设,推进社会治理科学化、精细化、现代化。② 北京工商大学袁雷,分别从前提、原则、主体三个维度分别论述了社会理想建设实现的三个维度,认为从前提上看,社会建设理想的科学设定是建立在科学认识和把握社会形态演进的人的维度、共产主义的预测以及中国特色社会主义实践的基础之上的。从原则上看,实现社会建设理想必须坚持现实选择与未来指向的统一、理论创新与实践创新的统一、历史尺度和价值尺度的统一。从主体上看,实现社会建设理想必须让广大人民群众不仅要科学认识到真正的"人的历史"靠人自身来完成、社会主义和共产主义是劳动人民自我创造幸福生活的过程,还要坚持远大理想和脚踏实地的统一。并一一进行了详尽的探讨和研究。③

## 第五节　关于推进生态文明建设的研究

建设生态文明是关系人民福祉、关乎民族未来的大计,是实现中华民族伟大复兴的中国梦的重要内容。习近平总书记关于生态文明建设的论述很多,学者们的研究也很丰富。

北京大学郇庆治发表了一系列关于生态文明建设的学术论文,进行了深刻的理论研究。他认为"绿水青山就是金山银山"系列表述,其实就是社会主义生态文明观的主要含义在中国背景和语境下的另一种形象化表达,所强调的是通过大力推进社会主义生态文明建设,在逐渐解决目前所面临的严重生态环境难题的同时,找到一条通向中国特色社会主义的人与自然、社会与自然关系的现实道路。并从对"社会主义生态文明观"的阐述为切入点进行了观点论述。④ 郇庆治认为强化我国生态文明理论的创新性研究,亟须突出三个维度:一是实践维度。二是

---

① 李强、温飞:《构建全民共建共享的社会治理格局》,《前线》2016年02期。
② 魏礼群:《提高社会治理水平决胜全面小康社会——全面建成小康社会之时中国社会的景象特征及实现目标任务与路径选择》,《社会治理》2016年05期。
③ 袁雷:《社会建设理想实现的三个维度》,《实事求是》2016年01期。
④ 郇庆治:《社会主义生态文明观与"绿水青山就是金山银山"》,《学习论坛》2016年05期。

国际维度。三是学科维度。① 他认为当我们从大力推进生态文明建设视角来观察与评估当前的全面建成小康社会努力时,更应该看到或强调的也许是后者的阶段过渡性而不是完成性意涵,从而使我们2020年之后的新时期发展有更为明晰的着力点或方向。②

北京大学康沛竹和段蕾深入研究了习近平的生态文明思想,认为习近平生态文明思想直面国际国内对我国生态文明建设的新要求,在长期思考和实践的基础上形成,并从生态生产力角度、民生福祉角度和人类文明角度进行了深刻的理论阐释,是对马克思主义生态观的回归和发展,是对中国特色社会主义理论体系的丰富,有利于形成人与自然和谐发展的现代化建设新格局。③ 认为习近平的生态文明思想从党和国家政治发展的战略高度出发,使生态环境问题在国家政治发展议程设置中从边缘走向核心,把生态环境问题纳入到政治发展价值观、经济观、公正观的相关政策体系中,形成了具有鲜明中国特色的生态政治观,昭示了中国特色社会主义生态文明理论创新和实践探索的生态政治化路向。④ 认为习近平生态文明思想在绿色发展观视域下,阐述了生态生产理念、绿色福利理念、发展与文明的关系,这是对马克思主义生态文明观的回归和发展,是对中国特色社会主义理论体系的丰富,有利于形成人与自然和谐发展的新时代格局。并分别从该思想产生的背景、理论内涵和实践价值意义等方面进行了深入的阐述。⑤

中国人民大学刘云飞认为,习近平总书记从空间维度所提出的一系列生态治理方略,为我国形成均衡、节约、低碳、清洁、循环、安全的生态文明空间格局指明了方向,并从国土是生态文明的空间载体;坚定不移地实施主体功能区战略;坚持统筹领土、领海和领空的生态文明建设;大力加强生态城市建设;科学布局生产空间、生活空间、生态空间等多个主要点进行了详细的阐述。⑥ 张菲菲和张莹云,认为政府作为国家治理体系的重要主体,努力推进政府治理方式的绿色化对于更好

---

① 郇庆治:《生态文明理论创新性研究的三个维度》,《中国环境报》2016年6月15日第003版。
② 郇庆治:《前瞻2020:生态文明视野下的全面小康》,《人民论坛·学术前沿》2016年18期。
③ 段蕾、康沛竹:《走向社会主义生态文明新时代——论习近平生态文明思想的背景、内涵与意义》,《科学社会主义(双月刊)》2016年02期。
④ 段蕾:《习近平生态文明思想的生态政治学阐释》,《云南行政学院报》2016年03期。
⑤ 康沛竹、段蕾:《论习近平绿色发展观》,《新疆师范大学学报(哲学社会科学版)》2016年04期。
⑥ 刘云飞:《习近平生态治理方略的空间维度 习近平治国理政思想》,《前线》2016年3月。

地完善国家治理能力,促进社会全面发展有着重要意义,而政府治理方式的绿色化离不开治理理念、治理实践以及保障建设这三个维度的协调发展。①

北京邮电大学李全喜认为,十八大以来,习近平总书记关于生态文明建设发表了一系列重要讲话,初步形成了其生态文明建设思想。习近平总书记关于生态文明建设的思想中内蕴历史思维、战略思维、民本思维、精准思维、制度思维、法治思维、底线思维、辩证思维、创新思维、系统思维、全球思维等丰富的思维方法。综合运用这些思维方法,有助于增强生态文明建设的预见性、主动性、科学性和创新性,对于切实推进当代中国的生态文明建设、实现"美丽中国"的实践目标具有突出的理论意义和现实价值。②

## 第六节　关于外交战略和国际关系的研究

### 一、关于人类命运共同体的研究

中国人民大学陶文昭认为习近平提出的命运共同体思想是对世界和中国发展变化的深刻认识,是主观上的思想解放,是中国对国际战略的一种富有远见的顶层设计。命运共同体内涵丰富,包含平等互信的新型权力观、合作共赢的共同利益观、包容互鉴的文明观,是具有前瞻性的新的战略理念,它以构建周边、地区和发展国家命运共同体为基础,倡导各种形式和层次的国际合作,把硬措施与软理念结合起来,推动命运共同体建设。要科学辩证地把握习近平命运共同体思想,命运共同体是复杂的、矛盾的,构建命运共同体是一个长期的过程。③丛占修通过对习近平系列讲话中有关国际关系内容的学习研究,认为与西方全球主义的模式不同,人类命运共同体在价值共识上提倡真正的全人类价值,而不是所谓的普遍化的西方价值;在制度设计上尊重当前以联合国宪章为基础的秩序和规则,强调主权平等,反对帝国霸权;在文化上,主张尊重多样性,各文化间和而不同,包

---

① 张菲菲、张莹云:《国家治理体系视阈中政府治理方式的绿色化》,《现代商业》2016年24期。
② 李全喜:《习近平生态文明建设思想中的思维方法探析》,《高校马克思主义理论研究》2016年04期。
③ 陶文昭:《科学理解习近平命运共同体思想》,《中国特色社会主义研究》2016年02期。

容互鉴,反对文明优越论和普世论的观点。并从命运共同体、全球化、全球主义、世界主义四个关键切入点入手进行了深入的阐述和探讨。①

## 二、关于"一带一路"战略的研究

学者们关于"一带一路"战略的研究既有总体上的研究,也有具体问题的研究,主要有如下一些内容。

北京交通大学马子深认为,"一带一路"的建设,是新时期中国为推动经济全球化深入发展而提出的国际区域经济合作新模式。当下,"一带一路"战略深化面临复杂地缘政治,阻碍"一带一路"战略良性发展;我国经济增长放缓,地方债务问题加剧,债务风险严重制约"一带一路"国内配套基础设施建设;大国间经济政治博弈日益激烈,为"一带一路"战略落实带来严峻考验三个重要挑战。② 中央民族大学管前程认为从新疆历史和现实上看,发挥新疆独特的区位优势和向西开放重要窗口作用,深化与中亚、南亚、西亚等国家交流合作,形成丝绸之路经济带上重要的交通枢纽、商贸物流和文化科教中心,打造丝绸之路经济带核心区的战略目标既有很多地缘等方面的优势,也存在着一定的挑战。他还深入分析了存在各方面优势表现,且对存在的挑战进行了阐述,提出了迎接挑战的科学策略。③ 中央民族大学宫玉涛对"一带一路"线路上的恐怖主义进行了研究。他认为,虽然特定的恐怖主义的产生与发展与特定的民族因素、宗教因素在特定条件下存在某种关联性,但不能人为地把恐怖主义的产生和发展与特定的民族、宗教挂钩,更不应把反对恐怖主义斗争单纯地定位为反对某一个民族、宗教。并提出了要解决"一带一路"沿线地区严峻的恐怖主义难题,发挥沿线各国打击披着民族、宗教外衣进行活动的恐怖主义势力的合力,需要从理论和实践上厘清恐怖主义与民族、宗教的关系,争取尽可能多的力量参与反对恐怖主义的斗争中,反对和打击一切形式的恐怖主义的观点。④ 中国传媒大学赵瑞琦对"一带一路"战略中,中国话语权建构的思考。提出由于双边关系的复杂性和变动不拘,以及印度的重要位置,中印在"一带一路"的合作与竞争成了传媒和舆论关注的热点。分别以国际舆论场、沿线

---

① 丛占修:《人类命运共同体:历史、现实与意蕴》,《理论与改革》2016 年 03 期。
② 马子深:《"一带一路"战略深化的三个挑战》,《云南行政学院报》2016 年 06 期。
③ 管前程:《弘扬丝路精神 实现互利共赢》,《大陆桥视野》2016 年 06 期。
④ 宫玉涛:《"一带一路"场域中恐怖主义与民族宗教关系辨析》,《国际关系研究》2016 年 01 期。

国家舆论场、国内舆论场、话语权建构为关键点进行了阐述和探讨。①

**三、关于中国特色大国外交的研究**

中国政法大学陈水胜认为,十八大以来所提出的中国特色大国外交的新理念、新体系及其践行,开创了中国外交的新局面,提升了我国的国际地位和国际影响,探讨提出了中国特色大国外交的主要特色集中在道路观、关系观、治理观、安全观、义利观和民本观等六个方面。并分别从中国特色、大国外交、对外政策、国际关系等方面进行了系统的分析研究。② 中国政法大学卫灵,以构建21世纪中美新型大国关系为主线,深入探讨了中美两国间构建新型大国关系模式,认为构建合作共赢的新型大国关系,是推动中国特色大国外交的关键环节,其中首先要解决好中美关系。研究分析了在传统安全与非传统安全领域合作共赢和在聚同化异中推进中美新型大国关系建设过程中所面临的相关问题及其产生原因,并在此基础上提出了一系列的应对措施。③ 中国人民大学王向明,通过对国外存在的三种言论——"中国威胁论""中国责任论"和"新殖民主义"的分析,以及对国内意识形态研究工作滞后,尤其是话语权解释工作落后于时代和中国实践问题的研究探讨,提出并详细阐述了应对全球战略布局给意识形态工作带来的新任务的着力点和应对措施。④

综合以上,北京高校关于习近平总书记系列讲话精神的理论研究成果丰硕,研究内容全面覆盖经济、政治、文化、社会、生态、国际关系、思想政治教育工作、话语权和互联网治理多个方面,这不仅对于全面贯彻和深入学习习近平总书记系列讲话精神有着很大的帮助和教育意义,而且对于推进社会主义核心价值观建设和中国特色社会主义伟大事业都有着极大的促进作用。

---

① 赵瑞琦:《"三个舆论场"与对印传播战略——"一带一路"下的中国国际话语权建构》,《齐鲁学刊》2016年01期。
② 陈水胜:《中国特色大国外交之"特色"探析》,《武汉科技大学学报(社会科学版)》2016年02期。
③ 卫灵:《习近平外交新思维:倡导》,《福建理论学习》2016年04期。
④ 王向明:《如何应对全球华语体系中的"三种论调"》,《理论导报》2016年07期。

# 第四章

# 习近平重要思想研究

习近平总书记主政以来,发表了许多重要讲话,全面阐述了新一代领导集体治国理政的基本思想,形成了颇具特色的指导中国特色社会主义建设的新的理论。北京各高校在学习贯彻落实习近平总书记系列重要讲话精神的同时,也对习近平总书记很多重要思想进行了理论研究与探讨,形成了较为丰富的理论成果。课题组成员在完成调研任务的同时,对习近平总书记的教育思想、中国传统文化思想、核心价值观思想进行了研究。

## 第一节 习近平教育思想研究

教育总是以社会生产发展的客观要求为基础,为一定社会的生产方式所决定,集中反映一定社会对于所要培养的人的总的要求。教育是民族振兴和社会进步的基石,事关国家未来。教育是提高人民综合素质、促进人的全面发展的重要途径,是对中华民族伟大复兴具有决定性意义的事业。

我国教育的根本任务就是要全面贯彻党的教育方针,培养德智体美全面发展的社会主义合格建设者和可靠接班人。党的十八大以来,以习近平同志为核心的党中央非常关心教育事业的改革与发展。关于教育改革与发展的一系列新思想、新观点、新论断、新要求,不仅丰富和发展了马克思主义教育思想,而且传承和创新了中国特色社会主义教育思想。

一、科教兴国,办出"中国特色、世界水平"的现代教育

百年大计,教育为本。教育是人类传承文明和知识、培养年轻一代的根本途

径。对一个国家来说,教育兴则国家兴,教育强则国家强。

实现中华民族伟大复兴的中国梦,必须更加重视教育,把教育放在优先发展的战略地位,要坚持马克思主义与社会主义的办学方向,大力培育和弘扬社会主义核心价值观,大力弘扬中华优秀传统文化,更加重视教育公平公正,不断提高教育质量,不断加强教师队伍建设,同时注意加强教育的国际合作与交流。

(一)走中国特色的社会主义教育发展道路

十七大提出了"坚持育人为本、德育为先"的教育理念。习近平总书记强调:"教育决定着人类的今天,也决定着人类的未来。人类社会需要通过教育不断培养社会需要的人才,需要通过教育来传授已知、更新旧知、开掘新知、探索未知,从而使人们能够更好认识世界和改造世界、更好创造人类的美好未来。"①百年大计,教育为本。教育是人类传承文明和知识、培养年轻一代、创造美好生活的根本途径。②

中国要建设世界一流大学,要办好中国的世界一流大学。教育的对外开放,不仅是整个人类文明不断演进的重要推动力,更是我国教育事业自身改革发展的内在要求和重要举措。习近平总书记指出:"办好中国的世界一流大学,必须有中国特色。没有特色,跟在他人后面亦步亦趋,依样画葫芦,是不可能办成功的。这里可以套用一句话,越是民族的越是世界的。……我们要认真吸收世界上先进的办学治学经验,更要遵循教育规律,扎根中国大地办大学。""党中央做出了建设世界一流大学的战略决策,我们要朝着这个目标坚定不移前进,不断深化教育体制改革。办好中国的世界一流大学,必须有中国特色。各级党委和政府要高度重视高校工作,始终关心和爱护学生成长。"③中国大学的建设发展要树立国际化视野,积极与世界著名高等学府建立常态的交流合作机制,充分汲取他们的有效教育经验和理念,为我所用。习近平总书记指出:"教育应该顺此大势,通过更加密切的互动交流,促进对人类各种知识和文化的认知,对各民族现实奋斗和未来愿景的体认,以促进各国学生增进相互了解、树立世界眼光、激发创新灵感,确立为人类和平与发展贡献智慧和力量的远大志向。"④强调"办好高等教育,事关国家

---

① 习近平:《办好中国的世界一流大学 必须有中国特色》,人民网 2014 年 9 月 10 日。
② 《习近平主席在联合国"教育第一"全球倡议行动一周年纪念活动上发表视频贺词》,《人民日报》2013 年 09 月 27 日第 3 版。
③ 习近平:《青年要自觉践行社会主义核心价值观——在北京大学师生座谈会上的讲话》,《人民日报》2014 年 05 月 05 日第 2 期。
④ 《习近平两次致贺信,这个书院成立初就不一般》,腾讯网 2016 年 9 月 13 日。

发展、事关民族未来。我国高等教育要紧紧围绕实现'两个一百年'奋斗目标、实现中华民族伟大复兴的中国梦,源源不断培养大批德才兼备的优秀人才","要坚持正确方向、坚持立德树人、坚持服务国家、坚持改革创新,面向世界、勇于进取,树立自信、保持特色,广育祖国和人民需要的各类人才,深度参与创新驱动发展战略实施,努力在创建世界一流大学方面走在前列,为国家发展、人民幸福、人类文明进步做出新的更大的贡献。"①

坚持社会主义办学方向,必须加强党对高校的领导。习近平总书记强调,高校肩负着学习研究宣传马克思主义、培养中国特色社会主义事业建设者和接班人的重大任务。加强党对高校的领导,加强和改进高校党的建设,是办好中国特色社会主义大学的根本保证。各级党委和宣传思想部门、组织部门、教育部门要加强对高校党的建设工作的领导和指导,坚持党的教育方针,坚持社会主义办学方向,加强和改进思想政治工作,切实把党要管党、从严治党落到实处。② 坚持育人为本、德育为先,掌握大学生意识形态的领导权。一要坚持政治领导。办好我国高等教育,必须坚持党的领导,牢牢掌握党对高校工作的领导权,使高校成为坚持党的领导的坚强阵地。党委要保证高校正确办学方向,掌握高校思想政治工作主导权,保证高校始终成为培养社会主义事业建设者和接班人的坚强阵地。各级党委要把高校思想政治工作摆在重要位置,加强领导和指导,形成党委统一领导、各部门各方面齐抓共管的工作格局。高校党委对学校工作实行全面领导,承担管党治党、办学治校主体责任,把方向、管大局、作决策、保落实。二要坚持思想领导。各地党委书记和有关部门党组书记要多到高校走走,多同师生接触,多次去高校做报告,回答师生关注的理论和现实问题。要加强同高校知识分子的联系,多关心、多交流、多鼓励,善交朋友、广交朋友、深交朋友,多听他们的意见,真听他们的意见。三要坚持组织领导。要加强高校党的基层组织建设,创新体制机制,改进工作方式,提高党的基层组织做思想政治工作能力。要做好在高校教师和学生中发展党员工作,加强党员队伍教育管理,使每个师生党员都做到在党爱党、在党言党、在党为党。

坚持社会主义办学方向,就要努力培养高素质人才,要借鉴、吸取国际先进经验。习近平总书记指出:"吸取国际先进经验,推进教育改革"。"科教兴国已成为

---

① 习近平:《习近平致清华大学建校 105 周年贺信》,新华网 2016 年 4 月 22 日。
② 习近平:《坚持立德树人思想引领 加强改进高校党建工作》,《人民日报》2014 年 12 月 30 日第一版。

中国的基本国策。我们将秉持科技是第一生产力、人才是第一资源的理念,兼收并蓄,吸取国际先进经验,推进教育改革,提高教育质量,培养更多、更高素质的人才,同时为各类人才发挥作用、施展才华提供更加广阔的天地。"①时代越是向前,知识和人才的重要性就愈发突出,教育的地位和作用就愈发凸显。我国正处于历史上发展最好的时期,但要实现"两个一百年"奋斗目标、实现中华民族伟大复兴的中国梦,必须更加重视教育,努力培养出更多更好能够满足党、国家、人民、时代需要的人才。"广大教师要做学生锤炼品格的引路人,做学生学习知识的引路人,做学生创新思维的引路人,做学生奉献祖国的引路人。"②广大教师要"为发展具有中国特色、世界水平的现代教育做出贡献"。③

任何一个社会形态下的大学都是服务于其体制的,都必须植根于国家和社会的主流价值观和文化,承担本国发展的使命,这既是大学教育存在发展的前提和基础,是大学必须扎根的土壤,也是或隐或显的大学价值观教育的内在职责与使命。中国高等教育要实现自身的社会和历史担当,必然需要深入和系统思考,必须扎根中国大地办中国特色的高水平大学。要牢牢把握社会主义办学方向,坚持以马克思主义为指导,坚持党对高校的领导,增强道路自信、理论自信、制度自信、文化自信,培养中国特色社会主义合格建设者和可靠接班人。2014年10月23日中国共产党第十八届中央委员会第四次全体会议在通过的《中共中央关于全面推进依法治国若干重大问题的决定》中指出:"坚持用马克思主义法学思想和中国特色社会主义法治理论全方位占领高校、科研机构法学教育和法学研究阵地,加强法学基础理论研究,形成完善的中国特色社会主义法学理论体系、学科体系、课程体系。""坚持不忘初心、继续前进,就要坚持马克思主义的指导地位,坚持把马克思主义基本原理同当代中国实际和时代特点紧密结合起来,推进理论创新、实践创新,不断把马克思主义中国化推向前进。"④

坚持社会主义办学方向,因为我国有独特的历史、独特的文化、独特的国情,这就决定了我国必须走自己的高等教育发展道路,扎实办好中国特色社会主义高校。要坚持"四为"的方针,即我国高等教育发展方向要同我国发展的现实目标和

---

① 《习近平会见清华大学经管学院顾问委员会海外委员的讲话》,中国新闻网2013年10月23日。
② 《习近平回母校北京市八一学校看望师生》,新华网2016年9月11日。
③ 《习近平向给全国广大教师致慰问信》,《人民日报》2013年09月10日第1版。
④ 习近平:《在庆祝中国共产党成立95周年大会上的讲话》,《人民日报》2016年07月02日第3版。

未来方向紧密联系在一起,为人民服务,为中国共产党治国理政服务,为巩固和发展中国特色社会主义制度服务,为改革开放和社会主义现代化建设服务。在办学目标上实现"双一流"。办出世界一流大学,必须牢牢抓住全面提高人才培养能力这个核心点,并以此来带动高校其他工作。2015年10月,国务院颁布《统筹推进世界一流大学和一流学科建设总体方案》提出:"建设世界一流大学和一流学科,是党中央、国务院做出的重大战略决策,对于提升我国教育发展水平、增强国家核心竞争力、奠定长远发展基础,具有十分重要的意义。"

坚持社会主义办学方向,办好中国特色社会主义高校,必须坚持以马克思主义为指导,全面贯彻党的教育方针。要坚持不懈传播马克思主义科学理论,抓好马克思主义理论教育,为学生一生成长奠定科学的思想基础。要坚持不懈培育和弘扬社会主义核心价值观,引导广大师生做社会主义核心价值观的坚定信仰者、积极传播者、模范践行者。要坚持不懈促进高校和谐稳定,培育理性平和的健康心态,加强人文关怀和心理疏导,把高校建设成为安定团结的模范之地。要坚持不懈培育优良校风和学风,使高校发展做到治理有方、管理到位、风清气正。

(二)维护社会教育的公平正义

教育公平是社会公平的重要内容,也是现代社会的基础性公平。追求教育公平,确保人人都享有平等的受教育的权利,是人类社会的价值理念和目标方向。个人无法选择性别、地域、天赋、家庭等,但可以享有平等的教育权利,可以通过接受良好的教育,实现自由而全面的发展。教育不仅是文化传承、民族延续的重要途径,也是实现社会公平、建立和谐社会的现实选择。现阶段,教育资源分布区域差异大,地区、城乡、校际之间教育发展不平衡,还存在着教育的不公平。教育不公平已经成为影响国计民生的重大问题,成为老百姓最不满意的问题之一,要努力把教育改革发展的成果惠及最广大人民群众。习近平总书记从维护社会公平正义的战略高度,强调全民教育、终身教育,让每个人都有人生出彩的机会。

1. 发展全民教育、终身教育

办好中国特色、世界水平的现代教育,就要实现教育公平,"努力让每个孩子享有受教育的机会","努力让每个人都有人生出彩的机会"。习近平总书记指出:"教育公平是社会公平的重要基础,要不断促进教育发展成果更多更公平惠及全体人民,以教育公平促进社会公平正义。"① 习近平总书记指出:中国有2.6亿名在校学生和1500万名教师,发展教育任务繁重。中国将坚持实施科教兴国战略,

---

① 《习近平回母校北京市八一学校看望师生》,新华网2016年9月11日。

始终把教育摆在优先发展的战略位置,不断扩大投入,努力发展全民教育、终身教育,建设学习型社会,努力让每个孩子享有受教育的机会,努力让13亿人民享有更好更公平的教育,获得发展自身、奉献社会、造福人民的能力。①"要坚持教育优先,培养优秀人才,全面提高入学率,让适龄的孩子们学习在学校、生活在学校、成长在学校。"②

习近平总书记十分重视缩小中西部与东部地区的教育资源差别,缩小城乡教育资源差别,解决教育短板等问题。他在第二次中央新疆工作座谈会上指出:"要坚持教育优先,培养优秀人才,全面提高入学率,让适龄的孩子们学习在学校、生活在学校、成长在学校。要吸引更多优秀人才投身教育,国家的教育经费要多往新疆投。"③在山东考察工作时进一步指出,要抓住"提高农村义务教育水平这个治本之策,突出重点,上下联动,综合施策。"④"教育短板在西部地区、农村地区、老少边穷岛地区,尤其要加大扶持力度。"少年强则中国强,中西部强则中国强。⑤ "革命老区、贫困地区抓发展在根上还是要把教育抓好,不要让孩子输在起跑线上。要重视教育,重视基础教育尤其是老区的基础教育,财政资金要向这方面倾斜。"⑥"要加强对基础教育的支持力度,办好学前教育,均衡发展九年义务教育,基本普及高中阶段教育。要优化教育资源配置,逐步缩小区域、城乡、校际差距,特别是要加大对革命老区、民族地区、边远地区、贫困地区基础教育的投入力度,保障贫困地区办学经费,健全家庭困难学生资助体系。要推进教育精准脱贫,重点帮助贫困人口子女接受教育,阻断贫困代际传递,让每一个孩子都对自己有信心、对未来有希望。"⑦

2014年6月23日至24日,习近平总书记在全国职业教育工作会议上的讲话中强调:"要牢牢把握服务发展、促进就业的办学方向,深化体制机制改革,创新各

---

① 《习近平主席在联合国"教育第一"全球倡议行动一周年纪念活动上发表视频贺词》,《人民日报》2013年09月27日第3期。
② 习近平:《要在各族群众中牢固树立正确的祖国观、民族观》,新华网2014年5月29日。
③ 习近平:《坚持依法治疆 团结稳疆 长期建疆 团结各族人民建设社会主义新疆》,《人民日报》2014年05月30日第1版。
④ 习近平:《认真贯彻党的十八届三中全会精神 汇聚起全面深化改革的强大正能量》,《人民日报》2013年11月29日第1版。
⑤ 《习近平在北京师范大学考察时号召全国广大教师做党和人民满意的好老师》,《人民日报》2014年09月10日第1期。
⑥ 《习近平春节前夕赴陕西看望慰问广大干部群众向全国人民致以新春祝福 祝祖国繁荣昌盛人民幸福安康》,《人民日报》2015年02月17日第1期。
⑦ 《习近平回母校北京市八一学校看望师生》,新华网2016年9月11日。

层次各类型职业教育模式,坚持产教融合、校企合作,坚持工学结合、知行合一,引导社会各界特别是行业企业积极支持职业教育,努力建设中国特色职业教育体系。要加大对农村地区、民族地区、贫困地区职业教育支持力度,努力让每个人都有人生出彩的机会。""要进一步突出职业教育战略地位,构建以就业为导向、体现终身教育理念、面向人人的现代职业教育体系,促进职业教育与其他类型教育有机衔接,畅通人才多元化成长渠道。要创新培养模式,深化产教融合、校企合作,培养更多适应经济社会需要的技术技能人才。要改革办学体制,支持社会力量兴办职业教育,不断增强职业教育发展活力。"①

2. 促进人的全面发展

中国特色、世界水平的现代教育必然是传承中华文化血脉、扎根中国大地、践行中国特色社会主义道路、服务国家发展的教育;中国特色、世界水平的现代教育必须具有国际视野,以宽广的胸怀、平等包容互鉴的态度对待其他国家教育,通过交流沟通、学习借鉴不断提升水平,通过国际合作解决面临的共同问题,推动人类文明进步;中国特色、世界水平的现代教育必然具有鲜明的时代特征,是不断改革创新、与时俱进的现代教育。中国特色、世界水平的现代教育是促进人的全面发展、释放每个人的潜能、满足现代社会发展需要的教育,是包括发达的幼儿教育、高水平的义务教育、完善的职业教育、优质的高等教育和健全的终身教育的完备教育体系。有了这样的教育,我们的人才就会大量涌现,我们的国家就会拥有强大的竞争力。"素质教育是教育的核心,教育要注重以人为本、因材施教,注重学用相长、知行合一,着力培养学生的创新精神和实践能力,促进学生德智体美全面发展。"②

3. 深化教育改革,推进素质教育

习近平总书记强调:着力完善人才发展机制。要用好用活人才,建立更为灵活的人才管理机制,打通人才流动、使用、发挥作用中的体制机制障碍,最大限度支持和帮助科技人员创新创业。要深化教育改革,推进素质教育,创新教育方法,提高人才培养质量,努力形成有利于创新人才成长的育人环境。要积极引进海外优秀人才,制定更加积极的国际人才引进计划,吸引更多海外创新人才到我国工作。③

---

① 习近平:《加快发展职业教育 让每个人都有人生出彩机会》,新华网 2014 年 6 月 23 日。
② 《习近平回母校北京市八一学校看望师生》,新华网 2016 年 9 月 11 日。
③ 《习近平主持中共中央政治局第九次集体学习并发表重要讲话》,政府网 2013 年 10 月 1 日。

教育,要深化考试招生制度改革,要在充分论证搞好顶层设计的基础上,试点先行,分步实施,有序推进。深化考试招生制度改革,总的目标是形成分类考试、综合评价、多元录取的考试招生模式,健全促进公平、科学选才、监督有力的体制机制,构建衔接沟通各级各类教育、认可多种学习成果的终身学习立交桥。①

**二、把"立德树人"作为根本任务**

立德树人是发展中国特色社会主义教育事业的核心所在,是培养德智体美全面发展的社会主义建设者和接班人的本质要求。立德树人是教育的根本任务,培育和弘扬社会主义核心价值观是教育事业改革发展的基础工程。立德树人要以德为先。"德"既有个人的"德",也有国家和社会的"德","人无德不立,国无德不兴",它们相互统一、协调发展。"立德树人"要求教育事业不仅要传授知识、培养能力,更要把培育和弘扬社会主义核心价值观落实到推进教育治理体系和治理能力现代化中去,引导学生树立正确的世界观、人生观、价值观。党的十八大首次把"立德树人"写入党的全国代表大会报告。十八大报告指出,"把立德树人作为教育的根本任务,培养德智体美全面发展的社会主义建设者和接班人"。"立德树人"首次确立为教育的根本任务。这是我们党对教育本质认识的进一步深化,这既充分彰显了我们党对于教育价值指向的准确判断,也有力说明了党对德育工作的极大重视。党的十八届三中全会通过的《中共中央关于全面深化改革若干重大问题的决定》明确提出:全面贯彻党的教育方针,坚持立德树人,加强社会主义核心价值体系教育。

习近平总书记敏锐地把握我国教育发展的根本任务导向,高度重视"培养什么人、怎样培养人"这一中国特色社会主义教育事业的根本问题、核心命题。他强调,要"坚持立德树人,把培育和践行社会主义核心价值观融入教书育人全过程"。② 这就进一步明确了教育工作的根本使命:既要传授知识、培养能力,还要引导学生培育和践行社会主义核心价值观,进一步丰富了人才培养的深刻内涵。立德树人,要以"德"为先。"国无德不兴,人无德不立。"③教育必须以培养有高尚

---

① 《习近平主持中央全面深化改革领导小组第四次会议并发表讲话》,政府网 2014 年 8 月 18 日。
② 习近平:《坚持立德树人思想引领 加强改进高校党建工作》,《人民日报》2014 年 12 月 30 日第 1 版。
③ 习近平:《认真贯彻党的十八届三中全会精神 汇聚起全面深化改革的强大正能量》,《人民日报》2013 年 11 月 29 日第 1 版。

道德品质的人为根本目标,这是中国特色社会主义现代化建设伟业不断发展的内在要求。在此基础上,培养有道德的社会主义公民。价值观是德的主要内容,实现立德树人的教育目标必须抓好价值观教育。青年正处于价值观形成的重要时期,抓好青年的价值观教育事关国家和民族的前途命运。要实现全面育人,只有青年有理想、有道德、有担当,我们的国家和民族才会有前途、有希望。

  如何培养合格的建设者和接班人的问题?习近平总书记在全国高校思想政治工作会议讲话中指出:思想政治工作从根本上说是做人的工作,必须围绕学生、关照学生、服务学生,不断提高学生思想水平、政治觉悟、道德品质、文化素养,让学生成为德才兼备、全面发展的人才。人才培养,思想为先。提高学生的思想水平,要引导学生认识中国与世界、理想与现实、个人与发展。习近平总书记强调,要教育引导学生正确认识世界和中国发展大势,从我们党探索中国特色社会主义历史发展和伟大实践中,认识和把握人类社会发展的历史必然性,认识和把握中国特色社会主义的历史必然性,不断树立为共产主义远大理想和中国特色社会主义共同理想而奋斗的信念和信心;正确认识中国特色和国际比较,全面客观认识当代中国、看待外部世界;正确认识时代责任和历史使命,用中国梦激扬青春梦,为学生点亮理想的灯、照亮前行的路,激励学生自觉把个人的理想追求融入国家和民族的事业中,勇做走在时代前列的奋进者、开拓者;正确认识远大抱负和脚踏实地,珍惜韶华、脚踏实地,把远大抱负落实到实际行动中,让勤奋学习成为青春飞扬的动力,让增长本领成为青春搏击的能量。孟子说:"先立乎其大者,则其小者不能夺也。"青年学生对世界有了正确的看法,对现实有了正确的判断,对自身责任有了正确的认识和定位,思想水平才能不断提高,才能在千变万化的局势面前坚定立场,不失方向,做到"乱云飞渡仍从容",保持足够的思想定力。

### 三、教师是立教之本、兴教之源

  "立德树人"是所有教育工作者的神圣使命。高校教师应以高度的社会责任感坚持教书育人、为人师表,以良好的思想道德品质给大学生以潜移默化的影响;不仅是思想政治工作者的使命,而且是每个专业教师的责任。

  习近平总书记在多次考察、讲话、批示中,表达了对中国教育的重视、对中国教师的尊敬。他强调:高校是教育培养青年人才的重要园地,也是用社会主义核心价值体系武装青年的重要思想阵地。习近平总书记指出,教师是人类灵魂的工程师,是青年学生成长的引路人和指导者。他们的思想政治素质和道德情操,对青年学生具有很强的影响力和感染力,在思想传播方面起着十分重要的作用。[①]他说:"百年大计,教育为本。教师是立教之本、兴教之源,承担着让每个孩子健康成长、办好人民满意教育的重任。""教师承担着让每个孩子健康成长、办好人民满意教育的重任。……全社会要大力弘扬尊师重教的良好风尚,使教师成为最受社会尊重的职业"。"教师承担着最庄严、最神圣的使命。既是学问之师,又是品行之师。教师要时刻铭记教书育人的使命,甘当人梯,甘当铺路石,以人格魅力引导学生心灵,以学术造诣开启学生的智慧之门。""希望全国广大教师牢固树立中国特色社会主义理想信念,带头践行社会主义核心价值观,自觉增强立德树人、教书育人的荣誉感和责任感,学为人师,行为世范,做学生健康成长的指导者和引路人;牢固树立终身学习理念,加强学习,拓宽视野,更新知识,不断提高业务能力和教育教学质量,努力成为业务精湛、学生喜爱的高素质教师;牢固树立改革创新意识,踊跃投身教育创新实践,为发展具有中国特色、世界水平的现代教育做出贡献。"[②]

教师是教育的第一资源,是发展教育事业的关键所在。习近平总书记到北京师范大学慰问和看望教师时强调"百年大计,教育为本。教育大计,教师为本。"他说:"百年大计,教育为本。教育大计,教师为本。国家繁荣、民族振兴、教育发展,需要我们大力培养造就一支师德高尚、业务精湛、结构合理、充满活力的高素质专业化教师队伍,需要涌现一大批好老师。全国广大教师要做有理想信念、有道德情操、有扎实知识、有仁爱之心的好老师,为发展具有中国特色、世界水平的现代教育,培养社会主义事业建设者和接班人做出更大贡献。各级党委和政府要坚持把教育放在优先发展的战略位置,继续大力推动教育改革发展,使我国教育越办越好、越办越强。""做好老师,要有理想信念,要有道德情操,要有扎实学识,要有仁爱之心。"[③]2016年9月9日习近平总书记在考察八一学校时提出:广大教师要做学生锤炼品格的引路人,做学生学习知识的引路人,做学生创新思维的引路人,做学生奉献祖国的引路人。2015年9月9日习近平总书记给"国培计划(2014)"北京师范大学贵州研修班参训教师的回信时说:希望你们牢记使命、不忘初衷,扎根西部、服务学生,努力做教育改革的奋进者、教育扶贫的先行者、学生成长的引导者,为贫困地区教育事业发展、为祖国下一代健康成长继续做出自己的贡献。

---

① 《习近平在会见第20次全国高校党建会议代表的讲话》,政府网2012年1月4日。
② 《习近平向全国广大教师致慰问信》,《人民日报》2013年09月10日第1版。
③ 习近平:《做党和人民满意的好老师——同北京师范大学师生代表座谈时的讲话》,《人民日报》2014年09月10日第2版。

学校作为社会主义现代化建设的人才培育基地，要坚决抓好广大青年学生的价值观培育，坚定地"承担好立德树人、教书育人的神圣职责，着力培养造就中国特色社会主义事业合格建设者和接班人。"①教师承担着传道解惑的使命。优秀教师既要精于授业、解惑，更要以"传道"为责任和使命。教师是人类灵魂的工程师，承担着神圣使命。"要加强师德师风建设，坚持教书和育人相统一，坚持言传和身教相统一，坚持潜心问道和关注社会相统一，坚持学术自由和学术规范相统一，引导广大教师以德立身、以德立学、以德施教。"②

**四、加强教师队伍建设**

在"科教兴国"和"人才强国"双驱战略轨道上大力推进社会主义现代化建设事业的今天，要培育创新人才就离不开高素质的教育工作者，更凸显了教师群体的重要地位和巨大作用。加强教师队伍建设，要拓展选拔视野，抓好教育培训，强化实践锻炼，健全激励机制，整体推进高校党政干部和共青团干部、思想政治理论课教师和哲学社会科学课教师、辅导员班主任和心理咨询教师等队伍建设，保证这支队伍后继有人、源源不断。

（一）自觉加强学习研究，坚定信仰

一个没有发达的自然科学的国家不可能走在世界前列，一个没有繁荣的哲学社会科学的国家也不可能走在世界前列。坚持和发展中国特色社会主义，需要不断在实践和理论上进行探索、用发展着的理论指导发展着的实践。在这个过程中，哲学社会科学具有不可替代的重要地位，哲学社会科学工作者具有不可替代的重要作用。第一个问题，坚持和发展中国特色社会主义必须高度重视哲学社会科学；第二个问题，坚持马克思主义在我国哲学社会科学领域的指导地位；第三个问题，加快构建中国特色哲学社会科学。要体现继承性、民族性，体现原创性、时代性，体现系统性、专业性。第四个问题，加强和改善党对哲学社会科学工作的领导。把做人、做事、做学问统一起来。要有"板凳要坐十年冷，文章不写一句空"的执着坚守，耐得住寂寞，经得起诱惑，守得住底线，立志做大学问、做真学问。要把社会责任放在首位，严肃对待学术研究的社会效果，自觉践行社会主义核心价值观，做真善美的追求者和传播者，以深厚的学识修养赢得尊重，以高尚的人格魅力

---

① 《习近平给全校学生回信表示祝贺》，《人民日报》2013年10月07日第1版。
② 《习近平在全国高校思想政治工作会议的讲话》，政府网2016年10月8日。

引领风气,在为祖国、为人民立德立言中成就自我、实现价值。① 习近平总书记强调,坚持和发展中国特色社会主义,哲学社会科学具有不可替代的重要地位,哲学社会科学工作者具有不可替代的重要作用。这次讲话是发展与繁荣我国哲学社会科学事业的纲领性文献,明晰了哲学社会科学在国家发展中的定位,清楚表明了哲学社会科学发展水平是一个国家综合国力的重要体现。这些重要论述提升了我们思考问题的高度,开阔了观察世界的视野。

教师切实肩负繁荣发展哲学社会科学事业的历史使命,要自觉加强马克思主义基本原理和马克思主义中国化最新成果的学习研究,坚定信仰。理直气壮地讲好马克思主义理论。在当今国际和国内形势下建设中国特色社会主义,必然会受到国内外各种思潮的影响,这些思潮在意识形态领域以复杂多样的形式表现出来,需要用马克思主义牢固占领哲学社会科学阵地。要培养学生的责任意识,国家形象意识。自觉承担历史使命。要将党的理想信念教育、党的奋斗历程和历史使命正确地传递给学生,坚定中国特色社会主义道路自信、理论自信、制度自信、文化自信。

作为哲学理论战线的一员,有责任有义务研究马克思主义、中国传统文化;有责任有义务宣传马克思主义、中国传统文化。要重视基础研究,要扭转日益严重的功利化、媚俗化的选题取向和研究导向,要注重学科基本事实的厘定,注重基本概念、范畴、通则、理论的研究和建构;要面向中国发现问题,基于中国问题的解决,创新适应于中国问题的研究范式、分析框架和解释模式,有效推进社会科学研究话语和范式的本土化进程;要注重区分哲学和社会科学的不同学科性质,在提倡不同学科多层次交叉融合的同时,也要重视厘清学科界限,认识不同研究方法的延展边界,在研究方法和路径上要鼓励创新。

(二)加强青年教师队伍思想政治建设

高校党组织要切实把加强青年教师队伍思想政治建设作为高校党建工作的一个重大而紧迫的问题来抓,关心青年教师,及时掌握青年教师思想动态,深入细致地做好思想引导工作,帮助青年教师在思想政治素质和业务素质上全面进步。② 2012年1月,习近平总书记在会见第20次全国高校党建会代表时强调:"青年教师作为高校教学的重要力量,与学生沟通互动多,对学生影响很大。要把加强青年教师队伍思想政治建设作为高校党的建设一个重大问题来抓,深入细致

---

① 习近平:《在哲学社会科学工作座谈会上的讲话》,《人民日报》2016年05月19日第2版。
② 《习近平在部分高校党建工作座谈会上讲话》,中国新闻网2012年6月20日。

地做好青年教师的思想引导工作,加大在青年教师中发展党员的工作力度,优化高校党员队伍结构。"中共中央组织部 中共中央宣传部 中共教育部党组《关于加强和改进高校青年教师思想政治工作的若干意见》中明确提出:加强高校青年教师队伍建设,提高青年教师思想政治素质,促进青年教师全面发展,引导广大高校青年教师为实现中华民族伟大复兴的中国梦贡献力量。

习近平总书记倡导尊师重教。他特别指出,加强教师队伍建设,还须在全社会范围内大力弘扬尊师重教的优良风尚,使教师真正成为最受社会尊重的职业。

**五、青年应有理想、有担当,自觉践行社会主义核心价值观**

立德树人,青年教育的根本任务为办好人民满意的教育。中国梦凝聚了几代中国人的夙愿,凝结着无数仁人志士的不懈努力,承载着全体中华儿女的共同向往,昭示着国家富强、民族振兴、人民幸福的美好前景。圆中国梦,青年教育的根本任务是圆青春梦。

中华民族伟大复兴终将在广大青年的接力奋斗中变为现实。青年是国家的未来和民族的希望,是党和人民事业发展的生力军。中国共产党始终高度重视青年、关怀青年、信任青年。

实现中华民族伟大梦想,青年应有理想、勇担当,不断地为梦想奋斗,自觉践行社会主义核心价值观。习近平总书记明确指明了新时期改进青年教育工作的方针、政策、理念的道路与方向。

**(一)青年应有理想、勇于担当**

历史和现实都告诉我们:"青年最富有朝气、最富有梦想","青年一代有理想、有担当,国家就有前途,民族就有希望"[1],实现中华民族伟大复兴就有源源不断的强大力量。"功崇惟志,业广惟勤。"理想指引人生方向,信念决定事业成败。没有理想信念,就会导致精神上"缺钙"。

加强以中国梦为内核的理想信念教育,树立远大志向理想指引道路,道路决定命运。习近平总书记勉励当代青年珍惜韶华、奋发有为,勇做走在时代前面的奋进者、开拓者、奉献者。他指出:"现在,我们比历史上任何时期都更接近实现中华民族伟大复兴的目标,比历史上任何时期都更有信心、更有能力实现这个目标。""距离实现中华民族伟大复兴的目标越近,我们越不能懈怠、越要加倍努力,

---

[1] 习近平:《在知识分子、劳动模范、青年代表座谈会上的讲话》,人民出版社,2016。

越要动员广大青年为之奋斗。"①要立足新形势下的道德内涵,善于挖掘当代道德的丰富性,教育引导青年将共产主义信仰融入新时代道德内涵中,树立社会主义道德观。习近平总书记强调:"要加强年轻干部的道德修养,引导他们珍重人格、珍爱声誉、珍惜形象,增强道德责任感,常修为政之德,积小德养大德,努力成为思想纯洁、品行端正的示范者,爱岗敬业、敢于负责的力行者,明礼诚信、遵纪守法的先行者,生活正派、情趣健康的引领者。"②

青年应努力在实现中华民族伟大复兴的中国梦的生动实践中放飞青春梦想,"只有进行了激情奋斗的青春,只有进行了顽强拼搏的青春,只有为人民做出了奉献的青春,才会留下充实、温暖、持久、无悔的青春回忆。"③只有把人生理想融入国家和民族的事业中,才能最终成就一番事业。④ 有信念、有梦想、有奋斗、有奉献的人生,才是有意义的人生。⑤

青年应努力在为人民利益的不懈奋斗中书写人生华章。有奉献的人生奉献就是一种爱、一种快乐、一种幸福,拥有奉献的人生才是完美的人生。习近平总书记指出,青年要有奉献精神,首先要锤炼高尚品格。"要弘扬奉献、友爱、互助、进步的志愿精神,坚持与祖国同行、为人民奉献,以青春梦想、用实际行动为实现中国梦做出新的更大贡献。"⑥他在给北京大学考古文博学院2009级本科团支部全体同学的回信中强调,只有把人生理想融入国家和民族的事业中,才能最终成就一番事业。

青年应努力"珍惜韶华、奋发有为,勇做走在时代前面的奋进者、开拓者、奉献者,努力使自己成为祖国建设的有用之才、栋梁之材,为实现中国梦奉献智慧和力量。"⑦青年一定要练就过硬本领、勇于创新创造、矢志艰苦奋斗、锤炼高尚品格;要坚定百折不挠的进取意志,保持乐观向上的精神状态,变挫折为动力,用从挫折中吸取的教训启迪人生,使人生获得升华和超越。

---

① 习近平:《青年要自觉践行社会主义核心价值观.习近平谈治国理政》,外文出版社2014年,第167页。
② 习近平:《习近平在培养选拔年轻干部工作座谈会上的讲话》,人民网2009年4月1日。
③ 习近平:《在同各界优秀青年代表座谈时的讲话》,《人民日报》2013年05月05日第2版。
④ 《习近平给北京大学学生回信勉励当代青年》,新华网2013年5月4日。
⑤ 习近平:《青年要自觉践行社会主义核心价值观.习近平谈治国理政》,外文出版社2014年,第175页。
⑥ 《习近平给华中农业大学"本禹志愿服务队"回信,勉励青年志愿者以青春梦想用实际行动、为实现中国梦做出新的更大贡献》,《人民日报》2013年12月06日第1版。
⑦ 《习近平给北京大学学生回信勉励当代青年》,新华网2013年5月4日。

广大青年在实现中国梦进程中是大有可为、大有作为的。如何成为祖国建设的有用之才？习近平总书记要求广大青年不断培育和践行社会主义核心价值观，保持积极的人生态度、良好的道德品质，积极参加公益活动、志愿服务等，逐步养成自觉奉献、主动奉献、积极奉献、乐于奉献的良好习惯；要在社会实践中掌握真才实学，练就本领，必须结合自身实际，深入一线、深入基层、深入群众，在生动的社会实践活动中增长见识、砥砺品质、锻炼意志、强化本领，从自己做起，从身边的小事做起，在社会主义改革开放和现代化建设的大熔炉中，在社会的大学校里掌握真才实学，努力成为能担重任、可堪大用的国家栋梁。他倡导当代青年大学生要转变就业、择业观念，要立足自身实际、心系国家发展，要勇于奔赴农村和边疆基层去洗礼人生，到祖国和人民最需要的地方和行业领域去建功立业。2014年2月，习近平总书记给大学生村干部张广秀复信，对实施大学生村干部计划的成效给予肯定，并对大学生村干部提出了殷切的期望：热爱基层，扎根基层："要将青春播撒在农村"；增长见识，增长才干："在农村锻炼自我，成长成才"；服务基层，促进发展："金杯银杯不如老百姓的口碑"。他勉励青年人到基层和人民中去建功立业，在实现中国梦的伟大实践中书写别样精彩的人生。①

（二）青年应自觉践行社会主义核心价值观

习近平总书记全面阐述了社会主义核心价值观的战略意义、深刻内涵、历史渊源、实践要求，深刻指出了当代青年树立和培育社会主义核心价值观的时代责任和努力方向。他指出："核心价值观承载着一个民族、一个国家的精神追求，体现着一个社会评判是非曲直的价值标准。""要大力培育和弘扬社会主义核心价值体系和核心价值观，加快构建充分反映中国特色、民族特性、时代特征的价值体系。坚守我们的价值体系，坚守我们的核心价值观，必须发挥文化的作用。"②"在当代中国，我们的民族、我们的国家应该坚守什么样的核心价值观？这个问题，是一个理论问题，也是一个实践问题。经过反复征求意见，综合各方面认识，我们提出要倡导富强、民主、文明、和谐，倡导自由、平等、公正、法治，倡导爱国、敬业、诚信、友善，积极培育和践行社会主义核心价值观。富强、民主、文明、和谐是国家层面的价值要求，自由、平等、公正、法治是社会层面的价值要求，爱国、敬业、诚信、友善是公民层面的价值要求。"

---

① 《习近平给河北保定学院西部支教毕业生群体代表回信》，《人民日报》2014年5月4日。
② 《习近平在省部级主要领导干部学习贯彻十八届三中全会精神全面深化改革专题研讨班开班式上发表重要讲话》，《人民日报》2014年2月18日。

"一个民族的文明进步,一个国家的发展壮大,需要一代又一代人接力努力,需要很多力量来推动,核心价值观是其中最持久最深沉的力量。"①广大青年要从现在做起,从自己做起,勤学、修德、明辨、笃实,使社会主义核心价值观成为自己的基本遵循,并身体力行大力将其推广到全社会去,努力在实现中国梦的伟大实践中创造自己的精彩人生。"要用社会主义核心价值观引导青年树立远大的科学的梦想,用中国梦打牢广大青少年的共同思想基础"②。习近平总书记指出:"现在在高校学习的大学生都是20岁左右,到2020年全面建成小康社会时,很多人还不到30岁;到本世纪中叶基本实现现代化时,很多人还不到60岁。也就是说,实现'两个一百年'奋斗目标,你们和千千万万青年将全过程参与。有信念、有梦想、有奋斗、有奉献的人生,才是有意义的人生。当代青年建功立业的舞台空前广阔、梦想成真的前景空前光明,希望大家努力在实现中国梦的伟大实践中创造自己的精彩人生。"

　　习近平总书记强调,每个时代都有每个时代的精神,每个时代都有每个时代的价值观念。一个民族、一个国家的核心价值观必须同这个民族、这个国家的历史文化相契合,同这个民族、这个国家的人民正在进行的奋斗相结合,同这个民族、这个国家需要解决的时代问题相适应。他指出:"青年的价值取向决定了未来整个社会的价值取向,而青年又处在价值观形成和确立的时期,抓好这一时期的价值观养成十分重要。这就像穿衣服扣扣子一样,如果第一粒扣子扣错了,剩余的扣子都会扣错。人生的扣子从一开始就要扣好。"核心价值观的养成绝非一日之功,要坚持由易到难、由近及远,努力把核心价值观的要求变成日常的行为准则,进而形成自觉奉行的信念理念。广大青年应树立和培育社会主义核心价值观,牢记习近平总书记的"八字箴言",要在勤学、修德、明辨、笃实上下功夫,下得苦功夫、求得真学问,加强道德修养、注重道德实践,善于明辨是非、善于决断选择,扎扎实实干事、踏踏实实做人,立志报效祖国、服务人民,于实处用力,从知行合一上下功夫。习近平总书记对青年寄予厚望,希望青年要坚定理想信念、练就过硬本领、勇于创新创造、矢志艰苦奋斗、锤炼高尚品格。③ 他在上海考察时指出:"培育和践行社会主义核心价值观,贵在坚持知行合一、坚持行胜于言,在落

---

① 习近平:《从小积极培育和践行社会主义核心价值观.习近平谈治国理政》,外文出版社2014年,第180页。
② 习近平:《在同各界优秀青年代表座谈时的讲话》,《人民日报》2013年05月05日第2版。
③ 习近平:《青年要自觉践行社会主义核心价值观.习近平谈治国理政》,外文出版社2014年,第172-173页。

细、落小、落实上下功夫。要注意把社会主义核心价值观日常化、具体化、形象化、生活化,使每个人都能感知它、领悟它,内化为精神追求,外化为实际行动,做到明大德、守公德、严私德。"

社会主义核心价值观要真正发挥作用,必须融入社会生活,让人们在实践中感知它、领悟它,达到润物细无声。要利用各种时机和场合,形成有利于培育和弘扬社会主义核心价值观的生活情景和社会氛围,使核心价值观的影响像空气一样无所不在、无时不有。习近平总书记指出:"把培育和弘扬社会主义核心价值观作为凝魂聚气、强基固本的基础工程,继承和发扬中华优秀传统文化和传统美德,广泛开展社会主义核心价值观宣传教育,积极引导人们讲道德、尊道德、守道德,追求高尚的道德理想,不断夯实中国特色社会主义的思想道德基础。""要从娃娃抓起、从学校抓起,做到进教材、进课堂、进头脑。"[1]"让社会主义核心价值观在少年儿童中培育起来,家庭、学校、少先队组织和全社会都有责任。""全社会都要了解少年儿童、尊重少年儿童、关心少年儿童、服务少年儿童,为少年儿童提供良好社会环境。"[2]他同时指出,培育和弘扬社会主义核心价值观必须立足中华优秀传统文化。这些重要论述,进一步明确了青少年教育在传承和发展中华优秀传统文化、培育和弘扬社会主义核心价值观中的地位与作用、使命与途径。

(三)青年应树立正确的学习观,志存高远

我们的国家,我们的民族,从积贫积弱一步一步走到今天的发展繁荣,靠的就是一代又一代人的顽强拼搏,靠的就是中华民族自强不息的奋斗精神。当前,我们既面临着重要发展机遇,也面临着前所未有的困难和挑战。梦在前方,路在脚下。自胜者强,自强者胜。实现我们的发展目标,需要广大青年锲而不舍、驰而不息的奋斗;需要广大青年志存高远,绽放青春,放飞梦想。

"学而不思则罔,思而不学则殆。"面对世界的深刻复杂变化,面对信息时代各种思潮的相互激荡,面对纷繁多变、鱼龙混杂、泥沙俱下的社会现象,面对学业、情感、职业选择等多方面的考量,青年要学会思考、善于分析、正确抉择,做到稳重自持、从容自信、坚定自励。习近平总书记告诫青年:"真正把读书学习当成一种生活态度、一种工作责任、一种精神追求,自觉养成读书学习的习惯"。[3]"树立梦想

---

[1] 习近平:《培育和弘扬社会主义核心价值观.习近平谈治国理政》,外文出版社2014年,第163,164-165页。
[2] 习近平:《从小积极培育和践行社会主义核心价值观.习近平谈治国理政》,外文出版社2014年,第184页。
[3] 习近平:《读书学习水平决定工作水平领导水平》,《学习时报》2009年05月13日。

从学习开始、事业靠本领成就的观念,让勤奋学习成为青春远航的动力,让增长本领成为青春搏击的能量。""青年人正处于学习的黄金时期,应该把学习作为首要任务,作为一种责任、一种精神追求、一种生活方式,树立梦想从学习开始、事业靠本领成就的观念,让勤奋学习成为青春远航的动力,让增长本领成为青春搏击的能量。""青年有着大好机遇,关键是要迈稳步子、夯实根基、久久为功。心浮气躁,朝三暮四,学一门丢一门,干一行弃一行,无论为学还是创业,都是最忌讳的。'天下难事,必作于易;天下大事,必作于细。'成功的背后,永远是艰辛努力。"①

青年要学习、研究马克思主义,与人民群众一起奋斗。习近平总书记提出:"党校、干部学院、社会科学院、高校、理论学习中心组等都要把马克思主义作为必修课,成为马克思主义学习、研究、宣传的重要阵地。"②"当代中国青年要有所作为,就必须投身人民的伟大奋斗。同人民一起奋斗,青春才能亮丽;同人民一起前进,青春才能昂扬;同人民一起梦想,青春才能无悔。"③

青年要学习、研究历史。"非学无以广才,非志无以成学。"文化是历史发展的结果,是历史发展的见证。当代青年对文化的传承,离不开对历史的发现,离不开对历史的学习、研究和借鉴。习近平总书记在中共中央政治局第七次集体学习时强调:"历史是最好的教科书。学习党史、国史,是坚持和发展中国特色社会主义、把党和国家各项事业继续推向前进的必修课。这门功课不仅必修,而且必须修好。"④"学习中国近现代史,就要了解近代中国所经历的屈辱历史,深刻汲取落后就要挨打、就要受欺负的教训,增强励精图治、奋发图强的历史使命感和责任感。"因此,"要注重学习鸦片战争以来我国近现代历史和中共党史,加深对近现代中国国情和中国社会发展规律的认识"。"在学习我国历史的同时,还应该学习一些世界历史知识"⑤。学习历史的态度是什么?他指出:应坚持"取长补短、择善而从,讲求兼收并蓄,但兼收并蓄不是囫囵吞枣、莫衷一是,而是要坚持去粗取精、去伪

---

① 习近平:《在同各界优秀青年代表座谈时的讲话》,《人民日报》2013年05月05日第2版。
② 习近平:《把宣传思想工作做得更好. 习近平谈治国理政》,外文出版社2014年,第154页。
③ 《习近平寄语青年:青春是用来奋斗的. 习近平致全国青联十二届全委会和全国学联二十六大的贺信》,人民网2017年5月3日。
④ 习近平:《在对历史的深入思考中更好走向未来 交出发展中国特色社会主义合格答卷》,《党建》2013年第7期。
⑤ 习近平:《领导干部要读点历史》,《中共党史研究》2011年第10期。

存真"①的原则,坚持把世界历史上的发展经验与我国的实际相结合,不能盲目照搬别国经验。近年,社会上和境外极少数人以多种方式,肆意歪曲党史和国史、丑化党史、国史中的人物特别是主要领袖人物,企图制造思想混乱,混淆历史是非。因此,新形势下如何加强历史教育,对于意识形态的安全意义重大。习近平总书记强调了开展历史教育的原则和方法,以科学的历史观引导大众客观公正地评价历史事件、历史人物;要引导社会大众准确把握历史发展的主流和本质;抓好学校教育的阵地;开展历史事件、历史人物纪念活动;参观和考察历史遗址、展览。习近平总书记强调:"引导我国人民树立和坚持正确的历史观",②使社会大众能够客观公正地评价历史事件、历史人物。通过历史教育向学生传授历史知识,不仅能够唤醒学生的民族自豪感,引导学生树立正确的历史观和提高历史思维能力,而且有助于引导学生在历史观照中增强对当代中国发展道路、政治理念的理解和认同,增强实现中华民族伟大复兴的历史使命感。开展纪念活动的"目的是铭记历史、缅怀先烈、珍视和平、警示未来"③"搞历史博物展览,为的是见证历史、以史鉴今、启迪后人。"④

　　青年要学习、研究传统文化。青年应立足当下,从中华优秀传统文化中汲取营养,从西方文明中吸收智慧,早日成为国家需要、社会需要、时代需要的建设者。青年,"要勤学,下得苦功夫,求得真学问。知识是树立核心价值观的重要基础。""大学的青春时光,人生只有一次,应该好好珍惜。""要勤于学习,敏于求知,注重把所学知识内化于心,形成自己的见解,既要专攻博览,又要关心国家、关心人民、关心世界,学会担当社会责任。"⑤青年"要志存高远,增长知识,锤炼意志,让青春在时代进步中焕发出绚丽的光彩。"⑥

---

① 习近平:《在纪念孔子诞辰2565周年国际学术研讨会暨国际儒学联合会第五届会员大会开幕会上的讲话》,《人民日报》2014年09月25日第2版。
② 习近平:《建设社会主义文化强国 着力提高国家文化软实力》,《人民日报》2014年01月01日第1版。
③ 习近平:《在纪念全民族抗战爆发七十七周年仪式上的讲话》,《人民日报》2014年07月08日第2版。
④ 习近平:《立足优势 深化改革 勇于开拓 在建设首善之区上不断取得新成绩》,《人民日报》2014年02月27日第1版。
⑤ 习近平:《青年要自觉践行社会主义核心价值观.习近平谈治国理政》,外文出版社2014年,第172页。
⑥ 习近平:《在第十二届全国人民代表大会第一次会议上的讲话》,《人民日报》2013年03月18日第4期。

(四)青年应成为文化传承与创新的主力军,坚定文化自信

中华文化,既包括我们的先辈在漫长的古代社会中生成的优秀传统文化,也包括中国共产党领导中国人民在伟大的革命斗争中孕育的革命文化,还包括我们在社会主义革命和建设中形成的社会主义先进文化。中华民族的强大,离不开物质硬实力,也离不开文化软实力。青年应自觉承担起文化传承与创新的历史使命。习近平总书记指出:"在5000多年文明发展中孕育的中华优秀传统文化,在党和人民伟大斗争中孕育的革命文化和社会主义先进文化,积淀着中华民族最深层的精神追求,代表着中华民族独特的精神标识。"①"民族文化是一个民族区别于其他民族的独特标识。要加强对中华优秀传统文化的挖掘和阐发,努力实现中华传统美德的创造性转化、创新性发展,把跨越时空、超越国度、富有永恒魅力、具有当代价值的文化精神弘扬起来,把继承优秀传统文化又弘扬时代精神、立足本国又面向世界的当代中国文化创新成果传播出去。只要中华民族一代接着一代追求美好崇高的道德境界,我们的民族就永远充满希望。"②

习近平总书记高度重视中华优秀传统文化。他到北京师范大学看望教师时说,我很不赞成把古代经典诗词和散文从课本中去掉,"去中国化"是很悲哀的。他指出:"泱泱中华,历史悠久,文明博大。中华民族在几千年历史中创造和延续的中华优秀传统文化,是中华民族的根和魂。"③"中国优秀传统文化中蕴藏着解决当代人类面临的难题的重要启示,比如,关于道法自然、天人合一的思想,关于天下为公、大同世界的思想,关于自强不息、厚德载物的思想,关于以民为本、安民富民乐民的思想……中国优秀传统文化的丰富哲学思想、人文精神、教化思想、道德理念等,可以为人们认识和改造世界提供有益启迪,可以为治国理政提供有益启示,也可以为道德建设提供有益启发。"④加强对青年的中华优秀传统文化教育,需要家庭、学校、社会等多方配合,将中华优秀传统文化教育日常化、生活化、社会化、常态化。这并不是说只学习中华传统文化,还要坚持"走出去"和"引进来"的方针,在与国际文化交流、交锋、交融中推陈出新,实现"古为今用""洋为中

---

① 习近平:《在庆祝中国共产党成立95周年大会上的讲话》,《人民日报》2016年07月02日第3版。
② 《习近平在省部级主要领导干部学习贯彻十八届三中全会精神全面深化改革专题研讨班开班式上发表重要讲话》,《人民日报》2014年2月14日。
③ 习近平:《在庆祝澳门回归祖国15周年大会暨澳门特别行政区第四届政府就职典礼上的讲话》,《人民日报》2014年12月21日第2版。
④ 习近平:《在纪念孔子诞辰2565周年国际学术研讨会暨国际儒学联合会第五届会员大会开幕会上的讲话》,《人民日报》2014年09月25日第2版。

用"的有机结合,在推动整个中华民族文化繁荣发展的同时实现广大青年的文化自觉、文化自信、文化自强。"要协调推进政治建设、文化建设、社会建设、生态文明建设以及其他各方面建设,实现社会主义市场经济、社会主义民主政治、社会主义先进文化、社会主义和谐社会、社会主义生态文明全面进步,为经济发展提供更好制度保障和环境条件。"①

不同的时代有不同的文化,不同时代的文化积淀着不同时代的精神追求,体现着中华民族在不同时代的独特精神标识。2012年11月15日,习近平总书记会见中外记者时说:"在漫长的历史进程中,中国人民依靠自己的勤劳、勇敢、智慧,开创了各民族和睦共处的美好家园,培育了历久弥新的优秀文化"。他多次谈道,"中华文化积淀着中华民族最深层的精神追求,包含着中华民族最根本的精神基因,代表着中华民族独特的精神标识"。习近平总书记指出:"我们从哪里来?我们走向何方?中国到了今天,我无时无刻不提醒自己,要有这样一种历史感。伫立在天安门广场的人民英雄纪念碑有一组浮雕,表现的是1840年鸦片战争到1949年中国革命胜利的全景图。我们一方面缅怀先烈,一方面沿着先烈的足迹向前走。我们提出了中国梦,它的最大公约数就是中华民族伟大复兴。……中国有坚定的道路自信、理论自信、制度自信,其本质是建立在5000多年文明传承基础上的文化自信。"②要让使红色基因渗进血液、浸入心扉。习近平总书记说:"一寸山河一寸血,一抔热土一抔魂。回想过去的烽火岁月,金寨人民以大无畏的牺牲精神,为中国革命事业建立了彪炳史册的功勋,我们要沿着革命前辈的足迹继续前行,把红色江山世世代代传下去。革命传统教育要从娃娃抓起,既注重知识灌输,又加强情感培育,使红色基因渗进血液、浸入心扉,引导广大青少年树立正确的世界观、人生观、价值观。"③"今天,我们要结合新的时代条件,坚持坚定执着追理想、实事求是闯新路、艰苦奋斗攻难关、依靠群众求胜利,让井冈山精神放射出新的时代光芒。"④

青年应积极弘扬中国文化,坚定文化自信。习近平总书记指出:当今世界,要说哪个政党、哪个国家、哪个民族能够自信的话,那中国共产党、中华人民共和国、中华民族是最有理由自信的。有了"自信人生二百年,会当水击三千里"的勇气,

---

① 《习近平中共中央政治局第三十次集体学习时的讲话》,人民网2016年1月29日。
② 《习近平在第二届"读懂中国"国际会议期间会见外方代表时讲话》,人民网2015年11月3日。
③ 《习近平在安徽考察调研时的讲话》,人民网2016年4月25日。
④ 《习近平在江西考察调研时的讲话》,人民网2016年2月1日至3日。

我们就能毫无畏惧面对一切困难和挑战,就能坚定不移开辟新天地、创造新奇迹。①"我们要弘扬社会主义核心价值观,弘扬以爱国主义为核心的民族精神和以改革创新为核心的时代精神,不断增强全党全国各族人民的精神力量。"②"构建中国特色哲学社会科学,一是要体现继承性、民族性。要善于融通马克思主义的资源、中华优秀传统文化的资源、国外哲学社会科学的资源,坚持不忘本来、吸收外来、面向未来。坚定中国特色社会主义道路自信、理论自信、制度自信,说到底是要坚定文化自信,文化自信是更基本、更深沉、更持久的力量。"③

**六、加强高校思想政治教育的方向**

高校是重要的教育阵地,也是重要的思想文化阵地。各级党委要牢牢把握社会主义大学的办学方向,切实做好意识形态工作,切实加强和改进高校思想政治工作,强化大学生思想政治教育。要坚持思想政治教育的基本原则,遵循思想政治教育的规律。

(一)坚持思想政治教育的基本原则

"明者因时而变,知者随事而制"。高校思想政治教育要在传承中不断创新,重点抓好理念创新、手段创新、基层工作创新,积极探索有利于破解工作难题的新举措、新办法。

针对新形势下思想政治教育的新任务、新挑战,习近平总书记强调了加强新时期思想政治教育、开展思想政治工作应坚持的基本原则。

1. 坚持方向性原则

思想政治教育与思想政治工作要始终与我国社会主义社会发展的要求相一致,坚定正确的政治方向不动摇。2013年8月,习近平总书记在全国宣传思想工作会议上强调了"两个巩固",即"宣传思想工作就是要巩固马克思主义在意识形态领域的指导地位,巩固全党全国人民团结奋斗的共同思想基础",强调"所有宣传思想部门和单位,所有宣传思想战线上的党员、干部都要旗帜鲜明坚持党性原则"。"坚持党性,核心就是坚持正确政治方向,站稳政治立场,坚定宣传党的理论和路线方针政策,坚定宣传中央重大工作部署,坚定宣传中央关于形势的重大分析判断,坚决同党中央保持高度一致,坚决维护中央权威"。"坚持团结稳定鼓劲、

---

① 习近平:《在庆祝中国共产党成立95周年大会上的讲话》,《人民日报》2016年07月02日第3版。
② 《中共中央政治局第三十三次集体学习》,人民网2016年6月28日。
③ 习近平:《在哲学社会科学工作座谈会上的讲话》,《人民日报》2016年05月19日第2版。

正面宣传为主,是宣传思想工作必须遵循的重要方针。"①他要求共产党人必须坚持党性教育,在思想上凝聚全国人民实现中国梦的力量。他强调指出:"党校姓党","党性教育是共产党人修身养性的必修课。各级党校要把党性教育作为教学的主要内容,深入开展理想信念教育、党的宗旨教育,把党章和党规党纪学习教育作为党性教育的重要内容。"②这些重要论述都为新时期开展思想政治教育工作指明了方向。

2. 坚持人民性原则

我们要办出人民满意的教育,这个教育的目标突出了党对人民群众的高度关怀,体现着党以人为本、为民务实的理念。这个重大责任,就是对人民的责任。

"我们党自成立之日起,就始终代表广大青年、赢得广大青年、依靠广大青年。各级党委和政府要充分信任青年、热情关心青年、严格要求青年……各级领导干部要关注青年愿望、帮助青年发展、支持青年创业,做青年朋友的知心人,做青年工作的热心人。"③在十八届中央政治局常委同中外记者见面时,习近平总书记将"更好的教育"摆在人民"十大期盼"的首位。"我们的人民热爱生活,期盼有更好的教育、更稳定的工作、更满意的收入、更可靠的社会保障、更高水平的医疗卫生服务、更舒适的居住条件、更优美的环境,期盼孩子们能成长得更好、工作得更好、生活得更好。人民对美好生活的向往,就是我们的奋斗目标。"④

习近平总书记在讲话中强调,党性和人民性从来都是一致的、统一的。他明确指出,坚持党性,核心就是坚持正确政治方向。高校思想政治教育要把坚持党性作为第一原则,在工作中要旗帜鲜明的坚持党性原则,站稳政治立场。要把党的理论和路线方针政策,中央重大工作部署,中央关于形势的重大分析判断等作为高校思想政治教育的主要内容和重点任务,坚决同党中央保持高度一致,坚决维护中央权威。"坚持人民性,就是要把实现好、维护好、发展好最广大人民根本利益作为出发点和落脚点,坚持以民为本、以人为本。要树立以人民为中心的工作导向,把服务群众同教育引导群众结合起来,把满足需求同提高素养结合起来,多宣传报道人民群众的伟大奋斗和火热生活,多宣传报道人民群众中涌现出来的

---

① 习近平:《把宣传思想工作做得更好. 习近平谈治国理政》,外文出版社2014年,第153,154,155页。
② 习近平:《坚持党校姓党根本工作原则 切实做好新形势下党校工作》,《中国青年报》2015年12月13日第2版。
③ 习近平:《在同各界优秀青年代表座谈时的讲话》,《人民日报》2013年05月05日。
④ 2012年11月,习近平在十八届中央政治局常委同中外记者见面时的讲话。

先进典型和感人事迹,丰富人民精神世界,增强人民精神力量,满足人民精神需求。"①

3.坚持渗透性原则

广大青年的思想日趋活跃且日益个性化、多元化、多变化,一些还具有叛逆心理,仅靠"理论灌输""说服教育"很难使其信服。思想政治教育要坚持渗透性原则,改变以往"高势位灌输"的方式。中共中央办公厅印发的《关于培育和践行社会主义核心价值观的意见》强调,"把培育和践行社会主义核心价值观融入国民教育全过程……落实到经济发展实践和社会治理中"②。习近平总书记指出,"要利用各种时机和场合,形成有利于培育和弘扬社会主义核心价值观的生活情景和社会氛围,使核心价值观的影响像空气一样无所不在、无时不有。"③青年模范是时代鲜明的旗帜,是广大青年群体甚至是整个社会的"领头雁",用自己无悔的青春经历激励广大青少年。"青年模范人物是广大青少年学习的榜样,肩负着更多社会责任和公众期望,在青少年中乃至全社会都有着很强的示范带动作用。"④

(二)遵循思想政治教育的规律

高校思想政治工作是一项系统工程,不能随意而为,必须遵循一定的客观规律。习近平总书记指出,做好高校思想政治工作,要因事而化、因时而进、因势而新。应"遵循思想政治工作规律、遵循教书育人规律、遵循学生成长规律,不断提高工作能力和水平。"

1.遵循思想政治工作规律

在思想政治工作中,用科学理论武装人,坚持理论与实践相结合,坚持解决思想问题与解决实际问题相结合。思想政治工作本质是做人的工作,而人的思想是在实践中形成和变化的。思想政治工作必须立足于并服务于实践,才能在实践中发展;思想政治工作最直接、最生动、最有说服力是要解决生活和工作中的实际问题,才能体现思想政治工作的价值。

随着形势变化,高校思想政治教育面临着许多新问题和新背景。所谓"明者

---

① 习近平:《把宣传思想工作做得更好.习近平谈治国理政》,外文出版社2014年,第154页。
② 《中共中央办公厅.关于培育和践行社会主义核心价值观的意见》,《人民日报》2013年12月24日。
③ 习近平:《把培育和弘扬社会主义核心价值观作为凝魂聚气强基固本的基础工程》,《人民日报》2014年02月26日。
④ 习近平:《在同各界优秀青年代表座谈时的讲话》,《人民日报》2013年05月05日。

因时而变,知者随事而制",高校思想政治教育要在传承中不断创新,重点抓好理念创新、手段创新、基层工作创新,积极探索有利于破解工作难题的新举措新办法。

习近平总书记在讲话中强调,做好宣传思想工作必须全党动手。要做好高校思想政治教育工作,高校党委必须担负起政治责任和领导责任,加强对思想政治教育过程中重大问题的分析研判和统筹指导。要动员各个部门,教职员工全员参与,把思想政治教育工作与教学、科研、学工、宣传、校园环境建设等各领域的工作协同推进,齐抓共管。要树立大思政的工作理念,把教书育人、管理育人、服务育人紧密结合起来发挥合力。①

2.遵循教书育人规律

高校的思想政治工作必应循教书育人规律,为教书育人服务。高校教师在教学过程中不仅要给学生以知识体系,同时还要对学生的世界观、人生观、价值观施以正确影响,立德树人。教书育人,必须按照党的教育方针把学生培养成为德智体美全面发展的社会主义事业建设者和接班人。习近平总书记指出:"少年儿童如何培育和践行社会主义核心价值观呢?应该同成年人不一样,要适应少年儿童的年龄和特点。我看,主要是要做到记住要求、心有榜样、从小做起、接受帮助。"②他强调:"我们的高校是党领导下的高校,是中国特色社会主义高校。办好我们的高校,必须坚持以马克思主义为指导,全面贯彻党的教育方针。""教师是人类灵魂的工程师,承担着神圣使命。传道者自己首先要明道、信道。高校教师要坚持教育者先受教育,努力成为先进思想文化的传播者、党执政的坚定支持者,更好担起学生健康成长指导者和引路人的责任。"③习近平总书记指出:"要用好用活人才,建立更为灵活的人才管理机制,打通人才流动、使用、发挥作用中的体制机制障碍,最大限度支持和帮助科技人员创新创业。要深化教育改革,推进素质教育,创新教育方法,提高人才培养质量,努力形成有利于创新人才成长的育人环境。"④

---

① 习近平:《胸怀大局把握大势着眼大事 努力把宣传思想工作做得更好》,《人民日报》2013年08月21日第1版。
② 习近平:《从小积极培育和践行社会主义核心价值观.习近平谈治国理政》,外文出版社2014年,第182页。
③ 2016年12月7日至8日,习近平全国高校思想政治工作会议的讲话。
④ 2013年9月30日,习近平主持中央政治局第九次集体学习时讲话。

### 3.遵循学生成长规律

高校的思想政治工作要根据学生的特点和成长规律实施教育,习近平总书记强调指出:"基础教育是立德树人的事业,要旗帜鲜明加强思想政治教育、品德教育,加强社会主义核心价值观教育,引导学生自尊自信自立自强。基础教育是提高民族素质的奠基工程,要遵循青少年成长特点和规律,扎实做好基础的文章。基础教育要树立强烈的人才观,大力推进素质教育,鼓励学校办出特色,鼓励教师教出风格。""要深化办学体制、管理体制、经费投入体制、考试招生及就业制度等方面的改革,深化学校内部管理制度、人事薪酬制度、教学管理制度等方面的改革,深化人才培养模式、教学内容及方式方法等方面的改革,使各级各类教育更加符合教育规律、更加符合人才成长规律。"①要"根据少年儿童特点和成长规律,循循善诱,春风化雨,努力做到每一堂课不仅传播知识,而且传授美德,每一次活动不仅健康身心,而且陶冶性情,让同学们都得到倾心关爱和真诚帮助,让社会主义核心价值观的种子在学生们心中生根发芽。""要善于从点滴小事中教会孩子欣赏真善美、远离假丑恶。要注意观察孩子的思想动态和行为变化,随时做好教育引导工作。"②

加强思想政治工作,"要用好课堂教学这个主渠道,思想政治理论课要坚持在改进中加强,提升思想政治教育亲和力和针对性,满足学生成长发展需求和期待,其他各门课都要守好一段渠、种好责任田,使各类课程与思想政治理论课同向同行,形成协同效应。""要加快构建中国特色哲学社会科学学科体系和教材体系,推出更多高水平教材,创新学术话语体系,建立科学权威、公开透明的哲学社会科学成果评价体系,努力构建全方位、全领域、全要素的哲学社会科学体系。""要更加注重以文化人以文育人,广泛开展文明校园创建,开展形式多样、健康向上、格调高雅的校园文化活动,广泛开展各类社会实践。""要运用新媒体新技术使工作活起来,推动思想政治工作传统优势同信息技术高度融合,增强时代感和吸引力。"

在全面对外开放的条件下做好高校思想政治教育工作,要教育引导广大师生更加全面客观地认识当代中国、看待外部世界。高校思想政治教育既不能闭门造车,又要坚守原则,在积极借鉴人类文明创造的有益成果的同时要立足国情,讲好中国故事,传播好中国声音。当前,特别是要向广大师生"讲清楚每个国家和民族

---

① 《习近平回母校北京市八一学校看望师生》,新华网2016年9月11日。
② 习近平:《从小积极培育和践行社会主义核心价值观.习近平谈治国理政》,外文出版社2014年,第184页。

的历史传统、文化积淀、基本国情不同,其发展道路必然有着自己的特色;讲清楚中华文化积淀着中华民族最深沉的精神追求,是中华民族生生不息、发展壮大的丰厚滋养;讲清楚中华优秀传统文化是中华民族的突出优势,是我们最深厚的文化软实力;讲清楚中国特色社会主义植根于中华文化沃土、反映中国人民意愿、适应中国和时代发展进步要求,有着深厚历史渊源和广泛现实基础。"[1]教育引导广大师生认识到独特的文化传统,独特的历史命运,独特的基本国情,注定了我们必然要走适合自己特点的发展道路。

## 第二节 习近平中国传统文化思想研究

十八大以来,中国共产党人敏锐地把握住了中华优秀传统文化这个根基,从实现中华民族伟大复兴的宏观角度及中国传统文化具体内涵的微观层面对中华优秀传统文化的当代价值作了全面的总结和概括。这种价值,既体现着深沉的个体性,也体现着崇高的民族性。以习近平总书记为代表的当代中国共产党人着力于文化软实力的提升和民族复兴的实现,多维度、系统化地阐述了对待传统文化的观点和态度,形成了十八大以来中国共产党人的传统文化观。这些高屋建瓴的思想观点是对历史上中国共产党人传统文化观的继承和发展,对于构建中华优秀文化传承体系、向世界展示中华文化的独特魅力,将发挥重大的指导和促进作用。

习近平总书记关于传承和弘扬优秀传统文化的重要论述,是中国共产党人集体智慧的结晶,鲜明地体现了新一届党的中央领导集体对"传统文化有何当代价值"和"如何实现传统文化的当代价值"两大问题的理性认识。在新的历史条件下,无论在理论抑或在实践上,习近平总书记关于传承和弘扬优秀传统文化的重要论述都具有十分重要的现实意义。

习近平总书记关于传承和弘扬优秀传统文化的重要论述对传统文化的现实价值及其实现问题做了深刻的阐发,为我国制定关于传统文化的战略、方针、政策提供了可靠的理论依据。习近平总书记关于中国优秀传统文化的论述丰富、深刻,他认为中华优秀传统文化是中华民族的文化基因,是中华民族的血脉和独特

---

[1] 习近平:《胸怀大局把握大势着眼大事 努力把宣传思想工作做得更好》,《人民日报》2013年08月21日第1版。

的文化标识,是"我们最深厚的文化软实力";中国特色社会主义道路是我们的历史传承和文化传统决定的;中国优秀传统文化中的"民惟邦本""和而不同""礼法合治""德主刑辅"等思想在实现中华民族伟大复兴中,在中国共产党治国理政的实践中,以及在处理国与国关系中依然具有十分重大的现实价值。

### 一、"中华优秀传统文化已经成为中华民族的基因"

应该说,"文化基因"是个形象的比喻。生物学上的"基因"决定了生物的遗传特性,是生物遗传过程中稳定传承的核心内容。习近平总书记所讲的"文化基因"则是指中华传统文化中那些代代相传,已经渗透、融入中华民族的价值理念、精神追求、思维方式、行为方式、民族性格等方面的精华。是中华文化、中华民族及中国人区别于其他文化、其他民族、其他人的本质所在。习近平总书记在北大与学生座谈时强调:"中华优秀传统文化已经成为中华民族的基因,植根在中国人内心,潜移默化影响着中国人的思想方式和行为方式"。[1]

中华传统文化基因是中华民族的精神命脉,习近平总书记在出席纪念孔子诞辰2565周年国际学术研讨会暨国际儒学联合会第五届会员大会开幕会上的讲话中说:"这些思想文化体现着中华民族世世代代在生产生活中形成和传承的世界观、人生观、价值观、审美观等,其中最核心的内容已经成为中华民族最基本的文化基因。这些最基本的文化基因,是中华民族和中国人民在修齐治平、尊时守位、知常达变、开物成务、建功立业过程中逐渐形成的有别于其他民族的独特标识。"[2]

2014年9月9日教师节前,习近平总书记走访北师大,在参观"尊师重教、筑梦未来——庆祝第30个教师节主题展"时,从展台上拿起一本课标书翻看。听说语文、历史、思想政治三门课标是全国统一时,他说:"我很不赞成把古代经典诗词和散文从课本中去掉,'去中国化'是很悲哀的。应该把这些经典嵌在学生脑子里,成为中华民族文化的基因。"

有所言者,必有所感,在习近平总书记谈论"去中国化"时,显然不仅仅局限在教育上。习近平总书记在之后接受记者采访时也强调"古诗文经典已融入中华民族的血脉,成了我们的基因。我们现在一说话就蹦出来的那些东西,都是小时候

---

[1] 《习近平2014年五四在北京大学师生座谈会上的讲话》,中青在线,2014-05-04. http://news.cyol.com/content/2014-10/11/content_10765489.htm

[2] 《习近平在纪念孔子诞辰2565周年国际学术研讨会暨国际儒学联合会第五届会员大会开幕会上的讲话》,《人民日报》2014年09月24日。

记下的。语文课应该学古诗文经典,把中华民族优秀传统文化不断传承下去。"充分展示了习近平总书记对中华传统文化基因的重视,让中华文化基因代代相传的思想脉络。

习近平总书记在中央政治局第十八次集体学习时指出:"我们共产党人是坚定的马克思主义者,我们党的指导思想就是马克思列宁主义、毛泽东思想和中国特色社会主义理论体系。同时,我们不是历史虚无主义者,也不是文化虚无主义者,不能数典忘祖、妄自菲薄。中华传统文化源远流长、博大精深,中华民族形成和发展过程中产生的各种思想文化,记载了中华民族在长期奋斗中开展的精神活动、进行的理性思维、创造的文化成果,反映了中华民族的精神追求,其中最核心的内容已经成为中华民族最基本的文化基因。"①

综上所述,习近平总书记在多次讲话中都对中华优秀传统文化基因进行阐述,在当今这个文化多元化、世界一体化的时代,如何传承中华文化的优秀文化基因,如何处理传统文化与外来文化的关系,是引发世人思考的问题。世界上的每一个国家和民族都拥有独特的文明,都拥有本民族的特色。如何对待本民族的传统文化,也就是如何对待本民族将来的发展。这关系着整个国家的未来。

习近平总书记的讲话中无一不体现出中国作为一个拥有几千年文明的国家,文化传承是非常重要的,它是中国梦的根基,文化融合也是不可或缺的,它是连接世界梦的重要纽带。中华民族发展史的经验告诉我们,中华优秀传统文化作为中华民族的文化基因,我们不仅要让它根植在当代人的内心里,更需要使其一直传承,发扬光大。让中华传统文化立于东方,让中华民族的文化基因成为世界舞台独特的民族气质。

**二、"中华优秀传统文化是我们最深厚的文化软实力"**

软实力是文化和意识形态吸引力体现出来的力量,是世界各国制定文化战略和国家战略的一个重要参照系。表面上文化确乎很"软",但却是一种不可忽略的伟力。如果我们把经济、科技、军事等实力组成的国家力量称为"硬实力",那么通过政治价值观、外交政策和文化创造等体现出来的国家力量就可以称作国家的"软实力",而文化方面的国家软实力就是"国家文化软实力"。文化软实力是以文化为基础的软实力,包括基于文化而产生的对内的向心力、凝聚力、动员力和对

---

① 习近平:《中共中央政治局第十八次集体学习》,人民网,2014-10-13. http://politics.people.com.cn/n/2014/1013/c1024-25825659.html。

外的亲和力、吸引力、感召力、影响力,是综合国力的重要组成部分。文化软实力是衡量一个国家内涵的重要指标。

任何一个国家在提升本国政治、经济、军事等硬实力的同时,提升本国文化软实力也是更为特殊和重要的。"提高国家文化软实力",这不仅是我国文化建设的一个战略重点,也是我国建设和谐世界战略思想的重要组成部分,更是实现中华民族伟大复兴的重要前提。[1]

中共中央政治局就提高国家文化软实力研究进行第十二次集体学习,将中华文化定位为"提高国家文化软实力最深厚的源泉"。博大精深的中华文化是提升软实力的不竭源泉。中华文化深深扎根于中华沃土,凝结着中华各民族文化的精华,具有鲜明的民族风格、中国特色,具有独特的个性和独立的品格。百花齐放满园春,世界的本质就是多样互补,异彩纷呈。中华文化是人类智慧的结晶,是人类文明的宝贵财富,是维护世界文化多样性不可或缺的重要资源。

中华优秀传统文化具有海纳百川、地承万物的气魄,因兼收并蓄而博大精深,因求同存异而源远流长,因历史悠久而底蕴深厚,因推陈出新而独领风骚,是中华民族的血脉、灵魂和根基,是中华民族区别于其他民族的根本标志,也是中华民族屹立于世界民族之林的坚强后盾。中华文化的传承弘扬、民族的自信自尊,过去是,现在仍然应是中华民族和国家发展的一种重要动力资源。优秀传统文化凝聚着中华民族仁义礼智信以及自强不息的深沉精神追求,是构建中华民族共有精神家园的重要基石,是发展社会主义文化和价值意识的深厚基础,也是国际竞争中最不可或缺的软实力。直到今天,贯穿其中的人文精神和自强不息、积极进取等价值取向,仍是综合国力的重要源泉。[2]

中共中央总书记习近平在主持学习时强调,提高国家文化软实力,关系"两个一百年"奋斗目标和中华民族伟大复兴中国梦的实现。[3] 习近平总书记围绕努力夯实国家文化软实力的根基、努力传播当代中国价值观念、努力展示中华文化独特魅力、努力提高国际话语权四个方面所做的精辟阐述,是建设社会主义文化强

---

[1] 童世骏:《提高国家文化软实力》,中国共产党新闻网,2008 – 03 – 19. http://theory.people.com.cn/GB/49157/49165/7018757.html。
[2] 王克修:《中华文化是最深厚的国家文化软实力》,人民网,2014 – 09 – 15. http://theory.people.com.cn/n/2014/0915/c40531 – 25661168.html。
[3] 习近平:《习近平谈治国理政》,外文出版社2014年,第160页。

国、提高国家文化软实力的根本指引。①

习近平总书记在中央政治局第十八次集体学习时指出:"中华优秀传统文化是我们最深厚的文化软实力。"

### 三、"中国特色社会主义道路是我国历史传承和文化传统决定的"

习近平总书记在中央政治局第十八次集体学习时指出:"中华优秀传统文化是我们最深厚的文化软实力,也是中国特色社会主义植根的文化沃土。每个国家和民族的历史传统、文化积淀、基本国情不同,其发展道路必然有着自己的特色。一个国家的治理体系和治理能力是与这个国家的历史传承和文化传统密切相关的。解决中国的问题只能在中国大地上探寻适合自己的道路和办法。数千年来,中华民族走着一条不同于其他国家和民族的文明发展道路。我们开辟了中国特色社会主义道路不是偶然的,是我国历史传承和文化传统决定的。"②

我们的国家治理体系和治理能力总体上是好的,是有独特优势的,是适应我国国情和发展要求的。古今中外,我们可以看到各个国家的发展道路或多或少都受这个国家的历史文化传统的影响,同是资本主义国家的美国、英国和日本,美国是联邦制国家,而英国、日本是君主立宪制,而这些都是因为各个国家的历史发展、文化传统、经济社会发展水平不同。众所周知,美国没有经历过封建社会,在历史上又是由多个独立的州形成的,所以,其政治体制是中央政府和地方政府分权的"联邦制",而英国则是君主立宪制,甚至还保留着"女王"。日本也是如此,甚至还保留了"天皇"。

党的十八大报告深刻指出:"中国特色社会主义道路,中国特色社会主义理论体系,中国特色社会主义制度,是党和人民九十多年奋斗、创造、积累的根本成就,必须倍加珍惜、始终坚持、不断发展。"还指出:"中国特色社会主义道路是实现途径,中国特色社会主义理论体系是行动指南,中国特色社会主义制度是根本保障,三者统一于中国特色社会主义伟大实践。"党的十八大对中国特色社会主义的新概括,为中国共产党继续坚持和发展中国特色社会主义提供了方向和路径。③

---

① 慎海雄:《瞭望:让我们的文化软实力硬起来》,新华网,2014 - 01 - 12. http://news.xinhuanet.com/politics/2014 - 01/12/c_118930417.htm。
② 习近平:《中共中央政治局第十八次集体学习》,人民网,2014 - 10 - 13. http://politics.people.com.cn/n/2014/1013/c1024 - 25825659.html。
③ 胡锦涛:《在中国共产党第十八次全国代表大会上的报告》,中国网,2012 - 11 - 08. http://news.china.com.cn/politics/2012 - 11/20/content_27165856.htm。

2014年4月,习近平在布鲁日欧洲学院的演讲中进一步指出:"独特的文化传统,独特的历史命运,独特的国情,注定了中国必然走适合自己特点的发展道路。"这些重要论断说明,中国特色社会主义成为当代中国的科学社会主义,关键在于它的"中国特色",这是近代以来中国社会发展的必然选择。[1]

中国独特的历史发展进程证明,国家统一完整是社会安定的前提,是国家利益和人民利益的根本保证。中国人口众多,民族关系比较复杂;各区域经济发展极不平衡;所以,一个强有力的中央政府,是协调各种社会利益,调节经济发展,维护国家和社会稳定,乃至国家统一的根本保证。独特的历史命运形成了独特的文化传统,在中国独特的历史进程中,我们的人民,我们的文化形成了先民族利益、先国家利益后个人利益,没有国家和民族的存在、发展和强盛个人利益就无法获得保障的"集体主义"的价值观。这与西方先个人后集体的"个人主义",以及"最大限度地限制政府的权力"的政治逻辑是不相同的。因此,"独特的文化传统,独特的历史命运,独特的国情,注定了中国必然走适合自己特点的发展道路",我们的中国共产党领导下的多党合作和政治协商制度;我们的人民代表大会制度;我们的民族区域自治制度;以及以公有制为主体的基本经济制度都可以在中国特有的文化传统、历史命运和国情中找到其根据。

中国特色社会主义的"中国特色",指的就是中国特色社会主义在形成和发展的过程中承续的中国传统、彰显的中国风格、呈现的中国气派,正如习近平总书记所指出的:"中国特色社会主义植根于中华文化沃土、反映中国人民意愿、适合中国和时代发展进步要求,有着深厚的历史渊源和广泛现实基础。"这一论断不仅指出了中国特色社会主义的"根"在于中国深厚的历史文化传统,而且从一般意义上揭示了马克思主义中国化的深层文化逻辑,马克思主义之所以能与中国传统文化相结合,除了马克思主义是开放的体系外,还有一个重要的因素就是马克思主义与中华优秀传统文化在思想理念上的融通与契合。

**四、习近平总书记关于"和"的思想**

(一)习近平总书记的"和"文化观

"和"文化在中国历史上源远流长,博大精深,是中华文化的核心,在内政外交中,发掘传统文化中的"和"文化内涵,并将其作为现今处理人与自然之间、人与人

---

[1] 习近平:《习近平在布鲁日欧洲学院的演讲》,新华网,2014-04-01. http://news.xinhuanet.com/politics/2014-04/01/c_1110054309.htm。

之间、国与国之间关系的指导思想,展示中华传统文化的精髓,倡导和而不同的观念,促进世界各国和谐发展体现着中国传统文化的独特优势。

2014年5月15日,习近平总书记在中国国际友好大会暨中国人民对外友好协会成立60周年纪念活动上的讲话中第一次完整地提出"和"文化观:"中华民族历来是爱好和平的民族。中华文化崇尚和谐,中国'和 文化源远流长,蕴涵着天人合一的宇宙观、协和万邦的国际观、和而不同的社会观、人心和善的道德观,在5000多年的文明发展中,中华民族一直追求和传承和平、和睦、和谐的坚定理念。以和为贵,与人为善,己所不欲、勿施于人等理念在中国代代相传,深深植根于中国人的精神中,深深体现在中国人的行为上。"

(二)习近平总书记关于"合和"的阐释

对中华传统"和"文化习近平非常重视,从其一系列的讲话和著作中,我们可以看出习近平总书记对"和"文化有着自己深刻的理解和认识。

习近平总书记在《之江新语》中的文章《文化育和谐》中表示"我们的祖先曾创造了无与伦比的文化,而'和合'文化正是这其中的精髓之一。'和'指的是和谐、和平、中和等,'合'指的是汇合、融合、联合等。这种'贵和尚中,善解能容,厚德载物、和而不同。'的宽容品格,是我们民族所追求的一种文化理念。自然与社会的和谐,个体与群体之间的和谐,我们民族的理想正在于此,我们民族的凝聚力、创造力也正基于此。"[①]

"合"是指汇合、融合、联合的过程、行动;"和"则是"合"的较为理想的结果、目标。"和"字的本意是音乐的和谐,是指高低不同的音调所组成的统一的旋律,是有差异的统一。"和"是中华民族传统文化中最明显的特征。中华民族大家庭的形成的过程就是一个不同民族、不同文化从"合"到"和"的过程。中国传统文化中有着突出的"贵和"的思想,面对当今世界复杂多变的国际关系,以及国内多种矛盾突显、叠加的复杂局面,这种"贵和",以及"和而不同"的思想既可以成为我们处理诸多复杂问题的思想原则,也可以成为具体的工作方法。习近平总书记强调中国传统文化中"贵和"的思想无疑对处理好如民族宗教问题、不同文化之间的关系问题、不同阶层的和谐问题等有着很强的现实针对性。

这篇文章从深厚的传统文化中凝练构建和谐社会的文化基因,显示出习近平总书记视野的开阔与思考的深入;在文章中具体解释什么是"和合",通俗易懂,让我们明白了"和"理念的精髓。

---

① 习近平:《之江新语》,浙江人民出版社2013年,第150页。

（三）"和"文化与"人类命运共同体"

习近平总书记拥有深厚的传统文化积淀，在其治国理政思想体系中体现了中华"和"文化的精髓。"和"文化是中华文化的核心，习近平在国际舞台上运用"和"文化倡导世界不同文明的包容互鉴，促进世界各国"和平发展，和谐相处、合作共赢"，这些与时俱进的"和"文化理念时常出现在习近平的思想中，并体现在其构建人类命运共同体的思想中。

人类命运共同体需要有共同准则。习近平总书记以"和谐相处、合作共赢、和平发展"作为构建新型国际关系的核心原则；在习近平总书记的各种发言中我们也可以看到其将"和"文化作为国际关系准则的多次表述。

2013年1月28日习近平总书记主持中共中央政治局第三次集体学习时，13次提及"和平发展"四个字。他强调："对于走和平发展道路，中国必须始终不渝坚持下去，永远不能动摇。"他同时强调："中国将坚定不移走和平发展道路，中国也希望世界各国都走和平发展道路，大家一起把和平发展的理念落实到自己的政策和行动之中。""国际社会应该携手努力，一起来维护世界和平、促进共同发展。只有这样，和平才有希望，发展才有希望。""维护世界和平，促进共同发展，需要多管齐下、多方共济，其中很重要的一个方面就是要从思想上确立和平发展的理念。"

中国传统文化中的和谐思想，仍然是建设社会主义和谐社会可资利用的重要思想资源。今天，我们要大力弘扬古代文化的优秀内容，使社会更加和谐、更加健康发展。

构建人类命运共同体，就是要攻克人类的共同难题。在构建人类命运共同体的思想中，习近平总书记创造性地将和文化的思想包融在其中使其焕发出新时代的光芒。

习近平总书记指出："当代人类也面临着许多突出的难题，比如，贫富差距持续扩大，物欲追求奢华无度，个人主义恶性膨胀，社会诚信不断消减，伦理道德每况愈下，人与自然关系日趋紧张，等等。要解决这些难题，不仅需要运用人类今天发现和发展的智慧和力量，而且需要运用人类历史上积累和储存的智慧和力量。"他同时给出答案："中国优秀传统文化的丰富哲学思想、人文精神、教化思想、道德理念等，可以为人们认识和改造世界提供有益启迪，可以为治国理政提供有益启示，也可以为道德建设提供有益启发。对传统文化中适合于调理社会关系和鼓励人们向上向善的内容，我们要结合时代条件加以继承和发扬，赋予其新的涵义。希望中国和各国学者相互交流、相互切磋，把这个课题研究好，让中国优秀传统文化同世界各国优秀文化一道造福人类。"①

人类命运共同体,也是人类文明大家庭,不是一花独放,而是百花齐放;习近平以"和"文化理念为核心提出对待世界文明的四大原则:"维护世界文明多样性""尊重各国各民族文明""正确进行文明学习借鉴"和"科学对待文化传统"。以运用"和"文化来维护世界文明的多样性。

习近平总书记指出:"人类已经有了几千年的文明史,任何一个国家、一个民族都是在承先启后、继往开来中走到今天的,世界是在人类各种文明交流交融中成为今天这个样子的。推进人类各种文明交流交融、互学互鉴,是让世界变得更加美丽、各国人民生活得更加美好的必由之路。"

他强调:"丰富多彩的人类文明都有自己存在的价值。要理性处理本国文明与其他文明的差异,认识到每一个国家和民族的文明都是独特的,坚持求同存异、取长补短,不攻击、不贬损其他文明。不要看到别人的文明与自己的文明有不同,就感到不顺眼,就要千方百计去改造、去同化,甚至企图以自己的文明取而代之。历史反复证明,任何想用强制手段来解决文明差异的做法都不会成功,反而会给世界文明带来灾难"。

习近平总书记指出:"当今世界,人类生活在不同文化、种族、肤色、宗教和不同社会制度所组成的世界里,各国人民形成了你中有我、我中有你的命运共同体。"②他同时指出:"中国人自古就推崇'协和万邦'、'亲仁善邻,国之宝也'、'四海之内皆兄弟也'、'远亲不如近邻'、'亲望亲好,邻望邻好'、'国虽大,好战必亡'等和平思想。爱好和平的思想深深嵌入了中华民族的精神世界,今天依然是中国处理国际关系的基本理念。"他又指出:"中国坚持按照亲、诚、惠、容的理念,深化同周边国家的互利合作,努力使自身发展更好惠及周边国家。"这既是一个负责任的大国对于世界的庄重承诺,同时也是中华"和"文化的应有之义。

(四)习近平总书记对于"和而不同"思想的发展与运用

在中国文化史上,"和而不同"的思想形成很早,而其完整表述,最早见于《论语》。孔子说:"君子和而不同,小人同而不和。"③指在为人处世方面,正确的方法应该是拒绝苟同,在相互争论辩解中达成共识。后来孔子进一步把这两种态度概

---

① 《习近平在纪念孔子诞辰 2565 周年国际学术研讨会暨国际儒学联合会第五届会员大会开幕会上的讲话》,人民日报,2014 - 09 - 24。
② 习近平:《文明因交流而多彩,文明因互鉴而丰富》,人民网,2014 - 03 - 28. http://paper. people. com. cn/rmrbhwb/html/2014 - 03/28/content_1407988. htm。
③ 张燕婴译注:《论语》,中华书局 2006 年,第 199 页。

括为"和而不同"与"同而不和",并且把它看作区分君子与小人的重要标准,虽然这样,但后人以之作为一种文化精神,"和而不同"的内涵就远远超出了君子小人之辨了。在中国古代,"和而不同"也是处理不同学术思想派别、不同文化之间关系的重要原则,是学术文化发展的动力、途径和基本规律。习近平总书记将这一思想运用在治国理政上,不论是对国家治理还是外交上都起到了积极的作用。

"和而不同"的文化精神,既是中华文化源远流长的力量之源,也是造就中华文化浩瀚弘通的博大气象和历久弥新的内在品格。

2014年9月9日在北京师范大学,习近平总书记说:"在文明问题上,生搬硬套、削足适履不仅是不可能的,而且是十分有害的。一切文明成果都值得尊重,一切文明成果都要珍惜。"①

在纪念孔子诞辰的讲话中,习近平总书记说:"人类已经有了几千年的文明史,任何一个国家、一个民族都是在承先启后、继往开来中走到今天的,世界是在人类各种文明交流交融中成为今天这个样子的。推进人类各种文明交流交融、互学互鉴,是让世界变得更加美丽、各国人民生活得更加美好的必由之路。"②

习近平总书记在伦敦金融城的演讲中强调道:"履不必同,期于适足;治不必同,期于利民。"世界上没有放之四海而皆准的发展道路。只有能够持续造福人民的发展道路,才是最有生命力的。"同时他说道:"中国人民想的是和平与发展的世界。和为贵、和而不同、协和万邦等理念在中国代代相传,和平的基因深植于中华民族的血脉之中。近代以后,中国人民历经苦难,所以更珍视和平;中国致力于发展,所以更需要和平;中国期待美好未来,所以更爱护和平。中国坚持走和平发展道路,不接受'国强必霸'的逻辑。任何人、任何事、任何理由都不能动摇中国走和平发展道路的决心和意志。"③

正确对待不同国家和民族的文明,正确对待传统文化和现实文化,是我们必须把握好的一个重大课题。习近平总书记在论述中指出:"物之不齐,物之情也。"④和而不同是一切事物发生发展的规律。世界万物万事总是千差万别、异彩

---

① 习近平:《同北京师范大学师生代表座谈时的讲话》,人民政协网2014年09月09日。http://www.rmzxb.com.cn/sy/ttxg/2014/09/10/374557.shtml。
② 《习近平在纪念孔子诞辰2565周年国际学术研讨会暨国际儒学联合会第五届会员大会开幕会上的讲话》,人民日报2014年09月24日。
③ 《习近平在伦敦金融城的演讲》,外交部,2015年10月22日。http://www.fmprc.gov.cn/web/ziliao_674904/zt_674979/dnzt_674981/xzzxt/xjpdygjxgsfw_684283/zxxx_684285/t1308131.shtml。
④ 万丽华,蓝旭译注:《孟子》,中华书局2006年,第113页。

纷呈的,如果万物万事都清一色了,事物的发展、世界的进步也就停止了。每一个国家和民族的文明都扎根于本国本民族的土壤之中,都有自己的本色、长处、优点。我们应该维护各国各民族文明多样性,加强相互交流、相互学习、相互借鉴,而不应该相互隔膜、相互排斥、相互取代,这样世界文明之园才能万紫千红、生机盎然。

其次,尊重各国各民族文明。文明特别是思想文化是一个国家、一个民族的灵魂。无论哪一个国家、哪一个民族,如果不珍惜自己的思想文化,丢掉了思想文化这个灵魂,这个国家、这个民族是立不起来的。本国本民族要珍惜和维护自己的思想文化,也要承认和尊重别国别民族的思想文化。不同国家、民族的思想文化各有千秋,只有姹紫嫣红之别,而无高低优劣之分。每个国家、每个民族不分强弱、不分大小,其思想文化都应该得到承认和尊重。

习近平总书记强调承认和尊重本国本民族的文明成果,不是要搞自我封闭,更不是要搞唯我独尊、"只此一家,别无分店"。各国各民族都应该虚心学习、积极借鉴别国别民族思想文化的长处和精华,这是本国本民族思想文化自尊、自信、自立的重要条件。

再次,正确进行文明学习借鉴。文明因交流而多彩,文明因互鉴而丰富。任何一种文明,不管它产生于哪个国家、哪个民族的社会土壤之中,都是流动的、开放的。这是文明传播和发展的一条重要规律。在长期演化过程中,中华文明从与其他文明的交流中获得了丰富营养,也为人类文明进步做出了重要贡献。丝绸之路的开辟,遣隋遣唐使大批来华,法显、玄奘西行取经,郑和七下远洋,等等,都是中外文明交流互鉴的生动事例。儒学本是中国的学问,但早已走向世界,成为人类文明的一部分。

"独学而无友,则孤陋而寡闻。"对人类社会创造的各种文明,无论是古代的中华文明、希腊文明、罗马文明、埃及文明、两河文明、印度文明等,还是现在的亚洲文明、非洲文明、欧洲文明、美洲文明、大洋洲文明等,我们都应该采取学习借鉴的态度,都应该积极吸纳其中的有益成分,使人类创造的一切文明中的优秀文化基因与当代文化相适应、与现代社会相协调,把跨越时空、超越国度、富有永恒魅力、具有当代价值的优秀文化精神弘扬起来。进行文明相互学习借鉴,要坚持从本国本民族实际出发,坚持取长补短、择善而从,讲求兼收并蓄,但兼收并蓄不是囫囵吞枣,莫衷一是,而是要去粗取精、去伪存真。

和而不同思想是现代社会实践中的一个创造性的发展,是"求同存异"原则的运用。求同,就是寻找共同点,共同的思想、共同的利益;这是不同力量之间能够和谐共处和合作的基础。存异,就是保留不同意见、不同主张、不同利益,不求同一、不求齐一;这是不同力量达到和谐的条件。求同存异既建立起不同力量之间的合作关系,又保证了不同方面的不同利益、不同要求,从而也就保证了各方面合理的关系,达到了和谐。所以,求同存异正是体现了和而不同,是和而不同的运用和发展。

**五、习近平总书记对于传统"义利观"的继承与发展**

关于中国传统文化以及传统伦理思想中的"义利观",习近平总书记无疑是熟悉的;在内政外交上习近平总书记也多次表达关于"义利观"的看法。他继承了传统义利观的合理内核,同时吸收了儒家思想中的义利观,并使义利关系在政治实践中得到充分发挥,达到了"义"与"利"的统一。

习近平总书记2014年7月4日在韩国国立首尔大学发表了题为《共创中韩合作未来同襄亚洲振兴繁荣》的演讲中对"义利观"做了很好的阐释,他认为:"在国际关系中,要妥善处理义和利的关系。政治上,要遵守国际法和国际关系基本原则,秉持公道正义,坚持平等相待。经济上,要立足全局、放眼长远,坚持互利共赢、共同发展,既要让自己过得好,也要让别人过得好。"[①]

从习近平总书记关于"义利"的这些论述中,我们可以看出,习近平总书记关于"义利"有自己独特的思考,其关于"义利"的思想既继承了古人关于"先义后利"的思想传统,又对"义利"进行了新的解读,有所创新。

习近平总书记对"义利观"的这种创新主要表现在:一是将"义"与"共富"相联,与社会主义本质相联系,与共产党人的根本宗旨联系起来,与不同国家共同发展相联系;同时,将"利"与"共赢"相联。他指出:"义,反映的是我们的一个理念,共产党人、社会主义国家的理念。这个世界上一部分人过得很好,一部分人过得很不好,不是个好现象。真正的快乐幸福是大家共同快乐、共同幸福。我们希望全世界共同发展,特别是希望广大发展中国家加快发展。利,就是要恪守互利共赢原则,不搞我赢你输,要实现双赢"。

二是将正确的"义利观"上升为国与国合作之间发展理念。2014年7月4日,习近平总书记在韩国首尔大学的演讲中指出:"倡导合作发展理念,在国际关系中践行正确义利观。'国不以利为利,以义为利也。'在国际合作中,我们要注重利,

---

[①] 《习近平在韩国国立首尔大学的演讲》,新华网 2014 年 7 月 04 日。http://news.xinhuanet.com/world/2014-07/04/c_1111468087.htm。

更要注重义。中华民族历来主张'君子义以为质',强调'不义而富且贵,于我如浮云'"。

中国传统文化中以义为先、先义后利的价值观念,至今还是我们应该培养和践行的价值观念之一,对处于市场经济浪潮中的中国共产党人来说意义更为明显。习近平的"义利观"思想,是对马克思主义观点的运用,同时去粗取精,是从中国传统经济思想中吸取其精华而发展起来的。

**六、习近平总书记关于"法治"及"礼法合治""德主刑辅"的思想**

"国无常强,无常弱。奉法者强则国强,奉法者弱则国弱。"十八大以来,习近平总书记高度重视立法工作,尤其强调"形势在发展,时代在前进,法律体系必须随时代和实践发展而不断发展"。

习近平总书记向来重视依法治国,他指出:"依法治国是党领导人民治理国家的基本方略,法治是治国理政的基本方式,要更加注重发挥法治在国家治理和社会管理中的重要作用,全面推进依法治国,加快建设社会主义法治国家。"中国古代以商鞅为代表的法家的法治思想在这一方面为我们提供了宝贵的财富。这主要体现在商鞅的以法治国、刑无等级、法官独立、法治而不是权治、法大而不是权大、统治者和官员必须首先守法、法律符合国情民情、简明公开让民众充分了解等内容上。

习近平总书记引用了很多法家的经典来强调依法治国的重要性,他的著作《之江新语》中《弘扬法治精神,形成法治风尚》说道:"人们没有法治精神、社会没有法治风尚,法治只能是无本之木、无根之花、无源之水。古人所说'国皆有法,而无使法必行之法',讲的就是这个道理。"①他在《摆脱贫困》一书《从政杂谈》中说:"无明法不足以正纲纪,无纲纪就不能护公正、张道义。北宋包拯认为:'法令既行,纪律自正,则无不治之国,无不化之民。'"②

习近平总书记还引用了很多传统文化中的经典来阐述执法之道:"首先,领导干部要懂法,'为官之义在于明法'。知道哪些可为,哪些不可为。'明'也是让自己懂法,在内心拉一条底线。其次,领导干部带头遵纪守法,所谓'子帅以正,孰敢不正',才能让法令顺利推行。最后,领导干部执法时要公平正直,理国要道,在于

---

① 习近平:《之江新语》,浙江人民出版社2013年,第205页。
② 习近平:《摆脱贫困》,福建人民出版社2014年,第39-40页。

公平正直"。①

如果说"法治"是依靠强制手段对国家和社会生活的"硬治理",那么,"礼治"及"德治"则是"软治理";如果说,法律所调节的主要是人与人之间的利益关系;那么,在一个"人情社会"中,这样的治理方法则更需要辅之以"礼"和"德"的方式和手段。

中国传统法律体系与西方截然不同,而中国古代的"礼治"则更强调以人情为核心,以道德为基础,强调统治者道德表率作用重于立法建制。中国古代设法立制的最终目的在于建立和谐社会,正如孔子所说:"导之以政,齐之以刑,民免而无耻;导之以德,齐之以礼,有耻且格"。政、法治标,德、礼治本,社会的治理由里而及表。

中国现实"法治"建设必须以传统为依托,因为传统法律体系中不仅凝聚着民族文化的精华,而且在一定时期,一定范围内,传统还常常是一种不可抗拒的力量,不能任意改动。现实"法治"建设若过于背离传统,将会被传统的惰性力所粉碎,最终难免形成清末法律体系变革流于形式的局面。中国现实"法治"体系的建设离不开道德体系的重建,只有如此,人们才能重新认识"法治",更新传统"法治"观念,也只有如此,才能避免立法与执法的脱节,避免西方"法治"的不良影响。

在强调依法治国的同时,习近平也注重强调传统治理方法,如"礼法合治"在国家治理中的借鉴意义和价值。

中共中央政治局2014年10月13日下午进行第十八次集体学习。习近平总书记在主持学习时发表了讲话。他强调,我国古代主张民惟邦本、政得其民,礼法合治、德主刑辅,为政之要莫先于得人、治国先治吏,为政以德、正己修身,居安思危、改易更化,等等,这些都能给人们以重要启示。治理国家和社会,今天遇到的很多事情都可以在历史上找到影子,历史上发生过的很多事情也都可以作为今天的镜鉴。中国的今天是从中国的昨天和前天发展而来的。要治理好今天的中国,需要对我国历史和传统文化有深入了解,也需要对我国古代治国理政的探索和智慧进行积极总结。

在习近平总书记的著作《之江新语》中有多篇文章与"法治"息息相关,《法治:新形势的新要求》一文对科学执政、民主执政和依法执政提出新要求;《市场经济必然是法治经济》强调法治对市场经济秩序的保障和规范作用;《和谐社会本质

---

① 习近平:《干部要学哪些传统文化》,新华网 2015 年 08 月 10 日。http://news.xinhuanet.com/politics/2015-08/10/c_1116199868.htm。

上是法治社会》提出秩序良好的和谐社会是法治社会,习近平总书记强调:"法治通过调节社会各种利益关系来维护和实现公平正义,法治为人们之间的诚信友爱创造良好的社会环境,法治为激发社会活力创造条件,法治为维护社会安定有序提供保障,法治为人与自然的和谐提供制度支持";①《弘扬法治精神,形成法治风尚》提出"使法必行之法就是法治精神";《坚持法治与德治并举》认为法治与德治是车之两轮、鸟之两翼。这些文章都体现了习近平总书记在治国理政中的法治主张。

在不同时期,习近平总书记对中华传统文化中的"法治"与"礼法合治"的观点都体现在其执政过程中。他传承中华传统文化中治国理政智慧的精华,让传统法治与现今社会主义法治交相辉映。

在中国古代"刑"是"法"的代名词;"德"有两层基本意思:第一层意思是"为政以德"的"德",这一说法是指国家与社会治理措施,其是与"法"相对应的,可以归纳为执政者治国的方式措施均应符合民众的利益,得到民众的认同;第二层意思是"大学之道,在明明德"②的"德",这是指一种社会规范,即以社会民众普遍认同的价值观、是非观为基本内容的道德。

在治国理政的过程中,法为护德服务,德为法治筑基,德魂法形,二者互为表里,相得益彰,缺一不可。

德治与法治的关系。中央提出"以德治国"与"依法治国"相结合。"依法治国"与"以法治国"相区别。"依法治国"核心是"依法治权","依法治国"当然包含着在国家和社会治理中要"有法必依,执法必严,违法必究"这样的法治精神,但更加强调的是统治者要在宪法和法律的框架内进行管理和统治,而不能逾越宪法和法律,凌驾于法律之上。而"以德治国"则明显强调,在社会管理以及协调人与人的关系上要最大限度地发挥"德"的作用。

## 七、习近平的"民本思想"

民本思想是中国传统文化中极其重要的思想资源,即使放在现代社会,仍然是最为重要的思想之一。孟子中的"民为贵,社稷次之,君为轻",《尚书》里的"民为邦本,本固邦宁",这些都是民本思想。民本思想体现的观点与共产党为人民服务的宗旨,"立党为公、执政为民"的方针是一致的,这是需要我们继承、发扬的传

---

① 习近平:《之江新语》,浙江人民出版社2013年,第204页。
② 王国轩:《大学·中庸》,中华书局2006年,第3页。

统精华思想。

习近平总书记拥有深厚的国学修养,他对民本思想的重视,在很多文章中都有所体现。在习近平总书记的著作《之江新语》中,系列文章《为民办实事旨在为民》《为民办实事重在办事》和《为民办实事成于务实》,充分表达了习近平坚持以人为本、执政为民的思想。习近平总书记强调:"要把群众的呼声作为第一信号,问需于民、问计于民、问情于民,掌握民情、分析民意,民主决策、科学安排,落实好为民办实事项目,做到让人民群众参与、让人民群众做主、让人民群众受益、让人民群众满意,真正使群众成为利益的主体。"①

纵观习近平总书记十八大以来的历次讲话,能深刻感受到"人民"都是他最重视的对象。他强调:"人民是历史的创造者,群众是真正的英雄。人民群众是我们力量的源泉。我们深深知道,每个人的力量是有限的,但只要我们万众一心、众志成城,就没有克服不了的困难;每个人的工作时间是有限的,但全心全意为人民服务是无限的。责任重于泰山,事业任重道远。我们一定要始终与人民心心相印、与人民同甘共苦、与人民团结奋斗,夙夜在公,勤勉工作,努力向历史、向人民交出一份合格的答卷。"②

这些谈话无一不体现了中国传统文化思想中以民为本的价值观,体现了民本思想在当下的价值,同时也体现了中国特色社会主义与民本思想的融合。

在传统儒家和道家的思想中关于民本的思想非常丰富,我们可以在丰富的资料中找到习近平总书记所运用的这些民本思想。孔子的民本思想主要为以民为重的"仁"学、惠民畏民、为政以德;孟子主张"仁政",其中"民为贵,社稷次之,君为轻"是仁政的一种体现,孟子的民本学说体现了一定的尊重人权思想;老子《道德经》中"圣人无常心,以百姓之心为心"的思想,深刻体现了以百姓的态度为最高和最后的政治评价标准;所有的这些传统民本思想都是现今"以民为本"治国理念在实践中的宝贵思想资源。

传统文化中民本思想的优秀成果,为以习近平总书记为代表的中国共产党人治国理政提供了很好的历史文化和思想理论素材,有助于其树立以人为本的价值取向,对于我党更好地担负起执政兴国的历史重任,实现十八大提出的全面建设小康社会的奋斗目标,实现中华民族伟大复兴的中国梦,具有重要的借鉴意义。

---

① 习近平:《之江新语》,浙江人民出版社2013年,第245页。
② 习近平:《在十八届中共中央政治局常委同中外记者见面会》,人民网2012年11月16日。http://politics.people.com.cn/n/2012/1116/c1024-19596289.html。

习近平总书记批判地继承和发展了中华民族传统文化中的民本思想,借鉴和吸取治国安邦的历史经验教训,并赋予民本思想以全新的理论内涵。

2013年12月26日,习近平总书记在纪念毛泽东同志诞辰120周年座谈会上的讲话中讲到,坚持群众路线,就要坚持全心全意为人民服务的根本宗旨。"政之所兴在顺民心,政之所废在逆民心。"①这句话出自《管子·牧民》,原文是"政之所兴,在顺民心。政之所废,在逆民心。民恶忧劳,我佚乐之。民恶贫贱,我富贵之,民恶危坠,我存安之。民恶灭绝,我生育之。"其意思是"政权之所以能兴盛,在于顺应民心;政权之所以废弛,则因为违逆民心。"

在中国古代的政统里,天下从来不是一家一姓永久拥有的,而是"有德者居之"。判断政权是否"有德"的标准,即在于人民是否安居乐业。先秦时代,管仲已经意识到,政权要稳定长久,就必须推行顺乎民心的政策。在今天,要做到这一点,首先要做的是了解"民心"在想什么。老百姓有什么困难、什么需求,这是要深入基层调研、走访才能知道的,而不是坐在办公室里拍脑袋想出来的。

习近平总书记《为民办实事成于务实》一文中认为,坚持以人为本,执政为民,最终要落实在一件一件的事实之中。他说,"乐民之乐者,民亦乐其乐;忧民之忧者,民亦忧其忧"我们把为民办实事的工作做好了,群众的幸福感就会提升,人民群众与党委、政府心相系、情相连,构建和谐社会的基础就会更加扎实。② 其中"乐民之乐者,民亦乐其乐;忧民之忧者,民亦忧其忧"典出《孟子·梁惠王下》。③ 也就是说统治者如果把民众喜爱的事情作为自己治国理政的目标,那么民众也会与统治者同乐;统治者如果把民众所担忧的事情也作为自己所担忧的,民众同时也会为统治者分忧。中国古代政治有"王道"与"霸道"之分。霸道者,武力征伐,权势倾轧,以"威"使人"畏"。王道者,顺乎民心,使民有道,以"道"使人"服"。要行王道,就要知道百姓喜欢什么,顺从民心,"乐以天下";知道百姓忧虑什么,并且和他们有一样的忧虑,再努力创造条件,让他们消除这些忧虑,"忧以天下"。习近平总书记在执政过程中深刻关注人民的困难,并解决这些困难,给百姓创造快乐,告知政府工作者需要踏踏实实办实事。

习近平总书记在《同心同德,兴民兴邦》中说道,纵观历史,得天下者无不因为得到民心。古人云:"善为国者,爱民如父母之爱子、兄之爱弟,闻其饥寒为之哀,

---

① 习近平:《谈治国理政》,外文出版社2014年,第27-28页。
② 王国轩:《大学·中庸》,中华书局2006年,第3页。
③ 辜鸿铭,刘永成译:《中国人的精神》,线装书局2011年,第1页。

见其劳苦为之悲。"①其意为善于治国的人对待民众,就像父母对待自己的孩子、兄长爱护自己的兄弟一样,听到他们遭受饥寒,为之感到哀伤;见到他们劳苦的状态,为之感到伤悲。今天,习近平总书记再次强调共产党的各级干部都是人民公仆,必须密切联系群众,人民群众是我们党的力量源泉,群众路线是我们党的根本工作路线。

习近平总书记在《主仆关系不容颠倒》中说道,各级领导干部要一切从人民的利益出发,站在人民群众的立场上立身、处世、从政,真正做到权为民所用、情为民所系、利为民所谋,并引用了"德莫高于爱民,行莫贱于害民""圣人无常心,以百姓之心为心"等古代先贤的警句。"德莫高于爱民,行莫贱于害民"出自《晏子春秋·内篇问下》,这句话体现了传统思想中的"爱民"是立场和要求。说是立场,就是要破除官本位、"官老爷"的思想,认识到权力来自于人民,不为一己私利或利益集团服务;说是要求,就是在考虑和解决问题时,时刻从民众的角度出发,而不是虚头巴脑地搞形象工程、面子工程,甚至为了"政绩"而做出伤害群众利益的事情。"圣人无常心,以百姓之心为心"一句出自《老子》,意为圣人真正能站在不同角度审视万事万物,即我们常说的"换位思考";在这一篇中,老子描述拥有至高境界的"圣人",并不师心自用,而是以民心为己心。从孟子、管子再到老子,我们看到,积极入世的儒家、权谋机变的法家、崇尚无为的道家,在先秦时代虽然有诸多针尖麦芒、颉颃龃龉之处,但在政治主张方面,有一点达成了共识:以民心向背为本。

习近平总书记民本思想的形成具有其思想理论来源和实践基础。中国优秀传统文化宝库中的民本思想是习近平民本思想的一个重要的历史文化和思想理论来源;历史唯物主义科学的群众史观,是习近平民本思想的世界观和方法论基础;中国共产党历代领导人的民本思想是习近平民本思想的直接理论来源;习近平丰富的人生阅历和从地方到中央的施政实践活动是其民本思想形成和确立的实践基础。

## 第三节 习近平核心价值观思想研究

党的十六大报告中明确提出了"社会主义核心价值体系"这一命题,十六届六

---

① 万丽华,蓝旭译注:《孟子》,中华书局 2006 年,第 29 页。

中全会上提出"建设社会主义核心价值体系","马克思主义指导思想,中国特色社会主义共同理想,以爱国主义为核心的民族精神和以改革创新为核心的时代精神,社会主义荣辱观,构成了社会主义核心体系的基本内容。"①十七大报告将核心价值体系提升到"社会主义意识形态的本质体现"②的高度。十七届六中全会提出了"社会主义核心价值体系是兴国之魂"。十八大提出,倡导富强、民主、文明、和谐,倡导自由、平等、公正、法治,倡导爱国、敬业、诚信、友善,积极培育和践行社会主义核心价值观(以下简称为"核心价值观")。2013年12月,中共中央办公厅印发了《关于培育和践行社会主义核心价值观的意见》,并发出通知,要求各地区各部门结合实际认真贯彻执行。从社会主义核心价值体系到核心价值观,我们党一直在探索和凝练。关于核心价值观,习近平多次发表了相关讲话,初步形成了核心价值观的思想体系。

### 一、习近平关于核心价值观的相关论述

十八大以来,习近平在不同场合谈话中多次谈到核心价值观。主要有:

2013年4月28日在同全国劳动模范座谈、5月4日在同各界优秀青年代表座谈时,要求工人阶级和广大青少年自觉培育和践行社会主义核心价值观;8月19日在全国宣传思想工作会议上,9月26日在会见第四届全国道德模范及提名奖获得者时,阐述了加强道德建设与培育和践行社会主义核心价值观的关系;9月9日致全国广大教师慰问信,希望全国广大教师牢固树立中国特色社会主义理想信念,带头践行社会主义核心价值观。

2014年2月24日在中共中央政治局第十三次集体学习时强调,把培育和弘扬社会主义核心价值观作为凝魂聚气强基固本的基础工程;2月17日,在省部级主要领导干部学习贯彻十八届三中全会精神全面深化改革专题研讨班开班式上,谈到国家治理体系和治理能力现代化与社会主义核心价值观的关系;5月4日在与北京大学师生座谈时强调,青年要自觉践行社会主义核心价值观,要从现在做起、从自己做起,使社会主义核心价值观成为自己的基本遵循,并身体力行大力将其推广到全社会去。5月23日至24日在上海考察调研期间强调,培育和践行社会主义核心价值观,贵在坚持知行合一、坚持行胜于言,在落细、落小、落实上下功夫;5月30日总书记在北京市海淀区民族小学参加少先队主题队日活动时强调,

---

① 《十六大以来重要文献选编》(下),中央文献出版社2011年,第661页。
② 《十七大以来重要文献选编》(上),中央文献出版社2011年,第6页。

少年儿童培育和践行社会主义核心价值观,要适应自身年龄和特点,做到"记住要求、心有榜样、从小做起、接受帮助",让社会主义核心价值观的种子在少年儿童心中生根发芽、真正培育起来;6月9日,在中国科学院第十七次院士大会、中国工程院第十二次院士大会上呼吁:我们培育和践行社会主义核心价值观,需要两院院士发挥作用。希望广大院士善养浩然之气,发扬我国科技界爱国奉献、淡泊名利的优良传统,以身作则,严格自律,在攻坚克难、崇德向善中做到学为人师、行为世范,带动科技界乃至全社会践行社会主义核心价值观;6月27日在接见第五次全国边海防工作会议代表时,8月20日在纪念邓小平同志诞辰110周年座谈会上,9月9日同北京师范大学师生代表座谈时,9月21日在庆祝中国人民政治协商会议成立65周年大会上,9月30日在庆祝中华人民共和国成立65周年招待会上,要求广大军人、党员、教师和政协委员等带头自觉培育和践行社会主义核心价值观;10月13日在中共中央政治局第十八次集体学习、10月15日在主持召开文艺工作座谈会上,强调中华传统文化研究和文艺工作要为培育和践行社会主义核心价值观服务。

2015年2月17日在春节团拜会上讲话,号召大家都要重视家庭建设,注重家庭、注重家教、注重家风,紧密结合培育和弘扬社会主义核心价值观;4月28日,在庆祝"五一"国际劳动节暨表彰全国劳动模范和先进工作者大会上发表重要讲话:"爱岗敬业、争创一流,艰苦奋斗、勇于创新,淡泊名利、甘于奉献"的劳模精神,生动诠释了社会主义核心价值观,是我们的宝贵精神财富和强大精神力量。要深入开展中国特色社会主义理想信念教育,培育和践行社会主义核心价值观,弘扬中华优秀传统文化,开展以职业道德为重点的"四德"教育,深化"中国梦·劳动美"教育实践活动,不断引导广大群众增强中国特色社会主义道路自信、理论自信、制度自信;6月30日在会见全国优秀县委书记时的讲话指出:县委书记担负着重要政治责任,讲政治是第一位的。希望大家对党绝对忠诚,始终同党中央在思想上政治上行动上保持高度一致,坚定理想信念,坚守共产党人的精神家园,自觉践行社会主义核心价值观,自觉执行党的纪律和规矩,真正做到头脑始终清醒、立场始终坚定;9月7日,习近平同志在中央党校县委书记研修班学员座谈会上的讲话时勉励大家做焦裕禄式的县委书记,自觉弘扬和践行社会主义核心价值观。

2016年1月18日在省部级主要领导干部学习贯彻党的十八届五中全会精神专题研讨班上的讲话强调:要坚持社会主义先进文化前进方向,用社会主义核心价值观凝聚共识、汇聚力量,用优秀文化产品振奋人心、鼓舞士气,用中华优秀传统文化为人民提供丰润的道德滋养,提高精神文明建设水平;3月4日下午参加全国政协十二届四次会议民建、工商联界委员联组会时的讲话号召大家:积极践行社会主义核心价值观,做爱国敬业、守法经营、创业创新、回报社会的典范,在推动实现中华民族伟大复兴中国梦的实践中谱写人生事业的华彩篇章;4月19日在网络安全和信息化工作座谈会上的讲话强调:要用社会主义核心价值观和人类优秀文明成果滋养人心、滋养社会,做到正能量充沛、主旋律高昂,为广大网民特别是青少年营造一个风清气正的网络空间;5月17日在哲学社会科学工作座谈会上的讲话指出:要把社会责任放在首位,严肃对待学术研究的社会效果,自觉践行社会主义核心价值观,做真善美的追求者和传播者;7月1日,在庆祝中国共产党成立95周年大会上讲话指出:我们要弘扬社会主义核心价值观,弘扬以爱国主义为核心的民族精神和以改革创新为核心的时代精神,不断增强全党全国各族人民的精神力量;11月30日习近平在中国文联十大、中国作协九大开幕式上讲话强调:社会主义核心价值观是当代中国精神的集中体现,是凝聚中国力量的思想道德基础。广大文艺工作者要把培育和弘扬社会主义核心价值观作为根本任务,坚定不移用中国人独特的思想、情感、审美去创作属于这个时代、又有鲜明中国风格的优秀作品;12月12日在会见第一届全国文明家庭代表时讲话指出:要在家庭中培育和践行社会主义核心价值观,引导家庭成员特别是下一代热爱党、热爱祖国、热爱人民、热爱中华民族。

**二、习近平核心价值观的思想渊源**

习近平核心价值观的思想有着广泛的来源和深厚的思想基础,具体如下。

(一)马克思主义理论自身的思想资源

核心价值观的逻辑起点可追溯到空想社会主义。空想社会主义者对当时资本主义制度进行了深刻揭露和批判,大胆地进行了未来社会的具体描述和设计,提出了许多进步的、引导人们对美好社会制度不懈追求的思想和观点。空想社会主义者对核心价值观的贡献主要体现他们设计理想社会的特征表现为消灭剥削、消灭城乡对立、消灭私有制度,追求平等、民主、博爱、劳动、幸福、和谐、人的全面发展,建立和谐的社会①。马克思和恩格斯运用唯物史观和通过理论实践考察,进一步推动了构建未来社会的理论探讨,创立了科学社会主义理论体系。科学社会主义理论体系中有一条核心价值观的主线,那就是"实现人的自由、解放和

---

① 吴向东:《重构现代性——当代社会主义价值观研究》,北京师范大学出版社2006年版,第69-74页。

全面发展"。1848年2月,马克思恩格斯在《共产党宣言》中写道:"代替那存在着阶级和阶级对立的资产阶级旧社会的,将是这样一个联合体,在那里,每个人的自由发展是一切人的自由发展的条件。"①马克思进一步指出,"自由确实是人所固有的东西",自由"表现为普遍权利"②。恩格斯也指出,资本主义过渡到社会主义、共产主义,"这是人类从必然王国进入自由王国的飞跃。"③。"平等,作为共产主义的基础,是共产主义的政治的论据。"④"一切人,或至少是一个国家的一切公民,或一个社会的一切成员,都应当有平等的政治地位和社会地位。"⑤马克思、恩格斯等无产阶级革命导师极力倡导和追求的价值观是人的自由和解放。这些价值观成了习近平核心价值观的理论来源。

党和国家领导人提出的自由、民主、富强、共同富裕、和谐等观点也是核心价值观的思想来源。毛泽东在《论联合政府》就明确指明了"将中国建设成一个独立、自由、民主、统一和富强的新国家。"⑥毛泽东还提出了平等观,认为社会主义价值首先表现为消灭剥削和剥削制度,实现广大劳动人民梦寐以求的公正、平等、合理的愿望。所有人就其基本的人的尊严和价值而言是平等的,在政治、经济和社会领域应享有平等权。在毛泽东的平等观中,政治平等是前提,是实现经济平等、社会平等的重要保障,它赋予人民管理国家、管理军队、管理各种企业、管理文化教育的权利。经济平等是核心,保障人们在经济领域享有平等的地位和权利,在社会财富的分配上,也讲求尽可能的平均,在社会经济地位上则尽可能打破旧有的高低贵贱之分。社会平等则是毛泽东平等思想的最终目的和归宿,保障人们在所有的社会关系层面,在社会地位、声誉和尊严等方面都享受同样的权利。⑦他认为,在人民内部,不论从事何种工作,不论职务高低,彼此间都应平等相待。在毛泽东的观念中,一个社会只有按照平等的原则,充分保障民众在政治、经济和社会各领域的有关权利,才能算得上是公正、自由的社会。毛泽东价值观思想作为核心价值观的理论基因之一,至少表现在两个方面:一是毛泽东思想中的为人民服务思想、人民民主思想、共同富裕思想、社会主义接班人思想等一系列思想都

---

① 《马克思恩格斯文集》第2卷,人民出版社2009年版,第53页。
② 《马克思恩格斯全集》第1卷,人民出版社1956年版,第63页。
③ 《马克思恩格斯选集》第3卷,人民出版社1995年版,第758页。
④ 《马克思恩格斯全集》第3卷,人民出版社2002年版,第347页。
⑤ 《马克思恩格斯选集》第3卷,人民出版社1995年版,第444页。
⑥ 《毛泽东选集》第3卷,人民出版社1991年版,第1029页。
⑦ 李安增:《毛泽东对社会主义平等的探索与实践》,《齐鲁学刊》1993年第6期。

体现出独到的不同于以往主流价值观认识的价值取向和价值追求;二是毛泽东思想古为今用、洋为中用等一系列极具开放与包容性的开放胸襟启发了核心价值观的深度和广度。

由于"文化大革命"中民主法制遭到严重破坏,邓小平非常重视民主法制建设。邓小平认为,中国人民所需要的民主,不是资产阶级的民主,而是人民民主或社会主义民主,因为社会主义民主是"工人、农民、知识分子和其他劳动者所共同享有的民主,是历史上最广泛的民主"。① 社会主义民主需要制度化、法制化。他说:"为了保障民主,必须加强法制。必须使民主制度化、法律化,使这种制度和法律不因领导人的改变而改变,不因领导人的看法和注意力的改变而改变。"②关于两者的关系,邓小平指出,"要加强民主就要加强法制,民主和法制缺一不可"。③在总结我国社会主义建设时期经验教训的基础上,邓小平还丰富发展了毛泽东的"共同富裕"思想,并上升到社会主义的本质特点。他说:"社会主义的特点不是穷,而是富。"④邓小平首先把发展生产力作为共同富裕的前提和物质保障,他说:"社会主义的本质就是解放生产力,发展生产力,消灭剥削,消除两极分化,最终达到共同富裕"。⑤ 其次,社会主义制度的优越性是实现共同富裕的制度保障。他指出:"只有社会主义,才能有凝聚力,才能解决大家的困难,才能避免两极分化,逐步实现共同富裕。"⑥"社会主义的财富属于人民,社会主义的致富是全民共同致富。社会主义原则,第一是发展生产,第二是共同致富。"⑦除此之外,爱国主义也是邓小平重点推崇的。邓小平怀有强烈的民族自尊心、自信心和自豪感。他说:"中国人民有自己的民族自尊心和自豪感,以热爱祖国、贡献全部力量建设社会主义祖国为最大光荣,以损害社会主义祖国利益、尊严、荣誉为最大耻辱。"⑧

江泽民提出了"三个代表"重要思想,围绕着建设什么样的党和怎样建设党这一时代课题,突出强调人民利益至上的价值原则,注重社会主义道德这一价值观的基础领域的战略意义,进一步从经济、政治、文化等各具体层面贯彻了人的全面发展价值取向。

---

① 《邓小平文选》(第2卷),人民出版社1994年版,第168页。
② 《邓小平文选》(第2卷),人民出版社1994年版,第146页。
③ 《邓小平文选》(第2卷),人民出版社1994年版,第189页。
④ 《邓小平文选》(第3卷),人民出版社1993年版,第265页。
⑤ 《邓小平文选》(第3卷),人民出版社1993年版,第373页。
⑥ 《邓小平文选》(第3卷),人民出版社1993年版,第357页。
⑦ 《邓小平文选》(第3卷),人民出版社1993年版,第172页。
⑧ 《邓小平文选》(第3卷),人民出版社1993年版,第3页。

胡锦涛把社会主义核心价值观和科学发展观紧密联系在一起进行阐述,集中内容表现为公平正义的价值意蕴、以人为本的价值目标、全面协调可持续发展的价值诉求以及求真务实的价值理念。十七大报告指出:"实现公平正义是中国共产党人的一贯主张,是发展中国特色社会主义的重大任务"①,要按照"民主法治、公平正义、诚信友爱、充满活力、安定有序、人与自然和谐相处的要求"②构建社会主义和谐社会。在十八大报告中强调"公平正义是中国特色社会主义的内在要求",③"加紧建设对保障社会公平正义具有重大作用的制度,逐步建立以权利公平、机会公平、规则公平为主要内容的社会公平保障体系,努力营造公平的社会环境,保证人民平等参与、平等发展权利。"④胡锦涛还提出了构建和谐社会的战略任务。党的十六届六中全会提出了"和谐社会"的总要求,即构建民主法治、公平正义、诚信友爱、充满活力、安定有序、人与自然和谐相处的社会。和谐社会的六大特征反映了新时期新阶段中国共产党在社会建设方面价值取向,"民主法治"是指和谐社会政治方面的价值要求,"公平正义"是指从和谐社会经济方面的价值取向,"诚信友爱"是指和谐社会道德伦理的价值取向,"充满活力"是指和谐社会发展要求的价值取向,"安定有序"是指和谐社会秩序稳定的价值取向,"人与自然和谐相处"是指和谐社会自然环境的价值取向。胡锦涛围绕实现什么样的发展和怎样发展和谐社会这一现实问题,全面建构了以人为本的科学发展观与和谐社会观,将以人为本的价值原则再次予以高度彰扬,将全面协调可持续的发展观上升为价值自觉,在"八荣八耻"等社会价值观先行探索中,为社会主义核心价值体系的建构和社会主义核心价值观的形成做了成熟的现实准备,使社会主义核心价值观的形成水到渠成。

　　(二)中华优秀传统文化

　　中国优秀传统文化是习近平核心价值观的又一重要思想来源。习近平指出"中华优秀传统文化是中华民族的精神命脉,是涵养社会主义核心价值观的重要源泉,也是我们在世界文化激荡中站稳脚跟的坚实根基。"⑤

　　中华文化蕴涵着丰富的哲学思想、道德规范、民族精神、价值理念等,形成了追求集体富裕、崇尚社会文明的价值观念,并且向世界贡献了伟大的文明成果。

---

① 《十七大以来重要文献选编》(上),中央文献出版社2009年,第13-14页
② 《十六大以来重要文献选编》(下),中央文献出版社2011年,第650页。
③ 《在中国共产党第十八大次代表大会上的报告》,人民出版社2012年,第14页
④ 《在中国共产党第十八大次代表大会上的报告》,人民出版社2012年,第14页。
⑤ 习近平:《在文艺工作座谈会上的讲话》,《人民日报》,2015年10月15日第2版。

中华优秀文化比较注重人伦和理性,在人与人的关系方面思考深刻,并上升为国家意识,形成了包容并蓄、乐善好施的国家品格。比如,传统文化追求"民富易治""国富民强""小康"生活的富强理念;追求"天下为公","民贵君轻"的民主思想;追求"以礼治国""礼和万邦"的文明境界;倡导"和而不同""同则不继""求同存异"的和谐理念;追求"和平"的境界和"平和"的心态。再比如追求"老有所终,壮有所用,幼有所长。矜寡孤独废疾者,皆有所养"的自由平等公正的"大同"社会;追求"平治天下,舍我其谁"的担当;"为万世开太平"的气魄;"先天下之忧而忧,后天下之乐而乐"的忧患等等。中华文化强调"民惟邦本""天人合一""和而不同";强调"天行健,君子以自强不息""大道之行也,天下为公";强调"天下兴亡,匹夫有责";强调"君子喻于义""君子坦荡荡""君子义以为质";强调"言必信,行必果""人而无信,不知其可也";强调"德不孤,必有邻""仁者爱人""与人为善""己所不欲,勿施于人""出入相友,守望相助""老吾老以及人之老,幼吾幼以及人之幼""扶贫济困""不患寡而患不均",等等。从司马光的《资治通鉴》到岳飞的《满江红》,从戚继光的抗倭到文天祥的《正气歌》,从勾践卧薪尝胆到屈原投江,无不彰显爱家爱国、敬业孝忠的精神力量。人们追求诚意、正心,慎独、诚实守信的诚信理念;追求儒家"仁爱忠恕"、墨家"兼爱非攻"、道家"上善若水"、佛家"慈悲为怀"、宋明理学"民胞物与"等友善理念;追求圣人、贤人、真人、至人、菩萨佛陀的至善型理想人格;追求"仁者爱人""勿以善小而不为,勿以恶小而为之""富贵不能淫,贫贱不能移""穷则独善其身,达则兼济天下"的道德理念。像这样的思想和理念,不论过去还是现在,都有其鲜明的民族特色,都有其永不褪色的时代价值。这些思想和理念,既随着时间推移和时代变迁而不断与时俱进,又有其自身的连续性和稳定性。我们生而为中国人,最根本的是我们有中国人的独特精神世界,有百姓日用而不觉的价值观。我们提倡的社会主义核心价值观,就充分体现了对中华优秀传统文化的传承和升华。[1]

"几千年来,中华文化铸造的自强不息、厚德载物、刚健中正的民族之魂,成为中华民族发展壮大的精神动力和智慧源泉。近代以来为中华民族的独立、解放、繁荣、富强而奋斗的团体和个人,都有以天下为己任、忧国忧民、修己以安人的志向和抱负,而这些正是中华文化的内在精神。"[2]"从一定意义上说,社会主义核心

---

[1] 习近平:《青年要自觉践行社会主义核心价值观——在北京大学师生座谈会上的讲话》,《人民日报》,2014年5月5日第2版。
[2] 牟钟鉴:《涵养核心价值观的重要源泉》,《人民日报》,2014年4月11日第7版。

价值观即是中华优秀传统文化在当代中国的集中体现,是它的精华的新形态。如:仁义、忠孝、民本、诚信、中和、勤俭、廉耻等,被当今社会上下共同认定为人生价值的核心,成为社会生活中判定是非、善恶的主要标准,成为社会主义核心价值观建设的基础。在发展社会主义市场经济和经济全球化的背景下,我们还可以突出中华优秀传统文化中平等、公正、包容、重生的内涵,例如仁爱通和、见利思义、天下一家、以人为本等,使之成为社会共识。"①

中华传统文化在长期发展与演进过程中,由于历代人民群众社会实践的推动和思想家们的概括提炼,逐渐发展成为一种高水平的文化形态,它既具有文明与文化的一般共性,更具有鲜明的中国特质和独特的优势和强处,这些优势和强处主要表现在以下三个方面:具有顽强的生命力与深远的凝聚功能;具有鲜明的主体性和强大的整合功能;具有持久的精神激励性与动态的延续、创新功能。正因为中国优秀传统文化具备的这些优势,才有足够的理由将其确立为社会主义核心价值观的思想来源②。

(三)人类文明优秀成果

中国发展所面临的问题,有些是世界人民共同面对,需要共谋对策的问题。当今世界粮食问题、人口问题、环境问题、资源问题、能源问题十分突出,"要解决这些难题,不仅需要运用人类今天发现和发展的智慧和力量,而且需要运用人类历史上积累和储存的智慧和力量。"③

西方文明成果是人类社会发展阶段的共有文明成果,也是核心价值观的又一思想来源。西方资产阶级的民主、自由、平等、博爱等价值理念在反对封建等级制度的斗争中起了重要的作用,部分体现了人类共同愿望和理想。那些反映现代生产社会化要求的如民主、自由、平等、博爱、人权、公平、公开、公正、竞争、效率等价值元素,其历史进步性值得肯定。西方人民对民主、自由、平等、博爱和法治等等价值理念的追求属于世界范围内共有的价值共识,属于世界人民的精神财富。亚当·斯密在《国富论》中指出,每个人在他不违反正义的法律时,都应听其完全自

---

① 牟钟鉴:《涵养核心价值观的重要源泉》,《人民日报》,2014年4月11日第7版。
② 李荣启:《弘扬中华传统文化与建设社会主义核心价值观》,《中国文化研究》,2014年第3期。
③ 习近平:《建设社会主义文化强国 着力提高国家文化软实力》,《人民日报》,2014年1月1日第1版。

由,鼓励他去追求自己的利益,以其资本、劳动同其他人或其他阶级进行竞争。①在他的眼里,经济自由主要表现为公民在国家法律制度范围内,自由谋取财富,合法地运用他的力量获得进展,国家也不能随意干涉,相反必须保护公民的这种自由。二战中,美国总统罗斯福曾提出著名的"四大自由":即表达的自由、信仰的自由、免于匮乏的自由以及免于恐惧的自由。这"四大自由"暗含了美国式的普世主义自由观,对此后世界的发展产生了巨大的影响。平等是人类的终极理想之一,是西方政治文化的重要组成部分。西方平等观念源于古希腊,亚里士多德是明确提出平等思想的学者,他将平等和正义、公平看成是同等程度的概念,指出正义是某些事物的平等观念。资本主义在建制之初出于旗帜、口号的需要,将对平等的追求视为人类不证自明之公理,是上天赋予人类与生俱来之权利。启蒙思想家们认为,人人生而平等,这是与生俱来的天赋权利。如霍布斯指出,自然创造人类初期,人就是平等的,"自然使人在身心两方面的能力都十分相等"②。洛克也主张,人人都享有平等的权利。法律面前人人平等,法律一经制定,任何人都不能逃避法律的制裁。③ 从洛克开始平等被真正赋予了每一个人。可以说,正是受到这些启蒙思想家的深刻影响,平等观念逐渐被世人所认知、认同。博爱,即广泛地爱一切人和生命,它是西方传统文化的精髓,是基督教伦理思想的基本原则。我们可以将基督教的博爱概括为三个方面:一是作为恩赐的神爱,即上帝对人的超越性的怜悯。二是人对上帝的虔诚。三是人对于自己同类的伦理关怀。基督教倡导的博爱包含着对他人、对社会的义务,贯穿于西方社会人际关系之中,并在西方社会中彰显出极大的精神感召力。从本质上讲,基督教将博爱视为是人类进行自我圣化并接近上帝的途径与方法。西方资本主义国家将博爱应用于社会治理之中,取得了显著的效果。可以说,博爱价值观在一定程度上缓解了西方社会人和人、阶级和阶级之间的矛盾,促进了资本主义的发展。习近平多次强调,对传统文化和外来文化都要采取鉴别扬弃的态度,要坚持古为今用、洋为中用,去粗取精、去伪存真,科学扬弃、为我所用。对世界文明创造的成果要结合时代特色和现实需要,取其精华,通过对其超越和升华使之为社会主义先进文化服务。

经济全球化时代,我们构筑的共有精神家园既要增强中华民族的凝聚力,又要增强我国进行国际交流合作时的亲和力;既要符合我国社会主流价值观的本质

---

① [英]亚当·斯密:《国民财富的性质和原因的研究》,下卷,商务出版社 1965 年版,第252页。

② [英]霍布斯著,黎思复等译:《利维坦》,商务印书馆 1986 年版,第 93 页。

③ [英]洛克著,叶启芳等译:《政府论》下篇,商务印书馆 1982 年版,第 88 页。

要求,又要最大限度满足全体社会成员多样化的精神文化需求。特别是对待域外文明,既不能囫囵吞枣、照单全收,也不能傲慢偏执、简单拒斥。应以宽阔的胸怀加强交流互鉴,吸收人类文明优秀成果,用中外文化的精髓为人们提供精神支撑和心灵慰藉,让人们享受更富内涵的精神生活。①

**三、习近平倡导核心价值观的基本内涵**

习近平在北京大学师生座谈会上的讲话指出:"我们提出要倡导富强、民主、文明、和谐,倡导自由、平等、公正、法治,倡导爱国、敬业、诚信、友善,积极培育和践行社会主义核心价值观。富强、民主、文明、和谐是国家层面的价值要求,自由、平等、公正、法治是社会层面的价值要求,爱国、敬业、诚信、友善是公民层面的价值要求。这个概括,实际上回答了我们要建设什么样的国家、建设什么样的社会、培育什么样的公民的重大问题。"②

"富强、民主、文明、和谐是国家层面的价值要求"③。中国共产党领导中国人民进行艰苦卓绝的斗争,目标就是实现民族独立、人民解放,建立富强、民主、文明、和谐的社会主义国家。新中国成立后,全国人民在中国共产党的领导下,实现了社会主义改造,追求"国家繁荣、人民幸福"。改革开放以来,特别是党的十八大提出了"两个一百年"、实现中华民族伟大复兴"中国梦"的奋斗目标。实现这一宏伟奋斗目标,就是要实现"富强、民主、文明、和谐"美好愿望。把"富强、民主、文明、和谐"作为社会主义核心价值观的第一个倡导,作为全社会的共同理想,切合中国特色社会主义的根本价值追求,切合近代以来中国人民的殷切期盼,必将成为全体社会成员的共同价值追求,引领和支撑着人们不断向价值目标奋勇前进。

"自由、平等、公正、法治是社会层面的价值要求"④。在社会层面,追求"自由、平等、公正、法治"是马克思主义的基本要求,也是中国共产党人的一贯价值追求,更是现代社会的基本价值取向。马克思主义的最高追求目标是人的全面而自由的发展,我党长期以来坚持"以人为本、执政为民和依法治国"的执政理念,终极

---

① 许俊:《用社会主义核心价值观构筑共有精神家园》,《人民日报》,2014年6月19日第7版。
② 习近平:《青年要自觉践行社会主义核心价值观——在北京大学师生座谈会上的讲话》,《人民日报》,2014年5月5日第2版。
③ 习近平:《青年要自觉践行社会主义核心价值观——在北京大学师生座谈会上的讲话》,《人民日报》,2014年5月5日第2版。
④ 习近平:《青年要自觉践行社会主义核心价值观——在北京大学师生座谈会上的讲话》,《人民日报》,2014年5月5日第2版。

目标就是实现人民自由、平等、有尊严的生活,随着我国经济社会的不断发展和人口素质的提高,特别是社会主义市场经济完善和民主政治的深入发展,追求对社会主义社会的自由、平等、公正、法治的要求和呼声比以前任何时候都更加强烈和高涨。因此,把"自由、平等、公正、法治"作为社会层面的价值追求,将促进全国人民在自由、平等、规范的社会氛围中,公正的开展社会事务活动,在法治的框架内解决人民内部矛盾,促进社会良好有序发展。

"爱国、敬业、诚信、友善是公民层面的价值要求"①。公民个人是"国家"和"社会"的基本单位,是践行社会主义核心价值观的基本主体。爱国是个人与祖国关系的行为准则。爱国是个人之所以为公民的前提,有国才有家。爱国的形式有很多,作为公民个人来说,敬业是爱国的基础形式,也是实践形式。敬业是对公民职业行为准则的价值评价,体现社会主义职业精神。敬业,要求我们在工作中忠于职守、崇尚科学、辛勤劳动、追求效率。爱岗敬业,全身心投入工作,才能为国家、社会、家庭创造价值,也才能为自己开创未来。诚信即诚实守信,是立业之道、成人之本,是敬业的前提。公民个人处于社会主义市场经济的大潮中,诚信是根本。友善是最紧密涉及人与人之间关系的道德要求,强调公民之间应当相互尊重、相互关心、相互帮助,和睦相处,培育和养成社会主义新型人际关系。爱国、敬业、诚信、友善集中体现了社会主义国家公民的基本价值追求和道德准则要求,是中国共产党人对马克思主义公民道德和价值理念的新发展、新成就。

习近平核心价值观基本内涵思想主要体现在以下几个方面。

1. 核心价值观是人们共同认同的价值观"最大公约数",是最深沉的力量

核心价值观是一个民族赖以维系的精神纽带,是推动一个民族、一个国家发展进步的最深沉的力量。核心价值观,承载着一个民族、一个国家的精神追求,体现着一个社会评判是非曲直的价值标准。物以类聚,人以群分,一个民族之所以能长久凝聚在一起,除了共同的历史,共同的语言,共同的生活习俗,最重要的就是他们有着共同的价值追求和价值认同,有着共同的是非标准。如果没有这些东西,人们就没有交流的基础,一个民族就很难长久维系在一起。习近平深刻指出:"要把全社会意志和力量凝聚起来,必须有一套与经济基础和政治制度相适应,并能形成广泛社会共识的核心价值观。否则,一个民族就没有赖以维系的精神纽带,一个国家就没有共同的思想道德基础。"这是观察中国历史和人类发展进步的

---

① 习近平:《青年要自觉践行社会主义核心价值观——在北京大学师生座谈会上的讲话》,《人民日报》,2014年5月5日第2版。

历史得出的一个结论。为什么中华民族能够在几千年的历史长河中经历了无数的曲折、磨难,没有被打散、打垮而顽强生存和不断发展呢?很重要的一个原因,是我们这个民族有一脉相承的精神追求、有着牢固的核心价值观。"我国是一个有着13亿多人口、56个民族的大国,确立反映全国各族人民共同认同的价值观'最大公约数',使全体人民同心同德、团结奋进,关乎国家前途命运,关乎人民幸福安康。"①

"一个民族的文明进步,一个国家的发展壮大,需要一代又一代人接力努力,需要很多力量来推动,核心价值观是其中最持久最深沉的力量。"②核心价值观也是推动一个民族、一个国家发展进步的最深沉的力量。国无德不兴,人无德不立。如果一个民族、一个国家没有共同的先进的核心价值观,莫衷一是,行无依归,不能崇德向善,那这个民族、这个国家就无法前进。

2. 核心价值观是文化软实力的灵魂

近些年来,世界综合国力竞争呈现出新的特点,传统的以"军事力量和经济实力"为主的"硬实力"之间的竞争虽然依然存在,但随着信息技术的飞速发展和广泛应用,各国间的文化交流日益频繁,文化软实力在国家较量中日益凸显,文化软实力作为一种新型的、特殊的国家实力备受关注和重视。"软实力"概念是约瑟夫奈于1990年在"美国衰败论"的学术环境中提出来的,是从东欧剧变、苏联解体、世界格局趋于多极化这样一种国际关系的视角下来对它进行阐释的。约瑟夫奈提出:"软实力"是独立于硬实力之外的独立存在的国家力量,它来源于文化价值观、政治价值观和国际制度,是通过互相吸引和交流而非强迫和收买的方式来达到自己目的的一种新的能力③。

文化软实力是指一个国家文化的影响力、凝聚力和感召力,是现代社会发展的精神动力、智力支持和思想文化保障。只有通过核心价值观的凝聚和引领作用,文化软实力才能形成统一的人民意志、共同的理想追求,才能激发民族凝聚力和创造力,形成推动社会繁荣进步与安全稳定的强大动力。习近平指出"核心价值观是文化软实力的灵魂、文化软实力建设的重点。这是决定文化性质和方向的

---

① 习近平:《青年要自觉践行社会主义核心价值观——在北京大学师生座谈会上的讲话》,《人民日报》,2014年5月5日第2版。
② 习近平:《从小积极培育和践行社会主义核心价值观——在北京市海淀区民族小学主持召开座谈会时的讲话》,《人民日报》,2014年5月31日第2版。
③ Joseph S. Nye, "The Challenge of Soft Power", Time Magazine, (Tuesday 1992), pp. 199 - 215.

最深层次要素。一个国家的文化软实力，从根本上说，取决于其核心价值观的生命力、凝聚力、感召力。培育和弘扬核心价值观，有效整合社会意识，是社会系统得以正常运转、社会秩序得以有效维护的重要途径，也是国家治理体系和治理能力的重要方面。历史和现实都表明，构建具有强大感召力的核心价值观，关系社会和谐稳定，关系国家长治久安。"①

提高国家文化软实力，关系我国在世界文化格局中的定位，关系我国国际地位和国际影响力，关系"两个一百年"奋斗目标和中华民族伟大复兴的中国梦的实现。②

核心价值观是人们的精神支柱和行动向导，是人们评判是非曲直的价值标准。核心价值观的发展必定要以建设社会主义文化强国为目标，积极汲取社会主义先进文化发展的优秀成果，以体现社会主义本质要求的文化为思想来源。

3. 核心价值观是德

核心价值观不仅是一个政治领域和意识形态的概念，更是道德范畴，这与中华文化的道德政治观一脉相承。

"核心价值观是一个民族赖以维系的精神纽带，是一个国家共同的思想道德基础。如果没有共同的核心价值观，一个民族、一个国家就会魂无定所、行无依归。为什么中华民族能够在几千年的历史长河中生生不息、薪火相传、顽强发展呢？很重要的一个原因就是中华民族有一脉相承的精神追求、精神特质、精神脉络。"③"中华文化的精华是传统美德，主要有仁义、忠恕、孝悌、人本、诚信、中和、廉耻、质朴、勤俭、宽厚、礼貌、重生等，这些构成中国人的基本道德规范，成为深厚的社会道德传统。中华传统美德非但不会妨碍现代化事业，而且能给社会改革和现代化进程提供道德支撑。没有这种道德支撑，社会难以和谐稳定，体制改革不能顺利进行，市场经济不能健康发展，社会矛盾难以有效化解。从实践来看，在我国改革开放的历史进程中，中华传统美德发挥了强大的精神支撑作用。"④

重视人的道德修养，强调修身、养德以实现个人心性的自我完善，是中国文化的一大特色。核心价值观，"其实就是一种德，既是个人的德，也是一种大德，就是

---

① 《习近平在中共中央政治局第十三次集体学习时强调把培育和弘扬社会主义核心价值观作为凝魂聚气强基固本的基础工程》，《人民日报》，2014年2月26日第1版。
② 《用社会主义核心价值观凝心聚力》，《人民日报》，2016年5月5日第9版。
③ 习近平：《在文艺工作座谈会上的讲话》，《人民日报》，2015年10月15日第2版。
④ 牟钟鉴：《涵养核心价值观的重要源泉》，《人民日报》，2014年4月11日第7版。

国家的德、社会的德。"①社会主义核心价值观将国家、社会、个人之德融为一体,既有大德、也有小德,既有公德、也有私德。道不可坐论,德不能空谈。社会主义核心价值观是知行合一的德,能够引导人们激浊扬清,增强价值判断力和道德责任感,注重道德实践和道德养成,激励人们崇德向善、见贤思齐,着力把扭曲的价值观矫正过来。

**四、习近平培育和践行社会主义核心价值观思想**

(一)贯穿全民教育全过程,融入社会方方面面,在落细、落小、落实上下功夫

习近平强调,"要切实把社会主义核心价值观贯穿于社会生活方方面面。要通过教育引导、舆论宣传、文化熏陶、实践养成、制度保障等,使社会主义核心价值观内化为人们的精神追求,外化为人们的自觉行动。榜样的力量是无穷的,广大党员、干部必须带头学习和弘扬社会主义核心价值观,用自己的模范行为和高尚人格感召群众、带动群众。要从娃娃抓起、从学校抓起,做到进教材、进课堂、进头脑。要润物细无声,运用各类文化形式,生动具体地表现社会主义核心价值观,用高质量高水平的作品形象地告诉人们什么是真善美,什么是假恶丑,什么是值得肯定和赞扬的,什么是必须反对和否定的。"②

习近平指出,"一种价值观要真正发挥作用,必须融入社会生活,让人们在实践中感知它、领悟它。要注意把我们所提倡的与人们日常生活紧密联系起来,在落细、落小、落实上下功夫。要按照社会主义核心价值观的基本要求,健全各行各业规章制度,完善市民公约、乡规民约、学生守则等行为准则,使社会主义核心价值观成为人们日常工作生活的基本遵循。要建立和规范一些礼仪制度,组织开展形式多样的纪念庆典活动,传播主流价值,增强人们的认同感和归属感。要把社会主义核心价值观的要求融入各种精神文明创建活动之中,吸引群众广泛参与,推动人们在为家庭谋幸福、为他人送温暖、为社会做贡献的过程中提高精神境界、培育文明风尚。要利用各种时机和场合,形成有利于培育和弘扬社会主义核心价值观的生活情景和社会氛围,使核心价值观的影响像空气一样无所不在、无时

---

① 习近平:《青年要自觉践行社会主义核心价值观——在北京大学师生座谈会上的讲话》,《人民日报》,2014年5月5日第2版。
② 《习近平在中共中央政治局第十三次集体学习时强调把培育和弘扬社会主义核心价值观作为凝魂聚气强基固本的基础工程》,《人民日报》,2014年2月26日第1版。

不有。"①

(二)制定相关政策,健全相关法规

培育和弘扬社会主义核心价值观,不仅要靠思想教育、实践养成,而且要用体制机制来保障。这是历史的经验,也是一些国家的通行做法。我国古代传统价值观念能够相对稳定的传承,并成为人们内心的律条,除了重视修养以外,最重要的是这些价值观念与国家的制度法律紧密结合在一起。西方国家在这方面也是很下工夫的,他们的制度设计、政策法规制定、司法行政行为等都置于核心价值理念的统摄之下。

习近平认为,一个社会的核心价值观要想保持一定的稳定性和持续性,必须用制度建设来保障。"要发挥政策导向作用,使经济、政治、文化、社会等方方面面政策都有利于社会主义核心价值观的培育。要用法律来推动核心价值观建设。各种社会管理要承担起倡导社会主义核心价值观的责任,注重在日常管理中体现价值导向,使符合核心价值观的行为得到鼓励、违背核心价值观的行为受到制约。"②也就是说要把社会主义核心价值观贯彻到依法治国、依法执政、依法行政实践中,落实到立法、执法、司法和普法的各个方面,用法律的权威增强人们践行社会主义核心价值观的自觉性。除此之外,习近平还要求:"要按照社会主义核心价值观的基本要求,健全各行各业规章制度,完善市民公约、乡规民约、学生守则等行为准则,使社会主义核心价值观成为人们日常工作生活的基本遵循。"③

(三)既抓重点群体,又要全员覆盖

核心价值观培育要注重抓好领导干部、公众人物、先进模范和青少年等几个重点人群。

首先,广大党员干部必须带头学习和弘扬社会主义核心价值观。抓住领导干部这个"关键少数"。自古以来,中国传统文化对执政者一直就有德的要求,如孔子认为"为政以德,譬如北辰,居其所而众星共之。"这句话强调了道德对政治生活的决定性作用,主张以道德教化为治国的原则。我们今天选拔干部的基本原则是德才兼备、以德为先,这个"德"的重要内容就是社会主义核心价值观。领导干部

---

① 《习近平在中共中央政治局第十三次集体学习时强调把培育和弘扬社会主义核心价值观作为凝魂聚气强基固本的基础工程》,《人民日报》,2014年2月26日第1版。
② 《习近平在中共中央政治局第十三次集体学习时强调把培育和弘扬社会主义核心价值观作为凝魂聚气强基固本的基础工程》,《人民日报》,2014年2月26日第1版。
③ 《习近平在中共中央政治局第十三次集体学习时强调把培育和弘扬社会主义核心价值观作为凝魂聚气强基固本的基础工程》,《人民日报》,2014年2月26日第1版。

要成为带头践行社会主义核心价值观的模范,充分发挥示范引领作用。习近平同志强调,领导干部的言行举止直接影响着人民群众对党的形象和威信的观感判断。党员干部在弘扬优秀思想道德上做出表率、见诸行动,是最有说服力的教育。领导干部正面、反面的示范效应都很大:领导干部的德行好,会起到正面示范作用;领导干部的德行不好,会损害党的形象和政府的公信力,产生恶劣的社会影响。领导干部品德不良的危害远远大于普通人的失德,容易引起社会风气败坏和人心涣散。因此,领导干部要严以修身、严以用权、严以律己,以良好道德修养增强人格魅力,以道德感召力赢得人心、凝聚力量。党校、行政学院和干部学院要将社会主义核心价值观作为干部教育培训的重要课程,进教材、进课堂、进头脑。要把对社会主义核心价值观的学习理解、培育践行作为选拔公务员和领导干部的重要标准。

其次,要发挥公众人物和先进模范的示范引领作用。古今中外,道德教化最重要的方式之一就是发挥公众人物和道德模范的示范引领作用。各行各业的公众人物不仅要尽职尽责干好本职工作,也要带头践行社会主义核心价值观,努力成为公众的榜样。这是因为现阶段企业家、文体明星等社会公众人物有着很大社会影响力,他们的一言一行都会引起社会广泛关注。要积极发挥公众人物和先进模范的正能量,积极广泛传播核心价值观。

再次,要把青少年作为教育引导的重点。教育部门应在学校教育中开设系统的社会主义核心价值观教育课程,根据青少年不同年龄段人格、心理和道德成长特点,循序渐进地加强社会主义核心价值观教育。例如,在小学和初中阶段主要进行文明礼貌素质教育,诚实、正直、友善、孝亲等基本人格素质教育,爱劳动、爱科学、爱祖国教育,学习宪法基本精神、公民基本权利义务、国家政治制度和历史常识等。在高中和大学阶段,则着重让学生了解在中外不同政治、文化传统和国情中民主、自由、平等、公正、法治等范畴的不同内涵和本质区别,了解我国的根本政治制度、基本政治制度、基本经济制度和法律体系等,从思想理论层面增强学生的价值观自信。[①]

习近平强调:"培育和弘扬社会主义核心价值观要从娃娃抓起、从学校抓起。"他借用著名思想家梁启超在《少年中国说》一文中的名句"少年智则国智,少年富则国富,少年强则国强,少年进步则国进步"来说明青少年在弘扬社会主义核心价值观中的作用。他认为:青少年正处在价值观形成和确立的关键时期,而青年的

---

① 冯俊:《核心价值观建设须抓好重点人群》,《人民日报》,2015年12月25日第7版。

价值取向决定了整个社会的价值取向。因此,青少年要从时时刻刻做起,从身边的小事做起,使社会主义核心价值观成为自己的基本遵循。他在北京海淀区民族小学座谈时指出:"少年儿童如何培育和践行社会主义核心价值观呢? ……我看,主要是要做到记住要求、心有榜样、从小做起、接受帮助。"他在同北京大学师生座谈时指出:广大青年树立和培育社会主义核心价值观要勤学、修德、明辨、笃实。对广大教育工作者而言就是要积极营造培育和践行社会主义核心价值观的校园文化氛围,切实推动社会主义核心价值观进教材、进课堂、进学生头脑的工作,形成课堂教学、校园文化和社会实践多位一体的育人平台。当然,学习贯彻习近平同志在北京大学师生座谈会上的重要讲话精神,教育引导青少年学生培育和践行社会主义核心价值观,既要全面把握,又要突出重点。要围绕"勤学、修德、明辨、笃实"①的要求,从落细、落小、落实入手,形成课堂教学、校园文化和社会实践多位一体的育人平台,促进青少年学生学会劳动、学会勤俭、学会感恩、学会助人、学会谦让、学会宽容、学会自省、学会自律。②

(四)培育和弘扬社会主义核心价值观"必须立足中华优秀传统文化"

习近平强调,培育和弘扬社会主义核心价值观必须立足中华优秀传统文化。"牢固的核心价值观,都有其固有的根本。抛弃传统、丢掉根本,就等于割断了自己的精神命脉。博大精深的中华优秀传统文化是我们在世界文化激荡中站稳脚跟的根基。中华文化源远流长,积淀着中华民族最深层的精神追求,代表着中华民族独特的精神标识,为中华民族生生不息、发展壮大提供了丰厚滋养。中华传统美德是中华文化精髓,蕴含着丰富的思想道德资源。不忘本来才能开辟未来,善于继承才能更好创新。"③

在社会主义核心价值观中,最深层、最根本、最永恒的是爱国主义。爱国主义是常写常新的主题。拥有家国情怀的作品,最能感召中华儿女团结奋斗。范仲淹的"先天下之忧而忧,后天下之乐而乐",陆游的"王师北定中原日,家祭无忘告乃翁""位卑未敢忘忧国""夜阑卧听风吹雨,铁马冰河入梦来",文天祥的"人生自古谁无死,留取丹心照汗青",林则徐的"苟利国家生死以,岂因祸福避趋之",岳飞的

---

① 习近平:《青年要自觉践行社会主义核心价值观——在北京大学师生座谈会上的讲话》,《人民日报》,2014年5月5日第2版。

② 袁贵仁:《坚持立德树人 加强社会主义核心价值观教育》,《人民日报》,2014.年5月23日第7版。

③ 《习近平在中共中央政治局第十三次集体学习时强调把培育和弘扬社会主义核心价值观作为凝魂聚气强基固本的基础工程》,《人民日报》,2014年2月26日第1版。

《满江红》,方志敏的《可爱的中国》,等等,都以全部热情为祖国放歌抒怀。习近平指出,"要讲清楚中华优秀传统文化的历史渊源、发展脉络、基本走向,讲清楚中华文化的独特创造、价值理念、鲜明特色,增强文化自信和价值观自信。要认真汲取中华优秀传统文化的思想精华和道德精髓,大力弘扬以爱国主义为核心的民族精神和以改革创新为核心的时代精神,深入挖掘和阐发中华优秀传统文化讲仁爱、重民本、守诚信、崇正义、尚和合、求大同的时代价值,使中华优秀传统文化成为涵养社会主义核心价值观的重要源泉。要处理好继承和创造性发展的关系,重点做好创造性转化和创新性发展。"[1]

当然,对先人传承下来的文化和道德规范,不能盲目崇拜,不能"迷古",要在去粗取精、去伪存真的基础上,采取兼收并蓄的态度,坚持古为今用、推陈出新的方法,有鉴别地加以对待,有扬弃地予以继承。"对历史文化特别是先人传承下来的价值理念和道德规范,要坚持古为今用、推陈出新,有鉴别地加以对待,有扬弃地予以继承,努力用中华民族创造的一切精神财富来以文化人、以文育人。"[2]

---

[1] 《习近平在中共中央政治局第十三次集体学习时强调把培育和弘扬社会主义核心价值观作为凝魂聚气强基固本的基础工程》,《人民日报》,2014年2月26日第1版。
[2] 《习近平在中共中央政治局第十三次集体学习时强调把培育和弘扬社会主义核心价值观作为凝魂聚气强基固本的基础工程》,《人民日报》,2014年2月26日第1版。

# 第五章

# 贯彻落实习近平总书记系列讲话效果研究

党的十八大以来,习近平总书记发表了一系列重要讲话,提出了许多新思想、新观点、新论断。学习习近平总书记系列讲话,能够帮助我们进一步理解党的路线、方针、政策,坚定中国特色社会主义道路自信、理论自信、制度自信和文化自信,增进信念,增强动力。为进一步了解习近平系列重要讲话的贯彻落实效果,课题组设计了4组量表,从政策认同、执政绩效认同、领袖认同、政党认同四个角度对落实效果进行了测量。

量表编制的合理性决定着评价结果的可用性和可信性,为确保调查问卷具有良好的稳定性和可靠性,我们使用 spss 软件,采用了 Alpha 信度系数法[①]对问卷的4个量表进行了信度测量,具体结果如表5-1、表5-2所示。

表5-1 问卷量表观察值处理摘要

| | | N | % |
|---|---|---|---|
| | 有效 | 856 | 100.0 |
| 观察值 | 已排除[a] | 0 | .0 |
| | 总计 | 856 | 100.0 |

a. 基于程序中的所有变数完全删除。

---

[①] Alpha 信度系数法是目前最常用的信度分析方法。通常认为,信度系数应该在0~1之间,如果量表的信度系数在0.9以上,表示量表的信度很好;如果量表的信度系数在0.8~0.9之间,表示量表的信度可以接受;如果量表的信度系数在0.7~0.8之间,表示量表有些项目需要修订;如果量表的信度系数在0.7以下,表示量表有些项目需要抛弃。

表 5-2  问卷量表可靠性统计资料

| Cronbach 的 Alpha | 项目个数 |
|---|---|
| .979 | 31 |

在全部 856 份有效问卷(包含教师问卷与学生问卷)中,对 4 个量表所涉及的所有 31 个项目进行信度测量,对其内部一致性进行分析,得到的量表总的内部一致性信度系数高达 0.979,表明量表的信度非常好。政策认同、执政绩效认同、领袖认同、政党认同 4 个量表的信度系数分别为:0.947、0.954、0.947、0.962,信度系数都在 0.9 以上,如表格 5-3 所示,量表的信度非常好。从而可以判断调查问卷具有很好的稳定性和可靠性,调查结论科学准确。

表 5-3  问卷 4 个量表的 Alpha 信度系数

| | 政策认同 | 执政绩效认同 | 领袖认同 | 政党认同 |
|---|---|---|---|---|
| Cronbach 的 Alpha | 0.947 | 0.954 | 0.947 | 0.962 |
| 项目个数 | 8 | 8 | 6 | 9 |

关于问卷的效度,我们采用了因子分析方法[1]来测量问卷量表的结构效度。

因子分析的前提是 KMO 大于 0.5,sig 小于 0.05,我们对问卷 4 个量表的 31 个项目进行 KMO[2]与 Bartlett 检定,得到如表 5-4 所示的结果。

KMO 值越接近于 1,意味着变量间的相关性越强,原有变量越适合作因子分析。实际分析中,KMO 统计量在 0.7 以上时效果比较好;当 KMO 统计量在 0.5 以下时不适合应用因子分析法。本问卷中量表的 KMO 值达到 0.976,表明变量间的相关性很强,适合做因子分析。

本问卷的检测中 Bartlett 球形检验[3]值的统计量较大,如表格 5-4 所示,SPSS 检验结果显示 Sig.<0.05(本问卷检验结果为 0.000),说明各变量间具有相关性,因子的相关系数矩阵非单位矩阵,能够提取最少的因子同时又能解释大部分的方

---

[1] 有的学者认为,效度分析最理想的方法是利用因子分析测量量表或整个问卷的结构效度。因子分析的主要功能是从量表全部变量(题项)中提取一些公因子,各公因子分别与某一群特定变量高度关联,这些公因子即代表了量表的基本结构。

[2] KMO(Kaiser-Meyer-Olkin)检验统计量是用于比较变量间简单相关系数和偏相关系数的指标。主要应用于多元统计的因子分析。KMO 统计量是取值在 0 和 1 之间。

[3] Bartlett 球形检验值用以检验变量间相关系数是否达到统计学显著,以变量的相关系数矩阵为出发点,如果 Bartlett 球形检验的统计量值较大,且对应的相位概率值小于 0.05,那么认为相关系数达到显著,说明变量间存在显著相关性,即适合采用因子分析检验效度。

差。因子分析有效,适合采用因子分析检验效度。

表5-4 量表的 KMO 与 Bartlett 检定

| Kaiser-Meyer-Olkin 测量取样适当性。 | | .976 |
|---|---|---|
| Bartlett 的球形检定 | 大约 卡方 | 29904.428 |
| | df | 465 |
| | 显著性 | .000 |

使用 SPSS 对问卷量表进行因子分析,表5-5 为主成分分析结果。表中第1列为31个成分;第2列为对应的"特征值",表示所解释的方差的大小;第3列为对应的成分所包含的方差占总方差的百分比;第4列为累计的百分比。一般来说,选择"特征值"大于1的成分作为主成分,这也是 SPSS 默认的选择。对于本问卷而言,成分1、2、3、4的特征值大于1,他们合计能解释77.283%的方差,说明问卷具有较好的效度。①

表5-5 主成分分析结果

| 元件 | 初始特征值 | | | 提取平方各载入 | | |
|---|---|---|---|---|---|---|
| | 总计 | 方差的% | 累积% | 总计 | 方差的% | 累积% |
| 1 | 19.308 | 62.282 | 62.282 | 19.308 | 62.282 | 62.282 |
| 2 | 2.132 | 6.879 | 69.161 | 2.132 | 6.879 | 69.161 |
| 3 | 1.391 | 4.486 | 73.647 | 1.391 | 4.486 | 73.647 |
| 4 | 1.127 | 3.637 | 77.283 | 1.127 | 3.637 | 77.283 |
| 5 | .614 | 1.979 | 79.262 | | | |
| 6 | .585 | 1.886 | 81.148 | | | |
| 7 | .496 | 1.599 | 82.747 | | | |
| 8 | .400 | 1.292 | 84.039 | | | |
| 9 | .397 | 1.280 | 85.319 | | | |
| 10 | .355 | 1.145 | 86.464 | | | |
| 11 | .345 | 1.113 | 87.577 | | | |

---

① 因子提取的方差累积贡献率是因子分析中效度分析的主要指标,因子提取得越少且方差累积率又不低的话(一般如果2个因子达到40%以上的贡献率就算可以的了),就可以认为因子分析的效度还可以。

续表

| 元件 | 初始特征值 | | | 提取平方各载入 | | |
|---|---|---|---|---|---|---|
| | 总计 | 方差的 % | 累积% | 总计 | 方差的 % | 累积% |
| 12 | .320 | 1.032 | 88.609 | | | |
| 13 | .286 | .922 | 89.531 | | | |
| 14 | .278 | .896 | 90.427 | | | |
| 15 | .267 | .862 | 91.289 | | | |
| 16 | .246 | .794 | 92.083 | | | |
| 17 | .241 | .777 | 92.861 | | | |
| 18 | .211 | .680 | 93.540 | | | |
| 19 | .201 | .648 | 94.188 | | | |
| 20 | .197 | .636 | 94.824 | | | |
| 21 | .187 | .604 | 95.428 | | | |
| 22 | .180 | .580 | 96.008 | | | |
| 23 | .167 | .537 | 96.545 | | | |
| 24 | .157 | .505 | 97.050 | | | |
| 25 | .152 | .491 | 97.541 | | | |
| 26 | .148 | .476 | 98.018 | | | |
| 27 | .136 | .440 | 98.458 | | | |
| 28 | .130 | .419 | 98.877 | | | |
| 29 | .125 | .404 | 99.281 | | | |
| 30 | .118 | .382 | 99.663 | | | |
| 31 | .104 | .337 | 100.000 | | | |

撷取方法:主体元件分析。

我们提取1、2、3、4作为主成分,即公因子,利用正交旋转得出因子的载荷矩阵,如表格5-6所示。根据矩阵载荷值,大于0.5的归为一类因子。从表中可见,各量表项目的因子载荷均达到了0.5以上,且每个项目只有一项因子载荷达到0.5以上,表明问卷具有理想的结构效度。

表 5-6　旋转成分矩阵

| | 元件 | | | |
|---|---|---|---|---|
| | 1 | 2 | 3 | 4 |
| 把权力关进制度的笼子里 | .124 | **.719** | .097 | .165 |
| 今天我们这一代人的长征,就是要实现"两个一百年"奋斗目标,实现中华民族伟大复兴的中国梦 | .244 | **.747** | .223 | .277 |
| 要牢固树立政治意识、大局意识、核心意识、看齐意识 | .285 | **.766** | .284 | .254 |
| 要坚定中国特色社会主义道路自信、理论自信、制度自信、文化自信 | .247 | **.770** | .270 | .308 |
| 中国对外开放不是要营造自己的后花园,而是要建设各国共享的百花园 | .191 | **.744** | .326 | .204 |
| 高校要坚持把立德树人作为中心环节,把思想政治工作贯穿教育教学全过程 | .299 | **.769** | .297 | .230 |
| 意识形态工作是一项极端重要的工作,要巩固马克思主义在意识形态领域的指导地位 | .302 | **.690** | .436 | .160 |
| 我国的哲学社会科学必须建立以马克思主义为指导的学科体系、学术体系、话语体系 | .317 | **.620** | .480 | .181 |
| "打老虎、打苍蝇"的效果很好,反腐败斗争压倒性态势正在形成 | .262 | .329 | **.696** | .233 |
| 中国的现有改革增添了经济发展动力 | .271 | .313 | **.755** | .245 |
| 中国的现有改革有利于促进社会公平正义 | .281 | .301 | **.769** | .237 |
| 目前整风整党成效显著,党的威望正在逐步提高 | .315 | .344 | **.702** | .275 |
| "四个全面"战略布局必将推动改革开放和社会主义现代化建设迈上新台阶 | .331 | .312 | **.690** | .257 |
| 目前社会风气明显好转,社会正能量得以提升 | .358 | .225 | **.720** | .287 |
| 思想政治工作越来越受到重视,基层党建工作有所加强 | .362 | .245 | **.687** | .301 |
| 中国在国际社会中的作用越来越明显 | .346 | .370 | .460 | **.510** |
| 习近平总书记是一个极具个人魅力的人 | .345 | .319 | .285 | **.704** |

续表

| | 元件 | | | |
|---|---|---|---|---|
| | 1 | 2 | 3 | 4 |
| 中国现任领导人能够正确处理好国内外事务 | .338 | .282 | .381 | **.667** |
| 中国新一代领导集体具有较强的执政能力 | .320 | .282 | .410 | **.664** |
| 习近平有能力带领中国人民实现中国梦 | .398 | .230 | .374 | **.665** |
| 中国领导人与其他国家领导人相比毫不逊色 | .336 | .354 | .253 | **.710** |
| 当有人赞扬中国领导人时,我感到很开心 | .415 | .345 | .191 | **.681** |
| 我希望(或已经)加入中国共产党,并为此感到自豪 | **.688** | .275 | .178 | .320 |
| 当有人赞扬中国共产党时,我感觉就像在赞美我一样 | **.775** | .284 | .268 | .195 |
| 当有媒体中的某个故事暗讽了中国共产党,我会觉得很不舒服 | **.795** | .225 | .258 | .185 |
| 当有人批评中国共产党时,我感到就像在批评我一样 | **.829** | .199 | .309 | .154 |
| 对于诋毁中国共产党的言行,我感到很气愤 | **.781** | .243 | .283 | .271 |
| 中国共产党是具有光明前途的政党 | **.768** | .250 | .253 | .338 |
| 中国共产党领导的多党合作制是适合我国国情的政党制度 | **.684** | .253 | .300 | .353 |
| 中国共产党及其领导的政府一直在进步 | **.690** | .225 | .322 | .373 |
| 我相信现阶段中国共产党的路线、方针和政策是正确的 | **.666** | .217 | .357 | .368 |

综上所述,此次问卷量表设计具有非常好的信度与效度,能够用来测量人们的意见、态度、看法等,问卷得到的结果是准确、可靠的,具有较强的适用性。

## 第一节 政策认同研究

所谓政策认同,是指一项政策在制定出来之后获得目标群体认可和接受的情况。政策认同是政策实施的前提,也是基础,如果缺少认同,政策就很难执行下去,遇到的阻力就会比较大,所以某种程度而言,政策认同左右着政策执行的成败。

### 一、政策认同的意义与价值

政策认同对政策执行的影响是显而易见的,认同度高的政策,执行起来也是事半功倍,反之则是寸步难行。事实上,政策认同影响到政策的执行只是一种外在的表现,从公共政策研究的角度来看,政策认同更深层的意义在于关乎政策主体即政策制定者的合法性与权威性。如果一个政策主体制定的政策认同程度高,能够得到政策目标群体的不断拥护,这样,就会形成一个良性循环,政策主体的合法性和权威性就会不断得到提升和加强。反之,如果政策认同度不高,制定出来的政策不能得到认可和接受,那么制定政策的政策主体的权威性就会不断下降,合法性也会不断受到质疑,如此恶性循环,严重的情况下有可能发生政治危机。因此,看似简单的政策认同,对于执政党而言,还是具有重要的意义与价值。

学习习近平总书记重要系列讲话精神,一个重要的作用就是了解党的路线、方针、政策,在学习、理解的基础上提高政策认同,从而为政策的实施提供保障,同时,对于巩固执政党的地位也是很有帮助的。

### 二、政策认同量表的设计

政策认同是一种心理状态,是心理层面的活动,而不是实际的行为,因此,我们借鉴了心理测量量表的设计方法,从最简单的政策认知角度出发,设计了政策认同量表。

影响政策认同的因素有很多,从目标群体来看,其政治社会化程度、思想认识水平等都会对政策认同产生影响;从政策因素来看,政策的合理化程度、政策对目标群体利益的影响、政府的权威性状况都会左右着政策认同的结果;从社会环境因素来看,政治、经济、文化、社会、国际等环境的改变都会作用于目标群体的心理,使其认识发生变化,从而对政策认同活动产生影响。此次调查量表的设计,主要是从政策本身的因素出发,考察目标群体即高校师生对政策本身合理性的认同状况。我们对习近平总书记2016年度的重要讲话进行了分析,筛选了8项具有代表性的政策问题进行考量。具体如表5-7所示。

鉴于此次调查的目标群体是高校师生,因此,政策问题主要考量的是关于政治、外交等方面的政策。这些政策,基本都是习近平总书记在2016年许多重要讲话中反复论述过的。

量表采用了四级量表制,即非常赞成、比较赞成、一般和不赞成。考虑到个别被访者可能并不了解政策的含义,所以另外设计了"不清楚"的选项。

表5-7 政策认同测量问题

| 序号 | 政策表述 | 政策出处 |
| --- | --- | --- |
| 1 | 把权力关进制度的笼子里 | 从2013年起,一系列反腐倡廉的讲话中反复强调 |
| 2 | 要牢固树立政治意识、大局意识、核心意识、看齐意识 | 2016年1月29日,主持中央政治局会议的讲话 |
| 3 | 我国的哲学社会科学必须建立以马克思主义为指导的学科体系、学术体系、话语体系 | 2016年5月17日,在哲学社会科学工作座谈会上的讲话 |
| 4 | 要坚定中国特色社会主义道路自信、理论自信、制度自信、文化自信 | 2016年7月1日,在庆祝中国共产党成立95周年大会上的讲话 |
| 5 | 中国对外开放,不是要营造自己的后花园,而是要建设各国共享的百花园 | 2016年7月1日,在庆祝中国共产党成立95周年大会上的讲话 |
| 6 | 意识形态工作是一项极端重要的工作,要巩固马克思主义在意识形态领域的指导地位 | 2016年8月19日,在全国思想宣传工作会议上的讲话 |
| 7 | 今天我们这一代人的长征,就是要实现"两个一百年"奋斗目标,实现中华民族伟大复兴的中国梦 | 2016年10月21日,在纪念红军长征胜利80周年大会上的讲话 |
| 8 | 高校要坚持把立德树人作为中心环节,把思想政治工作贯穿教育教学全过程 | 2016年12月7日,在全国高校思想政治工作会议上的讲话 |

## 三、高校师生政策认同现状

（一）高校师生对目前政策有着很高的认同度

从量表统计结果看,高校师生对目前政策的认同度很高。如表5-8所示,所有测量项目的众数都是最高值4,即"非常赞成";所有项目的中位数都是4,这显示了很高的认可度;8个测量项目的总平均值为3.52,最低平均值为3.44,最高为3.60。

表5-8 政策认同各测量项频率统计

| 政策表述 | N 有效 | N 遗漏 | 平均数 | 中位数 | 众数 |
|---|---|---|---|---|---|
| 把权力关进制度的笼子里 | 831 | 25 | 3.46 | 4 | 4 |
| 今天我们这一代人的长征,就是要实现"两个一百年"奋斗目标,实现中华民族伟大复兴的中国梦 | 832 | 24 | 3.51 | 4 | 4 |
| 要牢固树立政治意识、大局意识、核心意识、看齐意识 | 839 | 17 | 3.54 | 4[a] | 4 |
| 要坚定中国特色社会主义道路自信、理论自信、制度自信、文化自信 | 838 | 18 | 3.60 | 4 | 4 |
| 中国对外开放,不是要营造自己的后花园,而是要建设各国共享的百花园 | 835 | 21 | 3.55 | 4 | 4 |
| 高校要坚持把立德树人作为中心环节,把思想政治工作贯穿教育教学全过程 | 837 | 19 | 3.57 | 4 | 4 |
| 意识形态工作是一项极端重要的工作,要巩固马克思主义在意识形态领域的指导地位 | 836 | 20 | 3.47 | 4 | 4 |
| 我国的哲学社会科学必须建立以马克思主义为指导的学科体系、学术体系、话语体系 | 830 | 26 | 3.44 | 4 | 4 |

从政策认同各测量项的综合数据来看,如表5-9所示,选择"非常赞成"的比例达65%,"比较赞成"的比例为23.7%,二者合计达88.7%。这是一个较高值的政策认可度。

第五章 贯彻落实习近平总书记系列讲话效果研究

表5-9 政策认同度综合数据统计

| 态度 | | 响应 N | 百分比 | 个案数的百分比 |
|---|---|---|---|---|
| 政策认同ª | 1 不赞成 | 69 | 1.0% | 8.5% |
| | 2 一般 | 668 | 10.3% | 82.2% |
| | 3 比较赞成 | 1541 | 23.7% | 189.5% |
| | 4 非常赞成 | 4226 | 65.0% | 519.8% |
| 总计 | | 6504 | 100.0% | 800.0% |

说明:"不清楚"选项作为遗漏值处理。

以上数据可见,对于现行相关政策,北京高校师生的态度在"非常赞成"与"比较赞成"之间,且偏向于"非常赞成",总体认同度高达88.7%。这种较高的政策认同度,表明现行的经济政治等各方面的政策有着比较好的基础,得到绝大多数人的认可,从而也从一个侧面反映了民众对党与政府的认可。

(二)不同政策的认同度存在一定的差异

从设计的8个测量项的统计数据可知,认同度最高的是"四个自信",其次是高校德育政策,再次是对外开放政策和"四个意识"。各测量项平均值的具体排序如图5.1所示①。

要坚定中国特色社会主义道路自信、理论自信、制度自信、文化自信,这一论断得到了高校师生的大力赞同,是所有政策测量项中认可度最高的。如表5-10所示,"非常赞成"与"比较赞成"的累积比例高达90.5%。随着中国综合国力的提升,中国特色的社会主义道路得到了普遍的认可,马克思主义与中国实际相结合的中国特色社会主义理论越来越显示出其科学性,中国人重拾走社会主义道路的坚定信心,中国文化亦显示出其强大的令人折服的魅力。"四个自信"是中国走向大国复兴的坚实的基础。

---

① 该图数据使用的是各统计项赋值后的平均值,"非常赞成"赋值4,"比较赞成"赋值3,"一般"赋值2,"不赞成"赋值1。选择"不清楚"的作为遗漏值进行处理。

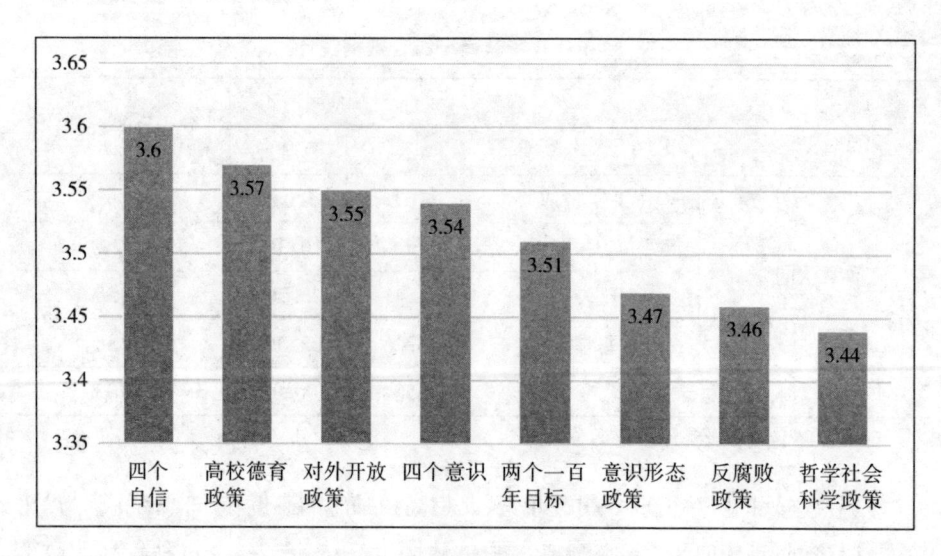

图 5.1 政策认同测量项排序

表 5-10 "四个自信"认可度统计资料

| | | 次数 | 百分比 | 有效的百分比 | 累积百分比 |
|---|---|---|---|---|---|
| 有效 | 4 非常赞成 | 566 | 66.1 | 67.6 | 67.6 |
| | 3 比较赞成 | 191 | 22.3 | 22.8 | 90.4 |
| | 2 一般 | 73 | 8.5 | 8.7 | 99.2 |
| | 1 不赞成 | 7 | .8 | .8 | 100.0 |
| | 总计 | 837 | 97.8 | 100.0 | |
| 遗漏 | 0 不清楚 | 19 | 2.2 | | |
| | 总计 | 856 | 100.0 | | |

表 5-11 高校德育政策认可度统计资料

| | | 次数 | 百分比 | 有效的百分比 | 累积百分比 |
|---|---|---|---|---|---|
| 有效 | 4 非常赞成 | 594 | 69.4 | 70.9 | 70.9 |
| | 3 比较赞成 | 164 | 19.2 | 19.6 | 90.5 |
| | 2 一般 | 70 | 8.2 | 8.4 | 98.8 |
| | 1 不赞成 | 10 | 1.2 | 1.2 | 100.0 |
| | 总计 | 838 | 97.9 | 100.0 | |
| 遗漏 | 0 不清楚 | 18 | 2.1 | | |
| | 总计 | 856 | 100.0 | | |

高校德育政策位列第二,跟此次调查的对象是高校师生有着非常大的关系,高校政策是师生关注的重点,这是可以理解的。"高校要坚持把立德树人作为中心环节,把思想政治工作贯穿教育教学全过程",这一高校德育政策应该说得到了广大师生的认可,如表5-11所示,"非常赞成"与"比较赞成"这一政策的累积百分比高达90.4%。表明高校的德育工作、思想政治工作开始得到越来越多的重视与认可。"德才兼备""又红又专"成为高校人才培养的目标,也成为学生努力的方向。

"四个意识"从均值看排在第4位,但其政策认同度百分比要高于对外开放政策。2016年1月习近平总书记在中共中央政治局会议提出"四个意识"后,得到了普遍的赞同。从表5-12中可以看出,高校师生对这一政治要求也是普遍认可的,"非常赞成"与"比较赞成"的累积百分比达到89.6%。全党必须牢固树立政治意识、大局意识、核心意识、看齐意识,自觉在思想上政治上行动上同党中央保持高度一致,这一政治标准对保证党和国家兴旺发达、长治久安具有十分重大的意义,也成为广大高校师生的共识。

表5-12 "四个意识"认可度统计资料

| | | 次数 | 百分比 | 有效的百分比 | 累积百分比 |
|---|---|---|---|---|---|
| 有效 | 4 非常赞成 | 549 | 64.1 | 65.4 | 65.4 |
| | 3 比较赞成 | 203 | 23.7 | 24.2 | 89.6 |
| | 2 一般 | 78 | 9.1 | 9.3 | 98.9 |
| | 1 不赞成 | 9 | 1.1 | 1.1 | 100.0 |
| | 总计 | 839 | 98.0 | 100.0 | |
| 遗漏 | 0 不清楚 | 17 | 2.0 | | |
| 总计 | | 856 | 100.0 | | |

对外开放政策认同度与"四个意识"的认同度差距不大。从表5-13中可以看出,"非常赞成"与"比较赞成"的累积比例达到88.7%。1978年十一届三中全会以后,中国确立了对外开放政策,近40年的改革开放,中国的变化是有目共睹的,中国从此走向了世界,是世界上增长最快的经济体之一,目前已经成为世界第二大的经济体。改革开放政策亦得到高度的认可。

表 5-13 对外开放政策认可度统计资料

| | | 次数 | 百分比 | 有效的百分比 | 累积百分比 |
|---|---|---|---|---|---|
| 有效 | 4 非常赞成 | 559 | 65.3 | 66.9 | 66.9 |
| | 3 比较赞成 | 182 | 21.3 | 21.8 | 88.7 |
| | 2 一般 | 90 | 10.5 | 10.8 | 99.5 |
| | 1 不赞成 | 4 | .5 | .5 | 100.0 |
| | 总计 | 835 | 97.5 | 100.0 | |
| 遗漏 | 0 不清楚 | 21 | 2.5 | | |
| | 总计 | 856 | 100.0 | | |

"两个一百年"奋斗目标的认可度从均值看排在第5位,但其"非常赞成"与"比较赞成"的累积比例高达88.9%,如表5-14所示,比排在第4位的对外开放政策略高一些。主要原因在于该政策的遗漏值比较大一些,另外其"比较赞成"的值较高。这也从一个侧面说明新的政策、新的提法是需要时间进行检验的,受测者对"两个一百年"的熟悉程度显然不如对外开放政策。

表 5-14 "两个一百年"政策认可度统计资料

| | | 次数 | 百分比 | 有效的百分比 | 累积百分比 |
|---|---|---|---|---|---|
| 有效 | 4 非常赞成 | 529 | 61.8 | 63.6 | 63.6 |
| | 3 比较赞成 | 211 | 24.6 | 25.4 | 88.9 |
| | 2 一般 | 83 | 9.7 | 10.0 | 98.9 |
| | 1 不赞成 | 9 | 1.1 | 1.1 | 100.0 |
| | 总计 | 832 | 97.2 | 100.0 | |
| 遗漏 | 0 不清楚 | 24 | 2.8 | | |
| | 总计 | 856 | 100.0 | | |

意识形态政策、反腐败政策、哲学社会科学政策3个测量值分别如表5-15、5-16、5-17所示,其政策认可度都比较高,持明显认同态度的比例都在85%以上,最低也达到了85.4%。

## 第五章 贯彻落实习近平总书记系列讲话效果研究

表5-15 意识形态政策认可度统计资料

| | | 次数 | 百分比 | 有效的百分比 | 累积百分比 |
|---|---|---|---|---|---|
| 有效 | 4 非常赞成 | 512 | 59.8 | 61.2 | 61.2 |
| | 3 比较赞成 | 214 | 25.0 | 25.6 | 86.8 |
| | 2 一般 | 100 | 11.7 | 12.0 | 98.8 |
| | 1 不赞成 | 10 | 1.2 | 1.2 | 100.0 |
| | 总计 | 836 | 97.7 | 100.0 | |
| 遗漏 | 0 不清楚 | 20 | 2.3 | | |
| | 总计 | 856 | 100.0 | | |

表5-16 反腐败政策认可度统计资料

| | | 次数 | 百分比 | 有效的百分比 | 累积百分比 |
|---|---|---|---|---|---|
| 有效 | 4 非常赞成 | 500 | 58.4 | 60.2 | 60.2 |
| | 3 比较赞成 | 222 | 25.9 | 26.7 | 86.9 |
| | 2 一般 | 97 | 11.3 | 11.7 | 98.6 |
| | 1 不赞成 | 12 | 1.4 | 1.4 | 100.0 |
| | 总计 | 831 | 97.1 | 100.0 | |
| 遗漏 | 0 不清楚 | 25 | 2.9 | | |
| | 总计 | 856 | 100.0 | | |

表5-17 哲学社会科学政策认可度统计资料

| | | 次数 | 百分比 | 有效的百分比 | 累积百分比 |
|---|---|---|---|---|---|
| 有效 | 4 非常赞成 | 508 | 59.3 | 61.2 | 61.2 |
| | 3 比较赞成 | 201 | 23.5 | 24.2 | 85.4 |
| | 2 一般 | 103 | 12.0 | 12.4 | 97.8 |
| | 1 不赞成 | 18 | 2.1 | 2.2 | 100.0 |
| | 总计 | 830 | 97.0 | 100.0 | |
| 遗漏 | 0 不清楚 | 26 | 3.0 | | |
| | 总计 | 856 | 100.0 | | |

以上数据表明,现行政策普遍得到了拥护,高校师生的政策认可度水平较高,但对不同政策的实际认可度还是存在一定的差异,有些政策如"四个自信"认可度

非常高,而有些政策认可度略低一些。政策认可度最高与最低之间的差距是5.1个百分点,应当说差距并不是非常明显。

(三)政治方向的认同度高于其他政策

政策认同的8个测量项中涉及政治方向、经济政策、意识形态、政治改革、教育政策等内容,选择其中的6个测量项建立如表5-18所示的政治方向、经济政策、意识形态变量集,以便做进一步的分析。

表5-18 政治方向、经济政策、意识形态变量集

| 变量集 | 测量项目 |
| --- | --- |
| 政治方向 | 要牢固树立政治意识、大局意识、核心意识、看齐意识 |
| | 要坚定中国特色社会主义道路自信、理论自信、制度自信、文化自信 |
| 经济政策 | 今天我们这一代人的长征,就是要实现"两个一百年"奋斗目标,实现中华民族伟大复兴的中国梦 |
| | 中国对外开放,不是要营造自己的后花园,而是要建设各国共享的百花园 |
| 意识形态 | 意识形态工作是一项极端重要的工作,要巩固马克思主义在意识形态领域的指导地位 |
| | 我国的哲学社会科学必须建立以马克思主义为指导的学科体系、学术体系、话语体系 |

对代表不同变量集的各测量项目的认同度进行统计,结果如表5-19所示。数据统计结果非常明显,政治方向领域的认同度最高,"非常赞成"和"比较赞成"的比例高达90.2%;经济政策次之,为89.0%;再次是意识形态,认同度为86.2%。

政治方向的认可度高于经济政策,这一结论有些出乎意料。这从一个侧面说明了GDP导向的消退。面对日益复杂多变的国际形势,国家的稳定成为更多人关注的焦点。对高校师生而言,当中国已经成为世界第二大经济体之后,他们把眼光更多地投向了未来中国的政治走向,坚持中国特色的社会主义道路成为共识,维护国家的政治稳定成为比经济政策更受关注的目标。

表5-19 政治方向、经济政策、意识形态认可度统计资料

|  | 政治方向 | | | 经济政策 | | | 意识形态 | | |
|---|---|---|---|---|---|---|---|---|---|
|  | N | 有效百分比 | 累积百分比 | N | 有效百分比 | 累积百分比 | N | 有效百分比 | 累积百分比 |
| 4 非常赞成 | 1142 | 68.3% | 68.3% | 1082 | 65.4% | 65.4% | 1018 | 61.4% | 61.4% |
| 3 比较赞成 | 366 | 21.9% | 90.2% | 391 | 23.6% | 89.0% | 412 | 24.8% | 86.2% |
| 2 一般 | 147 | 8.8% | 99.0% | 171 | 10.3% | 99.3% | 200 | 12.1% | 98.3% |
| 1 不赞成 | 17 | 1.0% | 100.0% | 12 | 0.7% | 100.0% | 28 | 1.7% | 100.0% |
| 总计 | 1672 | 100.0% |  | 1656 | 100.0% |  | 1658 | 100.0% |  |

说明:此表数据是将"不清楚"选项作为遗漏值处理后的数据,具体观察值情况见表5-20。

表5-20 政治方向、经济政策、意识形态认可度观察值摘要

|  | 观察值 | | | | | |
|---|---|---|---|---|---|---|
|  | 有效 | | 遗漏 | | 总计 | |
|  | N | 百分比 | N | 百分比 | N | 百分比 |
| $ 政治方向[a] | 836 | 97.7% | 20 | 2.3% | 856 | 100.0% |
| $ 经济政策[a] | 828 | 96.7% | 28 | 3.3% | 856 | 100.0% |
| $ 意识形态[a] | 829 | 96.8% | 27 | 3.2% | 856 | 100.0% |

对意识形态政策的认可度低于经济政策,这似乎与上文的结论相悖。理论上,意识形态与政治方向应该是一致的。意识形态两个测量项的选择,主要考察的是对马克思主义指导地位的认可度,应该说只是意识形态领域的一个方面。显然,对于外来的马克思主义,认同度远没有本土化的"四个自信""四个意识"来得热烈。这也从一个侧面说明,马克思主义必须与中国实际相结合,实现本土化,才能够得到广泛的认同。

总之,北京高校师生对于现行的政策有着比较高的认同度,当然,对于不同的政策,认同度也是存在差异的,总体而言,对于政治方向的认同度要高于经济政策,对于马克思主义中国化理论与政策的认同要高于对马克思主义本身的认同。

## 第二节 执政绩效认同研究

执政党的执政活动是一种通过运用国家政权控制社会生活,实现社会利益,特别是特定阶级、阶层、集团利益的政治活动。所谓执政绩效,简单说就是执政党在治理国家、领导社会、服务公众的过程中所取得的实际绩效。执政绩效体现了执政党执政能力的强弱,也是政党认同形成的主要资源。

### 一、执政绩效认同的意义与价值

执政绩效认同是对执政党的政治表现以及执政达到的目的、成效和结果的认可。执政绩效认同的意义与价值主要表现在以下三个方面。

首先,执政绩效是政党执政能力的最直接的一种外在表现,因此,对执政绩效的认可就是对政党执政能力的认可。一个能够不断提高国家的经济发展水平、不断提高人民生活水平的政党,当然就能够获得民众的拥护。

其次,执政绩效是影响民众对执政党评价的最重要的因素之一。不论是发展中国家还是发达国家,虽然执政党所处的环境、政党体制以及所面临的问题都有非常大的不同,执政绩效都直接左右着民众对执政党的评价,成为政党认同形成的主要资源。

第三,民众对执政绩效的认同,是执政党能否获得执政合法性的主要依据。一个执政党,其执政能力和执政水平的强弱、高低必须通过执政绩效体现出来。一个缺乏执政绩效的政党,不可能得到民众的拥护,从而就会逐渐失去执政的合法性。

因此,必须要把执政绩效纳入执政能力建设的范畴,把握现代执政党的执政规律,优化执政环境、合理利用各种有效的政治资源,大力提升执政党的执政能力和执政水平,努力创造符合广大人民群众利益、愿望和要求的执政业绩。

### 二、执政绩效认同量表的设计

一般而言,执政绩效包括执政任务、执政使命的完成状况,也包括社会发展目标、民众根本利益的实现状况等。从宏观层面看,"是否有利于发展社会主义社会生产力,是否有利于增强社会主义国家的综合国力,是否有利于提高人民的生活水平"这样"三个有利于"的标准在某种程度上可以视为评价中国共产党执政绩效的标准。

此次调查量表的设计,主要是从执政党本身的建设、执政任务目标、民众利益保障三个角度对执政绩效的认同状况进行考量。具体如表5-21所示。

表5-21 执政绩效认同量表设计

| 序号 | 量表项 | 测量角度 |
| --- | --- | --- |
| 1 | "打老虎、打苍蝇"的效果很好,反腐败斗争压倒性态势正在形成 | 执政党建设 |
| 2 | 中国的现有改革增添了经济发展动力 | 执政任务目标 |
| 3 | 中国的现有改革有利于促进社会公平正义 | 民众利益保障 |
| 4 | 目前整风整党成效显著,党的威望正在逐步提高 | 执政党建设 |
| 5 | "四个全面"战略布局必将推动改革开放和社会主义现代化建设迈上新台阶 | 执政任务目标 |
| 6 | 目前社会风气明显好转,社会正能量得以提升 | 民众利益保障 |
| 7 | 思想政治工作越来越受到重视,基层党建工作有所加强 | 执政党建设 |

量表采用了四级量表制,即非常赞成、比较赞成、一般和不赞成。另外有一个"不清楚"的选项设计,这是考虑到个别被访者难以进行判断的情况。在数据处理时选择"不清楚"选项的问卷被舍弃,不参与数据计算。

### 三、高校师生执政绩效认同现状

(一)高校师生对目前执政绩效的认同度较高,但略低于政策认同

执政绩效认可度的统计结果如表5-22所示。从表中可以看出,北京高校师生对于目前的执政绩效总体还是非常满意的,认同度较高。所有测量项目的众数都是最高值4,即"非常赞成";有5个项目的中位数是4,另有两个测量项的中位数虽未达到4,但都在3以上;7个测量项目的平均值都在3以上,最低平均值为3.28,最高平均值为3.44。

表 5-22　执政绩效认同度频率统计

| 政策表述 | N 有效 | N 遗漏 | 平均数 | 中位数 | 众数 |
|---|---|---|---|---|---|
| "打老虎、打苍蝇"的效果很好,反腐败斗争压倒性态势正在形成 | 837 | 19 | 3.35 | 4.00 | 4 |
| 中国的现有改革增添了经济发展动力 | 832 | 24 | 3.38 | 4.00 | 4 |
| 中国的现有改革有利于促进社会公平正义 | 830 | 26 | 3.32 | 4.00 | 4 |
| 目前整风整党成效显著,党的威望正在逐步提高 | 832 | 24 | 3.37 | 4.00 | 4 |
| "四个全面"战略布局必将推动改革开放和社会主义现代化建设迈上新台阶 | 823 | 33 | 3.44 | 4.00 | 4 |
| 目前社会风气明显好转,社会正能量得以提升 | 835 | 21 | 3.28 | 3.00 | 4 |
| 思想政治工作越来越受到重视,基层党建工作有所加强 | 830 | 26 | 3.33 | 3.50 | 4 |

表 5-23　执政绩效认同度综合数据统计

| $执政绩效认同　次数 | | 回应 N | 回应 百分比 | 观察值百分比 |
|---|---|---|---|---|
| $执政绩效认同[a] | 1 不赞成 | 80 | 1.4% | 10.0% |
| | 2 一般 | 707 | 12.6% | 88.4% |
| | 3 比较赞成 | 1822 | 32.5% | 227.8% |
| | 4 非常赞成 | 2991 | 53.4% | 373.9% |
| 总计 | | 5600 | 100.0% | 700.0% |

说明:"不清楚"选项作为遗漏值处理。

将该 7 个测量项定义为变量集,得到的各测量项的综合数据如表 5-23 所示。数据统计表明,对执政绩效持"非常赞成"态度的比例为53.4%,"比较赞成"的比例为32.5%,二者合计达85.9%。这个支持率还是相当高的。虽然比88.7%的政策认同度略低,但依然是一个相当值得肯定的情况。

(二)执政绩效各测量项的认可度存在一定的差异,但差异不大

7个执政绩效测量项的均值排序如图5.2所示。从中可以看到,认同度最高的是"四个全面"战略布局,其次是经济改革成效,再次是整风整党成效以及反腐败成效。

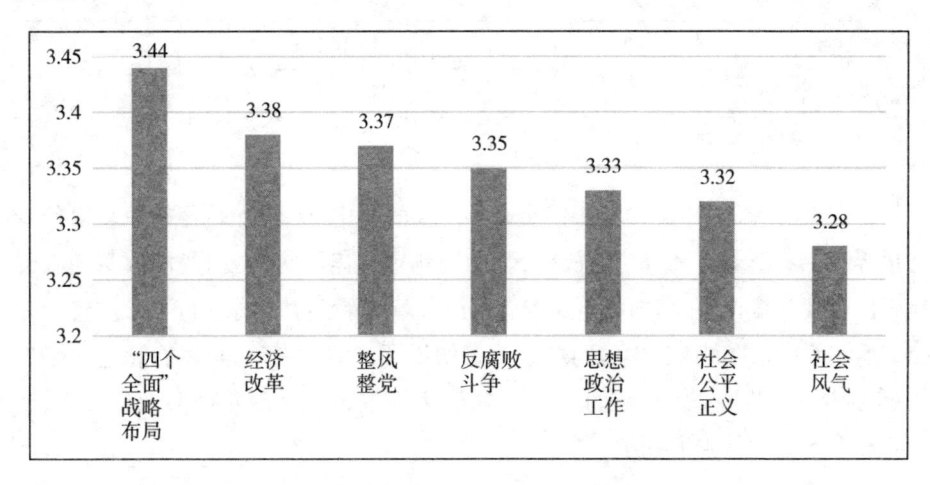

**图5.2 执政绩效各测量项均值排序**

| 测量项 | 均值 |
|---|---|
| "四个全面"战略布局 | 3.44 |
| 经济改革 | 3.38 |
| 整风整党 | 3.37 |
| 反腐败斗争 | 3.35 |
| 思想政治工作 | 3.33 |
| 社会公平正义 | 3.32 |
| 社会风气 | 3.28 |

"四个全面"战略布局必将推动改革开放和社会主义现代化建设迈上新台阶,这一点得到了高度的认可。"四个全面"战略布局是以习近平同志为核心的党中央治国理政战略思想的重要内容,是新一届中央领导集体治国理政的总体框架。其中55.8%的人持"非常赞成"的态度,"非常赞成"与"比较赞成"合计达88.6%。这表明,全面建成小康社会的战略目标以及全面深化改革、全面依法治国、全面从严治党的战略举措有着非常广泛的民众基础,得到了绝大多数民众的拥护。

表 5-24 "四个全面"战略布局认可度统计资料

| 观点:"四个全面"战略布局必将推动改革开放和社会主义现代化建设迈上新台阶 ||||||
|---|---|---|---|---|---|
| | | 次数 | 百分比 | 有效的百分比 | 累积百分比 |
| 有效 | 4 非常赞成 | 459 | 53.6 | 55.8 | 55.8 |
| | 3 比较赞成 | 270 | 31.5 | 32.8 | 88.6 |
| | 2 一般 | 89 | 10.4 | 10.8 | 99.4 |
| | 1 不赞成 | 5 | 0.6 | 0.6 | 100.0 |
| | 总计 | 823 | 96.1 | 100.0 | |
| 遗漏 | 0 不清楚 | 33 | 3.9 | | |
| 总计 | | 856 | 100.0 | | |

1978年以来,改革开放给中国带来了巨大的变化,目前,中国经济总量已经跃居世界第二。随着经济增速的放缓,新的问题也层出不穷,中国经济改革面临着巨大的挑战。应该说,高校师生对现有经济改革政策给予了高度的认可,如表2-25所示,86.4%的人认为中国的现有改革增添了经济发展动力,更有超过一半的人(53.4%)对此持非常肯定的态度。这表明,现有的经济改革政策及其成效,还是得到了绝大多数人的拥护。

表 5-25 经济改革认可度统计资料

| 观点:中国的现有改革增添了经济发展动力 ||||||
|---|---|---|---|---|---|
| | | 次数 | 百分比 | 有效的百分比 | 累积百分比 |
| 有效 | 4 非常赞成 | 444 | 51.9 | 53.4 | 53.4 |
| | 3 比较赞成 | 275 | 32.1 | 33.1 | 86.4 |
| | 2 一般 | 100 | 11.7 | 12.0 | 98.4 |
| | 1 不赞成 | 13 | 1.5 | 1.6 | 100.0 |
| | 总计 | 832 | 97.2 | 100.0 | |
| 遗漏 | 0 不清楚 | 24 | 2.8 | | |
| 总计 | | 856 | 100.0 | | |

对于整风整党成效的认可度排在第三位。整风运动是加强党的思想建设的重要途径,在历史上曾经发挥过重大的作用。新一代领导集体非常重视党的作风建设,继群众路线教育活动之后,2016年2月,又在全国开展了"两学一做"学习教育活动,这是推动党内教育从"关键少数"向广大党员拓展、从集中性教育向经

常性教育延伸的重要举措。对于整风整党的成效,高校师生给予了充分的认可,认为"整风整党成效显著,党的威望正在逐步提高"的比例高达85.2%,其中更有53.2%的人持非常认可的态度。

表5-26 整风整党成效认可度统计资料

观点:目前整风整党成效显著,党的威望正在逐步提高

|  |  | 次数 | 百分比 | 有效的百分比 | 累积百分比 |
| --- | --- | --- | --- | --- | --- |
| 有效 | 4 非常赞成 | 443 | 51.8 | 53.2 | 53.2 |
|  | 3 比较赞成 | 266 | 31.1 | 32.0 | 85.2 |
|  | 2 一般 | 109 | 12.7 | 13.1 | 98.3 |
|  | 1 不赞成 | 14 | 1.6 | 1.7 | 100.0 |
|  | 总计 | 832 | 97.2 | 100.0 |  |
| 遗漏 | 0 不清楚 | 24 | 2.8 |  |  |
|  | 总计 | 856 | 100.0 |  |  |

"老虎、苍蝇"一起打,新一代领导集体对腐败零容忍,重拳出击,查处了相当一批腐败分子,惩治贪腐的力度前所未有。此举亦得到了高校师生的高度认可,如表5-27所示,有52.2%的人对"打老虎、打苍蝇的效果很好,反腐败斗争压倒性态势正在形成"持"非常赞成"的态度,有32.4%的人持"比较赞成"的态度,持不赞成态度的只有1.6%,这表明,对于十八大以来反腐败斗争的成效,大家还是给予了充分的认可。

表5-27 反腐败成效认可度统计资料

观点:"打老虎、打苍蝇"的效果很好,反腐败斗争压倒性态势正在形成

|  |  | 次数 | 百分比 | 有效的百分比 | 累积百分比 |
| --- | --- | --- | --- | --- | --- |
| 有效 | 4 非常赞成 | 437 | 51.1 | 52.2 | 52.2 |
|  | 3 比较赞成 | 271 | 31.7 | 32.4 | 84.6 |
|  | 2 一般 | 116 | 13.6 | 13.9 | 98.4 |
|  | 1 不赞成 | 13 | 1.5 | 1.6 | 100.0 |
|  | 总计 | 837 | 97.8 | 100.0 |  |
| 遗漏 | 0 不清楚 | 19 | 2.2 |  |  |
|  | 总计 | 856 | 100.0 |  |  |

随着近年来一系列社会问题的出现,人们开始重新认识思想政治工作的意义及其重要性,思想政治工作开始得到重视与加强。2016年12月7日至8日,全国高校思想政治工作会议在北京举行。中共中央总书记、国家主席、中央军委主席习近平出席会议并且发表重要讲话,由此开启了高校思想政治工作的新篇章。对于思想政治工作与基层党建的成效,高校师生的认可度还是很高的,对于"思想政治工作越来越受到重视,基层党建工作有所加强"这一观点,持"非常赞成"和"比较赞成"态度的比例达到84.6%,表现出了较高的认可度。

表5-28 思想政治工作成效认可度统计资料

| | 观点:思想政治工作越来越受到重视,基层党建工作有所加强 ||||| 
|---|---|---|---|---|---|
| | | 次数 | 百分比 | 有效的百分比 | 累积百分比 |
| 有效 | 4 非常赞成 | 415 | 48.5 | 50.0 | 50.0 |
| | 3 比较赞成 | 287 | 33.5 | 34.6 | 84.6 |
| | 2 一般 | 114 | 13.3 | 13.7 | 98.3 |
| | 1 不赞成 | 14 | 1.6 | 1.7 | 100.0 |
| | 总计 | 830 | 97.0 | 100.0 | |
| 遗漏 | 0 不清楚 | 26 | 3.0 | | |
| | 总计 | 856 | 100.0 | | |

"中国的现有改革有利于促进社会的公平正义",这是对改革的价值性评价。改革开放,带来了经济飞速发展的同时,一系列的社会问题也凸显出来,公平与效益的问题,一直困扰着改革,左右着改革的方向。对于现有改革的价值性,高校师生也给予了较高的评价,如表5-29所示,对"中国的现有改革有利于促进社会的公平正义"这一观点持"非常赞成"和"比较赞成"态度的比例达到84.3%,虽然仅排在第6位,但实际比例与前面几项相差并不大。

表5-29 社会改革成效认可度统计资料

| | 观点:中国的现有改革有利于促进社会公平正义 | | | | |
|---|---|---|---|---|---|
| | | 次数 | 百分比 | 有效的百分比 | 累积百分比 |
| 有效 | 4 非常赞成 | 416 | 48.6 | 50.1 | 50.1 |
| | 3 比较赞成 | 284 | 33.2 | 34.2 | 84.3 |
| | 2 一般 | 113 | 13.2 | 13.6 | 98.0 |
| | 1 不赞成 | 17 | 2.0 | 2.0 | 100.0 |
| | 总计 | 830 | 97.0 | 100.0 | |
| 遗漏 | 0 不清楚 | 26 | 3.0 | | |
| | 总计 | 856 | 100.0 | | |

相比而言,对于现在的社会风气,认可度相对低一些,但对"目前社会风气明显好转,社会正能量得以提升"这一观点持"非常赞成"和"比较赞成"态度的比例也达到了81.8%,如表5-30所示。伴随着市场经济的发展,道德滑坡的现象开始明显暴露,奢侈享乐、自私自利、麻木不仁等社会现象频现。新一代领导集体执政以来,在提升社会正能量方面投入了很大的精力,做了很多工作,应该说,这一工作还是很有成效的。

表5-30 社会风气认可度统计资料

| | 观点:目前社会风气明显好转,社会正能量得以提升 | | | | |
|---|---|---|---|---|---|
| | | 次数 | 百分比 | 有效的百分比 | 累积百分比 |
| 有效 | 4 非常赞成 | 407 | 47.5 | 48.7 | 48.7 |
| | 3 比较赞成 | 276 | 32.2 | 33.1 | 81.8 |
| | 2 一般 | 130 | 15.2 | 15.6 | 97.4 |
| | 1 不赞成 | 22 | 2.6 | 2.6 | 100.0 |
| | 总计 | 835 | 97.5 | 100.0 | |
| 遗漏 | 0 不清楚 | 21 | 2.5 | | |
| | 总计 | 856 | 100.0 | | |

总体而言,各观测项之间的认可度是存在一定差异的,但是这种差异并不明显,尤其是整风整党成效、反腐败成效、思想政治工作成效以及社会改革方面,认可度几乎相差无几。4项的最高与最低认可度相差不足1个百分点。

(三)对执政任务目标的认同度最高,而对于民众利益保障方面的认可度低一些

在量表设计时,执政绩效认同的7个测量项中涉及执政任务目标、执政党建设、民众利益保障等内容,不同的内容设计了2－3个测量项。为做进一步的分析,建立了执政任务目标、执政党建设、民众利益保障3个变量集,变量集与测量项目的对应关系如表5－31所示。

表5－31 变量集与测量项目对应表

| 变量集 | 测量项目 |
| --- | --- |
| 执政党建设 | "打老虎、打苍蝇"的效果很好,反腐败斗争压倒性态势正在形成 |
|  | 目前整风整党成效显著,党的威望正在逐步提高 |
|  | 思想政治工作越来越受到重视,基层党建工作有所加强 |
| 执政任务目标 | 中国的现有改革增添了经济发展动力 |
|  | "四个全面"战略布局必将推动改革开放和社会主义现代化建设迈上新台阶 |
| 民众利益保障 | 目前社会风气明显好转,社会正能量得以提升 |
|  | 中国的现有改革有利于促进社会公平正义 |

表5－32是三个变量集的数据统计结果。三个变量集的统计结果非常明显,对于执政任务目标的认可度最高,其次是执政党建设,最后是民众利益保障。这表明,中国共产党的战略奋斗目标,改革开放的举措是深得民心的;加强执政党建设的诸多努力也获得了较高的认可。相对而言,民众利益保障方面,还有些不尽如人意的地方,需要进一步提高成效。

表5－32 执政绩效不同变量集认可度频率统计

|  | 执政任务目标 ||| 执政党建设 ||| 民众利益保障 |||
| --- | --- | --- | --- | --- | --- | --- | --- | --- | --- |
|  | N | 有效百分比 | 累积百分比 | N | 有效百分比 | 累积百分比 | N | 有效百分比 | 累积百分比 |
| 4 非常赞成 | 901 | 55.1% | 55.1% | 1288 | 52.5% | 52.5% | 822 | 49.9% | 49.9% |
| 3 比较赞成 | 533 | 32.6% | 87.7% | 801 | 32.6% | 85.1% | 554 | 33.6% | 83.5% |
| 2 一般 | 184 | 11.3% | 99.0% | 325 | 13.3% | 98.4% | 235 | 14.3% | 97.8% |
| 1 不赞成 | 16 | 1.0% | 100.0% | 40 | 1.6% | 100.0% | 37 | 2.2% | 100.0% |
| 总计 | 1634 | 100.0% |  | 2454 | 100.0% |  | 1648 | 100.0% |  |

说明:此表数据是将"不清楚"选项作为遗漏值处理后的数据,具体观察值情况见表5－33。

表 5-33　执政绩效变量集观察值处理摘要

| | 观察值 | | | | | |
|---|---|---|---|---|---|---|
| | 有效 | | 遗漏 | | 总计 | |
| | N | 百分比 | N | 百分比 | N | 百分比 |
| $ 执政党建设[a] | 818 | 95.6% | 38 | 4.4% | 856 | 100.0% |
| $ 执政任务目标[a] | 817 | 95.4% | 39 | 4.6% | 856 | 100.0% |
| $ 民众利益保障[a] | 824 | 96.3% | 32 | 3.7% | 856 | 100.0% |

应当说,这样的统计结果是在意料之中的。执政任务目标,尤其是全面建成小康社会的目标,深得民心,所以事关执政目标类的题目认度都比较高。民众利益保障的认可度是其中相对较弱的项目,联系到目前的社会实际,这非常容易理解。从总体看,执政绩效的认同度要略低于政策认同,具体统计数据如表 5-34 所示。虽然二者总体的认同度差不多,但政策的非常认同态度要比执政绩效高出近 12 个百分点,这是一个不小的差距。执政绩效持比较认同态度的比例要多一些。

表 5-34　政策认同与执政绩效认同度比较

| | 执政绩效认同 次数 | | | |
|---|---|---|---|---|
| | 执政绩效认同 | | 政策认同 | |
| | 响应 | | 响应 | |
| | N | 百分比 | N | 百分比 |
| 1 不赞成 | 80 | 1.4% | 69 | 1.0% |
| 2 一般 | 707 | 12.6% | 668 | 10.3% |
| 3 比较赞成 | 1822 | 32.6% | 1541 | 23.7% |
| 4 非常赞成 | 2991 | 53.4% | 4226 | 65.0% |
| 总计 | 5600 | 100.0% | 6504 | 100.0% |

说明:"不清楚"选项作为遗漏值处理。

总之,高校师生对执政绩效的认可度还是比较高的,其中对于执政任务目标方面的认可度最高,其次是党的建设成效,再次是民众利益保障。虽然各测量项之间存在着一定的差异,但差异并不大。对绩效的认同要略低于对政策的认同,这一点是需要我们认真进行思考的。

## 第三节　领袖认同研究

一个政党的最高负责人一般称之为政党领袖,政党领袖负责主持和处理政党日常工作,一般由党的最高权力机关选出,并向其负责。现代政党制度下,有很多执政党领袖实际就是国家的最高领导人。各类政党和各国政党的领袖,虽然存在着不同的情况,但领袖的能力对政党的决策和决策的执行,对政党的兴衰和成败起着重大作用,这是毋庸置疑的。

### 一、领袖认同的意义与价值

马克思指出:"每一社会时代都需要有自己的伟大人物,如果没有这样的人物,它就要创造出这样的人物来。"政党领袖是一种客观存在,可以是个人,也可以以小集团的形式出现,其理论力量、人格魅力和实际组织经验为广大政党成员以及人民群众所接受和公认。政党领袖是政党认同形成的重要资源,其意义与价值主要表现在以下几个方面。

首先,政党领袖是政党形象的具象载体。政党领袖是政党组织的核心,地位至关重要,作用无可替代。政党领袖的个人形象,特别是党内最高领袖的形象,并不仅仅属于个人,作为一种公众形象,领袖实际上是政党政治代表形象的重要组成部分,是政党形象的具象载体。有时候,公众对一个政党的了解与认识,是从政党领袖开始的。

其次,领袖认同直接影响到政党的群众基础。政党领袖是政党的一种独特性资源,一个成绩卓越、品格高尚、魅力十足的政党领袖对于政党争取民众无疑起着重要的作用。尤其是在选举制中,对政党领袖个人的支持是对政党支持的重要组成部分。

第三,对政党领袖的认同直接影响着政党认同。从理论上讲,民众对政党进行评价和认同的时候,首先应该主要看它的纲领、路线、方针政策是否体现了自己的根本利益,但实际上对抽象的理论条文感兴趣的不多,不少公众是凭着自己对政党领袖的感性认识来对政党做出评价的,因而,政党领袖就成为一个重要的载体,领袖认同直接影响到政党认同。

总之,一个成功的政党,离不开成功的领袖形象塑造,领袖认同直接左右着政党认同。当然,领袖认同与政党认同之间应维持一种良性的平衡与互动,如果政党领袖的认同度过高,容易造成领袖崇拜,导致政党组织制度的混乱;而领袖认同度过低,也就失去了政党的群众基础。

## 二、领袖认同量表的设计

对于领袖认同的测量依然采用了量表的方式,领袖认同是一种心理层面的活动,量表的形式有利于进行认可度测量。影响领袖认同的因素较多,领袖的言行、品行、执政能力、人格形象等都会直接影响到领袖认同的结果。此次调查量表,主要选择了6个测量项进行测量,这6个测量项,具体如表5-35所示。

表5-35 领袖认同测量项设计

| 序号 | 观点 |
| --- | --- |
| 1 | 习近平总书记是一个极具个人魅力的人 |
| 2 | 中国现任领导人能够正确处理好国内外事务 |
| 3 | 中国新一代领导集体具有较强的执政能力 |
| 4 | 习近平有能力带领中国人民实现中国梦 |
| 5 | 中国领导人与其他国家领导人相比毫不逊色 |
| 6 | 当有人赞扬中国领导人时,我感到很开心 |

鉴于此次调查的目标群体是高校师生,应该是对政治、政党关注度比较高的一个群体,因此,以考察对执政能力的认可为主,同时兼顾对领袖个人魅力、言行的认同。

量表采用了四级量表制,即非常赞成、比较赞成、一般和不赞成。考虑到个别被访者可能存在不好判断的情形,所以设计了"不清楚"的选项。进行数据分析时,所有的"不清楚"都作为遗漏值处理,不参与具体计算。

## 三、高校师生领袖认同现状

(一)现任领袖赢得了充分的认可,领袖认同度很高

领袖认同各测量项的统计结果如表5-36所示。从表中可以看出,北京高校师生对于现任领袖的认同度很高。所有测量项目的众数、中位数都是最高值4,即"非常赞成";平均值都在3.5以上,最低平均值为3.51,最高平均值为3.63,是此次调查四个量表(政策认同、执政绩效认同、领袖认同、政党认同)中认同度最高

281

的。这些数据表明,中国共产党现任领导人习近平得到了民众的充分认可,拥有极高的认同度。这种认同度来源于新一代领导集体高瞻远瞩的发展设计,来源于站在人民利益角度的一系列方针政策的施行。

表5-36 领袖认同各测量项频率统计

| 政策表述 | N 有效 | N 遗漏 | 平均数 | 中位数 | 众数 |
|---|---|---|---|---|---|
| 习近平总书记是一个极具个人魅力的人 | 839 | 17 | 3.56 | 4.00 | 4 |
| 中国现任领导人能够正确处理好国内外事务 | 836 | 20 | 3.51 | 4.00 | 4 |
| 中国新一代领导集体具有较强的执政能力 | 833 | 23 | 3.52 | 4.00 | 4 |
| 习近平有能力带领中国人民实现中国梦 | 831 | 25 | 3.53 | 4.00 | 4 |
| 中国领导人与其他国家领导人相比毫不逊色 | 842 | 14 | 3.59 | 4.00 | 4 |
| 当有人赞扬中国领导人时,我感到很开心 | 842 | 14 | 3.63 | 4.00 | 4 |

领袖认同各测量项的综合数据统计如表5-37所示。从表中可见,持"非常赞成"态度即对领袖充分认可的占到65.4%,持"比较赞成"态度的达25.7%,二者合计达91.1%。这些数据进一步表明现任领袖在北京高校师生中有着非常高的认同度。

表5-37 领袖认同度综合数据统计

| $ 领袖认同 次数 | | 回应 N | 回应 百分比 | 观察值百分比 |
|---|---|---|---|---|
| 领袖认同[a] | 1 不赞成 | 48 | 1.0% | 5.7% |
| | 2 一般 | 398 | 7.9% | 47.1% |
| | 3 比较赞成 | 1291 | 25.7% | 152.8% |
| | 4 非常赞成 | 3286 | 65.4% | 388.9% |
| 总计 | | 5023 | 100.0% | 594.4% |

说明:"不清楚"选项作为遗漏值处理。

(二)个人魅力、执政能力等各方面认可度的差异很小,趋向一致

该量表6个测量项,涉及对领袖个人魅力、品格以及执政能力等的评价,从评价结果来看,各测量项之间的差异非常小,趋向一致,总体认同度都非常高。各测

量项均值最高分与最低分之间只有 0.08 的差距。各测量项均值排序如图 5.3 所示。

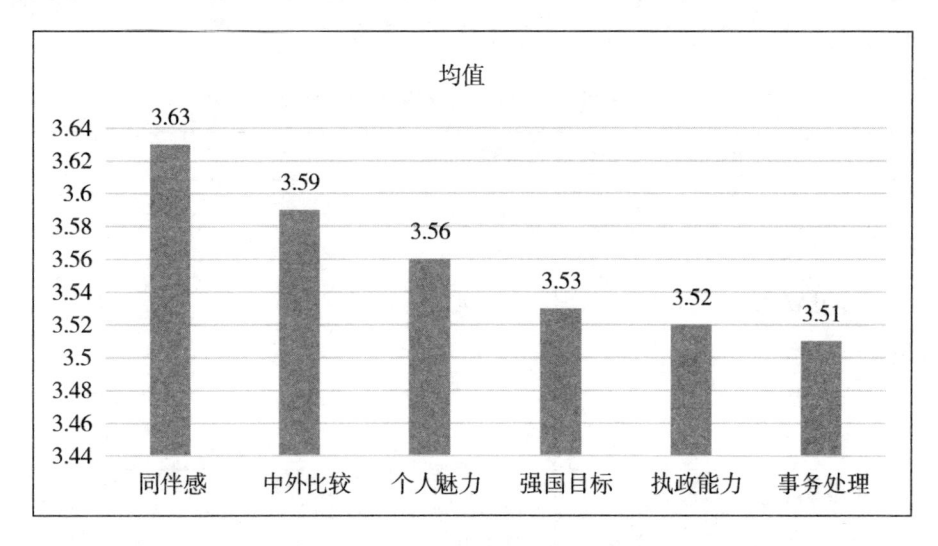

均值

| 同伴感 | 中外比较 | 个人魅力 | 强国目标 | 执政能力 | 事务处理 |
|---|---|---|---|---|---|
| 3.63 | 3.59 | 3.56 | 3.53 | 3.52 | 3.51 |

**图 5.3　领袖认同各统计项均值排序**

各测量项目中,认同度最高的是"当有人赞扬中国领导人时,我感到很开心",持"非常赞成"态度的高到 71.3%,持"比较赞成"态度的为 20.9%,二者合计达 92.2%,具体数据如表 5-38 所示。这一测量项不但表明了领袖认可,还涉及家国情怀,是一种同伴式的心理测量设计,这种"与有荣焉"是一种较深层次的心理真正认可。

**表 5-38　领袖认同测量项 6 统计数据**

| | 测量项6:当有人赞扬中国领导人时,我感到很开心 | | | | |
|---|---|---|---|---|---|
| | | 次数 | 百分比 | 有效的百分比 | 累积百分比 |
| 有效 | 4 非常赞成 | 600 | 70.1 | 71.3 | 71.3 |
| | 3 比较赞成 | 176 | 20.6 | 20.9 | 92.2 |
| | 2 一般 | 60 | 7.0 | 7.1 | 99.3 |
| | 1 不赞成 | 6 | .7 | .7 | 100.0 |
| | 总计 | 842 | 98.4 | 100.0 | |
| 遗漏 | 0 不清楚 | 14 | 1.6 | | |
| 总计 | | 856 | 100.0 | | |

"中国领导人与其他国家领导人相比毫不逊色。"这一测量项也赢得了高度的

认可,持"非常赞成"态度者达到68.9%,持"比较赞成"态度的达22.3%,二者合计达91.2%,具体数据如表5-39所示。新一代领导集体在国际外交舞台所展现的智慧与风采,折服了高校师生,赢得了普遍的赞誉。

表5-39 领袖认同测量项5统计数据

| | | 次数 | 百分比 | 有效的百分比 | 累积百分比 |
|---|---|---|---|---|---|
| | 测量项5:中国领导人与其他国家领导人相比毫不逊色 | | | | |
| 有效 | 4 非常赞成 | 580 | 67.8 | 68.9 | 68.9 |
| | 3 比较赞成 | 188 | 22.0 | 22.3 | 91.2 |
| | 2 一般 | 65 | 7.6 | 7.7 | 98.9 |
| | 1 不赞成 | 9 | 1.1 | 1.1 | 100.0 |
| | 总计 | 842 | 98.4 | 100.0 | |
| 遗漏 | 0 不清楚 | 14 | 1.6 | | |
| | 总计 | 856 | 100.0 | | |

对于新一代领导人的个人魅力,高校师生亦给予高度评价。持"非常赞成"态度者达到66.4%,持"比较赞成"态度的达23.8%,二者合计达90.2%,具体数据如表5-40所示。应当说,新一代领导集体领袖形象的塑造是非常成功的,领袖的个人魅力得到了充分的认可。

表5-40 领袖认同测量项1统计数据

| | | 次数 | 百分比 | 有效的百分比 | 累积百分比 |
|---|---|---|---|---|---|
| | 测量项1:习近平总书记是一个极具个人魅力的人 | | | | |
| 有效 | 4 非常赞成 | 557 | 65.1 | 66.4 | 66.4 |
| | 3 比较赞成 | 200 | 23.4 | 23.8 | 90.2 |
| | 2 一般 | 73 | 8.5 | 8.7 | 98.9 |
| | 1 不赞成 | 9 | 1.1 | 1.1 | 100.0 |
| | 总计 | 839 | 98.0 | 100.0 | |
| 遗漏 | 0 不清楚 | 17 | 2.0 | | |
| | 总计 | 856 | 100.0 | | |

新一代领导人的执政能力也得到高度评价。评价最高的还是关于中国梦的实现,对于"习近平有能力带领中国人民实现中国梦"这一测量项,持"非常赞成"

态度者达到63.7%,持"比较赞成"态度的达26.8%,二者合计达90.5%,具体数据如表5-41所示。应当说,"中国梦"的宣传深入人心,对于新一代领导集体关于"中国梦"的目标设计,北京高校师生充满了信心。

表5-41 领袖认同测量项4统计数据

| | 测量项4:习近平有能力带领中国人民实现中国梦 | | | | |
|---|---|---|---|---|---|
| | | 次数 | 百分比 | 有效的百分比 | 累积百分比 |
| 有效 | 4 非常赞成 | 529 | 61.8 | 63.7 | 63.7 |
| | 3 比较赞成 | 223 | 26.1 | 26.8 | 90.5 |
| | 2 一般 | 69 | 8.1 | 8.3 | 98.8 |
| | 1 不赞成 | 10 | 1.2 | 1.2 | 100.0 |
| | 总计 | 831 | 97.1 | 100.0 | |
| 遗漏 | 0 不清楚 | 25 | 2.9 | | |
| | 总计 | 856 | 100.0 | | |

对于新一代领导集体的执政能力,北京高校师生也给予了高度评价。持"非常赞成"态度者达到61.2%,持"比较赞成"态度的达30.4%,二者合计达91.6%,具体数据如表5-42所示。执政能力是民众对政党及其领袖的信任与认可的基础,具有较强执政能力的政党才能够实现自己的奋斗目标。

表5-42 领袖认同测量项3统计数据

| | 测量项3:中国新一代领导集体具有较强的执政能力 | | | | |
|---|---|---|---|---|---|
| | | 次数 | 百分比 | 有效的百分比 | 累积百分比 |
| 有效 | 4 非常赞成 | 510 | 59.6 | 61.2 | 61.2 |
| | 3 比较赞成 | 253 | 29.6 | 30.4 | 91.6 |
| | 2 一般 | 65 | 7.6 | 7.8 | 99.4 |
| | 1 不赞成 | 5 | .6 | .6 | 100.0 |
| | 总计 | 833 | 97.3 | 100.0 | |
| 遗漏 | 0 不清楚 | 23 | 2.7 | | |
| | 总计 | 856 | 100.0 | | |

"中国现任领导人能够正确处理好国内外事务",对于这一点,北京高校师生是确定无疑的。持"非常赞成"态度者达到61.0%,持"比较赞成"态度的达

30.0%,二者合计达91.0%,具体数据如表5-43所示。这也是对领袖执政能力的测试,数据表明,北京高校师生对新一代领导集体是充分信任的,对他们的执政能力给予了高度的认可。

总之,北京高校师生对新一代领导集体及其领袖的认可度是非常高的,在各方面都给予了充分的肯定。党的领袖对于党的生存和发展,对于实现党对革命和建设事业的领导作用是至关重要的。因此,我们应进一步加强领袖形象塑造工作,当然,过犹不及,要把握好一个度,不要陷入个人崇拜的泥潭。

表5-43 领袖认同测量项2统计数据

| | 测量项2:中国现任领导人能够正确处理好国内外事务 | | | | |
|---|---|---|---|---|---|
| | | 次数 | 百分比 | 有效的百分比 | 累积百分比 |
| 有效 | 4 非常赞成 | 510 | 59.6 | 61.0 | 61.0 |
| | 3 比较赞成 | 251 | 29.3 | 30.0 | 91.0 |
| | 2 一般 | 66 | 7.7 | 7.9 | 98.9 |
| | 1 不赞成 | 9 | 1.1 | 1.1 | 100.0 |
| | 总计 | 836 | 97.7 | 100.0 | |
| 遗漏 | 0 不清楚 | 20 | 2.3 | | |
| | 总计 | 856 | 100.0 | | |

## 第四节 政党认同研究

政党认同是政治主体对政党的一种思想、情感和意识上的归属感,是其对政党做出的一种肯定性的心理反应和行为表达。就我国高校而言,政党认同是高校师生社会政治生活的一种重要现象,它既是一定政治社会化的反映,也直接体现了大学思想政治教育的作用。

### 一、政党认同的意义与价值

所谓政党认同,简单来说,就是民众对于某一政党的认可、支持和拥护程度。对于我国高校而言,就是指高校师生对于我国执政党——中国共产党的认可、支持和拥护程度。政党认同对于政党的意义与价值是显而易见的。提高政党认同度,是每一个政党尤其是执政党的重要工作。

我国实行的是共产党领导的多党合作制,在这样一种制度之下,政党认同的意义更为重大,政党认同的危机将会带来国家政治体制的危机。在西方三权分立的体制之下,政党是连接民众与公共权力的桥梁,是选举的工具,也是选民行使选举权利的重要载体。因此,其政党认同与国家认同是截然分开的,政党认同与政治合法性之间的界限也是非常清楚的。我国的执政党则承担着领导国家与政府、改造社会的重大职能,与西方三权分立体制下的政党有着非常大的不同,对中国而言,政党认同与政治合法性、国家认同、社会主义信仰认同是紧密联系在一起的,一旦政党认同出现危机,则有可能会同时出现信仰、制度等全方位的危机,也有可能造成大的政治动荡。因此,我国的政党认同具有牵一发而动全身的重要性,往往直接影响到国家政治体制的安危。

对政党认同进行研究,可以比较深刻地把握政党认同的基础及其形成途径,较为准确地测量政党在民众中的认同度,能够正确地评估政党的纲领主张,为政党政策的调整提供借鉴,帮助政党赢得多数民众的支持和拥护。

### 二、政党认同量表的设计

影响政党认同的因素非常多,从认同主体个人角度来看,家庭的熏陶,尤其是父母的政治思想和价值观念对子女的影响是非常大的,此外,教育环境、宗教文化信仰、个人经济地位、政党社会化等都会对政党认同造成影响。从政党本身的因素而言,政党意识形态、政党组织、政党领袖、政党绩效等都会影响到政党认同。

与政策认同、执政绩效认同、领袖认同不同,政党认同不光是一种心理状态,不仅仅只是一种心理上的认同,同时也表现为行为上的支持与肯定。一般而言,政党认同可以分为认知、情感、评价和行为四个层次。在进行量表设计时,围绕着这4个层次设计了相应的测量问题。具体如表5-44所示。

表5-44 政党认同量表设计

| 序号 | 测量项 | 层次 |
| --- | --- | --- |
| 1 | 我希望(或已经)加入中国共产党,并为此感到自豪 | 行为 |
| 2 | 当有人赞扬中国共产党时,我感觉就像在赞美我一样 | 情感 |
| 3 | 当有媒体中的某个故事暗讽了中国共产党,我会觉得很不舒服 | 情感 |
| 4 | 当有人批评中国共产党时,我感到就像在批评我一样 | 情感 |

续表

| 序号 | 测量项 | 层次 |
|---|---|---|
| 5 | 对于诋毁中国共产党的言行,我感到很气愤 | 情感 |
| 6 | 中国共产党是具有光明前途的政党 | 评价 |
| 7 | 中国共产党领导的多党合作制是适合我国国情的政党制度 | 认知 |
| 8 | 中国共产党及其领导的政府一直在进步 | 评价 |
| 9 | 我相信现阶段中国共产党的路线、方针和政策是正确的 | 认知 |

量表采用了四级量表制,即非常赞成、比较赞成、一般和不赞成。考虑到个别被访者可能并不明确自己的态度,所以另外设计了"不清楚"的选项。在进行数据统计时,所有"不清楚"选项作为遗漏值处理,不参与数据计算。

### 三、高校师生政党认同现状

(一)高校师生的政党认同度较高,但明显低于领袖认同

表5-45是政党认同度频率统计,从表中可以看出,北京高校师生的政党认同度还是比较高的,所有测量项目的众数都是最高值4,即"非常赞成";所有项目的中位数也是4,这都体现了较高的认同度。9个测量项目的平均值都在3以上,最低平均值为3.29,最高平均值为3.55,介于"非常赞成"和"比较赞成"之间。

表5-45 政党认同度频率统计

| 序号 | 政策表述 | N 有效 | N 遗漏 | 平均数 | 中位数 | 众数 |
|---|---|---|---|---|---|---|
| 1 | 我希望(或已经)加入中国共产党,并为此感到自豪 | 830 | 26 | 3.47 | 4.00 | 4 |
| 2 | 当有人赞扬中国共产党时,我感觉就像在赞美我一样 | 830 | 26 | 3.32 | 4.00 | 4 |
| 3 | 当有媒体中的某个故事暗讽了中国共产党,我会觉得很不舒服 | 832 | 24 | 3.39 | 4.00 | 4 |
| 4 | 当有人批评中国共产党时,我感到就像在批评我一样 | 826 | 30 | 3.29 | 4.00 | 4 |

续表

| 序号 | 政策表述 | N 有效 | N 遗漏 | 平均数 | 中位数 | 众数 |
|---|---|---|---|---|---|---|
| 5 | 对于诋毁中国共产党的言行,我感到很气愤 | 831 | 25 | 3.40 | 4.00 | 4 |
| 6 | 中国共产党是具有光明前途的政党 | 830 | 26 | 3.52 | 4.00 | 4 |
| 7 | 中国共产党领导的多党合作制是适合我国国情的政党制度 | 827 | 29 | 3.55 | 4.00 | 4 |
| 8 | 中国共产党及其领导的政府一直在进步 | 828 | 28 | 3.53 | 4.00 | 4 |
| 9 | 我相信现阶段中国共产党的路线、方针和政策是正确的 | 827 | 29 | 3.50 | 4.00 | 4 |

将该9个测量项定义为政党认同变量集,得到的各测量项的综合数据如表5－46所示。数据统计表明,对各测量项观点持"非常赞成"态度的比例为62.2%,"比较赞成"的比例为25.2%,二者合计达87.4%。这一数据表明高校师生的政党认同度还是比较高的。

表5－46 政党认同度综合数据统计

| $ 政党认同 次数 | | 回应 N | 回应 百分比 | 观察值百分比 |
|---|---|---|---|---|
| 政党认同[a] | 1 不赞成 | 112 | 1.6% | 14.2% |
| | 2 一般 | 779 | 11.0% | 99.0% |
| | 3 比较赞成 | 1788 | 25.2% | 227.2% |
| | 4 非常赞成 | 4404 | 62.2% | 559.6% |
| 总计 | | 7083 | 100.0% | 900.0% |

说明:"不清楚"选项作为遗漏值处理,不参与计算。

从政策认同、执政绩效认同、领袖认同、政党认同4个量表的综合数据统计结果来看,认同度最高的是领袖认同,认同度达到91.1%;其次是政策认同,认同度为88.7%;再次是政党认同,认同度为87.4%;最后是执政绩效认同,认同度为85.9%,如表5-47所示。可见,新一代领导集体领袖形象的塑造是非常成功的,所施行的一系列方针、政策亦得到了充分的认可,政党形象的塑造也相对比较成功,相比而言,在执政绩效上还需要做进一步的努力。

表5-47 政策、执政绩效、领袖、政党认同度汇总表

| 态度 | 政党认同 | 领袖认同 | 执政绩效认同 | 政策认同 |
| --- | --- | --- | --- | --- |
| 1 不赞成 | 1.6% | 1.0% | 1.4% | 1.0% |
| 2 一般 | 11.0% | 7.9% | 12.6% | 10.3% |
| 3 比较赞成 | 25.2% | 25.7% | 32.6% | 23.7% |
| 4 非常赞成 | 62.2% | 65.4% | 53.4% | 65.0% |
| 总计 | 100.0% | 100.0% | 100.0% | 100.0% |

(二)各测量项之间存在一定的差异,对我国现行政党制度认可度较高

该量表的9个测量项,认可度存在一定的差异。9个测量项中,认可度最高的是我国现行的政党制度;而认可度较低的,是对赞扬、批评意见的"感同身受"。不过,最高值与最低值之间的差异并不太大。各测量项均值排序如图5.4所示。

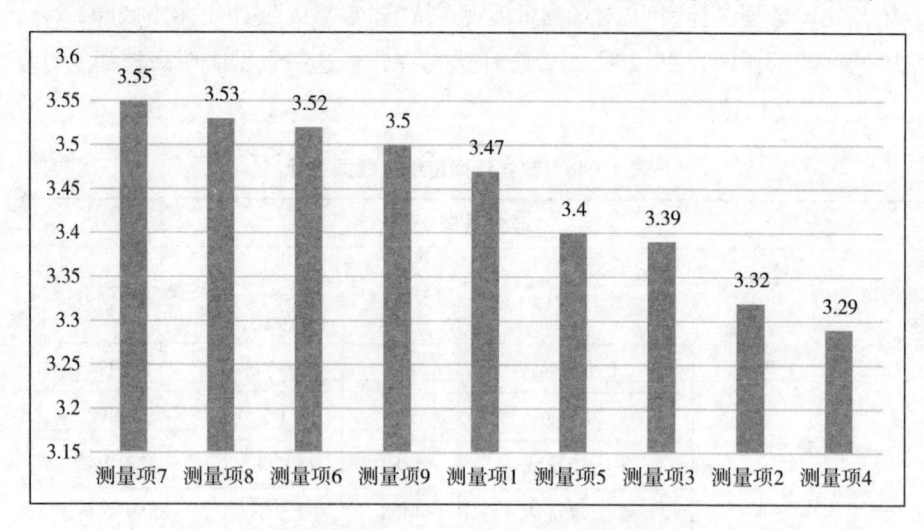

图5.4 政党认同各统计项均值排序

各测量项目中,认同度最高的是第7个测量项"中国共产党领导的多党合作制是适合我国国情的政党制度",对这一观点,持"非常赞成"态度的高达65.2%,持"比较赞成"态度的为26.1%,二者合计达91.3%,具体数据如表5-48所示。

这一数据表明高校的思想政治教育成果是显著的,绝大多数师生对现行中国的政党制度持相当肯定的态度,认为是符合国情的较好的政治制度。

表5-48 政党认可度测量项7数据统计

| | | 次数 | 百分比 | 有效的百分比 | 累积百分比 |
|---|---|---|---|---|---|
| 有效 | 4 非常赞成 | 539 | 63.0 | 65.2 | 65.2 |
| | 3 比较赞成 | 216 | 25.2 | 26.1 | 91.3 |
| | 2 一般 | 62 | 7.2 | 7.5 | 98.8 |
| | 1 不赞成 | 10 | 1.2 | 1.2 | 100.0 |
| | 总计 | 827 | 96.6 | 100.0 | |
| 遗漏 | 0 不清楚 | 29 | 3.4 | | |
| | 总计 | 856 | 100.0 | | |

测量项7:中国共产党领导的多党合作制是适合我国国情的政党制度

测量项8"中国共产党及其领导的政府一直在进步"也得到了非常高的认可,对这一观点持"非常赞成"态度的高达63.3%,持"比较赞成"态度的为27.5%,二者合计达90.8%,与测量项7仅差0.5个百分点,具体数据如表5-49所示。这一数据表明北京高校师生对于中国共产党及其领导的政府是持积极肯定态度的,对中国共产党领导中国社会主义建设所取得的成就是相当肯定的。

表5-49 政党认可度测量项8数据统计

| | | 次数 | 百分比 | 有效的百分比 | 累积百分比 |
|---|---|---|---|---|---|
| 有效 | 4 非常赞成 | 524 | 61.2 | 63.3 | 63.3 |
| | 3 比较赞成 | 228 | 26.6 | 27.5 | 90.8 |
| | 2 一般 | 66 | 7.7 | 8.0 | 98.8 |
| | 1 不赞成 | 10 | 1.2 | 1.2 | 100.0 |
| | 总计 | 828 | 96.7 | 100.0 | |
| 遗漏 | 0 不清楚 | 28 | 3.3 | | |
| | 总计 | 856 | 100.0 | | |

测量项8:中国共产党及其领导的政府一直在进步

排在第3位的是测量项6"中国共产党是具有光明前途的政党"。对于这一论述,持"非常赞成"态度的高达63.7%,持"比较赞成"态度的为26.0%,二者合计为89.8%,与测量项8仅差1个百分点,具体数据如表5–50所示。在对中国共产党的历史进行了积极肯定的同时,高校师生对于中国共产党未来的发展亦充满信心,这也从一个侧面说明了高校师生对于中国特色社会主义道路的认可,理论自信、制度自信、道路自信在此表露无遗。

表5–50 政党认可度测量项6数据统计

| | 测量项6:中国共产党是具有光明前途的政党 | 次数 | 百分比 | 有效的百分比 | 累积百分比 |
|---|---|---|---|---|---|
| 有效 | 4 非常赞成 | 529 | 61.8 | 63.7 | 63.7 |
| | 3 比较赞成 | 216 | 25.2 | 26.0 | 89.8 |
| | 2 一般 | 75 | 8.8 | 9.0 | 98.8 |
| | 1 不赞成 | 10 | 1.2 | 1.2 | 100.0 |
| | 总计 | 830 | 97.0 | 100.0 | |
| 遗漏 | 0 不清楚 | 26 | 3.0 | | |
| | 总计 | 856 | 100.0 | | |

排在第4位的是测量项9"我相信现阶段中国共产党的路线、方针和政策是正确的"。对于这一论述,持"非常赞成"态度的高达62.4%,持"比较赞成"态度的为26.6%,二者合计为89.0%,与测量项6相差0.8个百分点,具体数据如表5–51所示。对于新一代领导集体在现阶段的路线、方针、政策,北京高校师生给予了充分的认可。在对中国共产党的历史、未来进行积极肯定之后,北京高校师生对于现阶段中国共产党的大政方针也是有着较高的满意度与认可度。

表 5-51　政党认可度测量项 9 数据统计

| | | 次数 | 百分比 | 有效的百分比 | 累积百分比 |
|---|---|---|---|---|---|
| 测量项 9：我相信现阶段中国共产党的路线、方针和政策是正确的 ||||||
| 有效 | 4 非常赞成 | 516 | 60.3 | 62.4 | 62.4 |
| | 3 比较赞成 | 220 | 25.7 | 26.6 | 89.0 |
| | 2 一般 | 83 | 9.7 | 10.0 | 99.0 |
| | 1 不赞成 | 8 | .9 | 1.0 | 100.0 |
| | 总计 | 827 | 96.6 | 100.0 | |
| 遗漏 | 0 不清楚 | 29 | 3.4 | | |
| 总计 | | 856 | 100.0 | | |

排在第 5 位的是测量项 1 "我希望（或已经）加入中国共产党，并为此感到自豪"。该测量项考察的是行为认同，对于这一论述，持"非常赞成"态度的高达 63.4%，持"比较赞成"态度的为 22.2%，二者合计为 85.5%，与测量项 9 相差 3.5 个百分点，具体数据如表 5-52 所示。绝大多数高校师生对于加入中国共产党有着较高的热情，并且引以为荣，这充分体现了党的号召力与凝聚力。

表 5-52　政党认可度测量项 1 数据统计

| | | 次数 | 百分比 | 有效的百分比 | 累积百分比 |
|---|---|---|---|---|---|
| 测量项 1：我希望（或已经）加入中国共产党，并为此感到自豪 ||||||
| 有效 | 4 非常赞成 | 526 | 61.4 | 63.4 | 63.4 |
| | 3 比较赞成 | 184 | 21.5 | 22.2 | 85.5 |
| | 2 一般 | 102 | 11.9 | 12.3 | 97.8 |
| | 1 不赞成 | 18 | 2.1 | 2.2 | 100.0 |
| | 总计 | 830 | 97.0 | 100.0 | |
| 遗漏 | 0 不清楚 | 26 | 3.0 | | |
| 总计 | | 856 | 100.0 | | |

测量项 5 与测量项 3 排在第 6、7 位。从均值看测量项 5 排在第 6 位，从赞成百分比看测量项 3 排在第 6 位，二者仅相差 0.1 个百分点(0.1 个百分点是四舍五入取值的结果，事实上二者的差距还要更小，如果取到小数点后 2 位，二者实际只相差 0.02 个百分点)，区别很小。测量项 5 "对于诋毁中国共产党的言行，我感到很气愤"，对这一观点持"非常赞成"态度的为 59.1%，持"比较赞成"态度的为

24.5%,二者合计为83.6%,与测量项1相差1.9个百分点,具体数据如表5-53所示。

**表5-53 政党认可度测量项5数据统计**

| 测量项5:对于诋毁中国共产党的言行,我感到很气愤 ||| 次数 | 百分比 | 有效的百分比 | 累积百分比 |
|---|---|---|---|---|---|---|
| 有效 | | 4 非常赞成 | 491 | 57.4 | 59.1 | 59.1 |
| | | 3 比较赞成 | 204 | 23.8 | 24.5 | 83.6 |
| | | 2 一般 | 117 | 13.7 | 14.1 | 97.7 |
| | | 1 不赞成 | 19 | 2.2 | 2.3 | 100.0 |
| | | 总计 | 831 | 97.1 | 100.0 | |
| 遗漏 | | 0 不清楚 | 25 | 2.9 | | |
| | | 总计 | 856 | 100.0 | | |

测量项3"当有媒体中的某个故事暗讽了中国共产党,我会觉得很不舒服"与测量项5都是情感认同的测量,二者基本一致的结果也说明了调查的有效性与稳定性。对这一观点总体的认同度为83.7%,具体数据如表5-54所示。测量项5与3的数据表明,高校师生对于中国共产党有着较高的情感认同,对于诋毁、暗讽中国共产党的言论都会感到不舒服甚至气愤。这样的情感认同有助于维护党的形象,自觉抵制错误言论。

**表5-54 政党认可度测量项3数据统计**

| 测量项3:当有媒体中的某个故事暗讽了中国共产党,我会觉得很不舒服 ||| 次数 | 百分比 | 有效的百分比 | 累积百分比 |
|---|---|---|---|---|---|---|
| 有效 | | 4 非常赞成 | 482 | 56.3 | 57.9 | 57.9 |
| | | 3 比较赞成 | 214 | 25.0 | 25.7 | 83.7 |
| | | 2 一般 | 112 | 13.1 | 13.5 | 97.1 |
| | | 1 不赞成 | 24 | 2.8 | 2.9 | 100.0 |
| | | 总计 | 832 | 97.2 | 100.0 | |
| 遗漏 | | 0 不清楚 | 24 | 2.8 | | |
| | | 总计 | 856 | 100.0 | | |

测量项2与测量项4也是对于情感认同的测量,只不过这种情感的层次更深

一些,是"感同身受"的深度认可。与测量项5与3的情况一样,从均值看测量项2排在第8位,而从赞成百分比看测量项4排在第8位,二者相差0.1个百分点。

表 5-55  政党认可度测量项 2 数据统计

| | 测量项2:当有人赞扬中国共产党时,我感觉就像在赞美我一样 ||||
|---|---|---|---|---|
| | | 次数 | 百分比 | 有效的百分比 | 累积百分比 |
| 有效 | 4 非常赞成 | 456 | 53.3 | 54.9 | 54.9 |
| | 3 比较赞成 | 207 | 24.2 | 24.9 | 79.9 |
| | 2 一般 | 140 | 16.4 | 16.9 | 96.7 |
| | 1 不赞成 | 27 | 3.2 | 3.3 | 100.0 |
| | 总计 | 830 | 97.0 | 100.0 | |
| 遗漏 | 0 不清楚 | 26 | 3.0 | | |
| | 总计 | 856 | 100.0 | | |

测量项2"当有人赞扬中国共产党时,我感觉就像在赞美我一样",对于这一论述,持"非常赞成"态度的为54.9%,持"比较赞成"态度的为24.9%,二者合计为79.9%,与测量项3相差3.8个百分点,具体数据如表5-55所示。测量项4"当有人批评中国共产党时,我感到就像在批评我一样",对于这一论述,持"非常赞成"态度的为52.9%,持"比较赞成"态度的为27.1%,二者合计为80.0%,具体数据如表5-56所示。应当说,80%的认同度还是相当高的,说明高校师生对中国共产党有着比较深层次的情感认同。

表 5-56  政党认可度测量项 4 数据统计

| | 测量项4:当有人批评中国共产党时,我感到就像在批评我一样 ||||
|---|---|---|---|---|
| | | 次数 | 百分比 | 有效的百分比 | 累积百分比 |
| 有效 | 4 非常赞成 | 437 | 51.1 | 52.9 | 52.9 |
| | 3 比较赞成 | 224 | 26.2 | 27.1 | 80.0 |
| | 2 一般 | 135 | 15.8 | 16.3 | 96.4 |
| | 1 不赞成 | 30 | 3.5 | 3.6 | 100.0 |
| | 总计 | 826 | 96.5 | 100.0 | |
| 遗漏 | 0 不清楚 | 30 | 3.5 | | |
| | 总计 | 856 | 100.0 | | |

(三)高校师生对中国共产党理性方面(如认知、评价)的认可度较高,而感性认可度要相对低一些

从9个测量项的赞成度来看,明显是有群组之分的。图5.5是按各测量赞成度进行排序后的面积图,从中可以看出明显的分组。测量项2、4为一组,测量项5、3为一组,测量项1为一组,测量项9、6、8、7为一组。测量项9、6、8、7总体认可度最高,4项之间比较平缓,呈现比较均等的上升趋势。9、6、8、7项主要是关于中国共产党的认知、评价等理性认识,测量项2、4、5、3是关于中国共产党的情感认可,测量项1是对行为认可的测量。图5.5表明,高校师生对于中国共产党,理性方面的认可度较高,而感性方面的认可度相对低一些,行为认同居于中间。这一结果应当很符合高校师生的特征,作为一个知识水平较高的群体,能够比较理性地分析问题,从而得出比较理智的结果。

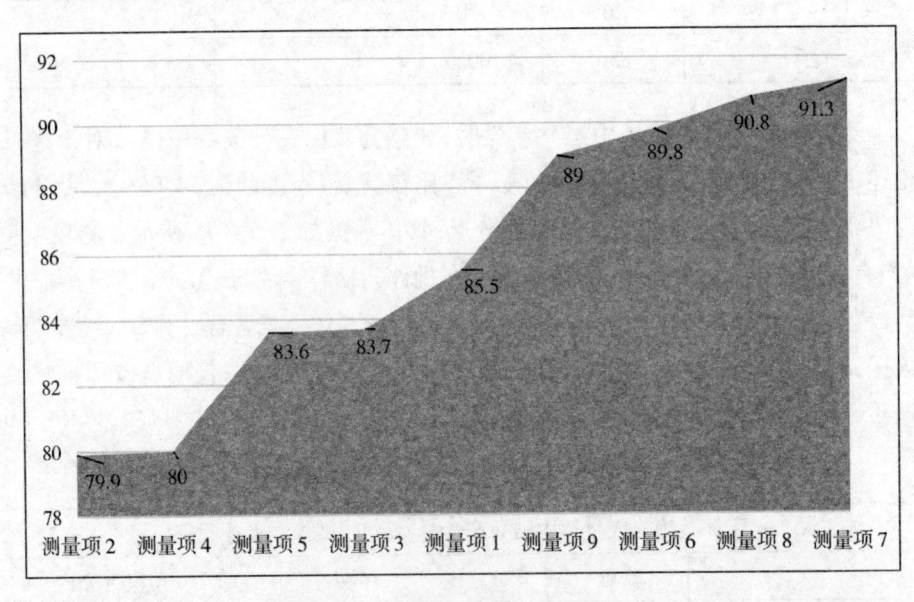

图5.5 各测量项赞成度面积图

在量表设计时,政党认同的9个测量项中涉及认知、情感、评价和行为四个层次,不同的层次设计了不同的测量项。为做进一步的分析,建立了认知、情感、评价和行为4个变量集,变量集与测量项目的对应关系如表5-57所示。

表 5-57 政党认同变量集与测量项目对应关系表

| 序号 | 层次 | 测量项 |
|---|---|---|
| 1 | 认知 | 中国共产党领导的多党合作制是适合我国国情的政党制度 |
|  |  | 我相信现阶段中国共产党的路线、方针和政策是正确的 |
| 2 | 情感 | 当有人赞扬中国共产党时,我感觉就像在赞美我一样 |
|  |  | 当有媒体中的某个故事暗讽了中国共产党,我会觉得很不舒服 |
|  |  | 当有人批评中国共产党时,我感到就像在批评我一样 |
|  |  | 对于诋毁中国共产党的言行,我感到很气愤 |
| 3 | 评价 | 中国共产党是具有光明前途的政党 |
|  |  | 中国共产党及其领导的政府一直在进步 |
| 4 | 行为 | 我希望(或已经)加入中国共产党,并为此感到自豪 |

表 5-58 是 4 个变量集的数据统计结果。4 个变量集的统计结果非常明显,"评价"层次的认同度最高,达 90.3%,其次是"认知"层次的认同度,达到 90.1%,二者相差无几。"行为"层次的认同度居中,为 85.5%。"情感"层次的认同度最低,为 81.8%。虽然总体的认同度较高,但 4 个层次之间的差异还是说明一定的问题。应当说,中国共产党所取得的成绩是有目共睹的,中国共产党的成功实践赢得了民众的尊重和高度认可,相对而言,情感建设近些年有些弱化,我党还应该在"我"字上下些功夫。

表 5-58 政党认同不同变量集认可度频率统计

|  | 认知 |  |  | 情感 |  |  | 评价 |  |  | 行为 |  |  |
|---|---|---|---|---|---|---|---|---|---|---|---|---|
|  | N | 有效百分比 | 累积百分比 | N | 有效百分比 | 累积百分比 | N | 有效百分比 | 累积百分比 | N | 有效百分比 | 累积百分比 |
| 4 非常赞成 | 1055 | 63.8 | 63.8 | 1866 | 56.2 | 56.2 | 1053 | 63.5 | 63.5 | 526 | 63.4 | 63.4 |
| 3 比较赞成 | 436 | 26.3 | 90.1 | 849 | 25.6 | 81.8 | 444 | 26.8 | 90.3 | 184 | 22.2 | 85.5 |
| 2 一般 | 145 | 8.8 | 98.9 | 504 | 15.2 | 97.0 | 141 | 8.5 | 98.8 | 102 | 12.3 | 97.8 |
| 1 不赞成 | 18 | 1.1 | 100.0 | 100 | 3.0 | 100.0 | 20 | 1.2 | 100.0 | 18 | 2.2 | 100.0 |
| 总计 | 1654 | 100.0 |  | 3319 | 100.0 |  | 1658 | 100.0 |  | 830 | 100.0 |  |

说明:此表数据是将"不清楚"选项作为遗漏值处理后的数据,具体观察值情况见表 5-59。

表 5-59  政党认同变量集观察值处理摘要

观察值摘要

| | 观察值 | | | | | |
|---|---|---|---|---|---|---|
| | 有效 | | 遗漏 | | 总计 | |
| | N | 百分比 | N | 百分比 | N | 百分比 |
| $认知[a] | 834 | 97.4% | 22 | 2.6% | 856 | 100.0% |
| $情感[a] | 841 | 98.2% | 15 | 1.8% | 856 | 100.0% |
| $评价[a] | 837 | 97.8% | 19 | 2.2% | 856 | 100.0% |
| 行为 | 830 | 97.0% | 26 | 3.0% | 856 | 100.0% |

a. 群组

总之,高校师生对中国共产党的政党认可度还是相当高的,尤其是在认知、评价层次上的认可度更高一些,行为层次的认可居中,情感层次的认可略低一些,表明还需加强情感环境的建设。对于现行的中国共产党领导的多党合作制度,北京高校师生给予了高度认可,是政党认可度测量项中赞成度最高的。这从另一个侧面说明,北京高校师生对于西方的所谓"民主制"、两党制、多党制有着比较清晰而理性的认识。

表 5-60  4 个效果测量量表统计数据汇总表

| | 政策认同 | | | 执政绩效认同 | | | 领袖认同 | | | 政党认同 | | |
|---|---|---|---|---|---|---|---|---|---|---|---|---|
| | N | 有效百分比 | 累积百分比 | N | 有效百分比 | 累积百分比 | N | 有效百分比 | 累积百分比 | N | 有效百分比 | 累积百分比 |
| 4 非常赞成 | 4226 | 65.0 | 65.0 | 2991 | 53.4 | 53.4 | 3286 | 65.4 | 65.4 | 4404 | 62.2 | 62.2 |
| 3 比较赞成 | 1541 | 23.7 | 88.7 | 1822 | 32.6 | 86.0 | 1291 | 25.7 | 91.1 | 1788 | 25.2 | 87.4 |
| 2 一般 | 668 | 10.3 | 99.0 | 707 | 12.6 | 98.6 | 398 | 7.9 | 99.0 | 779 | 11.0 | 98.4 |
| 1 不赞成 | 69 | 1.0 | 100.0 | 80 | 1.4 | 100.0 | 48 | 1.0 | 100.0 | 112 | 1.6 | 100.0 |
| 总计 | 6504 | 100.0 | | 5600 | 100.0 | | 5023 | 100.0 | | 7083 | 100.0 | |

说明:此表数据是将"不清楚"选项作为遗漏值处理后的数据,具体观察值情况见表 5-60。

综上所述,北京高校师生学习习近平总书记系列重要讲话的效果是非常显著的,这种学习,对于统一思想、强化认识有着重要意义,同时,也进一步提高了对党的政策、执政绩效的认同,这种认同带来的积极效果就是领袖认同、政党认同度的提高。事实上,从广义上讲,政策认同、执政绩效认同、领袖认同都属于政党认同的范畴。4个量表的数据(详见表5-60)表明,北京高校师生学习、贯彻落实习近平总书记系列重要讲话是卓有成效的,高达91.1%的领袖认同度充分说明了这一点。习近平总书记作为中国共产党的领袖,其人格魅力和政治影响力与日俱增,对领袖的认同直接影响到政党认同。从政党认同度的测量数据来看,高校师生的政党认同带有理性化的特点,能够比较理性地看待我国的政党制度,对执政的中国共产党认同程度较高,并且已经初步显示出从利益认同走向制度认同的趋势,这是一种良好的发展态势,在此基础上,最终达到对政党意识形态的认同也是一种必然。实际上,政党认同是学习、贯彻、落实习近平总书记系列重要讲话精神的最终落脚点,我们应当进一步探索改进高校师生思想政治教育的方式方法,通过宣传教育、价值观教育、党建教育、提高政党绩效等路径,增强高校师生对中国共产党的执政能力和执政合法性的认同,从而进一步增强高校师生的政党认同感。

附录

# 习近平总书记 2016 年重要讲话一览

习近平:在全国政协新年茶话会上的讲话,2016-12-30

习近平:加快推进能源生产和消费革命 增强我国能源自主保障能力,2016-12-28

习近平:坚持依法治国与制度治党、依规治党统筹推进、一体建设,2016-12-25

习近平:认真学习先进典型 用心用情做好老干部工作,2016-12-23

习近平:从解决好人民群众普遍关心的突出问题入手 推进全面小康社会建设,2016-12-21

习近平:在会见第一届全国文明家庭代表时的讲话,2016-12-15

习近平:推动形成社会主义家庭文明新风尚,2016-12-12

习近平:把思想政治工作贯穿教育教学全过程,2016-12-08

习近平:在纪念万里同志诞辰 100 周年座谈会上的讲话,2016-12-05

习近平:普及宪法知识增强宪法意识 弘扬宪法精神推动宪法实施,2016-12-04

习近平:扎实推进军队规模结构和力量编成改革,2016-12-03

习近平:在中国文联十大、中国作协九大开幕式上的讲话,2016-11-30

习近平:筑就中华民族伟大复兴时代文艺高峰,2016-11-30

习近平:在纪念朱德同志诞辰 130 周年座谈会上的讲话,2016-11-29

习近平:在秘鲁国会的演讲,2016-11-22

习近平:面向未来开拓进取 促进亚太发展繁荣——在亚太经合组织第二十四次领导人非正式会议上的发言,2016-11-21

习近平:深化伙伴关系 增强发展动力——在亚太经合组织工商领导人峰会上的主旨演讲,2016-11-19

习近平:集思广益增进共识加强合作 让互联网更好造福人类,2016-11-16

习近平:在第三届世界互联网大会开幕式上的讲话,2016-11-16

习近平:在纪念孙中山先生诞辰150周年大会上的讲话,2016-11-11

习近平:努力建设强大的现代化后勤,2016-11-10

习近平:全面贯彻党的十八届六中全会精神 抓好改革重点落实改革任务,2016-11-01

习近平:在纪念红军长征胜利80周年大会上的讲话,2016-10-21

习近平:坚定信心 共谋发展——在金砖国家领导人第八次会晤上的讲话,2016-10-16

习近平:完善中国特色社会主义社会治理体系 努力建设更高水平的平安中国,2016-10-12

习近平:以自我革命精神推进改革,2016-10-11

习近平:在学习《胡锦涛文选》报告会上的讲话,2016-09-29

习近平:在纪念刘华清同志诞辰100周年座谈会上的讲话,2016-09-28

习近平:加强合作推动全球治理体系变革 共同促进人类和平与发展崇高事业 2016-09-28

习近平:铭记红军丰功伟绩 弘扬伟大长征精神 2016-09-23

习近平:全面贯彻落实党的教育方针 努力把我国基础教育越办越好,2016-09-09

习近平:中国发展新起点 全球增长新蓝图——在二十国集团工商峰会开幕式上的主旨演讲,2016-09-03

习近平:努力建设一支强大的现代化战略支援部队,2016-08-29

习近平:尊重自然顺应自然保护自然 坚决筑牢国家生态安全屏障,2016-08-24

习近平:把人民健康放在优先发展战略地位,2016-08-20

习近平:坚持党在新形势下的强军目标 努力建设巩固国防和强大军队,2016-07-27

习近平:在庆祝中国共产党成立95周年大会上的讲话,2016-07-01

习近平:严肃党内政治生活 净化党内政治生态,2016-06-29

习近平:在《中俄睦邻友好合作条约》签署15周年纪念大会上的讲话,2016-06-25

习近平:弘扬上海精神 巩固团结互信 全面深化上海合作组织合作——在上

海合作组织成员国元首理事会第十六次会议上的讲话,2016-06-24

习近平:携手共创丝绸之路新辉煌——在乌兹别克斯坦最高会议立法院的演讲,2016-06-22

习近平:关心关爱军转干部 创新安置工作机制,2016-06-07

习近平:为建设世界科技强国而奋斗——在全国科技创新大会、两院院士大会、中国科协第九次全国代表大会上的讲话,2016-05-30

习近平:推动老龄事业全面协调可持续发展,2016-05-28

习近平:在哲学社会科学工作座谈会上的讲话,2016-05-17

习近平:在中纪委第六次全体会议上的讲话,2016-05-03

习近平:紧跟时代肩负使命锐意进取 为共同理想和目标团结奋斗 2016-04-29

习近平:凝聚共识 促进对话 共创亚洲和平与繁荣的美好未来——在亚信第五次外长会议开幕式上的讲话,2016-04-28

习近平:加大推进新形势下农村改革力度,2016-04-28

习近平:加强改革创新开创发展新局面,2016-04-27

习近平:在知识分子、劳动模范、青年代表座谈会上的讲话,2016-04-26

习近平:坚持创新驱动发展勇攀科技高峰 谱写中国航天事业新篇章,2016-04-24

习近平:全面提高新形势下宗教工作水平,2016-04-23

习近平:在网络安全和信息化工作座谈会上的讲话,2016-04-19

习近平:把全面从严治党落实到每一个支部,2016-04-06

习近平:加强国际核安全体系 推进全球核安全治理——在华盛顿核安全峰会上的讲话,2016-04-01

习近平:毫不动摇坚持我国基本经济制度 推动各种所有制经济健康发展——在全国政协十二届四次会议民建、工商联界委员联组会上的讲话,2016-03-04

习近平:促进中国特色新型城镇化持续健康发展 2016-02-23

习近平:坚持正确方向创新方法手段 提高新闻舆论传播力引导力,2016-02-19

习近平:扎实把"十三五"发展蓝图变为现实,2016-01-30

习近平:共同开创中阿关系的美好未来——在阿拉伯国家联盟总部的演讲,2016-01-22

习近平:在省部级主要领导干部学习贯彻党的十八届五中全会精神专题研讨

班上的讲话,2016-01-18

　　习近平:在亚洲基础设施投资银行开业仪式上的致辞,2016-01-16

　　习近平:在第十八届中央纪律检查委员会第六次全体会议上的讲话,2016-01-12

　　习近平:扭住全面深化改革各项目标 落实主体责任拧紧责任螺丝,2016-01-11

　　习近平:讲政治谋打赢搞服务作表率 努力建设"四铁"军委机关,2016-01-11

　　习近平:走生态优先绿色发展之路 让中华民族母亲河永葆生机活力,2016-01-07

　　习近平:坚定不移保障安全发展 坚决遏制重特大事故频发势头,2016-01-06

# 参考文献

[1]程美东,刘锋.中国共产党实践中国梦的历时度考察[J].理论探讨,2016(02).

[2]周民伟."中国梦"与民族复兴的根基——中国共产党的"三个力量"[J].论坛,2016(07)(下).

[3]孙代尧,黄斐.中国共产党与中国道路的话语建构[J].思想理论教育导刊,2016(09).

[4]张静如,吴汉全.中国将"第二次大贡献于世界之进步"——李大钊与中国梦[J].唐山学院学报,2016.29(04).

[5]张廷广."中国梦"的鲜明时代特征:"五个统一"[J].河北青年管理干部学院学报,2016(02).

[6]王敏.弘扬中国精神实现中国梦的路径思考[J].洛阳师范学院学报,2016(07).

[7]张娅.中国梦的国际评价:基本形象与世界影响[J].北京教育(德育),2016(03).

[8]张娅.国外学者关于中国梦认知的分歧评析——兼驳对中国梦的偏见与误读[J].社会主义研究,2016(01).

[9]王贵贤.中国梦与社会主义核心价值观的关系研究[J].社会主义核心价值观研究,2016(03).

[10]肖贵清.加强和深化中国特色社会主义制度研究[J].湖南科技大学学报(社会科学版),2016(05).

[11]肖贵清.党的领导是中国特色社会主义最本质特征[N].河北日报,2016-6-22(007).

[12]张雷声.论中国特色社会主义制度[J].甘肃社会科学,2016(01).

[13]侯衍社.关于中国道路的几个重要理论问题思考[J].中国特色社会主义研究,2016(05).

[14]徐斌,赵秀芳.完善和发展中国特色社会主义制度的评价尺度[J].科学社会主义,2016(01).

[15]王兴宏,孙功.试论五位一体总布局对中国现代化目标的系统表达[J].理论界,2016(09).

[16]王兴宏,孙功.试析中国特色社会主义总布局的根本价值诉求[J].佳木斯大学社会科学学报,2016(01).

[17]孙代尧.坚定"四个自信"实现民族复兴[J].时事报告,2016(06).

[18]宇文利.论中国特色社会主义的制度治理——习近平治国理政思想的总体特色[J].新疆师范大学学报(哲学社会科学版),2016(01).

[19]杨增紫,吕璇.中国特色社会主义文化自信的基本特性[J].前线,2016(08).

[20]王珑瑾,刘巍.中国特色社会主义制度自信的理论与实践基础[J].河南教育(高教),2016(02).

[21]程美东.应然与实然:当代中国政治的路径选择[J].北京大学学报(哲学社会科学版),2016(03).

[22]王浦劬.深化行政体制改革的新特点[N].人民日报,2016-2-28(005).

[23]胡利明.论民族区域自治的中国特色[J].甘肃理论学刊,2016(03).

[24]张宏伟.网络政治参与:政协民主监督新渠道[J].人民论坛·学术前沿,2016(09).

[25]赵春丽,卢君仪.网络新媒体与政治参与、社会主义民主建设——可能性、风险和路径[J].中共天津市委党校学报,2016(02).

[26]简臻锐.从网络政治参与谈大学生民主意识的培养[J].思想教育研究,2016(02).

[27]吕其庆.略论习近平党性和人民性相统一重要论述的思想脉络[J].思想教育研究,2016(06).

[28]汪亭友.把人民放在心中最高位置——学习习近平总书记庆祝中国共产党成立95周年讲话[J].思想教育研究,2016(09).

[29]何虎生.马克思主义宗教观中国化的最新成果[J].中国宗教,2016(05).

[30]何虎生,张杰. 论习近平对中国特色社会主义宗教理论的丰富和发展[J]. 思想理论教育导刊,2016(06).

[31]李臻,金炳镐. 习近平总书记关于中华民族的新论述初探[J]. 中央民族大学学报(哲学社会科学版),2016(01).

[32]李臻,金炳镐. 新常态下民族工作的基本国情依据:中国是统一的多民族国家——做好民族工作的前提——习近平民族工作思想研究系列论文之二[J]. 黑龙江民族丛刊,2016(03).

[33]齐鹏飞. 中共十八大以来习近平"依法治港"的新理念、新论述初探[J]. 党史研究与教学,2016(04).

[34]齐鹏飞. 习近平关于"依法治澳"的新理念新论述[J]. 当代中国史研究,2016(03).

[35]齐鹏飞. 习近平"巩固和深化两岸关系和平发展"新论初探[J]. 台湾研究,2016(02).

[36]郭建宁. 深刻领会"四个全面"战略布局[J]. 观察与思考,2016(02)

[37]宇文利. "四个全面":现代化与民族化的有机结合[J]. 思想政治工作研究,2016(02).

[38]王晓青. "四个全面"战略布局的公正意蕴探析[J]. 理论导刊,2016(04).

[39]张延广,王孟秋. 试论"四个全面"战略布局提出的现实逻辑[J]. 领导之友,2016(13).

[40]史为磊. 国内学术界关于"四个全面"研究述评[J]. 社会主义研究,2016(01).

[41]张继龙,朱宗友. 学界关于"四个全面"战略布局研究的新进展[J]. 当代世界与社会主义,2016(01).

[42]韩振峰. 把"四个全面"融入思想政治理论课教育教学[J]. 北京教育(德育),2016(03).

[43]丁贞栋,宋来新. "四个全面"与高校思想政治教育工作发展的思考[J]. 思想理论教育导刊,2016(07).

[44]侯衍社. 领导素养与实施"四个全面"战略[J]. 吉林师范大学学报(人文社会科学版),2016(05).

[45]刘微娜. "四个全面"与县域经济发展[J]. 北京教育(德育),2016(03).

[46]刘志光. 小康社会建设中的战略思维与感召力[J]. 人民论坛,2016

(18).

[47]熊晓琳,王丹."六大原则"与全面建成小康社会[J].学校党建与思想政治教育,2016(07).

[48]熊晓琳,王丹.准确把握全面建成小康社会的几个重要方面[J].北京教育(德育),2016(04).

[49]李婷.全面建成小康社会的提出及其战略意义[J].北京教育(德育),2016(04).

[50]肖贵清,李戈.论全面建成小康社会新的目标要求[J].山东社会科学,2016(02).

[51]简繁."全面小康决胜阶段的战略决策与中国特色社会主义理论研讨会"述要[J].教学与研究,2016(01).

[52]郇庆治.前瞻2020:生态文明视野下的全面小康[J].人民论坛·学术前沿,2016(18).

[53]马超林.新常态下全面建成小康社会的挑战与对策[J].长春理工大学学报(社会科学版),2016(05).

[54]赵亮.试论全面建成小康社会的国际贡献——基于全人类"共同价值"的视角[J].西北工业大学学报(社会科学版),2016(02).

[55]周新城.历史唯物主义是我国全面深化改革的指导思想[J].中共石家庄市委党校,2016(04).

[56]陶蕾韬.马克思主义实践观视域下的全面深化改革总目标[J].学术论坛,2016(06).

[57]肖贵清,田桥.人民主体地位:习近平治国理政思想的核心理念[J].思想理论教育,2016(12).

[58]秦宣.习近平治国理政思想研究中的三个关键问题[J].党政视野,2016(8-9).

[59]秦宣.推进国家治理现代化的方向和路径[N].人民日报,2016-6-22(007).

[60]马振清,王勇军.国家治理现代化与正确处理政府、市场和社会的关系[J].河北学刊,2016(02).

[61]袁红.国家治理体系现代化的价值目标及其衡量标准[J].理论与改革,2016(03).

[62]孙秀民,苏海生.新媒体时代执政党推进国家治理现代化面临的挑战及

对策[J].理论探讨,2016(02).

[63]王文章.改革"最后一公里"如何打通[J].人民论坛,2016(32).

[64]王在全.深化国有企业改革与收入分配探析[J].观察与思考,2016(03).

[65]李海青,王永凤.破解公民权利相对贫困:全面深化改革阶段中国法治建设"三维一体"[J].北京行政学院学报,2016(01).

[66]杨凤城.从改革开放的当代视野下看"改革促进派"[J].党员生活(湖北),2016(03).

[67]王传利.培养出一大批实干家具有特殊价值[J].人民论坛,2016(12).

[68]王传利.领导干部要当改革的实干家[J].红旗文稿,2016(07).

[69]周良书.从"梦想家"到"实干家"要过"五关"[J].人民论坛,2016(12).

[70]徐志宏.全面依法治国与"抓关键少数"[J].前线,2016(01).

[71]汪亭友.全面推进依法治国必须坚持党的领导,拒斥西方"宪政"思潮[J].思想理论教育导刊,2016(06).

[72]周民伟.党的领导与依法治国——基于近代中国"党治国家"的思考[J].党史博采,2016(04).

[73]徐志宏.全面依法治国与"抓关键少数"[J].前线,2016(01).

[74]马金祥.依法治国视阈下加强干部"德"的考核意义再探[J].中共济南市委党校学报,2016(04).

[75]张夏力.加强当代青年法治精神培育[N].光明日报,2016-8-21(007).

[76]王东红.首都大学生宪法意识现状的调查与思考[J].思想教育研究,2016(06).

[77]姜恩来,钟爱军,孙信丽.高校研究生党建领域开展法治精神与法治能力建设的思考[J].前线,2016(07).

[78]朱霁,周雄文.高校内部执行机制现状与依法治校的价值追求[J].湖南工业大学学报(社会科学版),2016(04).

[79]宇文利.习近平缘何高度重视党员干部政治意识问题[J].人民论坛,2016(29).

[80]刘书林.高举共产主义信仰的旗帜[J].前线,2016(06).

[81]吕其庆.不忘革命传统1坚定理想信念[J].红旗文稿,2016(09).

[82]王炳林,王晓广.共产主义信仰教育要把握好三个关系[J].思想理论教

育导刊,2016(04).

[83]冯秀军,毛娜.全面从严治党背景下的党员理想信念建设[J].学校党建与思想教育,2016(05).

[84]张润枝,陈艳飞.党员信仰构建难题破解的规律性认识[J].人民论坛,2016(26).

[85]罗金,张雅琳."整顿党的作风"与党的作风建设[J].经济研究导刊,2016(24).

[86]王树荫,贾雪丽."两学一做"学习教育的主线和着力点[J].前线,2016(06).

[87]王志民.党风建设对民风改善的经验启示[J].人民论坛,2016(12).

[88]赵建春."两学一做"中"关键少数"的四种思维[J].毛泽东思想研究,2016(05).

[89]戚雯泾.习近平地方从政时期的党风廉政建设思想探析[J].领导之友,2016(21).

[90]冯纪元.党员干部需践行"四铁"新要求[J].党政论坛,2016(05).

[91]任红杰.党政干部怎样才能走出成长困境[J].沈阳干部学报,2016(04).

[92]杨兴林.全面从严治党视角下严格干部选拔问题思考[J].实事求是,2016(01).

[93]马金祥.全面从严治党视阈下干部"德"的考核问题探析[J].晋中学院学报,2016(04).

[94]郝潞霞.习近平对党的纪律建设思想的理论创新[J].思想理论教育导刊,2016(10).

[95]马振清.坚定不移推进全面从严治党[J].前线,2016(04).

[96]黄家茂,王海军.全面从严治党视域下制度治党的基本路径探析[J].甘肃理论学刊,2016(02).

[97]韩强.关于党内法规的几个基本问题[J].中共杭州市委党校学报,2016(02).

[98]马金祥.党内问责条例制定之探究[J].武陵学刊,2016(04).

[99]张倩.中国共产党问责条例——推进全面从严治党的新利器[J].实践(思想理论版),2016(09).

[100]王美玉,李胜凯.全面从严治党与巡视制度的相互关系[J].廉政文化

研究,2016(03).

[101]王传利,方闻昊.为了建设一个伟大的党——学习习近平关于全面从严治党的重要论述[J].思想教育研究,2016(07).

[102]王传利.论系统性治理腐败方略的原则与内涵[J].政治学研究,2016(03).

[103]王文章.制度化反腐:建设廉洁政治的必由之路[J].人民论坛,2016(35).

[104]秦宣.五大发展理念的辩证关系[N].光明日报,2016-2-4(016).

[105]郝立新."五大发展理念"——当代中国的新发展观[J].党政视野,2016(08).

[106]郭建宁.用新理念引领新发展不断开辟二十一世纪马克思主义发展新境界[J].党政视野,2016(08).

[107]韩振峰.五大发展理念是中国共产党发展理论的重大升华[J].思想理论教育导刊,2016(01).

[108]郝潞霞.习近平对中国特色社会主义发展理论的新发展[J].科学社会主义,2016(01).

[109]熊晓琳,王丹.五大发展理念与中国特色社会主义[J].思想理论教育导刊,2016(01).

[110]张波."五个发展"理念对马克思主义发展观的继承与发展[J].北京教育(德育),2016(03).

[111]王淑芹.正确理解五大发展理念的内涵和要求[J].思想理论教育导刊,2016(01).

[112]朱宗友,张继龙.国内关于"五大发展理念"研究述评[J].社会主义研究,2016(03).

[113]孙代尧,何海根.论中国特色社会主义发展理论的新发展[J].山东社会科学,2016(02).

[114]左鹏.共享发展的理论蕴涵和实践指向[J].思想理论教育导刊,2016(01).

[115]熊晓琳,王丹.共享发展理念的多维探究[J].思想理论教育导刊,2016(08).

[116]颜吾佴,吴静.共享发展是社会主义的本质要求[J].思想理论教育导刊,2016(08).

[117]刘武根,艾四林.论共享发展理念[J].思想理论教育导刊,2016(01).

[118]熊晓琳,王丹.共享发展理念的多维探究[J].思想理论教育导刊,2016(08).

[119]魏波.以共享理解发展[J].中国特色社会主义研究,2016(01).

[120]康沛竹,段蕾.论习近平的绿色发展观[J].新疆师范大学学报(哲学社会科学版),2016(04).

[121]廖五州.绿色发展理念与中国特色社会主义[J].改革与开放,2016(10).

[122]习近平.在省部级主要领导干部学习贯彻党的十八届五中全会精神专题研讨班上的讲话[N].人民日报,2016-5-10.

[123]吴潜涛.协调发展理念与社会主义核心价值观[J].中国高等教育,2016(06).

[124]吴潜涛.以价值力量助推协调发展[N].中国教育报,2016-4-28(005).

[125]吴小妮,王炳林.协调是持续健康发展的内在要求[J].思想理论教育导刊,2016(01).

[126]邹广文.发展新常态与哲学新使命[J].理论视野,2016(02).

[127]张梧.经济发展新常态与人文精神重建[J].山东社会科学,2016(01).

[128]吴林龙.新常态及其对社会生活的影响[J].北京教育(德育),2016(04).

[129]杨兴业.从马克思"生产与消费同一性"命题看供给侧结构性改革的理论内涵[J].高校马克思主义理论研究,2016(03).

[130]陈璐,孙杨.新常态背景下的"供给侧改革"[J].思想政治课教学,2016(01).

[131]翟成玉.新常态下供给侧结构性改革的实践路径探究[J].中国市场,2016(37).

[132]陈涛.供给侧改革助推国际货币体系重构[J].中国物价,2016(06).

[133]贾甫.供给结构失衡、信贷约束扭曲与金融改革[J].财经科学,2016(10).

[134]苗勃然.基于政府与市场关系的产能过剩分析[J].中国物价,2016(11).

[135]高学栋,袭亮.深入推进服务型政府建设的思考[J].东岳论丛,2015

(12).

[136]熊晓琳,周江霞,张心语.新常态下的中国经济增长探析[J].海南大学学报(人文社会科学版),2016(04).

[137]仝华.以新发展理念引领经济发展新常态[J].前线,2016(08).

[138]肖翔.理性认识经济"新常态"[J].思想理论教育导刊,2016(05).

[139]吴林龙.新常态及其对社会生活的影响[J].北京教育(德育),2016(04).

[140]解安,徐宏潇.农民自主选择与社会秩序统——新中国城镇化发展历程研究[J].高校马克思主义理论研究,2016(01).

[141]苏珊珊.经济新常态下城镇化的困境及其对策探究[J].科技经济导刊,2016(21).

[142]吴林龙.挖掘"新常态"中的思想政治教育元素[J].关东学刊,2016(02).

[143]华敏,秦睿.新常态下思想政治教育的新思路[J].北京教育(德育),2016(04).

[144]华敏.新常态下思想政治教育工作的新气象[J].教育探索,2016(06).

[145]李琼.新常态下思想政治教育的新挑战[J].北京教育(德育),2016(04).

[146]刘书林.社会主义核心价值观的由来和发展趋势[J].社会主义核心价值观研究,2016(01).

[147]吴潜涛.紧扣社会主义核心价值观教育主题[N].中国教育报,2016-3-3(005).

[148]郭建宁.关于培育和弘扬社会主义核心价值观的几个问题[J].社会主义核心价值观研究,2016(02).

[149]韩震峰.文明:社会主义核心价值观的文化价值目标[J].社会主义核心价值观研究,2016(04).

[150]常宴会.论社会主义核心价值观对当代中国人精神世界构建的意义[J].北京教育(德育),2016(04).

[151]孙清华.社会主义核心价值观:引领当代中国人精神世界构建的旗帜[J].社会主义核心价值观研究,2016(04).

[152]孙英.践行社会主义核心价值观,涵养大国国民心态[J].人民论坛,2016(22).

[153]祝大勇.培育和践行社会主义核心价值观 抵制几种错误思潮[J].社会主义核心价值观研究,2016(02).

[154]欧阳沁,赵晓杰,王小龙.增强对社会主义核心价值观的情感认同、理论认同和实践认同[J].社会主义核心价值观研究,2016(01).

[155]陈顺伟.论社会主义核心价值观制度结构的现代化[J].思想教育研究,2016(01).

[156]陶蕾韬.多元文化发展中社会主义核心价值观认同的困境与应对[J].求索,2016(06).

[157]韩振峰.文明:社会主义核心价值观的文化价值目标[J].社会主义核心价值观研究,2016(04).

[158]刘建军."爱国"与"爱国主义"概念辨析——兼谈深化爱国主义研究的路径与要求[J].思想教育研究,2016(09).

[159]温静.论爱国主义在中华民族精神中的核心地位[J].马克思主义研究,2016(02).

[160]左鹏,雷娜.论弘扬爱国主义精神与扩大对外开放的有机统一[J].思想理论教育,2016(15).

[161]樊泽民.爱国是中国文化的底色[J].辽宁教育,2016(03).

[162]张瑜,王海光.当代大学生爱国主义精神实证研究[J].社会主义核心价值观研究,2016(01).

[163]徐蕾.当代大学生诚信教育的必要性研究[J].社科纵横,2016(04).

[164]赵爱玲,张珂源.首都大学生诚信状况调查与教育治理对策[J].唐都学刊,2016(03).

[165]夏文斌,徐瑞.论敬业——社会主义核心价值观系列谈十[J].前线,2016(04).

[166]庞玉超.个人层面核心价值观对大学生的导向意义探析[J].知音励志,2016(09).

[167]迟萌.大学德育的诗情意[J].科教导刊,2016(28).

[168]林聪.社会主义核心价值观应成为青年的共同信仰[J].知与行,2016(04).

[169]张亚东.当代青年要做社会主义核心价值观的自觉践行者[J].求知,2016(04).

[170]刘建军.高校培育和践行社会主义核心价值观的四个步骤[J].思想教

育研究,2016(03).

[171]张立学.路日亮社会主义核心价值观融入高校党的建设路径探析[J].北京教育高教,2016(10).

[172]杨万山.社会主义核心价值观融入"概论"课教学过程探析——以清华大学为例[J].思想理论教育导刊,2016(05).

[173]钟天娥.社会主义核心价值观融入思想政治理论课教学的实践路径研究[J].河北北方学院学报,2016(02).

[174]杨倩.社会主义核心价值观的现场教学初探[J].上饶师范学院学报,2016(01).

[175]闫长丽.历史文化资源融入大学生社会主义核心价值观教育探析[J].思想理论教育导刊,2016(10).

[176]周宏岩,邓梦梦.以校史文化培育大学生社会主义核心价值观的研究述评[J].北京化工大学学报(社会科学版),2016(02).

[177]舍娜莉.微文化背景下大学生核心价值观培育探究[J].教育教学论坛,2016(15).

[178]左鹏.在引领多样化社会思潮中巩固意识形态阵地[J].思想教育研究,2016(01).

[179]彭庆红.如何对待大学生主流意识形态认同问题[J].北京教育·德育,2016(05).

[180]刘书林.2015历史虚无主义思潮方寸大乱[J].人民论坛,2016(03).

[181]刘书林.历史虚无主义在当代社会主义国家泛滥的深刻教训[J].理论探索,2016(01).

[182]刘书林.新世纪以来青年价值观新取向分析[J].思想理论教育,2016(09).

[183]张瑶.自媒体视阈下的网络意识形态安全探究[J].明日风尚,2016(12).

[184]王峰明,莫小丽.马克思主义大众化:"互联网+"时代的挑战与回应[J].高校马克思主义理论研究,2016(03).

[185]刘刚,颜玫琳,王春玺.网络意识形态安全的隐患及其防御[J].思想教育研究,2016(06).

[186]朱效梅,谢萌.网络意识形态话语权建构研究[J].社会主义核心价值观研究,2016(03).

[187]谢玉进.网络文化与主流意识形态安全[J].电子科技大学学报(社科版),2016(02).

[188]时宜.微媒体环境下网络意识形态传播机制分析[J].新媒体研究,2016(09).

[189]陶文昭.网络安全的国家战略[J].人民论坛,2016(04).

[190]宇文利.中国互联网治理的转型性特征[J].人民论坛,2016(02).

[191]孙代尧、黄斐.中国共产党与中国道路的话语建构[J].思想理论教育导刊,2016(09).

[192]闫志民.形成中国风格中国气派的话语体系[J].求是,2016(07).

[193]陈东琼.马克思主义大众化与中国特色社会主义话语体系的构建[J].思想教育研究,2016(02).

[194]冯纪元.论习近平传统文化观[J].湖北社会科学,20161(02).

[195]秦宜智.把高校共青团学习宣传贯彻习近平总书记系列重要讲话精神活动不断引向深入[J].中国共青团,2015(04).

[196]何影.建立健全高校哲学社会科学特点的分类评价体系[J].知与行,2016(07).

[197]肖慎钢.以习近平总书记讲话精神统领高校意识形态工作[J].学校党建与思想教育,2014.(11).

[198]顾海良.高校马克思主义理论学科建设的新境界——学习习近平总书记在全国宣传思想工作会议上的讲话[J].思想理论教育导刊,2013(10).

[199]北京市委教育工作委员会组织处.认真学习贯彻习近平同志重要讲话精神 切实提高北京高校党建工作科学化水平[J].北京教育(高教),2012(10).

[200]李宪伦,张卫平,李恩华.习近平系列重要讲话中的马克思主义——中国化哲学用语体系构建探微[J].学术论坛,2015(11).

[201]习近平:在哲学社会科学工作座谈会上的讲话,2016-5-17.

[202]徐俊忠.关于加强马克思主义理论学科建设的几个问题——习近平在哲学社会科学座谈会上讲话引发的思考[J].马克思主义理论学科研究,2016(04).

[203]郑永廷,胡子祥.学习习近平在哲学社会科学工作座谈会上的讲话推进思想政治教育学科发展[J].思想教育研究,2016(06).

[204]焦方义.关于构建中国特色经济学学科体系的思考——学习习近平总书记在哲学社会科学工作座谈会上的讲话[J].学术交流,2016(07).

[205]郑吉伟,常佩瑶. 论习近平的传统文化观[J]. 理论学刊,2016(01).

[206]黄晓丹,孙代尧. 传统文化当代价值实现路径探析——学习习近平关于中国传统文化的重要论述[J]. 中国特色社会主义研究,2016(01).

[207]王清玲,程美东. 论社会主义核心价值观与中华优秀传统文化的内在关系——基于文化的双重属性视角[J]. 学校党建与思想教育,2016(21).

[208]鲁力,刘永春. 中国传统文化视域中的社会主义核心价值观[J]. 唐都学刊,2016(02).

[209]左鹏. 论习近平对中华优秀传统文化的继承和弘扬[J]. 社会主义核心价值观研究,2016(03).

[210]王洪波,李杨. 中华优秀传统文化与社会主义核心价值观[J]. 中国矿业大学学报(社会科学版),2016(03).

[211]冯刚,刘晓玲. 坚持以文化人 深入推进社会主义核心价值观培育践行[J]. 思想理论教育导刊,2016(01).

[212]崔锁江,蒋春玲. 习近平运用中华传统文化的范式、意义与逻辑[J]. 天中学刊,2016(04).

[213]张伟丽. 优秀传统文化精神与治国理政新思路——浅析习近平同志关于中华优秀传统文化的重要论述[J]. 江南论坛,2016(23).

[214]吕其庆. 中国优秀传统文化要融入"一带一路"建设[J]. 文化软实力,2016(03).

[215]孙磊. 中国特色社会主义文化发展道路论要——基于历史生成、独特地位、重要意义三个维度[J]. 东岳论丛,2016(07).

[216]刘建军. 文化软实力研究的学术视野[J]. 文化软实力研究,2016(03).

[217]韩振峰. 习近平关于提升国家文化软实力的十个基本思路[J]. 文化软实力,2016(02).

[218]夏文斌,王晨. 提升文化软实力的战略路径——学习习近平总书记关于文化软实力建设的重要论述[J]. 中国特色社会主义研究,2016(05).

[219]张丽. 提高国家文化软实力的战略思考——兼论社会主义核心价值观的软实力价值[J]. 理论月刊,2016(04).

[220]李艳艳. 习近平文化软实力战略思想探微[J]. 思想理论教育导刊,2016(03).

[221]常宴会,宋建林. 论人民的文化自信来源于文化建设[J]. 学校党建与思想教育,2016(13).

[222]简臻锐,许慎. 论人民在文化自信中的作用[J]. 学校党建与思想教育,2016(13).

[223]朱小娟,安丽梅. 论人民主体性在文化自信中的彰显[J]. 学校党建与思想教育,2016(13).

[224]汪亭友."民生意识":让人民有更多获得感[J]. 党建,2016(09).

[225]汪亭友. 把人民放在心中最高位置——学习习近平总书记庆祝中国共产党成立95周年讲话[J]. 思想教育研究,2016(09).

[226]李谧. 中国特色社会主义民生建设的求解路径[J]. 陕西行政学院学报,2016年01.

[227]周良书,朱孟光. 改革开放以来中国共产党社会治理理念的演进与特点[J]. 社会治理,2016(04).

[228]张润枝,苏晓微. 新中国成立后中国共产党社会治理思想发展脉络[J]. 社会治理,2016(04).

[229]李强. 创新社会治理需要激发社会活力[N]. 人民日报,2016-2-2(007).

[230]李强,温飞. 构建全民共建共享的社会治理格局[J]. 前线,2016(02).

[231]魏礼群. 提高社会治理水平决胜全面小康社会——全面建成小康社会之时中国社会的景象特征及实现目标任务与路径选择[J]. 社会治理,2016(05).

[232]袁雷. 社会建设理想实现的三个维度[J]. 实事求是,2016(01).

[233]郇庆治. 社会主义生态文明观与"绿水青山就是金山银山"[J]. 学习论坛,2016(05).

[234]郇庆治. 生态文明理论创新性研究的三个维度[N]. 中国环境报,2016-6-15(003).

[235]郇庆治. 前瞻2020:生态文明视野下的全面小康[J]. 人民论坛·学术前沿,2016(18).

[236]段蕾,康沛竹. 走向社会主义生态文明新时代——论习近平生态文明思想的背景、内涵与意义[J]. 科学社会主义(双月刊),2016(02).

[237]段蕾. 习近平生态文明思想的生态政治学阐释[J]. 云南行政学院报,2016(03).

[238]康沛竹,段蕾. 论习近平绿色发展观[J]. 新疆师范大学学报(哲学社会科学版),2016(04).

[239]刘云飞. 习近平生态治理方略的空间维度:习近平治国理政思想[J].

317

前线,2016(03).

[240]张菲菲,张莹云.国家治理体系视阈中政府治理方式的绿色化[J].现代商业,2016(24).

[241]李全喜.习近平生态文明建设思想中的思维方法探析[J].高校马克思主义理论研究,2016(04).

[242]陶文昭.科学理解习近平命运共同体思想[J].中国特色社会主义研究,2016(02).

[243]丛占修.人类命运共同体:历史、现实与意蕴[J].理论与改革,2016(03).

[244]马子深."一带一路"战略深化的三个挑战[J].云南行政学院报,2016(06).

[245]管前程.弘扬丝路精神 11 实现互利共赢[J].大陆桥视野,2016(06).

[246]宫玉涛."一带一路"场域中恐怖主义与民族宗教关系辨析[J].国际关系研究,2016(01).

[247]赵瑞琦."三个舆论场"与对印传播战略——"一带一路"下的中国国际话语权建构[J].齐鲁学刊,2016(01).

[248]陈水胜.中国特色大国外交之"特色"探析[J].武汉科技大学学报(社会科学版),2016(02).

[249]卫灵.习近平外交新思维习近平外交新思维:倡导[J].福建理论学习,2016(04).

[250]王向明.如何应对全球华语体系中的"三种论调"[J].理论导报,2016(07).

[251]苟仲文.贯彻落实习近平总书记重要讲话精神加快构建中国特色哲学社会科学[J].北京教育(德育),2016(06).

[252]周小华.略论马克思主义理论研究观——学习习近平在哲学社会科学工作座谈会上的讲话[J].萍乡学院学报,2017(01).

[253]丁冰.坚持马克思主义的指导地位是我们研究经济学无往不胜的法宝和灵魂[J].思想理论教育导刊,2016(09).

[254]张晓东.坚持马克思主义在中国特色社会主义哲学社会科学中的指导地位[J].唯实,2016(09).

[255]邱乘光.马克思主义与当代中国哲学社会科学——学习习近平在哲学社会科学工作座谈会上的讲话[J].武汉科技大学学报(社会科学版),2016(05).

[256] 陈少雷. 发展 21 世纪中国的马克思主义哲学——第四届马克思主义哲学中国化. 深圳论坛综述[J]. 特区实践与理论, 2017(01).

[257] 王志强. 繁荣发展哲学社会科学是当前高校党建工作的重要任务[J]. 学校党建与思想教育, 2016(17).

[258] 郑艳凤. 高校要为繁荣哲学社会科学做贡献——学习习近平总书记在哲学社会科学工作座谈会上的讲话[J]. 渤海大学学报(哲学社会科学版), 2016(06).

[259] 韩俊兰. 大力推动高校哲学社会科学繁荣发展[J]. 中国高等教育, 2016(11).

[260] 陆小成. 中国特色哲学社会科学的人民性意蕴[J]. 广西社会科学, 2017(02).

[261] 张春玲. 响应时代召唤 参与社会实践 确立人民导向[N]. 晋中日报, 2016-06-03.

[262] 为人民为时代做大学问做真学问委员——学者热议习近平在哲学社会科学工作座谈会上的重要讲话[N]. 人民政协报, 2016-05-19.

[263] 杨庆存. "中国梦"的文化"根"与民族"魂"——习近平《在哲学社会科学工作座谈会上的讲话》学习体会[J]. 东岳论丛, 2016(09).

[264] 何畏. "不忘初心、继续前进":中国共产党治国理政的根本原则和方法论[J]. 思想理论教育导刊, 2016(09): 66-69.

[265] 汪青松. "不忘初心"与实现中华民族伟大复兴的中国梦[J]. 思想理论教育导刊, 2016(09): 62-65.

[266] 仝华. 95年奋斗的"伟大历史贡献"和"伟大飞跃"[J]. 思想理论教育导刊, 2016(09): 32-35.

[267] 汪亭友. 把人民放在心中最高位置——学习习近平总书记庆祝中国共产党成立95周年讲话[J]. 思想教育研究, 2016(09): 12-16.

[268] 冯雪利. 北京市党史系统纪念中国共产党成立95周年座谈会暨学术研讨会召开[J]. 前线, 2016(07): 68.

[269] 余精华. 从"七一"讲话看习近平总书记系列重要讲话的核心要义[J]. 思想理论教育导刊, 2016(09): 52-56.

[270] 曲青山. 从党的历史中汲取智慧和力量(上)——学习习近平总书记在庆祝中国共产党成立95周年大会上的讲话[J]. 上海党史与党建, 2016(11): 1-5.

[271]张海.坚持不忘初心 继续奋勇前进——学习习近平总书记"七一"重要讲话精神的思考[J].新长征,2016(11):6-7.

[272]王炳林.历史启迪与现实基础——把"三大历史启示"贯彻到"纲要"课教学中[J].思想理论教育导刊,2016(09):28-31.

[273]牛广明.凝聚共识 继续前行——学习习近平总书记在庆祝中国共产党成立95周年大会上重要讲话的体会[J].前进论坛,2016(11):15-16.

[274]何建华.习近平"七一"讲话的思想精髓[J].人民论坛,2016(19):48-49.

[275]石元波,李庆霞.习近平总书记系列重要讲话贯穿的立场观点方法及其内在逻辑[J].思想理论教育导刊,2016(08):32-36.

[276]商华文.习总书记七一重要讲话对高校思想政治教育的应用启示[J].商业故事,2016(01):161-162.

[277]商华文.习总书记七一重要讲话对加强高校学生党建工作的指导意义[J].同行,2016(09):316.

[278]本刊编辑部,陈绍辉.扎实推动习近平总书记"七一"重要讲话精神"进教材、进课堂、进头脑"[J].思想理论教育导刊,2016(09):1.

[279]王建南.重大关头"不忘初心"是对党的历史经验的深刻总结[J].思想理论教育导刊,2016(09):57-61.

[280]严书翰.习近平总书记"七一"重要讲话中需要深刻认识和深入研究的几个亮点[J].党建,2016(10):32-35.

[281]本书编写组.信仰的力量 学习习近平总书记在庆祝中国共产党成立95周年大会上的讲话[M].北京:中共中央党校出版社,2016.

[282]本书编写组.学习贯彻习近平同志"七一"重要讲话精神 人民日报重要文章选 七一讲话学习笔记本[M].北京:人民日报出版社,2016.

[283]任仲文.学习贯彻习近平同志七一重要讲话精神 人民日报重要文章选[M].北京:人民日报出版社,2016.

[284]习近平.在纪念红军长征胜利80周年大会上的讲话.http://news.xinhuanet.com/politics/2016-10/21/c_1119765804.htm.

[285]习近平.在庆祝中国共产党成立95周年大会上的讲话.http://news.xinhuanet.com/politics/2016-07/01/c_1119150660.htm.

[286]习近平总书记重要讲话文章汇编[M].北京:中央文献出版社,2016.

[287]习近平.习近平谈治国理政[M].北京:外文出版社,2014.

[288]习近平．习近平总书记系列重要讲话读本[M]．北京:人民出版社,2014．

[289]习近平．习近平总书记系列重要讲话读本[M]．北京:学习出版社,2014．

[290]习近平中国梦重要论述学习问答[M]．北京:党建读物出版社,2014．

[291]人民日报社理论部．深入领会习近平总书记重要讲话精神(上、下)[M]．北京:人民出版社,2014．

[292]任仲文．深入学习习近平总书记重要讲话精神[M]．北京:人民出版社,2014．

[293]习近平关于全面实现中华民族伟大复兴的中国梦论摘编[M]．北京:中央文献出版社,2013．

[294]中共中央宣传部理论局．指导新时期宣传思想文化工作的纲领性文献:学习习近平总书记在全国宣传思想工作会议上的重要讲话文章选[M]．北京:学习出版社,2013．

[295]蒋建国．凝聚在共同理想和信念的旗帜下——学习贯彻习近平总书记8.19重要讲话精神[M]．北京:人民出版社,2013．

[296]毛泽东周恩来刘少奇邓小平论教育[M]．北京:人民教育出版社,1994．

[297]袁贵仁．学习贯彻习近平总书记重要讲话努力为全体人民提供更好的教育．人民日报,2014-01-20．

[298]张岱年．中国文化概论[M]．北京:北京师范大学出版社,2014．

[299]万丽华,蓝旭译注．孟子[M]．北京:中华书局,2006．

[300]习近平．之江新语[M]．杭州:浙江人民出版社,2013．

[301]习近平．谈治国理政[M]．北京:外文出版社,2014．

[302]王国轩译注．大学·中庸[M]．北京:中华书局,2006．

[303]刘永成．老子的智慧与境界[M]．北京:中国书籍出版社,2013．

[304]辜鸿铭,刘永成译．中国人的精神[M]．北京:线装书局,2011．

[305]费孝通．乡土中国[M]．北京:人民出版社,2008．

[306]李国泉,周向军．学习习近平总书记关于传承和弘扬中华优秀传统文化的重要论述[J]．思想理论教育,2014(10):39-43．

[307]唐志龙．培育社会主义核心价值观的意识形态探析[J]．学习论坛,2014(10):15-18．

[308]别敦荣．论办好中国的世界一流大学——学习习近平总书记在北京大

学师生座谈会上讲话的体会[J].中国高教研究,2014(09):1-5.

[309]陈亚联.十八大以来习近平总书记社会主义核心价值观论述探析[J].西藏研究,2014(06):1-7.

[310]杨业华,符俊.十八大以来习近平的青少年思想道德教育思想探析[J].中南民族大学学报(人文社会科学版),2015(02):161-164.

[311]包心鉴.优化治国理政的重大战略思想——以习近平为总书记的党中央如何推进中国特色社会主义新发展[J].科学社会主义,2015(01):22-34.

[312]周秀红,孔宪峰.论习近平关于中华优秀传统文化重要论述的多重视阈[J].广西社会科学,2015(02):175-179.

[313]刘泰来.习近平大学生理想信念教育思想探析[J].黑龙江高教研究,2015(05):124-128.

[314]朱文婷,陈锡喜.习近平关于核心价值观话语权建构的三个维度[J].中共天津市委党校学报,2015(04):24-29.

[315]陆卫明,曹芳,吕菲.论习近平对社会主义核心价值观的新阐析[J].西安交通大学学报(社会科学版),2015(05):99-103+109.

[316]肖贵清.中华优秀传统文化与社会主义核心价值观的内在联系——学习习近平系列重要讲话精神[J].南京师大学报(社会科学版),2015(06):5-12.

[317]张智.习近平论社会主义核心价值观的重大意义[J].思想教育研究,2015(10):68-71+109.

[318]高艳杰.习近平论社会主义核心价值观的思想来源[J].思想教育研究,2015(10):72-75.

[319]董静.习近平论社会主义核心价值观的培育践行[J].思想教育研究,2015(10):76-78.

[320]高国栋.习近平论大学生社会主义核心价值观教育[J].思想教育研究,2015(10):79-81.

[321]李江源.社会主义核心价值观 历史与现实[M].重庆:重庆出版社,2016.

[322]徐伟新.社会主义核心价值观研究[M].北京:中共中央党校出版社,2016.

[323]杨耕,吴向东.社会主义核心价值观 理论与方法[M].成都:四川人民出版社,2017.

[324]李建华.社会主义核心价值观构建与践行研究[M].北京:人民出版

社,2017.

[325]李春山.社会主义核心价值观大众化研究[M].北京:人民出版社,2017.

[326]吴潜涛,艾四林.社会主义核心价值观研究前沿问题聚焦——社会主义核心价值观协同创新北京峰会文萃[M].北京:人民出版社,2017.

[327]培育和践行社会主义核心价值观[M].北京:新华出版社,2014.

[328]张燕婴译注.论语神[M].北京:中华书局,2006.

# 后　记

　　作为北京市社会主义核心价值观与高校思想政治理论课建设协同创新中心(清华大学)的协同单位,北京信息科技大学马克思主义学院承担了对北京高校贯彻落实习近平总书记系列讲话精神状况进行调查与分析的任务。一年来,课题组成员通过重点访谈、召开座谈会、问卷调查等方式,对北京高校贯彻落实习近平总书记系列重要讲话精神的客观状况进行了全面的调查研究,形成了这本年度研究报告。

　　本书由北京信息科技大学马克思主义学院部分教师与研究生共同完成,郭春燕、刘建华负责全书的统稿工作。各章节的写作分工如下:郭春燕负责第一章第三、五节以及第五章的写作,刘建华负责第四章第一节的写作,刘永成、张黎负责第四章第二节的写作,胡飒负责第三章的写作,陈建成负责第二章第二节、第四章第三节的写作,王英红负责第一章第一、四、六节的写作,奚冬梅负责第二章第一节的写作,吴迪负责第二章第三节的写作。第一章第二节由郭春燕、杜吟滔共同完成,附录部分由郭春燕、吴迪共同整理。

　　本书的写作得到了来自各方的支持,杜吟滔为此次网络问卷调查做了大量工作,刘镜镜、马燕婷为本书第三章的写作提供了不少帮助。课题组的问卷调查,得到了来自北京各高校相关教师的支持。清华大学马克思主义学院作为协同创新中心的牵头单位,对本书的写作给予了充分的关注与指导,在此一并表示衷心的感谢!

　　由于作者水平有限,加之调查数据不够详尽,文中的分析难免有疏漏之处,恳请广大读者批评指正。